★ 《龙海革命老区市发展史》编纂委员会

顾　问：郑隆松　何才成
　　　　陈爱棋　黄全海　卢秀云　林再生

主　任：张志祥

副主任：陈海石

委　员：王燕国　邱旺山　杨志斌　林建聪　林毅华
　　　　黄建春　洪能杰　陈朝纯　蔡聪文　黄海山

特约编审：曾一石

主　　编：蔡聪文

副 主 编：洪能杰

编　　辑：陈忠杰　周凤娇　何可人　王振民　蔡国瑞

全国革命老区县发展史丛书·福建卷

龙海革命老区市发展史

龙海市老区建设促进会　编

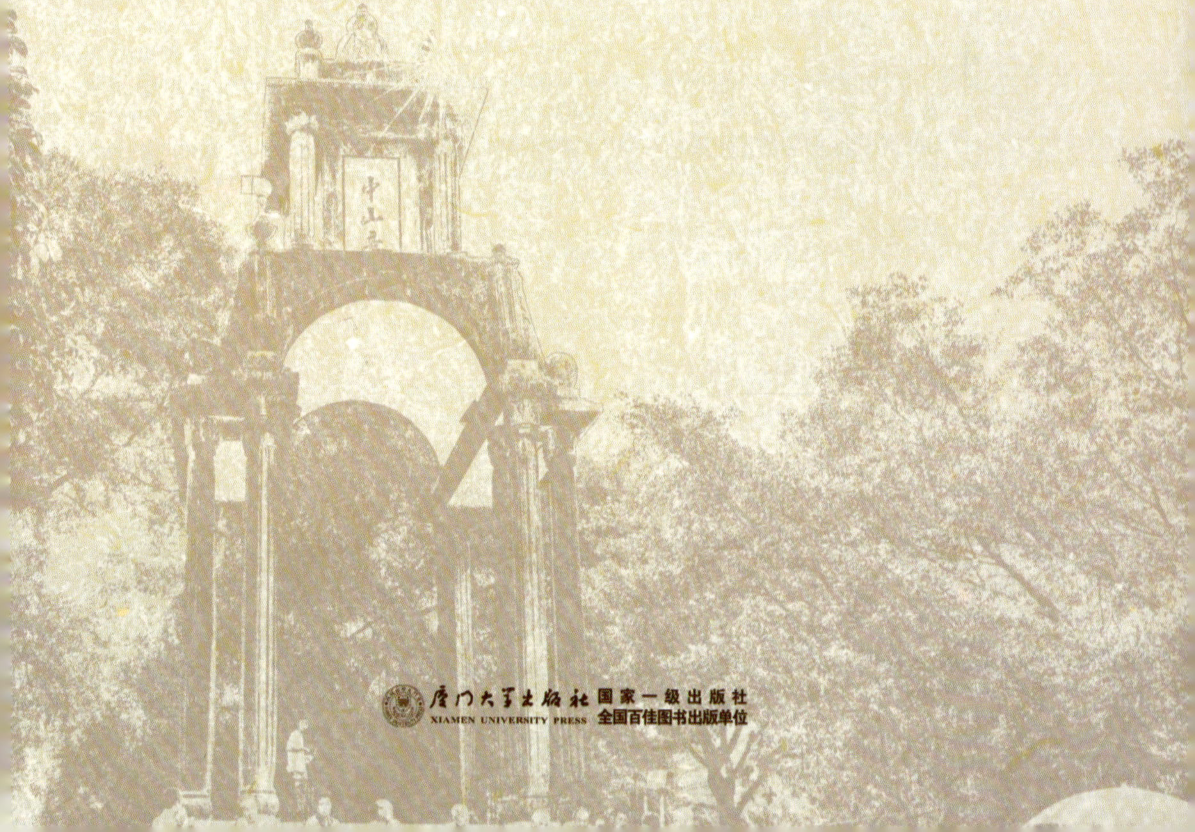

厦门大学出版社 国家一级出版社
XIAMEN UNIVERSITY PRESS 全国百佳图书出版单位

图书在版编目(CIP)数据

龙海革命老区市发展史/龙海市老区建设促进会编.—厦门:厦门大学出版社,2019.8
(全国革命老区县发展史丛书.福建卷)
ISBN 978-7-5615-7536-9

Ⅰ.①龙… Ⅱ.①龙… Ⅲ.①龙海—地方史 Ⅳ.①K295.74

中国版本图书馆 CIP 数据核字(2019)第 150893 号

出 版 人 郑文礼
责任编辑 韩轲轲
封面制作 张雨秋
技术编辑 朱 楷

出版发行 厦门大学出版社
社 址 厦门市软件园二期望海路 39 号
邮政编码 361008
总 机 0592-2181111 0592-2181406(传真)
营销中心 0592-2184458 0592-2181365
网 址 http://www.xmupress.com
邮 箱 xmup@xmupress.com
印 刷 厦门市万美兴印刷设计有限公司

开本 720 mm×1 000 mm 1/16
印张 24
插页 22
字数 323 千字
版次 2019 年 8 月第 1 版
印次 2019 年 8 月第 1 次印刷
定价 139.00 元

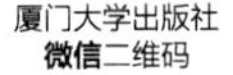

厦门大学出版社
微信二维码

厦门大学出版社
微博二维码

图 1 龙海市地图（福建省制图院绘制，审图号：闽 S［2019］67 号）

图 2　1960 年 2 月，为庆祝龙海县诞生，县各机关领导在石码中山公园合影（龙海市档案馆提供）

图 3　1960 年 10 月，龙海县委办公大楼竣工（龙海市档案馆提供）

图 4　1993 年 5 月，国务院批准龙海撤县设市。6 月 28 日，龙海市成立庆典大会在石码人民体育场隆重举行(龙海市委办报道科提供)

图 5　龙海市人民政府(龙海市老促会提供)

图 6　石码市区全景(冯木波提供)

图 7　石码锦江道新貌(龙海市委宣传部提供)

图 8　石码工农路紫云民生保障房片区(龙海市老促会提供)

图 9　石码后港旧城改造安置片区(龙海市老促会提供)

图 10　石码平宁南路片区(龙海市老促会提供)

图 11　石码解放北路旧城改造红树林小区(龙海市老促会提供)

图 12　石码市区内河整治后丽景(陈淑美提供)

图 13　九龙江石码锦江航道(龙海市委宣传部提供)

图 14　月港湿地公园(龙海市老促会提供)

图 15　石码市区夜景(龙海市老促会提供)

图 16　月港广场(龙海市老促会提供)

图 17　石码紫云公园北山门(龙海市老促会提供)

图 18　月港儿童公园(陈东辉提供)

图 19　龙海市老年大学(王树森提供)

图 20　龙海市社会福利院(龙海市老促会提供)

图 21　正在建设中的龙海市社会福利中心(龙海市老促会提供)

★★★ 二·交通设施 ★★★

图 22　龙海市公共交通公司(龙海市老促会提供)

图 23　厦门港龙海客运站(龙海市老促会提供)

图 24　石码锦江悬索大桥(龙海市老促会提供)

图 25　石码龙江大道(右)(龙海市老促会提供)

图 26　厦漳跨海大桥全景(陈瑜提供)

图 27　沿海大通道龙海隆教段(龙海市委宣传部提供)

图 28　沈海高速东园交汇处(黄论谦提供)

图 29　厦漳同城大道穿越龙海路段(詹心敏提供)

图 30　漳州港疏港公路龙海浮宫段(龙海市老促会提供)

图 31　省道 208 复线（龙海市委宣传部提供）

图 32　颜厝漳州动车站（简银蕉提供）

图 33　隆教后石华阳电厂(龙海市老促会提供)

图 34　港尾正新轮胎工业园(龙海市老促会提供)

图 35　角美灿坤工业园(龙海市老促会提供)

图 36　隆教南太武山风能发电场(郝慧媛提供)

图 37　泷澄集团总部大厦(龙海市老促会提供)

图 38　紫山集团(龙海市老促会提供)

图 39　海新集团(丹夫食品、海新食品)(龙海市老促会提供)

图 40　龙海经济开发区创业园(龙海市老促会提供)

图 41　龙海电商创业城(龙海市老促会提供)

图 42　九湖花卉交易中心(龙海市老促会提供)

图 43　隆教厦门湾泰禾明昇综合楼(龙海市老促会提供)

图 44　白塘湾国际旅游度假区(龙海市老促会提供)

图 45　东园现代农业示范区(龙海市老促会提供)

图 46　东泗南美白对虾养殖基地(林南忠提供)

图 47　浮宫海门远洋捕捞渔港(林本谅提供)

图 48　月港海丝遗址(郭高翔提供)

图 49　月港临江古街(朱仕琪提供)

图 50　月港古民居(龙海市委宣传部提供)

图 51　月港海丝馆(龙海市委宣传部提供)

图 52　月港海丝旅游文化节(龙海市委办报道科提供)

图 53　1963 年 2 月，九龙江西溪堵江截流抗旱老照片（郑厚根提供）

图 54　石码干部群众连夜赶制堵江草袋（郑厚根提供）

图 55　1965 年，在堵江大坝处建设的永久性西溪桥闸
（龙海市档案馆提供）

图 56　公字闸(龙海市老促会提供)

图 57　龙江精神纪念馆(龙海市老促会提供)

图 58　“龙江风格”发祥地——洋西新村(龙海市老促会提供)

图 59　首届龙海市工业设计与科技创新大赛颁奖大会(龙海市科技局提供)

图 60　龙海一中旧校区(龙海市老促会提供)

图 61　龙海一中新校区(龙海市老促会提供)

图 62　龙海二中新颜(龙海市老促会提供)

图 63　石码中心小学锦江新校区(蔡小成提供)

图 64　龙海市华侨幼儿园新校园(龙海市老促会提供)

图 65　龙海市实验小学新校区(龙海市老促会提供)

图 66　龙海市第二实验幼儿园(龙海市老促会提供)

图 67　龙海市文体中心（龙海市委宣传部提供）

图 68　龙头山农民画馆、芗剧表演馆文创园（龙海市委办报道科提供）

图 69　龙海市图书馆向市民开放（蒋一中提供）

图 70　龙海市第一医院(龙海市老促会提供)

图 71　群众体育活动龙舟赛事(郭素环提供)

图 72　2010 年，漳州市第六届农民运动会在龙海石码召开(方通泉提供)

图 73　南太武滨海新城（龙海市委宣传部提供）

图 74　东园埭美国家级历史文化名村（冯木波提供）

图 75　东泗卓港富美乡村（龙海市委办报道科提供）

图 76　东园东宝富美乡村(龙海市老促会提供)

图 77　紫泥巽玉富美乡村(龙海市老促会提供)

图 78　浮宫田头富美乡村(龙海市委办报道科提供)

图 79　程溪东马迁建安置点新村(龙海市老促会提供)

图 80　颜厝白云安置小区(龙海市老促会提供)

图 81　双第华侨农场新村（龙海市老促会提供）

图 82　东泗清泉村老人幸福院（龙海市老促会提供）

图 83　九湖万亩荔枝海(洪曼英提供)

图 84　九湖水仙花海(陈惠苹提供)

图 85　紫泥红树林保护区(简银蕉提供)

图 86　程溪湖后水库（黄如川提供）

图 87　洋西龙江生态文化园（黄亚鑫提供）

图 88　隆教畲族民族乡镇海角旗尾山(朱景益提供)

图 89　浯屿岛今貌(吴贤宾提供)

图 90　海门岛今貌(易跃超提供)

图 91　隆教白塘湾牛头山古火山口(龙海市委宣传部提供)

图 92　白水金鳌村继鳌堂(大革命时期曾作为地下党活动据点)(林本谅提供)

图 93　万松关雄姿(康君孝提供)

图 94　距今 780 年的江东宋代石梁桥（林本谅提供）

图 95　南太武名山石刻（龙海市老促会提供）

图 96　隆教白塘湾(龙海市老促会提供)

图 97　镇海古卫城(龙海市委宣传部提供)

总　序

在举国欢庆新中国成立70周年前夕，中国老区建设促进会王健会长请我为“全国革命老区县发展史丛书”作序，作为一名在老区战斗过并得到老区人民生死相助的老兵，回首往事，心潮澎湃，感慨万千，深感义不容辞，欣然应允。

中国革命老区，是以毛泽东为代表的中国共产党人在领导人民推翻帝国主义、封建主义和官僚资本主义三座大山，争取民族独立和人民解放伟大斗争中建立的革命根据地。在这片红色的土地上，诞生了无数可歌可泣的革命英雄儿女，为后人树起了一座不朽的丰碑，她是新中国的摇篮，是党和军队的根。

在艰苦卓绝的战争年代，老区人民把自己的命运与中华民族的命运紧紧地联系在一起，与中国共产党和人民军队的命运紧紧地联系在一起，他们生死相依，患难与共。我曾亲历过战争年代，并得到过老区红哥红嫂的救助，切身感受到发生在身边的一幕幕撼天动地的革命故事，在那极其艰难的条件下，老区人民倾其所有、破家支前，不怕艰难困苦，不怕流血牺牲。“最后一碗米送去做军粮，最后一尺布送去做军装，最后一件老棉袄盖在担架上，最后一个亲骨肉送去上战场”，这是当时伟大的老区人民为建立新中国做出巨大牺牲的真实写照，它将永远镌刻在中国共产党、中国人民解放军、中华人民共和国的历史丰碑上。他们的光辉业绩永载史册，他们的革命精神必将影响一代又一代的革命新人，造就一代又一代的民族脊梁。

在社会主义革命和建设时期，革命老区和老区人民响应党的号召，面对落后的面貌、脆弱的经济、恶劣的生态环境，他们本色不变，精神不丢，自力更生，艰苦奋斗，干一行爱一行。始终坚持“革命理想高于天”，自觉做共产主义远大理想的坚定信仰者和忠实实践者，勇于向恶劣的自然环境和贫穷落后宣战。他们在各条战线上为国建功立业，用平凡的双手创造了一个又一个不平凡的奇迹，彰显了老区人的崇高精神和人格力量。

在改革开放的伟大进程中，老区人民解放思想，勇于创新，发奋图强，攻坚克难，老区的经济社会建设取得了辉煌成就。特别是在改变中国的面貌、中华民族的面貌、中国人民的面貌、中国共产党的面貌的伟大实践中发挥了至关重要的作用。老区人民既是改革开放的参与者，也是改革开放的推动者。

艰苦练意志，危难见精神。老区人民在近百年的革命战争、社会主义建设和改革开放的伟大实践中，孕育形成了伟大的老区精神：爱党信党、坚定不移的理想信念；舍生忘死、无私奉献的博大胸怀；不屈不挠、敢于胜利的英雄气概；自强不息、艰苦奋斗的顽强斗志；求真务实、开拓创新的科学态度；鱼水情深、生死相依的光荣传统。这是党和人民宝贵的精神财富、丰厚的政治资源，是凝心聚力、振奋民族精神的重要法宝，也是社会主义核心价值观的重要内容。

中国老区建设促进会怀着强烈的政治责任感和历史使命感，组织全国各地老促会人员克服困难，尽心竭力编纂“全国革命老区县发展史丛书”，记录老区的光辉历史和辉煌成就，传承红色基因，弘扬老区精神，是功在当代、利及千秋的一件大事。手捧这部丛书的部分书稿，读着书中的故事，我倍感亲切，深感这部丛书具有资政、育人、存史的社会功能，有着重要的时代和历史价值。它是不忘初心、牢记使命的源头活水，是赞颂共产党、讴歌老区人民的一部精品力作，是弘扬老区精神、传承红色记忆的丰厚载体，是一项继承优秀传统文化、弘扬革命文化、发展社会主义先进文化，坚定“四个自信”的宏大文化工程。它必将成为一种文化品牌，为各界人士了解老区、宣传老区、支持老区提供一部有价值的研究史料。希望读者朋友们能从中了解并牢记这些为党和民族的利益不断奉献的老区人民，从中得到教益，汲取人生奋斗的精神动力。

新时代赋予新使命，新起点开启新征程。让我们更加紧密地团结在以习近平同志为核心的党中央周围，坚持以习近平新时代中国特色社会主义思想为指导，增强“四个意识”，坚定“四个自信”，做到“两个维护”，弘扬老区精神，铭记苦难辉煌。为实现“两个一百年”奋斗目标，实现中华民族伟大复兴的中国梦做出新的更大的贡献！

迟浩田

2019年4月11日

序

盛世修史，资政育人。在喜迎新中国成立70周年之际，由龙海市老区建设促进会牵头编纂的《龙海革命老区市发展史》一书付梓出版，这是系统梳理龙海发展历程的一项重要成果，也是献给共和国生日的最好礼物！

龙海有着光荣的革命历史，是原中央苏区县(市)和福建省革命老区县(市)，由原龙溪县和海澄县合并而成。毛泽东、聂荣臻、罗荣桓、陶铸、邓子恢、罗明、方毅、彭冲等老一辈无产阶级革命家曾在这里留下了深深的足迹。1926年7月，在原龙溪县石码镇率先建立了漳属地区第一个地方党组织中共石码支部，同年11月在原海澄县海澄镇建立了中共海澄支部。在党的领导下，龙海老区人民以空前的革命热情和牺牲精神，掀起了一场场波澜壮阔、艰苦卓绝的革命斗争，谱写了许许多多可歌可泣的英雄乐章。新中国成立70年来特别是改革开放40年来，龙海人民秉承革命先辈遗志，发扬老区革命精神，为改变落后面貌、建设美好家园进行了艰辛探索和不懈奋斗。自1993年撤县建市以来，龙海连续多年进入全国县域经济"百强"县、福建省县域经济实力"十强"县行列，2017年来成功创建"国家卫生城市""省级文明城市""省级平安县城""省级森林城市"，城乡面貌发生了翻天覆地的变化，龙海大地处处迸发出无限的生机与活力。

回顾历史，老区龙海之所以能够战胜敌人、赢得胜利，靠的是中国共产党的坚强领导，靠的是广大人民群众的拼搏奋斗。在革命战争中历经锤炼的革命精神和在20世纪60年代堵江截流抗旱战斗中孕育而成的"龙江精神"，见证了龙海人民生生不息的老区革命传统，塑造了龙海人民代代传承的红色文化基因，熔铸淬炼了“对党忠诚、百折不挠的进取精神，不怕牺牲、敢于斗争的拼搏精神，勇于探索、团结协作的创新精神，顾全大局、舍己为人的奉献精神”。正是靠着这种精神，勤劳勇敢的龙海人民走过了烽火连天的战斗岁月，经历了改革开放的建设大潮，昂首迈进了中国特色社会主义现代化建设的新时代。

《龙海革命老区市发展史》用辩证唯物主义和历史唯物主义的观点，以纪实的手法、权威的观点、翔实的史料，多层面、多角度地讲述了龙海人民在党的领导下开展革命斗争和经济社会建设的历史进程，记录着龙海不平凡的过去，彰显着共产党人的初心，流淌着继续前进的力量，是一部难得的学史读本和励志教材。我们相信，该书的出版发行，必将有助于扩大龙海的影响力，让更多的人关注龙海、了解龙海、支持龙海的发展，必将有助于进一步凝聚全市上下的发展共识、进一步激发干部群众干事创业的新动能，加快推进龙海“再创业、振雄风、当龙头”。我们坚信，在习近平新时代中国特色社会主义思想的指导下，龙海人民将进一步继承和弘扬伟大的革命精神，勇于担当、主动作为，奋力谱写新时代龙海发展新篇章，为实现中华民族伟大复兴的中国梦贡献龙海力量！

是为序。

中共龙海市委书记　郑隆松

2019 年 4 月于石码

编纂说明

2017 年 6 月，中国老区建设促进会组织全国各地老促会启动编纂“全国革命老区县发展史丛书”，按照“建立中国共产党、成立中华人民共和国、推进改革开放和中国特色社会主义事业”三大里程碑的历史脉络，系统书写革命老区百年历史，深入挖掘革命老区红色文化资源。这对于充实丰富中国革命史籍宝库、在新时代传承红色基因、弘扬革命精神、强固根本，对于激励人们在新的历史条件下夺取中国特色社会主义伟大胜利，实现中华民族伟大复兴的中国梦具有重要意义。

丛书编纂以习近平新时代中国特色社会主义思想为指导，以《中国共产党历史》《中国共产党的九十年》等重要文献为基本依据，以党的领导为核心，以老区人民为主体，以老区发展为主线，体现历史进程特征，突出时代发展特色，坚持辩证唯物主义和历史唯物主义相统一、历史真实性与内容可读性相统一的原则，书写革命老区从站起来、富起来到强起来的光辉革命史、不懈奋斗史、辉煌成就史，把老区人民的伟大贡献、伟大创造、伟大成就、伟大精神充分展示出来，形成一部具有厚重历史特征和鲜明时代特色的精品力作。这是一部培根铸魂、守正创新，既为历史立言，又为时代服务，字里行间流淌着红色血脉、催生着革命激情的传世之作。丛书的编纂出版将成为讴歌党、讴歌人民、讴歌时代、传播红色文化、为革命老区和老区人民树碑立传的重要载体。

丛书按照编年体与纪事本末体相结合、以编年体为主的编写体例确定框架结构;运用时经事纬、点面结合的方式记述史实;坚持人事结合、以事带人的原则处理人与事的关系;采取夹叙夹议、叙论结合、以叙为主的方法展开内容。做到了史料与史论、历史与现实、政治与学术统一,文献性、学术性、知识性相兼容。

为编纂好"全国革命老区县发展史丛书",打造红色文化品牌,中国老区建设促进会认真组织积极协调,提出政治立场鲜明、史料真实准确、思想论述深刻、历史维度厚重、时代特色突出、编写体例规范、篇目布局合理、审读把关严格、出版制作精良的编纂出版总要求,力求达到革命史籍精品的精神高度、思想深度、知识广度、语言力度,增强丛书的权威性和社会影响力。各省(区、市)、市(州、盟)、县(市、区、旗)老促会的同志,以强烈的使命感、责任感和紧迫感,勇于担当,积极作为,认真实施,组织由老促会成员、专家学者等参加的十余万人编纂队伍。编纂工作主体责任在县(市、区、旗),省(区、市)、市(州、盟)组织协调、有力指导、审读把关。各方面人员以高度负责的精神和科学严谨的态度,满腔热情地投入工作,为丛书编纂出版做出了重要贡献。丛书编纂工作还得到了党和国家有关部委、地方各级党委政府及有关部门的大力支持和积极参与,社会各界也给予了热情帮助。中共中央政治局原委员、中央军委原副主席、国务委员兼国防部长迟浩田首长,对革命老区建设发展十分关注,对老区人民怀有深厚情感,欣然为"全国革命老区县发展史丛书"作总序。

丛书由总册和1599部分册(每个革命老区县编纂1部分册)组成,共1600册。鉴于丛书所记述的史实内容多、时间跨度长和编纂时间紧,不妥之处,敬请批评指正。

中国老区建设促进会

目　录

引　言

龙海市位于福建省东南沿海、九龙江下游。东与厦门特区接壤，西与南靖县、平和县毗邻，南与漳浦县交界，北与龙文区、长泰县相连，东南濒临台湾海峡，距大担、二担 4 海里，至金门 19.4 海里。全市总体地势北西南较高，中间平缓，东南临洋。九龙江北溪、西溪、南溪流经市域入海，海岸线全长 103.3 公里。这里四季分明，雨水充沛，为亚热带海洋性气候。这里自然资源丰厚、农业发达、工业兴盛，事业繁荣，社会安定。2017 年，龙海市域总面积（含角美漳州台商投资区）1318.73 平方公里，总人口 88.51 万人。龙海是海峡西岸一颗璀璨的明珠，也是我国明代海上“丝绸之路”起航港——古月港的所在地，素有“鱼米花果之乡”和“海滨邹鲁”的美誉。

龙海历史悠久，是个境域分合多变的地方。在历史上分别为龙溪县和海澄县。据《龙海县志》（1993 年版）记载：南朝梁大同六年（540 年）置龙溪县，因“九龙戏溪”的传说而得名。唐垂拱二年（686 年）析龙溪县南境置漳州。贞元二年（786 年）漳州治所从漳浦县的李澳川迁至龙溪县永宁乡唐化里登高山下桂林村（今芗城区），龙溪县为附郭。在民国时期，龙溪县城之南的九湖、颜厝两区及程溪区一带称漳州南乡；龙溪县城之北的漳州市郊和华安丰山乡一带称漳州北乡。漳州南乡的九湖、颜厝两区一直属于龙溪县地，而程溪区一带，即当时的外云、白云、程溪、塔潭、粗坑、人家、官园、洋奎等乡在梁代属龙溪县，明正德十三年（1518 年）划归南靖县，直至 1957 年 2 月程溪区 8 个乡才回属龙溪县。角美、石码、榜山、紫泥等区，一直属于龙溪县管辖。综上所述，可见在我国新民主主义革命时期，龙溪县的管辖范围应包括漳州城区（今芗城区）、九湖、颜厝、角美、石码、榜山、紫泥等区和华安丰山乡一带。而程溪区的上述乡域虽属南靖县辖区，但与龙溪县渊源甚深，且如今已属龙海辖地，因此，龙海老区史应当给它记上浓浓的一笔。

再说海澄。明嘉靖四十五年十二月（1567 年 1 月）析龙溪县一至九都及二十八都之五图地和漳浦县二十三都之九图地置海澄县，县治月港。那些划入海澄县的原龙溪县地和漳浦县地，就是民国时的海澄县各区。它们的具体属地来源和划入时间分别是：东泗，于明代海澄置县时从龙溪县地和漳浦县地划入；东园、浮宫也同时从龙溪县地划入；白水、港尾、隆教都从漳浦县地划入，但划入的时间不同：港尾在明代海澄置县时划入，白水于明隆庆六年（1572 年）划入，隆教于清雍正十三年（1735 年）划入。由此可见，在我国新民主主义革命时期，海澄县与龙溪、漳浦两县的地缘关系是很密切的。

新中国成立后，龙海的境域仍在继续变动。1957 年，又从漳浦县划入董浦、三美、山边 3 乡分属海澄县东泗区和白水区。1958 年 8 月，海澄县的海沧、新垵两地划归厦门市。1960 年 2 月 6 日，龙溪、海澄两县合并，县治分别从漳州市和海澄区迁至石码镇合署办公，8 月 15 日，经国务院批准，正式设立龙海县。1961 年 6 月，龙海县天宝、浦南 2 个公社和九湖、步文公社的部分生产大队及后房农场划归漳州市（今芗城区）。1993 年 5 月 12 日，经国务院批准，龙海撤县设市，市治仍在石码镇。1996 年 9 月，析步文镇（除梧浦、长洲 2 个行政村归榜山镇管辖外）和郭坑镇设漳州市龙文区。2002 年从港尾镇划出石坑、白沙、大径、店地 4 个行政村隶属招商局漳州经济开发区（行政区划仍属龙海市管辖）。2003 年经整合建立角美工业综合开发区，2012 年该开发区升格为国家级漳州台商投资区（角美镇行政区划仍属龙海市管辖）。龙海境域历经多次分合变动之后，至 2017 年 12 月，全市辖 11 个镇、2 个乡（其中 1 个少数民族乡）、2 个农场，共有 208 个行政村、28 个居民社区，总人口 72.01 万人。另外，角美镇辖 31 个行政村、10 个居民社区，总人口 16.5 万人。对龙海地理特征和龙海区域分合变动情况的梳理，有利于对龙海革命老区市历史发展脉络的了解和把握。

龙海是具有光荣革命历史和赤色文化底蕴的红土地。在长期的革命斗争中，龙海老区人民为共和国的诞生做出了重大贡献和牺牲。新中国成立后，又秉承老区光荣传统，投入了社会主义革命和建设的洪流。改革开放以来，特别是党的十八大以来，龙海人民在以习近平同志为核心的党中央领导下，开拓创新，砥砺奋进，在"五位一体""四个全面"的战略大局中又创造了新的辉煌。《龙海革命老区市发展史》为了更好地遵循历史的原貌，对新民主主义革命时期和新中国成立至50年代末的龙溪、海澄两县开展的革命和建设分别予以叙述，并按龙海区域分合情况据实记录历史，使本书具有鲜明的时空感和特定的地域性。

第一章　龙溪、海澄党组织的创建和工农运动的兴起

（1919 年 5 月—1927 年 7 月）

五四运动以其彻底的反帝反封建，揭开了中国新民主主义革命的序幕。随着马克思主义的传播和中国共产党的创建，以及革命的深入和斗争的需要，建立地方党组织的任务就提上了重要议程。在大革命的浪潮中，中共石码支部的率先建立和各级党组织的相继诞生，正是人民革命斗争水到渠成的必然结果，也因为有了这些党组织，龙溪、海澄工农运动的星星之火才逐渐燃成了燎原之势，从工会、农会的普遍建立到反压迫、反剥削和石码“倒蓝反廖”斗争，已初步显示了党及其领导的工农运动的巨大威力。

第一节　五四运动对龙溪、海澄的影响

1919 年 1 月，参与第一次世界大战的协约国在法国巴黎举行“和平”会议。中国虽然作为协约国之一出席了这次和会，但在几个西方强国的把持下，中国代表在会上提出的合理要求却遭到拒绝，反而要将德国在中国山东攫取的一切特权转交给日本。面对帝国主义的强权压力，腐败无能的北洋军阀居然准备在和会上签署一份丧权辱国的“和约”。消息传到国内，激起了各阶层人民的强烈愤慨。5 月 4 日，北京学生 3000 多人在天安门前集会、游行，高呼“外争国权，内惩国贼”“废除二十一条”“还我青岛”等口号，遭到反动军警镇压，被捕 32 人。全北京学生立即总罢课，通电全国以示抗议。各地学生奋起响应，工人阶级也迅速加入，反帝反封建的怒潮很快

席卷全国。

受五四爱国运动的熏陶和影响，龙溪、海澄两县人民，尤其是广大青年学生也投入到了反帝反封建斗争的行列。5月17日，漳州省立第八中学、省立第二师范学校的爱国学生举行示威游行，他们每人手里举着写有“誓死力争”“勿作五分钟爱国”“争回青岛方罢休”“共伸天讨”“诛灭卖国贼”等口号的小白旗，沿途高唱着国耻歌，并分送“哀求同胞一致对倭文”，其激愤的氛围十分热烈。当游行队伍到达龙溪总商会门前时，学生代表求见商会会长孙次典（孙祖蔡），请求积极抵制日货。学生代表的正当要求得到了商会的支持。商会立即召开紧急会议，商讨抵制日货事宜，并做出3条决定，还通电北京政府和广州军政府要求拒绝在“和约”上签字。最后，游行队伍汇集在漳州公园，学生代表吕隆庆等向群众发表了演说，演说长达4个小时之久，自动汇集而来的听众多达万余人。

5月22日，漳州各界人士万余人聚集漳州公园参加国民大会，大会通过如下决议：（甲）致电巴黎和会及我国专使争回青岛，废除“二十一条”及各项密约；（乙）要求惩办卖国贼；（丙）抵制日货。大会历时5个小时。会后，学生奏乐引导2万余人在市街游行。大规模的游行后，漳州各界人士开展储金救国运动，捐款2000多银元购买武器，准备为保卫祖国而战。

五四反帝爱国运动的烈火在漳州越烧越旺。当北京政府“六三”大逮捕的消息传到漳州后，漳州各界人士更加愤怒。6月8日，漳州学校成立学生联合会，联合工人、商人，举行罢课、罢工、罢市，强烈要求北京政府释放被捕学生。爱国学生们沿街演讲，并组织搜查日货。护法区当局将市区搜出的200多包日糖全部投入九龙江，并把过去购进的日本草帽、洋伞等当众折碎于街头。商界也一致响应龙溪商会给各地商会的通电，呼吁对日货“取消极的态度”，做到不进日货、不卖日货。

6月间，外出求学的石码进步学生翁资星、卢富文等人组织回乡宣传队，配合石码西湖小学的教员陈畏堂在石码掀起第一次抵制日货的运动。

1920年秋，驻漳粤军陈炯明部回师广东，北洋军阀张毅部进入并盘踞漳州，而学生领导的抵制日货运动继续进行。当时在省立第二师范附小上学的南乡人王占春，积极组织学生参与检查日货的斗争。这些学生抵制日货旗帜鲜明、态度坚决、打击有力，受到了一次斗争实践的锻炼。

爱国青年开展反帝爱国运动的另一种方式，是针对帝国主义借宗教之名，对我国进行文化侵略而展开的斗争。比较突出的有：进步学生王占春、王长泉、翁资星、林惠元等组织“非基大同盟”，领导民众揭露基督教教会文化侵略本质，火烧漳州大岸顶日本教堂的斗争；1926年12月，石码锡箔工会领导人林和尚带领锡箔工人打击大港墘礼拜堂为非作歹的牧师神父，后来在反帝爱国运动冲击下，他们多数逃出龙溪、海澄，有些来不及逃走的，被群众押着游街示众，威风扫地。

五四运动有力地推动了龙溪、海澄人民反帝反封建斗争的开展。龙溪、海澄地区之所以能在大革命时期进行声势浩大的工农运动，在土地革命时期开展不屈不挠的武装斗争，这些都与五四运动的战斗演习有着密切的联系。

五四运动时期，由于驻漳粤军总司令陈炯明尚能奉行孙中山的革命主张，在闽南护法区内标榜“刷新政治”，从客观上给马克思主义的传播和新文化运动的开展提供了较好的条件。

1919年，护法区当局在漳州开设了“新闽学书局”，出售马克思、恩格斯的《共产党宣言》、恩格斯的《社会主义从空想到科学》和北京的《新青年》等，公开宣传马克思主义，宣传新思想、新文化和民族解放意识。在开设“新闽学书局”的基础上，闽南护法区又于1919年12月1日和1920年1月1日，先后创办了《闽星》半周刊和《闽星》日刊。《闽星》是五四时期的产物之一，也是福建省最早宣传马列主义的刊物，它对马列主义在龙溪、海澄的传播做出了一定的贡献。

在五四运动民主、科学思潮的推动下，龙溪、海澄的新文化运动得到了蓬勃发展。《闽星》刊物大力推广白话文，在其倡导和带动下，漳州的通俗教育会创办了《通俗周报》，进步学生卜益友创办了

《云中周刊》，漳州省立第二师范学生也创办了《二师周刊》。这些刊物都采用白话文，从而在龙溪、海澄兴起了一股新文风。在石码，由外出求学的进步学生组织的回乡宣传队，开展新思想的宣传活动。

在新文化运动的推动下，护法区当局开始提倡相信科学、反对迷信，提倡文体活动、禁止赌博，并采取了一些强制性的措施。1919年秋，漳州南校场举办了有17个县参加的规模空前的闽南护法区体育运动会。这一切，使龙溪、海澄人民的思想得到了一次解放。护法区推广新文化的另一重大举措是大力发展教育事业。护法区当局从广州聘请梁永弦到漳州担任教育局长，提出了"一乡一校"的教育发展指标，并提出禁止私塾、提倡新学。龙溪县原有小学30多所，后发展到100多所。漳州市内原有中学一所、师范一所，后增办甲工、甲商、女子简易师范，并创办女子小学。各校的课本也尽量采用新学。学校还鼓励学生学习科学知识和工艺技术。为了培养建设人才，护法区当局还下令各县选拔优秀学生半公费出国勤工俭学。

闽南护法区所进行的革命之举，不仅赢得了国内舆论的赞赏，吸引了众多著名人士、团体到漳州参观，而且引起了苏俄和共产国际的关注。1920年5月上旬，苏俄信使波达波夫将军，带着列宁的亲笔信，到漳州进行为时两周的访问，表达了列宁对中国革命的关怀，对闽南护法区的鼓励，也传来了十月革命的信息。

新文化运动的发展和马克思主义的广泛传播，为党组织在龙溪、海澄的建立奠定了思想基础并储备了干部。龙溪、海澄不少知识分子在马克思主义的影响下，潜心探索救国救民的真理，最终走上了革命的道路。

第二节　龙溪、海澄党组织和闽南部委的创建

五四爱国运动在全国爆发后，桂系军阀发生内讧事件，陈炯明遵照孙中山指示，于1920年8月12日在漳州公园誓师回粤讨伐桂

系，而后从 1921 年起，漳州又陷入军阀李厚基的手中。1922 年 10 月，李厚基被逐出福建后，皖系军阀王永泉一度控制福建。1923 年 4 月，孙传芳、周荫人入闽，直系军阀统治福建。1923 年夏，投靠闽督孙传芳的福建陆军第一师师长张毅开始对龙溪、海澄人民进行血腥统治。张毅霸据漳属 4 年，横征暴敛，搜刮民脂民膏，以巨款中饱私囊。张毅还在漳属各地逼迫百姓种鸦片，征收烟苗捐，并设立名目繁多的苛捐杂税，盘剥漳属人民，百姓怨声载道。由于各派军阀争夺权力，连年混战，苛捐杂税仍然不足以维持军事支出，于是各地军阀纷纷预征田赋。龙溪、海澄及漳州一带各县的田赋，在 1926 年就提前预征到 1933 年甚至 1934 年，广大农民入不敷出，苦不堪言。龙溪、海澄是闽粤两省的交通要道，来往军阀过境频繁，因此，两县人民备受各派军阀的压榨，贫苦百姓处于水深火热之中。哪里有压迫，哪里就有反抗，灾难深重的龙溪、海澄人民期盼着曙光到来的一天。

1920 年春，龙溪进步青年卜益友等人在漳州发起组织震中学社。学社的宗旨是以反帝反封建为主要任务，针对日本帝国主义的侵华势力和欺压剥削人民的反动军阀及其走狗进行斗争。学社成立后，即以震中夜校为阵地，扫除文盲，扩大宣传，唤起民众，团结对敌。学社出面请张毅禁烟禁赌，但张毅只虚弄纸墨，烟馆赌窟依然四布。学社就印发传单揭发张毅的罪行并向当时福建省督军周荫人控告张毅，因周荫人、张毅是一丘之貉，不仅告不成，还使张毅对卜益友更加怀恨在心，便以莫须有的罪名，于 1924 年 7 月把卜益友枪杀在西校场。事后，学社社员组织暗杀张毅未遂，张毅又寻找借口逮捕了 3 名社员，其他社员便星散躲避，分赴石码、厦门、新加坡等地继续进行反帝反军阀的斗争。

1925 年 5 月 30 日，日本帝国主义在上海制造了骇人听闻的五卅惨案，激起了全国人民的极大愤慨，全国上下掀起了大规模的反帝爱国运动。6 月 30 日，龙溪、海澄人民也自觉地行动起来，声援五卅惨案的受害同胞。漳州学生成立了抗敌后援会，带领千余名学生走上街头，举行盛大的游行示威，还发动工人、市民、学生进行罢工、罢市、罢课和抵制日货等斗争。

五卅惨案后，人民群众反对帝国主义和北洋军阀的声势更为浩大。1926 年 7 月 9 日，国民革命军在广东誓师，北伐战争正式开始。

由于张毅在闽南一带多年来的残暴统治和横征暴敛，龙溪、海澄人民积怨已久，仇恨一触即发，加上中共地下党员在北伐开始时的各种宣传、鼓动，群众迎接北伐军的热情十分高涨，都盼望北伐军早日到来，推翻张毅的统治。随着北伐军东路军挺进漳州，驻守漳州地区的闽军，因前有北伐军的进逼，后有各县民军的袭扰，早已军心浮动，一片涣散。11 月 7 日，张毅率部匆匆弃漳而逃，至此，他在闽南为期 4 年的残暴统治结束了。

北伐军东路军在福建战场取得的节节胜利，使得各地军阀政权分崩离析。当时处在第一次国共合作期间，北伐军东路军政治部多数是共产党员，他们在江董琴的指导下，依靠中共地方组织和各地国民党左派人士的支持与配合，先后在闽各地建立了 6 个“政治监察署”和省一级的临时革命政权，从而使漳属地区的国民革命运动出现了新的局面。

1925 年 1 月，中共四大和中国社会主义青年团三大在上海相继召开。党的四大和团的三大制定的党团组织路线，为推动、指导地方党团组织的建立起了积极的作用。6 月初，共青团广东区委在集美学校从学生运动的积极分子中，吸收李觉民、罗扬才、邱泮林、刘瑞生、罗良厚等 7 人加入共青团，在厦门地区成立了第一个共青团支部。1926 年 4 月，正当龙溪、海澄革命运动轰轰烈烈开展起来的时候，根据中共广东区委的指示，中共厦门特别总支和共青团厦门特别总支分别成立。厦门特支下辖厦门和漳州、海澄、石码等地的党组织。为指导漳州、石码、海澄开展党的活动，罗扬才、邱泮林、翁泽生经常到漳、码、澄一带秘密开展工作。在厦门学生运动及厦门地下党的影响下，龙溪、海澄建立党组织的时机已日臻成熟。

厦门地方党组织建立后，十分重视从在厦的龙溪籍学生中发展革命力量，选派出党员骨干到漳属地区开展建党活动。当时，就读于厦门大学的龙溪县石码镇学生胡西泠（胡穷我）已经加入了共产党。1926年夏天,厦门特支派胡西冷回漳州地区开展革命活动。7月,厦门特支负责人罗扬才又协助胡西冷在石码镇发展周惠波、颜卧云、颜玉润、陈文澜、蔡渭西等人加入党组织,并建立了漳属地区第一个党支部——中共石码支部,由胡西冷任支部书记。石码支部隶属于厦门特支。石码支部成立后,一方面深入工人群众组织工会,开展工人运动,一方面努力扩大党的队伍。不久又吸收翁资星、林和尚、黄坤元、洪徽音等人加入共产党。此时,北伐军已进驻石码,中共石码支部开始酝酿推翻"蓝皇帝"反动统治之事,并做了一些调查和准备工作。

1926年11月,中共海澄支部成立,由钟盛道任支部书记。海澄支部隶属于厦门特支,有党员10多人。12月,海澄党支部领导组织宣传队,在海澄溪头街、西门街等地开展反军阀、反贪官、反土豪宣传,历时10多天。

1926年至1927年,厦门、龙溪、海澄及泉州各地基层党组织相继建立并逐步得到发展。为了统一闽南地区的党组织,加强对工农运动的领导,1927年1月3日,罗明抵达厦门,根据广东区委的指示,将中共厦门特支改组为中共厦门市委。厦门市委成立后,罗明以厦门特支的名义,通知厦门、漳州、泉州及闽西各基层党组织,选派代表到漳州出席中共闽南地区代表大会,有30多人参加了会议。大会经过选举,正式成立中共闽南部委(同年8月改称"特委"),由罗明任书记,罗扬才任组织部长,季永绥任宣传部长,农光任工委书记,李联星任农委书记,胡西冷任民委书记,翁泽生任商青书记。同时还成立了共青团闽南部委。中共闽南部委的机关设在漳州,直接隶属于中共广东区委。

中共闽南部委成立后的主要任务是进一步领导和发展工农运动。工运方面,主要是组织工人,发展工会,为维护工人的经济利益,改善工人的生活,发动罢工斗争。农运方面,主要是组织农民,发展农会,以减租减息推动反抗地主豪绅的斗争。在闽南部委的指导下,龙溪、海澄两县的工农运动进入了一个新的发展阶段。

第三节 党领导下工农运动的兴起

1927 年春,中共闽南部委不失时机地在工人群众中宣传国共合作、建立统一战线的政治主张,号召工人拥护孙中山的三大政策,参加国民革命,打倒帝国主义和封建势力的反动统治。同时,发动工人进行以提高工资待遇、改善劳动条件、实行八小时工作制为主要诉求的罢工斗争,并引导工人组织起来,成立工会,维护自身的利益。

龙溪县成立漳州工人运动办事处,主持工人运动具体事宜。经过许土森、王占春等共产党员的发动,漳州、石码一带先后组织了印刷、纺织、汽车、邮电、鼓乐、中鞋、皮鞋、民船、轻便车等行业工会,会员达 4000 余人。在漳州陈公巷的广源布店染坊做工的下南乡农民李金发,此时认识了丝纱工人、漳州早期工人运动领导人之一的庄克,并由庄克介绍参加了党领导下的丝纱染织工会。李金发积极投入到工人运动中,被推选为丝纱染织工会主席。石码锡箔工人林和尚和黄必达则在稍早的一些时候就组织了石码地区第一个工会——锡箔工会。随后,银箔、纸箔、理发、码头、造船、碾米、挑盐等行业工会也相继成立。参加工会的所有工人群众以"二五加薪"为重点,展开了如火如荼的经济斗争,斗争的方式是成立罢工委员会,对资本家施加压力,举行工人大罢工。在工会和工人运动兴起之后,党领导的农会组织也迅速发展起来。早在 1926 年冬,在省立第二师范读书的王占春就在李联星的倡导下,利用假期之便,以他父亲的邹塘国术馆为基地开办夜校,组织乡亲学文化、学国语,更主要的是用通俗易懂的语言,介绍俄国十月革命的情况和中国革命先驱探索真理的实践,分析劳动人民受苦受难的社会根源,从中向农民灌输革命思想,启发大家团结起来,组织附近乡村办农会,开展斗争。随后,漳州南乡的邹塘、南坑、古县,石码的浒茂、榜山、芦州、山后等 36 个乡村,在李联星的领导下,都相继成立了农会,会员达

5000多人。农会成立后，开展了轰轰烈烈的“五抗”（抗捐、抗税、抗租、抗夫、抗息）斗争，特别是王占春在南乡组织的抗“鸦片税”的斗争取得了巨大胜利。

农会的成立，有力地支持了各界的革命运动。1927年春，为了配合漳州工人运动的开展，李联星、王占春和李金发、陈剑垣等带领农民进城与漳州工人会合，在新桥望高楼清算霸占龙溪总工会的土劣黄斗星。稍早一点，王占春还带领300多名农民进城，联合漳州学生驱逐盘踞在龙溪县的官僚资本家余高坚。斗争如火如荼地展开了。

工农运动的初步实践，使闽南部委书记罗明深感培养革命骨干力量的重要性，因此，向部委建议，创办工农运动讲习所。在陈卓凡的支持下，漳州工农运动讲习所于1927年2月在漳州省立第二师范学校的丹霞书院成立，陈卓凡任所长，樊渊博（中共党员）任副所长，罗明任秘书长，翁泽生任教务主任。招生和讲学采用广东农民运动讲习所的办法，学员共计100多人，主要来自漳属各地的进步青年学生和小学教员。其中龙溪有王占春、李金发、洪徽音，海澄有陈应龙、杨欣荣等。在讲习所里，学员们既学习了《共产党宣言》《共产主义ABC》《俄国农民与革命》等革命理论，又受到了革命斗争实践的锻炼。虽然讲习所只维持了2个月，但学员们的革命素质还是得到了很大的提高。

1927年二三月间，在中共闽南部委的领导下，龙溪的漳州、石码和海澄一带的人民群众又掀起了一场声势浩大的“倒蓝反廖”斗争，给反动封建势力以沉重的打击。

蓝汝汉，号称“蓝皇帝”，是石码一霸，其子蓝步青，号称“蓝太子”，曾任漳浦县知事。蓝汝汉统治石码长达12年之久。他投机取巧，利路亨通，财力充足，于1915年石码开始组织商会时，窃取第一任石码商会会长之职，从此登上了石码土皇帝的宝座，开始了“朕肥天下瘦”的残暴统治。蓝家父子勾结军阀、把持商会、霸占土地、包揽捐税、广开赌场、遍设妓院、奸淫妇女，无恶不作，把石码地区搞得乌烟瘴气。石码广大群众对蓝家父子的罪行恨之入骨。

闽南部委在原先酝酿、调查、准备的基础上，把“倒蓝”运动作为发动群众开展斗争的突破口，于1927年春节，在石码召开“倒蓝”大会，数千名市民参加大会。会后，群众涌向新行街茂川行及大宫前蓝家住宅。蓝汝汉闻风乘船逃匿乡间，旋又逃到鼓浪屿公共租界。群众在蓝家只抓到蓝步青，并将他押交石码驻军转解漳州国民党二十师补充团（留守团）团长廖鸣欧监禁。事后立即由各群众团体组织“清查蓝案逆产委员会”，派人清点蓝汝汉在石码的店屋财产以及在紫泥的厝宅田园，一概给予标封，并呈上级政府下令通缉“蓝皇帝”。

漳州军政当局对“倒蓝”斗争有着两种截然不同的态度。漳州政治监察员陈卓凡大力支持这场“倒蓝”斗争，而国民党二十师补充团团长廖鸣欧却置省政务委员会通缉蓝汝汉并就地枪决蓝步青的命令于不顾，暗中收受蓝家巨额贿赂，放走蓝步青，后又自欺欺人地贴出布告称蓝步青越狱潜逃。石码人民获悉后，纷纷组织罢工、罢课、罢市以示抗议。石码党支部组织石码各界人士请愿代表，率领工人、农民、学生四五千人，步行到漳州向廖鸣欧团部索取蓝步青。廖无视群众的请愿，派兵弹压，扣留、毒打谈判代表，激起群众更大愤怒，“倒蓝反廖”斗争在更大范围展开了。几天以后，漳州各界人民为支持“倒蓝反廖”斗争，在漳州中山公园召开了万人参加的“反对廖鸣欧贿释蓝步青”声讨大会。闽南部委领导人罗明参加大会，罗明在会上发表义正词严的讲话，廖鸣欧竟令士兵抓捕罗明，愤怒的群众将廖团团围住，廖见势不妙逃跑。在漳码群众的强烈要求下，3月14日，福建省政务委员会召开第十三次会议，决定对廖撤职查办，而廖却畏罪逃跑。石码“土皇帝”蓝汝汉潜逃两年后，在厦门鼓浪屿病危，趁石码一度不驻军，社会比较安定之机，潜回石码，几天后死去。震撼闽南的“倒蓝反廖”斗争以胜利而告终。

1927年4月，蒋介石发动四一二反革命政变后，国民党福建省党部筹备处下令改组龙溪县党部，并派员到龙溪“清党”。国民党右派召开“拥蒋清党”大会，宣布解散工会、农会等群众团体，并下令通缉翁资星、胡西冷、周惠波等“倒蓝反廖”领导人。另外，在白色恐怖笼罩下，李金发被缎布印染工会解雇，王德、王占春等15名学生被漳州省立第三高中学校当局开除学籍，林和尚被迫出走台湾，胡西冷因被通缉也出走香港（后脱党）。革命转入了低潮。4月底，闽南部委在罗明主持下，召开紧急会议，要求所属各级党组织要有计划、有准备地领导工农和学生群众进行反对蒋介石集团的斗争，做出党的工作转入地下，工作重点由城市转向农村，发动农民抗捐抗租抗税，并向武装斗争转变的决定。王德、王占春、李金发、卢克等根据闽南部委的应变指示，深入漳州南北乡和程溪一带开展地下活动。终于在大革命失败和白色恐怖日渐加剧的严峻形势下，保护了党的组织，保存了革命力量，等待着中国革命高潮的重新到来。

第四节　石码、海澄地下交通站

石码是龙溪地下党工作的重点地区，是厦门到漳州、龙岩游击区的交通线。石码地下交通站设在石码新田厝谢小梅的家中。谢小梅，龙岩适中人，因父亲在龙溪石码镇开一间日用杂货店，她8岁就随母亲和三哥谢仰真从龙岩迁到石码安家。

谢小梅的家庭是革命的一家。她二哥谢仰堂是早期参加革命的共产党员，党派他隐蔽在厦门国民党党部里搞地下工作。三哥谢仰真也早就参加革命，后在厦门大同中学加入地下党，曾受党组织派遣到石码，以蕃薯小学教员的身份为掩护，开展革命活动。大哥谢仰周虽不是共产党员，但他思想进步，热情支持党的工作。由于谢小梅的3个哥哥都是革命志士，经常有一些革命同志来到她家，到石码指导工作的省委领导人经常在这里开会，从闽西革命根据地来的交通员，也经常在这里落脚。谢小梅的家就成了地下党的一个联络站。

1926年，谢小梅小学毕业后，因父亲去世，二哥在厦门被捕，没钱再升学，她用谢冰剑的化名考进石码电话公司，成了一名接线员。她深受来她家的罗明、谢少萍等地下党同志的教育和影响，经谢少萍介绍，加入共青团，利用在电话公司工作之便，为地下党收集情报。

1930 年 5 月，陶铸领导厦门劫狱成功，谢仰堂被营救出来后，到了闽西根据地。6 月，谢仰堂从闽西给大哥谢仰周来信，让他秘密在国民党军中做龙岩籍士兵的策反工作。不幸，此事被石码警察分局侦知，侦探长管某把谢仰周抓走。当日下午，谢小梅在电话公司接线时，听到管某正在向上级邀功，说谢仰周在石码还有一个弟弟一个妹妹，现在弟弟已经跑了，妹妹还在石码，还说常出入她家的人都是可疑的人等。管某的上级听了，命令他赶紧把谢小梅抓起来审问。谢小梅知道她家这个联络站已经被敌人盯上了，急忙委托一个可靠熟人，通知她母亲赶快把她哥哥放在家里的传单、材料烧掉，把钢板铁笔等刻印工具扔进水井。谢小梅一下班，警察就到她家搜查并把她抓走，但没有搜查到什么证据，警察又把她送进监牢审讯。敌人从谢小梅口中捞不到什么线索，关了 10 多天，就把她放了，但勒令她和母亲不能在石码居住，必须立即离开。

谢仰周在敌人的严刑拷打下，宁死不屈，被捕 3 天后，被敌人枪杀于石码，暴尸 3 天。谢小梅和母亲含着仇恨的泪水，离开石码前往厦门。设在谢小梅家的石码地下交通站在 5 年时间里，为革命做出了突出贡献，掩护了罗明、谢少萍等一大批革命者。1930 年 5 月，罗明、陶铸组织领导的厦门劫狱斗争，成功营救了 40 多名福建省党团重要领导人，这些出狱的同志很大一部分是通过石码地下交通站护送到闽西苏区的。

海澄是与厦门有着紧密地缘关系的一个重要地区。早在大革命时期，地下党活动就十分活跃。1926 年秋，北伐军进漳前，海澄早期的共产党员钟盛道、陈成德、蔡林辉及国民党左派陈剑垣等人，以海澄县立第一小学为据点，开展群众宣传、组织工作。陈应龙此时也在钟盛道的召唤下回到海澄参加革命活动。陈应龙为了革命的需要，卖掉家中的两亩地作为本钱，同林汝嵩一道，在海澄西门街开设一家出售进步书刊、日用百货并兼营照相业务的小店铺，因店后有一条月溪，故名曰“月溪商店”。这个小店铺就是地下党联络站，楼上照相室后面的暗房就是地下党秘密集会的地方。当时的地下党员和进步人士经常在店中传阅进步书刊、讨论革命形势。四一二反革命政变前夕，陈应龙关闭“月溪商店”，把店中进步书刊转移到白水隐蔽起来。四一二反革命政变后，陈应龙远渡重洋到新加坡避难，钟盛道等人则转移到港尾一带继续开展地下工作。

1928 年 3 月 8 日的平和武装暴动，加速了海澄地区革命的回潮。这时，海澄党组织在蔡光宗、蔡振家的领导下重建起来。当时活动的中心，在蔡光宗、蔡振家的故乡后厝村及周围地区，联系工作的主要接头点，就在他们的家中。1928 年春，谢少萍由福建省委派遣到海澄，配合蔡光宗、蔡振家开展工作。省委领导王海萍、谢汉秋、王德等曾到这里住过一段时间。1928 年党的地下活动已遍及海澄全境，党组织在全县 7 个行政区中的 4 个区建立起来。1930 年春，谢少萍由党组织派遣再次回海澄开展工作，他这次作为掩护身份的职业是崇仁小学教员。崇仁小学成为海澄县委的活动中心，以及厦门福建省委和闽南游击区的联络点和转运点。闽南地下党和游击队的领导人王占春、李金发、冯翼飞等经常到崇仁小学召开会议，研究工作。厦门党组织曾两次利用水肥船运载枪支、药品、服装到下仓江边，由谢少萍等人把船上物资交给王占春派来接运的人，转送南乡和程溪一带的游击队。

活跃在石码、海澄的地下交通站为龙溪、海澄两县的革命斗争做出了重要的贡献。

第二章　武装斗争的爆发和游击区域的开辟

（1927年8月—1932年2月）

大革命失败后，面对反革命势力日益猖獗的严峻形势，党的八七会议吹响了实行土地革命和组织武装暴动的号角。龙溪、海澄人民在闽南各级党组织的领导下，把革命中心转移到农村，从组织农民抗捐抗税、打土豪分田地，到举行农民武装暴动，建立地下交通线，成立闽南红军游击队第一支队，广泛开展工农武装斗争，开辟红色游击区域，沉重打击了国民党及其军队的反动统治，在闽南开辟了一片崭新的天地。

第一节　党的八七会议精神的贯彻与农民革命武装的初起

四一二反革命政变后，国内反革命势力大大超过了党领导的有组织的革命势力，局势非常严峻。1927年8月7日，中共中央在湖北汉口召开紧急会议，史称“八七会议”。会上坚决纠正了党过去的错误，确定了实行土地革命和武装起义的总方针，号召党和人民继续革命的战斗。会议决定，调派最积极、最坚强、最有斗争经验的同志到各主要省区发动和领导武装起义，组织工农的革命军队，建立工农革命政权，解决农民土地问题。会议还强调，工人运动和农民武装暴动必须相结合，工人阶级应时刻准备响应乡村农民暴动。

党的八七会议是一次扭转革命局势的重要会议。八七会议后，中共中央委派陈明（陈少徽）找到罗明等闽南特委的主要成员，并于

8月中旬在南靖宝林举行了具有重大意义的特委扩大会议。会上,陈明传达了党中央的指示精神,介绍了当时的革命形势。会议确定了以农民武装推动减租减息和反抗烟苗捐的斗争,并在条件成熟时,举行武装暴动的方针。会议号召闽南各地党组织迅速恢复和加强党的工作,扩大党的活动,为筹建农民武装,实行武装暴动做好准备。会上调整和充实了闽南特委领导成员(特委机构按中央指示,于9月改称中共闽南临时委员会),陈明任书记。8月27日和10月15日,闽南特(临)委又先后两次收到中共中央发来的指导闽南开展武装斗争的指示信。12月4日,根据党中央的指示,中共福建临时省委在漳州成立,为闽南各地党组织开展工农武装斗争,提供了更直接更有力的指导。

为了加强对海澄、石码两地公路沿线党的工作,1928年1月,海澄县与石码镇党组织联合组成中共澄码特委(系土地革命战争时期全省最早建立的特委之一),由刘乾初任特委书记,特委隶属于厦门中心市委,机关设在石码。海澄设立特别支部,由陈长江任支部书记,特支隶属于澄码特委。同年8月,中共福建省委正式成立,刘乾初当选为省委书记,澄码特委书记由李联星继任。

在党的八七会议精神指导下,龙溪、海澄的工农运动再度兴起,革命武装的建立也将指日可待。此时,漳州发生了一起轻便车工人举行罢工斗争的好消息。漳州大土豪黄恩培开办了漳州至程溪19公里的有轨轻便车运输公司。公司拥有车辆200多部,固定工人70多人,还有临时工、季节工100多人。经理黄联舫仗着黄恩培的反动势力,残酷剥削、虐待和迫害工人。工人劳动强度大,工资少,连过节费、节油补贴也被克扣,生活极度艰难。1927年10月,中共闽南临委委员许土淼与王占春、庄克等深入该公司宣传发动,组织轻便车工人举行罢工斗争,并组织数万名工人和农民到现场声援。斗争持续了8天,迫使资本家答应了工人所提条件,罢工取得胜利。更重要的是提高了工人的革命觉悟,为以后响应乡村农民武装暴动打下了基础。这是大革命失败后,闽南工人斗争成功的一例。

农民的革命武装是从农会的抗捐抗税斗争中逐步形成的。

1928年2月下旬，蒋介石为巩固闽西南地盘，急调嫡系陆军独立第四师（后改为第四十九师）张贞部回闽南驻防。张贞大肆抓权扩军，兵员成倍增长。为了筹集军费，他设立"漳龙财政整理处"于漳州，下达捐税项目多至39种，虽不都是张贞部一手征办，但征收税款多转拨为该部费用。税赋繁多，漳属人民不堪重负。为了反抗张贞部的残酷剥削，闽南党组织遵循八七会议精神，领导广大人民群众掀起了抗捐、抗税、抗租、抗息、抗夫的"五抗"斗争。在这场斗争中，李金发和王占春具体分析研究了南乡的抗捐抗税情况，在策略上采取"擒贼先擒王，打蛇先打头"的方针，以打击重点来推动全面。因此，他们决定从下南乡半林圩的捐棍郑仪水入手，拿上南乡木棉庵税卡开刀。

1928年农历五月初二，是下南乡半林圩圩日，李金发和王占春带领10多名农民武装化装成赶圩的商贩，有的挑粮食、有的挑蔬菜、有的挑小猪，从四面八方汇集于半林圩场。上午10时，捐棍郑仪水端坐在捐卡办公桌后面，狗腿子正挨摊挨担收取捐税。按照预定计划，党的地下工作者老苏搬来一张圆桌，战士李水根展开一面印有镰刀斧头的红旗。老苏跃上桌子，向围观的群众宣传党的"五抗"主张，号召农民拒缴捐税，并向郑仪水连续发问："为什么未交易要先交税？""为什么大猪小猪一律交税银一元？""为什么交不起捐税要打烂摊主？"等问题，问得他目瞪口呆。李金发出其不意把郑仪水推倒在地，王占春抢上一步，一枪结束了这条税虫的性命。干净利索地收拾了捐棍郑仪水后，李金发、王占春等又把目标对准了上南乡木棉庵税卡。

同年夏天，李金发、王占春、王却车和余天助4人化装成收购生猪的小贩，他们身上背着捆猪绳，腰间揣着驳壳枪，一起到九龙岭下的木棉庵前税卡。这个税卡是木棉村的大土豪、联防队队长陈庭禄包办的油水很大的税卡，每天从漳浦一带挑运入漳州的生油、海产通过木棉庵都要交纳捐税，如有反抗就捅破油桶、搞烂海鲜鱼货。这一天，李金发坐在木棉庵前的石亭内，等到5个带枪收税的联防兵慢吞吞前来查税时，李金发等人才走进税卡。坐在税卡里的是陈庭禄的儿子陈荣宗。李金发又采用在半林圩对郑仪水发问的办法，逼陈荣宗回答。这时，王却车走近陈荣宗，摸摸他的头说道：“你长得白白胖胖，真好福相，好寿相，但可要注意，不要太欺辱漳浦外县人，欺人太甚了，他们是要用扁担打人的。”陈荣宗从抽屉里摸出一支崭新的曲七枪放在桌上，霸道地说：“我们有枪还怕扁担？”王却车眼疾手快，立即把曲七枪夺到右手上，并说：“有这样的好枪当然不怕扁担！”他边说边伸出左手，提起陈荣宗的左手臂，就用这支曲七枪在他的左胁下朝上开了一枪，子弹穿过陈的头部，陈扑地而亡。严惩了郑仪水、陈荣宗这两个歹人，起到了杀一儆百的作用，打下了南乡捐棍的嚣张气焰，大大鼓舞了广大群众抗税抗捐的积极性。

在南乡展开抗捐抗税斗争的同时，李联星、谢景德也在石码发起了一场攻打税务所的斗争。石码税务所是为国民党地方政府收税的机构，其工作人员平时作威作福，尤其是税务所所长更是欺压百姓、滥收捐税、中饱私囊。石码党支部集中100多名工会和农会会员上街请愿，手持斧头、菜刀，高呼“反对苛捐杂税！”“打倒贪官污吏！”，并一拥而上围攻税务所，林和尚、黄坤元、郑德祥等人带头攻进所内，向税务所工作人员投石头、撒灰包，对税务所所长一顿痛打，还捣毁用具、撕毁文件，把个税务所砸得七零八落。后来石码警察闻讯前来镇压，工会、农会的会员枪支少，就想了个办法，在煤油桶内燃放鞭炮伪造声势，伪警察误以为是打机枪，恐慌万状，只得逃之夭夭。攻打石码税务所，是继南乡打捐棍、砸税卡之后取得的一次重大胜利，给龙溪、海澄人民的“五抗”斗争以巨大的鼓舞。

随着党的八七会议精神的深入贯彻，组织农民、武装农民成了龙溪、海澄党的中心工作。农民群众也开始从抗捐、抗税斗争转向小型分散的武装斗争。

1928年11月，根据形势发展的需要，省委决定把海澄、石码党组织分开，在海澄建立临时县委，蔡光宗任书记。海澄党组织重新建立后，活动中心就设在蔡光宗、蔡振家所在后厝村和下仓崇仁小学。海澄地下党活动遍及海澄全境，全县7个行政区中，有4个区成立了党支部。农民运动发展很快，到1929年，全县已建立后厝、东头、郊尾等6个略具规模的地下工作基点。如城关区的“后厝基点”,是以后厝为中心,包括前厝、下仓、仓头、东谢等村的工作地区,是海澄地下党的所在地。当时地下党领导的大小斗争都少不了这个基点的同志参加。党和农会在这里不断发展壮大,6个基点都建有赤色农会和赤卫队等群众武装,经受了斗争的洗礼。

石码地区在独立区委书记李联星和谢景德等人的领导下,全区党的组织发展到9个支部,有党团员100多人。以前被迫解散的码头、盐务、碾米等工会都得到恢复。30多个乡相继成立农会。在壮大工农组织的同时,李联星在榜山的西头村秘密组织了一支小型游击队,由从台湾返回的林和尚任队长,高榕任副队长。这支小型游击队,后来也融入了革命大队伍。李联星发展的革命群众之一黄坤元,除了在石码地区活动外,还在榜山的岳岭、南山一带活动,并以其弟黄再生任教的柯坑小学为据点,组织开展小型游击斗争,与漳州南乡游击队相呼应。

漳州南乡的革命活动,在王占春、李金发等人的领导下空前发展,有20个村建立了农会和赤卫队组织。王占春还在南坑附近乡村发展了有50多人参加的农民武装。这支队伍活跃在漳州城郊、石码、海澄、漳浦一带。在这支队伍的带动下,从漳浦、九龙岭到漳州、石码、海澄建立了几十个革命据点,纵横几百里的地区。

农会组织的发展和地下武装的初建,为农民武装暴动和武装斗争的开展奠定了基础。

第二节　农民武装暴动与武装斗争的展开

中共福建临时省委在漳州成立后,闽南各地党组织深入贯彻党的八七会议精神,积极酝酿农民武装暴动的问题。1928年2月,平和县创建福建省工农革命军独立第一团。3月8日,举行震撼八闽的平和暴动,打响了福建工农武装反抗国民党反动统治的第一枪。在平和暴动的影响和推动下,闽南革命形势迅猛发展,原属南靖县的程溪部分地区和漳州南、北乡的农民武装暴动与武装斗争蓬勃展开。

程溪地处龙溪、平和、漳浦、南靖四县交界处，是漳州平原南沿群山环抱的小盆地。距漳州仅 15 公里，有轻便车往来。

1928 年 2 月间，国民党陆军四十九师师长张贞进驻漳州后，大肆增捐加税，剥削百姓。程溪区的反动当局一方面强迫农民种鸦片，收取巨额鸦片捐；一方面增辟土产出口捐，凡从程溪出口的竹笋、毛竹、木材、柴炭、山药及竹、木器都课以重税，并由驻程溪的保安自卫分队队长杨凌秋总揽其事。距程溪圩只有 3 公里的南坑村受害最深。南靖县政府下达给程溪区的 300 元大洋烟苗捐，杨凌秋全部摊在南坑农民身上。王占春在南坑组织的农会立即出面，选出代表和王占春一起到程溪区要求减少税额，区里不仅不减捐，反而派保安自卫队到南坑抓走两名农民。王占春一边在全区范围内组织抗捐抗税斗争，一边鼓励南坑农会坚持斗争，并购买了 2 把大砍刀、2 支喇叭，缝制一面大红旗，准备进行更激烈的斗争。

为了策应平和暴动，牵制张贞部进攻平和，3 月 24 日，漳州县委让在程溪南坑领导抗烟苗捐的王占春，立即秘密召集南坑、后埭、下叶等村农会会长开会，制订暴动方案，为武装斗争做好各项准备。经过周密部署，王占春认为暴动条件已基本具备。他从几个村选出 100 多名经过武装训练的农民和 500 多名农友组成农军，集中到后安下星社。3 月 25 日深夜两点多钟，农军从下星社分途出发，向程溪圩进发，举行暴动。他们手持割笋刀、火药枪、“牛腿枪”等武器，悄悄包围了国民党程溪保安分驻所。天将亮时，九湖邹塘村农民武装骨干王却车、叶五县带领 30 多名农民武装也赶来支援。这时两支队伍会合，便开始突袭行动。被敌人发现后，敌人的枪声也打响了。在敌人密集火力的封锁下，农民武装一时难以接近目标。王却车经过仔细观察，发现敌人虽然高居楼上，但楼板是杉木结构，于是他想出了“火攻”的计策。王占春也灵机一动，向敌人喊话：“缴枪不杀，优待俘虏！”“再不投降，就搬来松油、松柴，放火烧！”“我们只找杨凌秋算账，与你们士兵无关！”王占春带领的农民武装将分驻所围困了整整一个下午，在强大的政治攻势下，敌兵担心放火，无心恋战，开门逃往漳州。因杨凌秋外出未归，没有将其捕获。经过激烈的战斗，毙敌2人，缴枪一支及部分弹药，救出被捕农友林大钟。

3月26日，国民党地方当局派南靖县保安大队队长张建德率60多人前来解救保安分驻所。因农军事先有所准备，当敌人进入南坑村口时，四五百名农军即用鸟枪开火截击，保安大队落荒而逃。王占春便带领农军到各村捕捉捐棍。农友表现异常勇敢，口号声不断，吓得平日里为非作歹的土豪劣绅闻风逃窜。这次农民暴动沉重打击了敌人的嚣张气焰，大大鼓舞了农民的斗志。

1929年3月11日，毛泽东、朱德率领的红四军从赣南向福建长汀进军，使国民党军阀张贞在闽西南的统治受到了严重威胁。张贞为了巩固闽南这块后方基地，使出反革命的两手，一手在军事上加强"联保连坐""联防自卫"，另一手在政治上利用叛徒陈祖康、张余生加紧破坏地下党组织。

5月底，省委把石码独立区委划归中共漳州县委领导，李金发出任漳州县委书记。为了挽回困难的局面，他致力加强党的基层建设。至8月，漳州县委领导下的党支部发展到39个，其中工人支部7个、农村支部30个、教员支部2个。与此同时，李金发与王占春联手组织农民武装，在农村打击反动族长、联防队和捐棍，在漳州城区打击伪侦探和伪警察，逐步削弱敌人的恐怖统治，扩大共产党在群众中的政治影响。

8月间，国民党地方反动当局企图组织民团联防，消灭南、北乡游击队。9月初，漳州县委获知，南乡一带民团头子和封建族长将聚集于颜厝乡四社村的何里庵，策划联防阴谋，妄图消灭共产党领导的地下武装。李金发和王占春商量，决定乘机消灭这股反动势力，特别是作恶多端、群众痛恨的颜厝村族长颜七舍、五房村族长李泰和浦园村下社族长郑朝纯。

9月6日上午，李金发等按预定计划到东山村的后山宫同王占春会合，准备行动。不料反动族长迟迟未到，直到午后才陆续到齐。下午2时，李金发、王占春带领10多名农民武装暗地里包围了何里庵。此时，反动族长的人还未到齐，田下村族长李索说："我们李氏家族不幸出了李金发这等叛逆子孙，这次抓到定当千刀万剐，以祭祖宗之灵。”李金发、王占春在庵外听了以后，怒火冲冠，立即带队冲入庵内，一阵枪响，当即把9个反动头子击毙。李金发细心搜索，在关帝塑像背后抓出了本族族长李索（李金发亲堂叔公），他大义凛然当场将其击毙。在结束战斗回归的路上，又碰到浦园村顶社族长郑果，李金发也将其击毙。此次战斗共击毙11名封建族长和民团头子，这就是威震漳、码、澄一带的“奇袭何里庵”。这场战斗使共产党的地下武装声威大振，也使封建反动势力闻风丧胆。

1930年2月，在厦门召开的中共福建省第二次代表大会强调了“党应当领导自发的农村暴动”的指示，力图准备全省的武装暴动。根据这一精神，漳州县委派王占春、冯翼飞于3月初到漳州北乡领导农运工作，使之不断地向武装暴动阶段发展。漳州北乡在1929年初就建立了农会，有会员数千名，还组建了一支有9条枪的北乡游击队。省党代会后，漳州北乡尤其是乌石亭的农会和赤卫队在郑华、高渭南、王汝士、杨文德等人的带领下，积极开展斗地主、反征税的斗争，影响很大。5月，北乡区委领导人郑华根据漳州县委的部署，开会研究暴动工作，决定成立暴动指挥部，由郑华任总指挥，并决定于5月29日晨利用纪念五卅运动5周年之机，在乌石亭举行暴动。

5月29日是乌石亭的圩日。天刚破晓，各路暴动队伍已经涌到乌石亭来“赶圩”了。此时汇集于乌石亭的游击队、赤卫队和一般农民已达3000多人。在一切准备就绪后，暴动指挥部宣布暴动开始。一声令下，赤卫队首先割断国民党联防民团的电话线，团丁们察觉情况异常，纷纷借口逃离。郑华率领一支赤卫队攻占乌石亭民团部，接着汇集各路农民队伍举行誓师大会。会后，赤卫队员手持步枪、鸟枪和大刀、棍棒等各种武器，农会会员手持三角纸旗，3000多人的暴动队伍在郑华等率领下进行了浩浩荡荡的游行示威，并于霞苍村路口处决了罪大恶极的封建族长林查媒，根除了北乡一大祸害。

北乡农民暴动，使国民党军阀张贞极为震惊。当日下午，张贞命令旅长杨逢年出兵“清乡”。敌军于下午4时许进抵北乡时，在长埔受到农民武装的顽强抵抗。由于农民赤卫队枪支少，装备差，被迫退至天宝大山梅仔埕。在战斗中，赤卫队员陈洪情、李妙、李南山、黄银河等人英勇牺牲，不少无辜群众惨遭敌人杀害。北乡农民武装暴动虽然遭到镇压，但在共产党领导下，这支北乡游击队、赤卫队仍在赤洋村一带开展武装斗争，后来与南乡游击队合编成闽南红军游击队第一支队，为闽南游击战争的开展做出了贡献。

第三节　闽南特委的重建与红一支队的成立

1930 年 6 月前后，漳属各地党组织在斗争中都有一定的发展。中共漳州市委(1929 年 9 月由漳州县委改建)辖有区委 3 个，支部 22 个，党员 196 名，先后由王于洁、何水平任市委书记。海澄临时县委辖有支部 4 个，党员 20 多名，由蔡光宗任书记(1930 年 12 月，蔡光宗在石码被捕，海澄临时县委的工作由蔡振家负责)。石码特区委建有 3 个支部，党员 25 人。港尾建有一个特支，党员 10 人。南靖、漳浦也建了特支。以上各县党组织，在省委的统一领导下，各项工作基本能互相配合、互相呼应。如 1930 年 5 月 25 日，省委组织厦门武装劫狱，漳州县委派出王占春等参加行动。与此同时，在加强党的领导，健全支部工作，向群众宣传党的主张，组织和发展赤色工会和农会开展革命斗争等方面，都能同心协力，步伐一致。

但随着革命形势的好转，党内出现了“左”倾思想。1930 年 6 月，负责党中央工作的李立三片面夸大革命形势有利的一面，认为已经具备夺取全国胜利的条件，要求全国各地党组织开展总暴动，争取一省或数省的革命胜利。因此，在中央政治局扩大会议上，决定将各级党团、工会组织合并为武装起义行动委员会。根据中央部署，福建省于 8 月 6 日成立福建省总行动委员会。随后漳州也成立了漳属特别行动委员会(简称特行委)，统一领导漳属各县党团、工会工作，省委派陈元宰来漳任特行委书记。

漳州特行委成立后，党的工作中心集中于城市，试图通过城市暴动，实现革命在某省的首先胜利。但在执行中央决定过程中，福建省委认为福建工人运动还正在恢复，未达到直接暴动的形势，不宜搞城市武装起义。因此，闽南党组织除了组织党团、工会合并，造成共青团力量有所削弱外，只派人参加攻打厦门盐务所，搞几次游行集会，其余没受到太大影响，城市工作的冒险行动并不突出，漳州城市也没有大的动作。1930 年 9 月，中共中央召开六届三中全会，纠正了李立三“左”倾错误，决定恢复党团、工会组织和经常性工作。为了恢复和加强对漳属地区革命斗争的领导，12 月间，中共福建省委派陶铸等到漳州，重建中共闽南特委，指定陶铸为书记，董云阁为副书记，卢肇西为军委书记，特委机关设在漳州南山寺德星堂内。

闽南特委重新组建后，特委书记陶铸通过深入调查党组织情况，发现党的工作之所以难以开展，一方面是由于陈祖康、张余生的叛变，闽南特委多次受到敌人的严重破坏，原特委书记何德顺英勇牺牲，原特委委员李联星惨遭杀害，漳州地区的地下党员只剩下王占春、李金发等十余人在坚持活动。军阀张贞利用地方土豪劣绅组织情报网，一发现农民武装的线索，就立即跟踪追击。王占春带着几个队员，白天躲在偏僻的山上或是住在荔枝园深处的草寮内，晚上才悄悄跑到附近村庄宣传发动群众，情况十分复杂，活动极其困难。而更重要的一方面是没有掌握一支统一的武装力量。当时漳州南、北乡虽然都展开了武装斗争，并先后建立了游击队，但这些农民武装基本上是各自为战，而且漂泊不定，不能成为群众斗争的坚强后盾。陶铸认为“有了武装必须继续发动群众，带着枪去发动群众，不然可能会变成流寇”。陶铸分析了当时的斗争形势，总结了前段武装斗争的经验教训，指出了革命的前途和今后的任务就是整顿农民武装，建立自己的武装队伍，并加强对武装斗争的领导，才能打开漳州党组织的工作局面。

1930 年 12 月 13 日深夜，漳州南、北乡两支农民武装在夜色掩护下，悄悄汇集到南乡远离公路的一个村庄的祠堂里，总共只有 20 多名战士，虽然人数少，装备差，可是个个生龙活虎，机智勇敢。闽南特委书记陶铸在简要分析了当时斗争形势和任务后，当场宣布正式成立闽南红军游击队第一支队（简称红一支队），支队长王占春，政委李金发，参谋长冯翼飞，政治部主任谢少萍，陶铸代表特委随军行动。20多名游击队员戴上了崭新的臂章，精神振奋。随后，特委在红一支队中建立党团特别支部，有党员9名，团员5名。并宣布红军三大纪律：遵守命令，服从指挥；打土豪要归公；不拿工农小商人半点东西。后来又规定两条群众纪律："细木草扫地下（即捆柴草扫地板的意思）""借东西好送好还"，红一支队的建立，使闽南工农武装由小型、分散的组织向集中、统一的红军队伍转化，成为党直接指挥下的一支地方红军队伍。

红一支队成立后，立即投入"开展武装斗争，实行土地革命，武装拥护闽西苏区，准备成立漳属苏维埃"等工作。本着这个宗旨任务，红一支队十分注意坚持群众路线，每到一个地方，首先深入群众，了解群众要求，支持当地群众起来和地主土豪做斗争。游击队接连搞掉南乡群众最痛恨的十几个敌探和狗腿，使群众敢于出面跟游击队接头相处，遇到张贞部来骚扰，群众也会赶来报讯，帮助游击队及时转移。在游击队的带动下，革命的火种越烧越旺，敌人被游击队打得焦头烂额，狼狈不堪。

军阀张贞恼羞成怒，集中大批军队，配合返乡的地主武装，在南乡进行反革命"清乡"。由于敌众我寡，力量悬殊，红一支队在反击斗争中处于被动局面。游击队领导根据敌强我弱的局势，决定打出南乡，把战略重点转移到山区去。

1931年2月间，红一支队从海澄进入漳浦县西北部的洋尾桥和外东区，出其不意地袭击官浔的反动民团，发动群众起来打土豪、分谷子、分猪肉，使群众真正了解到红军游击队是工农自己的武装。为了开辟新的游击区，红一支队又折到半山区的洋尾桥、花园、前园、蔡坑等十几个乡村，以及漳浦、海澄两县边区，进行机动灵活的游击战争，开辟了新的游击区域。接着又在外东区群众的配合下，包围了桥头圩乡公所，与驻守该地的伪警察武装、地方反动武装400余人激战了6个多小时，击溃敌人，抓获了几个土豪，缴获了一批武器，又一鼓作气攻打油坑的反动民团，抓获20多个团丁，当场镇压反动透顶的民团团长。

张贞发现游击队已经转移到漳浦，就慌忙调集地方反动武装，妄图分三路进行“围剿”。在群众支持下，红一支队接连打了几个胜仗，粉碎了敌人的疯狂进攻。但是由于红一支队在对待当地流窜的零散土匪的策略上犯了错误，造成土匪、民团和反动军队互相勾结，联合向我游击队夹击进攻的局面，使游击队在当地难以坚持下去。5 月，红一支队被迫离开漳浦。在返回海澄途中，被敌人紧紧跟踪追击，打了几仗，各有损失。这时，红一支队的领导才逐渐意识到游击队里存在单纯军事观点的危害，如不改变斗争策略，游击队将很难长期生存下去。因此，把全体队员分成 3 个小分队，分别深入到白水营、海澄、石码、南乡等地开展斗争。1931 年 7 月，中共厦门中心市委成立，陶铸任市委委员、巡视员兼闽南特委书记，继续领导漳属地区的革命斗争。这时，分散在各地的红军游击队重新整合起来转到南靖、平和、漳浦、龙溪等县边界山区开展活动。红军游击队在折回南乡、石码、海澄时，又杀了十几个反动侦探和封建家长，除掉了九湖邹塘、四社的反动联防武装 40 余人，再次给地主豪绅以沉重的打击。1931 年 8 月 9 日，陶铸在漳浦小山城附近召开会议，宣布将红一支队改称“闽南红军游击司令部”。11 月 5 日，红军游击司令部发布《告工农群众书》，号召广大群众组织起来，参加红军，深入开展土地革命。11 月 18 日，为了褒奖这支游击队的功绩，厦门中心市委、漳州县委及闽西苏区派出的代表共 20 人，在南乡举行纪念闽南游击队成立一周年会议，充分肯定了红一支队一年来的工作，并提出今后游击队的任务，旨在进一步依靠群众，建立革命根据地，迎接更严峻的斗争的到来。

第四节　游击斗争的深入与兵运工作的开展

随着闽南红军游击队的日益成熟和农村游击战争的不断拓展，龙溪、海澄的游击区域进一步扩大，并在斗争中创造了不少讲究策略、机智勇敢、成效斐然的成功战例。

1930 年闽南红一支队刚成立时，是一支仅有 20 多人的队伍，枪支少，装备差，关键是经费短缺。为了解决这个问题，李金发先在南乡做了调查摸底，然后选择洪塘首富、大地主洪甲藤作为支队第一次筹款的对象。洪甲藤拥有水田 70 石种（折 1190 亩）。1930 年隆冬的一个深夜，陶铸、王占春、李金发等带领红一支队队员和附近农民武装共五六十人，带着短枪、鸟枪、砍刀等武器前往洪塘村。游击队包围了洪甲藤的住宅。洪闻讯逃遁，家属拒不交款。游击队便把他家心爱的小孙子带走，在小山城附近一个山沟里暂时安置。同时，没收洪家多余的粮食、衣服等，分配给当地贫苦农民。事后，李金发派人找洪洽谈筹款赎人的办法：须老实交款 3000 元，游击队保证其家人安全。一星期后，洪甲藤派人挑银元 3300 元到东山岭交款赎人，原来多出的 300 元是洽谈的人多派的，李金发立即把这 300 元全部退回，并说："我们共产党讲话是算数的，多一分也不要。"当即交还他的孙子。

红一支队收到 3000 元款项后，送一部分给省委，解决了省委经济上的困难，一部分用来购买枪支，当时游击队已增加到 30 多人，每人一把枪，共购买了 30 多支驳壳枪。以后，红一支队经常活跃在漳州、龙溪、海澄、漳浦、平和、南靖等游击区。

1931 年初，闽南特委在南乡的十几个乡村建立了游击队基点。红一支队在洪塘智取大土豪后，武装力量迅速壮大起来。为进一步打击反动势力，他们又把目标瞄上了上南乡龙虎庵乡公所。龙虎庵乡公所是乡一级政权机构，有民团武装 20 多人，枪械齐全。为了打胜这一仗，红一支队让制"土炸炮"能手王却车预先制造了一批"土炸炮"。一切准备就绪后，红一支队开始行动，支队 20 多名游击队员包围了乡公所，外围还埋伏了近百名的农民武装。进攻开始时，号兵吹起了冲锋号，游击队员立即向乡公所投进 20 多颗"土炸炮"，乡公所里的 20 多个团丁从梦中惊醒，一时惊慌失措，到处乱窜。王却车率队冲入，团丁们全部束手就擒，缴获枪支 20 多把。这是一次成功的袭击乡公所的革命行动，使红一支队威震南乡，使这一带的游击区得到了巩固。

1931年夏,石码十二㭎的大恶霸、大讼棍陈团南依仗国民党的势力,在石码一带为非作歹,猖狂至极。7月30日晚上,林和尚和王占春一道,带了6名游击队员,潜至陈团南家叫开门后,一举冲进去镇压了这个大讼棍。这一革命行动为石码人民除了害,为工农运动的开展搬掉了绊脚石,既壮大了游击队的声威,又使石码、海澄的游击区域得到了扩展。

1931年2月,闽南特委委员、红一支队政治部主任谢少萍受党组织派遣到海澄开展地下工作,他多次带领农会会员和游击队员打土豪、灭捐棍、除恶人。在海澄县委经常活动的中心区后厝村,有个保长叫蔡水牛,他察觉到地下党活动的迹象后,扬言要请国民党政府来抓人。为了解除这个后患,谢少萍决定先发制人。于是在一个深夜里,谢少萍带领海澄的农民武装包围了蔡水牛家,蔡水牛夺门逃出,被游击队击毙。还有一个从永定苏区逃到海澄以打铁为业的地主赖阿三,因他在永定的家产被没收而对共产党恨之入骨,就到处散布谣言,攻击共产党。谢少萍决定消灭这个坏蛋,2月的一个傍晚,他带领农会会员和游击队员追到内楼村土地庙榕树下击毙了这个反动家伙。3月,当海澄农民武装在本地区扎下根,工作顺利开展起来之时,地下工作者刘辉不幸在海澄西门桥被捕,受尽严刑拷打,但仍坚贞不屈。此时,敌人已了解到后厝村是海澄地下党的活动中心,就故意把刘辉押到后厝村杀害。刘辉被杀后,谢少萍决定严惩海澄伪警探队长蔡春,并事先与红一支队取得联系,和王占春等商讨方案。农历十月初三,是下仓社"上帝爷"生日,蔡春在家设宴请客。傍晚,红一支队队员包围了蔡春家,但被敌人察觉,当晚到蔡春家赴宴的国民党海澄县县长郑之翰(墨西)闻讯预先退席离村,蔡春也从后门逃脱,游击队员虽只击毙伪侦探洪鸭母蛏、苏歹等5人,但对伪探长等反动势力是一个严厉的惩戒。这是当时海澄地区发生的一次较大的战斗。

1931年12月14日,陶铸调到厦门,厦门中心市委指派邓子恢到漳州接任特派员工作。邓子恢向漳州县委和游击队领导转达厦门中心市委的指示，提出要转变红军游击队的单纯军事观点，迅速建立游击根据地。随后，漳州县委指示红军游击队兵分三路，分别在漳浦山前、小山城一带、海澄、石码、南乡一带和北乡、西乡及南靖一带，深入群众，发动开展抗捐抗税的武装斗争。

1932年2月，邓子恢、王占春、李金发等率领红军游击队进驻小山城，发动和组织群众，采取"以退为进"的斗争策略。先是提出减少捐税的口号，由农会会员到群众家中串联活动，而后提出在祠堂召开家族会议，由族长把群众要求写成呈文送给区长转呈县长。几天后，国民党政府传话，不但捐款一文钱不减，还得限期缴纳，态度很强硬。后来获悉，区公所派人带口信恐吓："山城是共党在搞抗捐，再不交捐就派兵惩办。"小山城农民担心靠自己的武装敌不过国民党军队，就提出"请漳州南乡游击队的王占春来保护"并立即写信发出邀请。2月上旬，邓子恢、王占春、李金发、冯翼飞等率闽南红军游击队进驻山城乡。小山城群众受到极大的鼓舞，胆子更壮了，斗争也由减捐发展到抗缴，甚至连其他苛捐杂税也不交。周边很多地方仿照小山城做法，展开了废除苛捐杂税的斗争，并拥护共产党，积极报名参加红军游击队。这样，原来寂静、落后的靖和浦交界的山区开始呈现一派"山雨欲来风满楼"的景象。漳州县委又适时提出"取消债务""实行土地革命"的斗争任务，为创立闽南革命根据地打下了坚实基础。

以小山城为中心的边区革命斗争，惊动了张贞等反动势力，敌人派重兵疯狂镇压，但这并没有使人民屈服，相反，人民群众的斗争情绪更加高涨。经过斗争，小山城、龙岭一带的农民赤卫队建立起来了，拥有队员200多名，闽南红军游击队也发展到100多人，在与敌作战中还缴获了部分枪支弹药。1932年3月8日，邓子恢到南乡迎接成功越狱的李金发，随后召开漳州县委扩大会议，确定县委的中心任务是：创造赤色区域，扩大游击战争。从此经过奋斗，建立了以小山城为中心的靖和浦革命根据地。

闽南地方党组织在领导游击区域武装斗争的同时，也加强了兵运工作。先后派出多名富有经验的干部，打入张贞内部开展活动，组织士兵会，以联络国民党军队中的进步力量，策动士兵哗变。

1929 年，中共福建省委为把海澄县港尾区作为省委在厦门活动的稳固依托地带和后勤基地，特派共产党员卢克到港尾组建党组织，并打入国民党军队。卢克于 1929 年夏接受组织委派，到福州参加“国民革命军军官教导队”的军事训练，后被分配到港尾任民团自卫队教官。卢克按照省委指示，努力工作，发展了一批党员，组建了中共港尾特支，并逐步控制该区的军政权力，使港尾成为省委重要活动据点之一。

1930 年秋，福建省委获知港尾党组织的名单被叛徒出卖，立即派王海萍、王德到港尾，指示卢克于 10 月 6 日夜组织民团提前起义，把队伍拉到海澄、漳浦边界山区开展游击战争。卢克接受指示后，便与港尾自治区筹备处主任江胜兰（共产党员）商议起义事宜，但江举棋不定。到 10 月 5 日，江胜兰召集以他为首的“共勉会”几个头头商议暴动时，又遭反对，江胜兰无奈擅自通知已经集中的民团武装解散回乡，起义功败垂成。12 月 8 日，卢克被海澄县侦探所逮捕，英勇就义，党所控制的民团被缴械遣散。

1931 年 8 月，闽南红军游击司令部成立，李金发任政委。他对海澄、石码、漳州一带各村庄民团分布情况了如指掌。10 月 20 日，闽南特委派李金发率红军游击队一部到南乡下陈村，准备在群众配合下以武力收缴该处民团的枪械。当游击队包围民团团部时，不料敌人早有准备，设防严密，不宜强攻，游击队遂中止行动，撤出下陈村。

南乡下陈村是个大乡村，距漳州城仅 2.5 公里，是漳州与石码、海澄的交通要道，位置重要。张贞在此处设立的民团组织也比较完备，有团丁 26 人，枪械齐全。这些团丁平日里跟着民团团长郑有物在附近乡村敲诈勒索百姓，所得钱物全部装进团长一人腰包，团丁敢怒而不敢言。更使团丁愤怒的是，每月饷银说是 12 元，实际上除发 6 元伙食费外，其余都被拖欠不发。就是这么一点伙食费，还被民团团长设法扣回。团丁们表面上与团长打哈哈，其实对他恨得半死。李金发利用该民团内部矛盾，加强策反。通过一段时间的调查，得知民团班长洪振隆与游击队员李港、李妖关系很好，便决定把洪振隆作为策反对象。经过李港、李妖多次游说和动员，洪振隆表示愿意做团丁的工作，组织兵变。兵变时间定在正月初七（古县迎神赛会的日子）。这天晚上民团团长郑有物安排站岗事宜后就带着副团长和护兵回古县去了。李金发和游击队员从相反方向潜入田下村白灰墓地等候。午夜12时，轮到洪振隆站岗时，李金发、邓子恢带着游击队到达下陈民团团部门口，与洪振隆接上了头，顺利地发动了兵变。兵变后，洪振隆等10多人自愿加入游击队，有几个素质较好的还接受红一支队的派遣，打进张贞部继续开展兵变工作。闽南特委和红军游击队专门开会热烈欢迎下陈起义的士兵，还根据他们的要求，处决了在押的民团书记官。闽南特委卓有成效的兵运工作，有力配合了乡村游击战争的开展，牵制了张贞主力对闽西南的进攻，支援了中央革命根据地的斗争。

第三章 中央红军攻克漳州与红四军进驻龙溪、海澄

（1932 年 3 月—1932 年 5 月）

中央红军东路军入闽攻克漳州，是毛泽东等中央领导同志在赣州失利后所采取的正确军事行动。闽南人民特别是漳州南、北乡游击队，在党组织领导下，与闽西苏区人民并肩携手，为夺取漳州战役的胜利，给予了有力的配合与支援。红四军进驻龙溪、海澄后，地方游击队又有新的发展，工农革命委员会等苏区政权遍地开花，有力地配合红军完成了抗日宣传、筹款、扩军等三大任务，为巩固和发展中央苏区根据地，粉碎国民党第四次反革命“围剿”，扩大闽南游击战争，做出了重大贡献。

第一节 红军进漳的决策与漳州战役的实施

中央红军攻打漳州是在毛泽东同志的倡议和指挥下进行的。1932 年 3 月中旬，中共苏区中央局在江西省赣县江口的红三军团前线指挥部召开军事会议，讨论中央苏区红军撤离赣州后的行动方针，并将中央苏区红军分为中路军和西路军。3 月 18 日，中革军委命令中、西两路军夹赣江而下，向北发展。会后几天，红军总政治部得到情报：粤军企图进攻闽西苏区。鉴于形势的变化和巩固闽西苏区的需要，苏区中央局决定，把第一、五军团组成的中路军改为东路军，把行动方向改为闽西，旨在打击福建国民党军队和入侵闽西的粤军，筹足给养，以利今后集中东、西两路军，继续夺取赣江流域的中心城市。为了加强东路军的军事指挥，苏区中央局书记周恩来授

命毛泽东，以中华苏维埃共和国临时中央政府主席和中革军委委员身份，随军东征。

3月26日，东路军所属各部3万余人，从赣南根据地誓师出发。红一军团先于红五军团抵达福建长汀。毛泽东经过深入调查研究并根据当时的敌我态势，认为闽南是敌人统治的薄弱地区，守敌张贞战斗力不强，孤军无援；漳州颇为富饶，地形平坦，易攻难守，又有闽西根据地为依托，是红军发展的一个最好方向，就于3月30日致电周恩来，指出东路军必须直下漳州、泉州，方能调动敌人，展开局面，若单纯在龙岩附近筹款，乃是保守局面，下面的文章很不好做，建议集中东路军兵力攻占龙岩，直下漳州，消灭闽南守敌张贞部和入侵闽西苏区的粤军。毛泽东的这个意见得到了苏区中央局和中革军委的同意。

4月1日，周恩来到福建省委驻地汀州，隔日召开了攻打漳州的军事联席会，会议由毛泽东主持。苏区中央局和东路军领导周恩来、任弼时、林彪、聂荣臻、罗荣桓和福建省委、省苏维埃政府领导罗明、张鼎丞、刘晓、郭滴人、李明光、谭震林等参加了会议。毛泽东在会上分析了第三次反“围剿”后的政治形势，提出红军攻打漳州，目的是缴获敌人装备，解决红军给养，发展闽南革命，任务一完成就回师苏区，不长期占领。省委书记罗明介绍了漳州地方党组织和张贞部的最近情况及漳州的地理环境。省苏维埃政府主席张鼎丞介绍了闽西苏区形势以及各县的武装情况。周恩来听取报告介绍后，肯定了毛泽东的建议，做了关于红军入闽报告，重申红军入闽作战，不是要占领中心城市，而是要消灭军阀张贞部，充实红军装备、扩大政治影响。周恩来还要求福建省委和苏维埃政府全力支持红军攻打漳州，做好支前工作。根据联席会议精神，福建省苏维埃政府于4月5日发布《为打破广东军阀进攻和消灭张贞宣言》，号召广大工农群众行动起来，配合红军消灭张贞，反对广东军阀进攻苏区。《宣言》得到了全省人民，特别是苏区群众的热烈响应。

东路军攻打漳州，必须首先克复龙岩。为了麻痹龙岩守敌，使其不知道东路军进攻方向，毛泽东于出征动员后，令一军团开往长汀东北新桥迷惑敌人，以乱敌探耳目，并催促在赣南信丰的红五军团速往龙岩方向，以加强红一军团兵力。8日，两军团到达大池做好战前准备，10日拂晓发起进攻。当日攻占考塘、龙岩城。11日，毛泽东在龙岩主持召开红一军团的师长、政委以上干部会议，总结龙岩战斗，研究并确定下一步行动计划，对攻打漳州做出具体部署。至此，漳州战役拉开了序幕。

东路军指挥红军第四军（军长王良，政委罗瑞卿）、第十五军（军长黄仲岳、政委左权）和第五军团之第三军（军长周子昆，政委葛耀山）乘胜东进闽南，直取漳州。红五军团率第十三军进驻龙岩、坎市，保障主力侧后安全，并维护漳龙公路交通；红军第十二军则活动于武平、上杭地区，牵制粤军，配合主力作战。

4月15日，红军东路军总部与第四军到达南靖马山宿营。16日，毛泽东和总部领导在马山进行地形、敌情的进一步侦察后，根据守敌张贞的兵力部署，确定了红军进攻的路线。4月18日黄昏，由红军一个团出袭敌军，占领了一处可作攻击的制高点。

4月19日拂晓，漳州战役打响。红四军主攻部队按原计划在听到三十一团绕敌背后偷袭五峰山守敌的枪声后，即向风霜岭、十字岭的敌人发起猛烈的进攻。十字岭守敌陈启芳团以机枪连为前卫，向红军战士猛烈扫射，企图固守阵地。红军战士奋不顾身，勇猛冲锋。在攻至主峰最后一道防线时，守敌居高临下，用3架重机枪把守，负隅顽抗，红军进攻受阻。此时，毛泽东在前沿亲自指挥，命令部队加强从五峰山向十字岭俯冲攻击，敌人防线顿时乱成一团。上午9时左右，红四军突破敌人主要防线，占领主阵地。紧接着，红三军跟进与红四军协同直插天宝圩东的茶铺，追歼驻守天宝镇的一四六旅旅部残敌。在风霜岭、十字岭激战的同时，佯攻宝林桥的红十五军也迅速攻占榕仔岭笔架山，敌残部企图涉江南逃，但多数被击毙或溺死。敌四十九师师长张贞从前线败退回漳州城，于当晚引爆了弹药库，并将30多万元军饷倒入江中，连夜向漳浦、同安方向逃窜。漳州战役，红军取得了重大胜利，共歼国民党军4个团，毙敌二九三团团长陈启芳等多人，俘敌一四六旅副旅长魏振南、二九二团副团长谢玉成及以下官兵1674人，缴获步枪、机关枪、山炮、迫击炮、平射炮和子弹、炮弹、炸弹不计其数。

第二节　联手闽西参战支前与海澄地区游击队的建立

为了迎接和配合中央红军攻打漳州，闽南、闽西两地军民都付出了很大努力，做了大量的支前工作。

在中央红军准备攻打漳州前夕，闽南党组织正领导和开展轰轰烈烈的游击战争。漳州县委书记李金发和闽南红军游击队领导王占春、冯翼飞等带领农民武装，在漳州的南乡、石码、海澄一带打土豪、治恶棍、斗联防、灭侦探，策动敌兵反正，进行后方大骚扰，在艰苦的斗争中期盼着红军主力部队早日到来。1932年3月19日，邓子恢在漳州县委机关所在地——南乡的龙虎庵召开漳州县委会议，会上，县委根据小山城斗争形势的发展，指出漳州党组织的中心任务是“创造赤色游击区域”。后来开辟游击区域的斗争就展开了。红军克复龙岩后，厦门中心市委为了配合红军夺取漳州，号召漳属、泉属、莆属各地党组织和工农游击队紧急行动起来，为红军攻漳做好各项准备，还急派正在惠北领导农民斗争的蔡协民前往漳州，协助邓子恢和李金发等领导的游击队和赤卫队，在漳州南北乡及靖和浦边界一带张贴标语，散发传单，破坏公路，砍断电杆，割断电线，袭击小股敌军等，策应红军攻打漳州。

4月19日晨，漳州战役打响后，闽南红军游击队领导王占春带领游击队预先隐蔽在九龙岭险要地段截击敌军，适值敌师长张贞带领卫士10多名和护路队押运鸦片烟膏、银元和一批枪械乘车从此经过，游击队立即给予猛烈射击，张贞险些被游击队俘获。19日傍晚，李金发代表县委在颜厝古县大庙主持召开千人群众大会，邓子恢在会上宣传党的主张和政策以及迎接红军的注意事项。会议结束已近半夜，李金发带领游击队挺进漳州城。他们沿途阻击敌人逃窜的汽车，收缴溃退散兵的武器，在临近漳州的东北桥头时，与敌军遭遇，李金发不幸中弹牺牲，为闽南革命斗争流尽了最后一滴血。为了配合中央红军攻进漳州，闽南游击队先后由王却车带领100多人，黄盛带领80多人，以及农民400多人，分批开进漳州城。游击队进入漳州后，冯翼飞和游击队员认真细致地搜查了张贞司令部，从一口井中捞出了60多支机关枪、冲锋枪和步枪，充实了游击队的装备。同时，在地方党组织领导下，积极组织群众中的进步分子搞宣传，为红军当翻译；发动汽车工人给红军开车，维持秩序；还组织赴苏区参观团，有19人到瑞金参观学习，回来为本地建苏服务。

红军东路军攻打漳州，也使闽西党组织、苏维埃政府和苏区人民受到极大的鼓舞。因红军进攻漳州，击溃粤军，消灭张贞，与闽西苏区的巩固有直接的密切的关系，加上闽西、闽南山水相连，都在福建省委和省苏维埃政府的统一领导下。因此，从漳州战役一打响，到红军进驻漳码，都得到了闽西党和人民的大力支援。其实，闽西苏区早就看好漳州这片热土，把漳州视为拓展赤色区域的重点地区。1930年3月，闽西第一次工农兵代表大会决议案提出："要集中一切力量向外发展赤色区域，尤其要向漳厦潮汕发展。"根据会议精神，闽西红军第一团(4月改称红十二军第一百团)，在漳平、南靖、平和、龙溪、华封(今华安)各县转战数月，发动数十万闽南群众参加革命斗争，扩大了闽南革命根据地的范围，进而巩固发展了闽西革命根据地。经过数月与敌人浴血奋战，给国民党反动武装以沉重打击。革命斗争迅速扩展到龙溪、海澄等地区，两县很快成了闽西革命根据地东南边沿的新阵地。为在漳州时机成熟时建立苏维埃政权作好干部准备，闽西党组织考察了闽南根据地和闽南红军游击队创始人之一的王占春，先后3次推选他担任闽西革命军事委员会委员、闽西工农革命委员会委员。这是闽西特委、闽粤赣边特委深谋远虑的一个策略，其目的是为龙溪、海澄两县苏维埃政权建设培养人才。1932年4月，中央红军攻打漳州，除了要达到决策的预期目标外，也是与闽西苏区向漳州扩展赤色区域的意图相吻合的。因此，漳州战役打响后，闽西各级党组织和闽西苏区人民很快就行动起来，为支援红军东征漳州做了大量的支前工作。长汀县组织500

人的运输队到前线配合主力红军作战，并在闽赣两省交通要道的古城、新桥、河田等地设立粮站，保证东征红军的粮食补给。上杭县的才溪、白沙、旧县等地组织地方武装、运输队、担架队、妇女大刀队随红军行动，听从调遣。龙岩县苏维埃政府发动群众每人节约 3 升米，便宜卖给红军，还在适中建立多处闽南通讯社（地下交通站）重要站点，接应和护送由厦门、漳州、南靖一线通过的党的干部和红军指战员。当漳州战役打响后，东路军红一、五军团在龙岩至漳州途中的西陂区设立后勤指挥部，龙岩县委专调魏金水任西陂区苏维埃政府主席，主持红军后勤供应。龙岩染布工会组织工人日夜加班，把漳州运来的大批白棉布染成灰色，再送到长汀红军被服厂制成军服，供红军使用。龙岩全区还发动妇女制作 800 多双军鞋、布、草鞋，加上群众自愿捐献的 30 多头肥猪和大量的鸡蛋、粉干、青菜等，及时送到战斗第一线，慰问红军指战员。闽西一大批工农群众，特别是龙岩的“十姐妹运输队”，在闽南人民的配合下，凭着肩挑、手提、车载，采用沿途“接力”的办法，把红军伤病员和向敌人缴获的大量枪械、弹药等战利品，源源不断地运往长汀、瑞金等中央苏区，使伤病员得到及时救治，使战利品及时用于战争所需。

闽南党组织及游击队的配合参战和闽西苏维埃及广大人民的大力支援，对中央红军攻克漳州起到了十分重要的作用。漳州战役的胜利，不仅扼制了粤军，消灭了张贞四十九军的有生力量，进一步巩固了闽西苏区，而且推进了闽南小红军的建立和游击战争的发展。

1932 年 4 月 20 日，红军东路军攻克漳州的消息传到海澄，海澄地区的国民党军政人员吓破了胆，纷纷从海上逃往厦门。海澄监狱看守人员和警卫也随后逃走。曾于 1930 年被捕而关在海澄监狱的海澄地下党员朱仁路、高万山，就在红军进漳后同监狱的其他人一道破狱出来。出狱后，正值红四军进驻海澄，他们就一起回到东头基点的东头村，找赤色农会会员林寿裕、蔡寿康等人，商量如何抓住当时的大好时机，加紧发展组织、建立农民武装。经协商后，决定在大埔成立“澄埔赤卫队”，蔡寿康为队长，林寿裕为副队长。赤卫队共有100多人。这些人大多数是来自东头基点、郊尾基点和大埔的革命群众。为了安全,澄埔赤卫队后来转驻白水郊尾基点的山边村。澄埔赤卫队成立后,对平时盘剥群众,大秤入、小秤出的大埔米厂采取行动,收缴了米厂的4支驳壳枪,征用了米厂内余粮并罚款600多元。同时,还收集了民间几十条枪,基本解决了队伍的装备及给养等实际问题。

红军东路军攻克漳州的消息传到厦门,在厦门求学的海澄进步青年苏精诚和苏静激动万分,两人决定一起搭船回海澄参加革命斗争。回到海澄后,他俩立即发动家乡的学生和贫苦农民共40多人,还收集了30多条枪,组成游击队,苏精诚为队长,苏静为政治委员。游击队以东泗卓港为驻地,把队部设在一座小洋楼内。此时,红四军第十师第二十八团已驻在海澄县城,大股的民团和土匪都退缩到南溪南岸以东和以南的浮宫、白水营及港尾等地,社会秩序很快恢复了平静。中共海澄临时县委根据厦门中心市委的指示,把澄埔赤卫队和卓港游击队集中起来,改编为"海澄工农游击队",配合红四军开展工作。海澄工农游击队共编3个大队:第一大队队长蔡寿康,政治委员朱仁路,全队70多人,驻海澄县城;第二大队队长苏精诚,政治委员苏静,全队40多人,驻卓港;第三大队队长蔡文彬,副队长高万山,政治委员蔡甘棠,全队约30人,驻下仓。3个大队统归海澄临时县委领导。各大队与红四军取得联系,积极为红军收送情报、当翻译,协助红军与群众沟通,做好抗日宣传、打土豪、筹款等工作。这支游击队的许多战士后来成了中央红军的骨干成员。

由于红军东路军攻克漳州,大伤了国民党四十九军的元气,消灭其大部不说,还俘敌1600多人,使其在短期内不能恢复战斗力。闽南党组织便乘机武装群众,壮大自己的革命力量。王占春、冯翼飞领导的游击队由百余人发展到六七百人,下设5个大队:漳州南、北乡游击队扩编为第一、第二大队,各有红军100余人;漳州西北乡游击队改编为第三大队,约有近百人,后担任闽南工农革命委员会警卫;石码、海澄原有游击队和工农赤卫队在红军回师苏区前组建为第四、第五大队,每队130人左右。闽南革命形势一片大好。

第三节　红四军进驻龙溪、海澄与工农革命委员会的诞生

为彰显红军东路军攻克漳州的政治影响，1932 年 4 月 20 日上午 8 时，东路军在漳州举行隆重的入城仪式。部队入城时纪律良好，有的部队还将全团司号员集中起来，在队伍前面鸣号开路，步伐整齐雄壮。毛泽东身穿一件大褂，头戴凉盔帽，骑着一匹白马，随队入城。

红军东路军进驻漳州后，总部设在芝山南麓附近，蔡协民和邓子恢进城与红军接上关系，并在芝山寻源中学见到了毛泽东、罗瑞卿。毛泽东告诉他们：红军只在漳州住个把月，指示他们要组织和发动群众，在“最短的时期……发展闽南游击战争，筹足百万以上经费”。

4 月 21 日，毛泽东在漳州城主持召开了东路军师长、师政委以上高级干部会议。会上，就红军驻漳期间收集战利品，搜查反革命分子，宣传群众，分发谷物给群众，扩大政治影响，向地主豪绅筹款，对民族资产阶级和小商人执行自愿捐助政策，随时准备打击来闽的广东敌人，严格执行入城纪律等问题做出了决定。紧接着毛泽东向红三军、红四军和东路军总部连以上干部做了《关于目前政治形势及第二次行动问题》的报告，把红军官兵的喜悦气氛推向高潮。

毛泽东还致电苏区中央局书记周恩来，报告漳州战役的胜利及下一步方针是“公开宣传，秘密组织”，主要任务是“以龙溪圩为中心，向南靖、平和、漳浦、云霄、龙溪五县扩大游击战争。创造小红军，建立小苏区”。鉴于当时斗争形势的需要，毛泽东还说明了在漳州只散发谷物而不建立政权，不分土地，并根据群众斗争情形及环境需要，建立漳州临时政权机关。

在毛泽东召开红军干部会议的同一天，龙溪县石码商会的会长、会员也在开会。他们从地下党员林和尚的口中获知，红军东路军进驻漳州城，石码的国民党军政人员和土豪劣绅已纷纷外逃，决

定派4名商会代表，租一辆客车到漳州迎接红军进驻石码。他们清晨从石码出发，沿途通过2处游击队岗哨的检查，到漳州芝山东路军司令部时，受到了红军首长的亲切接见，石码商会代表说明来意后，还听到邓子恢用闽南话称赞“你们石码最开明，现在只有你们来邀请红军进驻”的话语。下午5时，陈光师长和红军干部战士在石码商会代表的带领下，不费一枪一弹就抵达石码。林和尚率领游击队员前来欢迎。此时，石码商会已办了3桌酒菜要宴请红军干部，陈光师长婉言谢绝了商会的好意，他说：“我们红军部队随带粮食，习惯了自己开炊，不必客气。”21日黄昏，红四军就进驻了石码镇。

随后，红军东路军分兵开赴漳属各县。其中，红一军团的红四军除一部分暂驻漳州，一部分已进驻石码外，其余部队分别进驻角美、海澄、长泰一带。红军每到一处，都协助地方恢复工会、农会，发动群众打土豪、分谷物，废除苛捐杂税和高利贷，烧毁地契、债据，保护人民群众。

红四军进驻石码后，军部和军长王良、参谋长聂鹤亭住在大港墘礼拜堂（现解放西路），军政治部驻在蕃薯埕连三学校（现市总工会职工食堂及后面旧楼）军政委兼政治部主任罗瑞卿及宣传部长舒同、财经管理处处长李富春、毛泽覃住于三府衙门内（现市总工会办公楼及停车场），第十师师长陈光、政委李遗凡住在石码商会（原文化局楼址）；第十一师师长刘海云、政委刘亚楼住在锦江道“观海楼”（现西湖路），第二十八团驻在石溪中学（现龙海一中），有几个连部驻在西湖小学（现实验小学），其他团分赴水头、海澄及海澄以东沿海，向厦门方向警戒。

进驻石码的红四军，一方面做好内务和群众工作，一方面派出部队追歼张贞残部，打击顽抗的反动武装。先后在角美的杨厝打垮了装备精良的反动地主武装，在紫泥击败了80多个土匪的袭击，在石码镇压了商团的叛乱。石码商团武装连的连长李玉泉，凭着自己手中掌握武器，倚仗着其兄李玉树担任敌军团长的势力，在石码地区横行霸道，为非作歹。红军入码前，他到处造谣惑众，说红军“杀人放火”，共产党“十恶不赦”。红军进码时，他来不及逃走，摇身一变，伪装进步，伺机报复。红军要收缴商团的武器，他骗红军前去收取，暗中却与土匪勾结，把其部属埋伏于高坑乡的林坑村，妄图做垂死挣扎。当红十师派出 23 名红军战士前往林坑接收时，他预先埋伏在村里的部属向红军发动袭击。红军机智应对，把企图跳水潜逃的李玉泉捕获，还从林坑池塘里捞出了不少枪支、弹药。红军离码前，根据广大群众的强烈要求，公审了民愤极大的李玉泉，并在港口桥头当众处决。

红四军进漳后的 4 月下旬，在漳州东坂后礼拜堂召开了工农代表大会，100 多名代表出席。邓子恢和红一军团政治部主任罗荣桓分别在会上讲话。会上成立了闽南工农革命委员会，推选王占春任主席。27 日，闽南工农革命委员会发出第一号布告，指出：闽南工农革命委员会"是目前闽南劳苦工农群众的临时政权机关"，"任务是发动和扩大工农群众的阶级，团结和组织武装，起来消灭反动势力的残余，没收地主豪绅的物产和粮食，分配给劳苦群众。工人组织自己阶级的工会，实现苏维埃政府劳动法，增加工钱，减少工作时间，救济失业工人"。

5 月 1 日，闽南工农革命委员会在漳州中山公园召开"军民庆祝红军胜利攻克漳州大会"，漳州城乡一万多群众参加。大会由工农革命委员会主席王占春主持。福建省委代理书记罗明以及漳州工人代表，分别在会上讲话，祝贺红军在漳州战役取得的胜利，宣传共产党为国为民的功绩，声讨国民党反共反人民的罪行。红军还驾驶缴获的飞机在公园上空散发传单，以壮声威。

闽南工农革命委员会的成立和庆祝大会的召开，标志着包括龙溪、海澄在内的闽南人民已经有了自己的政权，尽管这个政权机关还是临时的，但已具备苏维埃政权的基本职能。在闽南工农革命委员会的推动和红四军的帮助下，石码也成立了由 7 名委员组成的工农革命委员会，林和尚任主席，黄坤元任副主席，会址设在后街仔（西湖路）的西湖亭处。石码人民第一次看到自己的政权机关，都喜上眉梢。石码工农革命委员会下辖 8 个乡苏区政权。其他地区，除时属南靖县管辖的程溪一带乡村较早建立苏维埃政权外，九湖、颜厝、海澄、东泗、白水、双第等地的大部分乡村和榜山、紫泥、东园、浮宫、港尾的一些乡村，也成立了苏区政权。因为这些苏区政权都是在中央苏区红军攻克漳州，红四军进驻龙溪、海澄后建立的，所以都成了中央苏区的范围。据 2013 年 7 月 23 日中共中央党史研究室的文件确认，龙海原中央苏区面积为 0.11 万平方公里。

龙溪、海澄两县苏区政权建立后，普遍开展了轰轰烈烈的打土豪、分米谷、分浮财、赈灾民等群众运动，苏区经济教育等方面也有所发展。石码工农革命委员会创办了消费合作社，以集体名义替群众购置日常生活用品，并在厦门设立购销站，购买食盐、煤油、布匹、纸张、电池等紧缺物资，输送到闽西苏区，解决中央根据地物资紧缺之急。此时，闽西、闽南苏区连成一片。两地互为犄角，遥相呼应，革命形势一片大好。龙溪、海澄苏区政权还在群众中举办了各种扫盲班、识字班、农民夜校、妇女夜校，建立列宁小学等，宣传革命理论，帮助农民学习文化知识。如王占春在程溪南坑村创办的农民夜校，不仅成为共产党开展文化教育的阵地，还成了党领导南乡农民武装斗争的重要据点。石码工农革命委员会在石码西湖小学建立的妇女夜校，对石码周边地区妇女进行扫盲，效果很好，认识 200 多个汉字的妇女达 3000 人以上。

毛泽东指出："相当力量的正式红军的存在，是红色政权存在的必要条件。"红军东路军攻克漳州，红四军进驻龙溪、海澄，使苏维埃旗帜映红了闽南的一片天。1932 年 5 月 19 日，红四军所属部队从漳州、浦南、角美、海澄、长泰等地，集中到石码进行整编，全体指战员在石溪中学（现龙海一中）大操场合影留念。这幅珍贵的历史照片，现陈列于北京中国人民军事博物馆内，它充分表明：红军是战无不胜的革命武装，只有中央红军和地方小红军壮大了，才能造成长期的和日益发展的红色割据的局面。

第四节　红军进漳三大任务的完成及其效应

龙溪、海澄两县在抓好本区域苏区政务建设，领导广大群众开展革命斗争的同时，还和红军一道，积极完成抗日宣传、筹款和扩军三大任务。

抗日宣传是当时各级党组织和社会团体最迫切开展的一项重要工作。1931 年日本帝国主义发动九一八事变，占领中国东北全境之后，全国人民深感亡国惨祸已迫在眉睫，中日之间的民族矛盾已上升为国家主要矛盾，强烈要求政府抗日。而国民党南京政府却提出“攘外必先安内”的方针，对日军大举侵略一让再让。在中华民族的生死关头，中国共产党根据人民的意愿，坚决主张对日抗战，打败日本侵略者。为了把抗日氛围造大，在红军东路军攻克漳州后，就把抗日宣传作为头等大事，利用各种阵地和形式，广泛进行抗日宣传。

红四军和石码工农革命委员会先后在西湖小学（现实验小学）大操场和石码中山公园，召开了 3 次较大规模的群众大会，参加的有红军战士、游击队员、革命委员会成员和群众四五千人。罗明代表上级党组织出席会议，军代表罗瑞卿在会上发表抗日讲话，政治部宣传队及石码学生在会上表演抗日节目。会后，红四军在石码工农革命委员会配合下，组织抗日宣传小分队，让本地学生当翻译，手拿小红旗，在街头巷尾，在贫苦群众家中，进行抗日宣传。共产党员洪徽音和石码的一些群众团体也都组织学生和社会青年，上街表演抗日剧目和歌舞。石码街上有一度到处是载歌载舞的化妆演出队和热情洋溢的学生演讲队。宣传的内容都是拥护共产党抗日主张，揭露国民党消极抗日政策，声讨日本侵略者狼子野心和残忍本性等。宣传中，红军和工农革命委员会还向漳、码群众发放谷子 4 万多石及其他物资。通过宣传，许多到深山或外地“躲红军”的商人、市民纷纷返回家乡，拿出钱物，支援红军。

筹款是红军驻漳期间的主要任务之一。为了加强对筹款工作的统一领导，红军在漳州成立筹款委员会，由罗荣桓负责，红四军财经管理处处长李富春和毛泽覃具体抓。地方党组织及游击队也设立相应筹款机构予以配合。石码商会筹委会在红四军财经科长资建侯具体领导下开展工作。红军筹委会根据漳州、石码、海澄等地的经济状况，提出筹款总额100万银元的目标要求，再依照各地区敌产的多寡和工商业者数量分配筹款任务。漳州、石码工商界原定筹款总额分别为60万和40万银元，商会代表及筹委会成员认为负担过重，经红军与工商户民主协商，分别减为40万和10万银元。

5月1日，红军东路军政治部在漳州广场主持召开纪念五一国际劳动节大会，把红军筹款作为一个主要内容来动员部署。随后，在漳州、石码、海澄等地展开了筹款行动，龙溪、海澄人民在工农革命委员会领导下，为配合红四军完成筹款任务，都全力以赴，积极支持，掀起了轰轰烈烈的“拥红支红”热潮。

红四军和地方筹委会在筹款工作中严格执行毛泽东制定的筹款政策，对反动地主资本家、反动官僚买办、反动军队在漳、码地区的财产一律没收，在漳州没收了国民党四十九师开设的民兴银行和仓库、兵工厂物资，在石码没收了宏通银庄，龙溪县盐务局及土豪劣绅兴办的酒厂、糖行、印刷厂等财产。这几处所没收款物占到筹款总额的近五分之一。对民族资本家、华侨资本家及众多的工商业者，采取募捐的办法，不强行摊派，如对民族资本家蔡同昌，红军只向他募捐1000银元，仅占其财产的百分之一；对陈嘉庚先生在漳州开设的胶鞋厂，因经理避走他乡，仅取走其相当于应交款项的胶鞋。

红军的筹款是文明筹款。从筹款工作一开始，毛泽东就严明红军入城纪律，强调务必坚决执行。对筹款交款也采取了一些灵活的办法。对一次交不清者，允许分数次限期交清；在交款中一时难于凑齐银元数，允许用黄金首饰估价抵交；交缴款以银元为主，原则上不收纸币；工商户交清款项时，筹委会发给一张盖有红军军部印章、写有“款已交清，不准滋扰”的证明条，让其贴在商户店铺门口，红军及筹委会人员就不再上门催交了。

红军筹款是一项艰巨复杂的工作，政策性强，需付出耐心与努力。在筹款刚开始时出现了两个问题，都及时得到了解决。

一是红军刚从山区来，不懂闽南方言，由于石码、海澄等地归侨、侨属较多，生活条件比较富裕，有的出门戴礼帽、穿西装、拿文明棍，有的住着民族式砖瓦平房，也有的住小洋楼或庄园式的大套院，红军误以为这些人是土豪劣绅，就把他们抓起来筹款。对此，毛泽东立即召开连以上干部会议，指出抓错的原因之一是没有认真调查研究，只看现象，不看本质，要求回去以后清查一下，对抓错的人，向他们赔礼道歉，请他们吃顿饭，送他们回去；个别会讲国语的，请他们留下来当翻译，帮助红军筹款。还进一步明确，对华侨资本家的商店不予没收，只向他们募捐。同时，再次严明红军纪律，要求指战员正确执行筹款政策，及时纠正工作上的偏差，从而打击了真正的土豪劣绅，保护了中、小商人和民族资本家、华侨资本家的利益，深受广大群众的赞扬。

二是在红军进漳、码之前，由于反动军阀张贞部的封锁和反面宣传，广大群众对红军并不真正了解，甚至产生恐惧的心理，一听说红军要来，都纷纷找地方躲避。当时石码大、小商店的老板有七八成关闭店门，只留个把人看家，自己带上资金，携老带幼到厦门等地投亲靠友，找避风之处，这给红军发动筹款带来了很大困难。针对这个问题，红四军政治部立即组织指战员，深入各条街道，宣传发动，澄清各种模糊认识，戳穿国民党的骗局，使原来关闭的店铺又纷纷开市，一度平静的石码商业又恢复了往日的喧哗。那些跑到厦门躲避的商户老板纷纷捎信回石码，让在家的人积极交款。原商会主要负责人之一的陈长利，跑到鼓浪屿后，经人介绍，才知道红军筹款的目的、对象以及石码开展筹款的情况，马上托人交代在家看店的人：红军让交多少银元，要如数如期完成。

领导带头发动捐款，是完成红军筹款任务的关键。石码工农革命委员会主席林和尚，日夜操劳在筹款第一线，他准确把握筹款政策，坚持原则，不徇私情。他有一个姑父在石码西头村开粮店，投机钻营，贱买贵卖，放谷青坑害农民，店中囤积了几百担稻谷。林和尚得知后，立即带领一批人分乘几条小船到姑父粮店，连夜开仓运走200多担谷子供给红军，另外把100多担谷子分给当地农民。石码工农革命委员会副主席黄坤元，不仅以身作则，带头没收本家族叔、大土豪黄仔掌在石码新行街开设的莲桂栈糖行，而且不讲情面，不报私恩，坚决执行筹款政策。当筹款工作全面铺开时，清泉乡南山村巨富、封建家长杨某，为了逃避捐款跑到石码找黄坤元要求他给予“保护”。因黄坤元在清泉一带做地下工作时，曾被杨某察觉，杨某没把黄坤元出卖，还主动借给黄坤元10元钱，让黄坤元安全转移。打那以后，杨某觉得有恩于黄坤元，便找上门来求助。黄坤元不仅没有袒护他，反而用革命道理开导教育他，使他回去后按期如数捐清了银元款。闽南游击队的骨干之一王却车，在龙溪县邹林乡锡林保交通站筹款。锡林保有个土豪接到筹款通知后，想抵赖拒交，就变花样收买王却车，当他带着一米箩糕点找王时，王却车当场识破他的用意，土豪见势不妙，不敢抵赖，只好老老实实按期如数交清了银元。

由于发动充分、宣传到位、政策落实和党政负责人的模范带头作用，使筹款任务得以顺利完成。红军和工农革命委员会从4月底至5月中旬就筹足了100多万银元，其中石码完成14万银元，海澄完成10万银元，还筹到大批粮食、食盐、药品、布匹、纸张、图书及全套印刷机器。这些款物极大地缓解了中央苏区和红军的经济困难。当时在长汀举办了“金山银山”展览会，展览会展出了从漳州运到中央苏区的金砖、金条、银元、银锭等财物，引起了极大的轰动。此后又建了一座熔银厂，把筹到的银元重新熔铸成苏区货币，从而支持了中华苏维埃银行的运转，稳定了苏区金融。红军还将在漳州筹到的一批图书运往瑞金，办了个中央图书馆，丰富了红军战士的文化生活。

扩军也是中央红军进漳的一项重大任务。龙溪、海澄两县党组织及苏区政权专门成立机构配合红军开展扩红运动，号召城乡进步工人、知识分子、青年农民积极加入红军。红四军政委罗瑞卿和石码工农革命委员会主席林和尚深入到石码周围区、乡及海澄县检查指导扩军。林和尚还亲自动员妹妹林腰参加红军。台湾籍医生李克已、谢端生和许多在厦门求学的台胞青年,乘电船赶到石码报名参加红军。在海澄地区,省委派驻海澄县委特派员谢少萍和妻子蔡丽春同心同德由游击队转入红军。苏静与学生苏精诚带领家乡的40多名游击队员集体报名参加红军。在漳州,闽南工农革命委员会主席王占春专程回家乡九湖,动员大批南乡优秀青年加入红军。连南山寺7名和尚也报名参加红军。像这样的哥妹同行、夫妻同伴、师生同道、乡亲同路加入红军队伍的例子举不胜举。在红军驻漳期间,应征参加红军的就达1500多人,仅石码、海澄报名的就有500名,其中900多名随中央红军到苏区,其余600多名编入红三团。这些参加红军的优秀儿女都在以后的革命战争中茁壮成长,有的为国捐躯,有的成了红军的主要骨干,屡立战功。

中央红军东路军入闽攻克漳州,胜利完成抗日宣传、筹款、扩军三大任务,对于巩固和发展中央苏区根据地,粉碎国民党第四次"围剿",拓展闽南游击战争,创建龙溪、海澄苏区政权,激发苏区人民的革命精神起到了十分重要的作用。

第四章　红三团在困境中坚持斗争和革命根据地的巩固与发展

（1932 年 5 月—1937 年 6 月）

闽南游击队的主力红三团是党领导下的一支正规化红军队伍。中央红军撤离漳州后，在敌人的残酷夹击下，闽南党组织和红三团，虽然受到党内“左”倾错误的伤害，但是仍然能在困境中顽强留存，冲出外线作战，并在反复斗争中不断得到巩固、发展。此时，地处漳州南乡的洋坪交通站应运而生，在收集传送情报、购买转运军需物资和隐蔽接送外来干部及革命青年方面发挥了重要作用，有力地支持了闽南军民的三年游击战争。其间，为了唤醒民众的抗日激情，党组织还充分利用芗潮剧社这个平台，卓有成效地开展抗日救亡宣传活动。

第一节　红三团开辟与保卫革命根据地的征战

中央红军驻漳期间，毛泽东、聂荣臻和王海萍等确定将闽南工作重点放在发展游击战争、扩大农村革命根据地，扩大以漳浦小山城为中心的苏区，开辟新的农村红色区域。在进漳红军的推动下，闽南党组织领导的武装力量得到空前的发展和壮大，闽南的工农游击队扩展至六七百人。1932 年 5 月下旬，漳属各县新建的农民赤卫队和原来的游击队集中于漳浦县城郊区，进行整编，中央红军选派一批军事干部参加，正式成立中国工农红军闽南独立第三团（简称红三团），王占春任政委，冯翼飞任团长，尹林平任副团长，谢少萍任政治部主任，蔡协民任总指挥，同时在连队建立了党支部，在各连中设立连政委。

基于红军的帮助，闽南红色区域得到迅速拓展，建立了以靖和浦的小山城、龙岭、车本为中心，东南起于漳州南、北乡，西南到云霄一部分地区，西北毗邻闽西红色区域，纵横100多里的革命根据地。

1932年5月28日，中央红军东路军为了执行新的任务和争取团结一切抗日反蒋力量，避免与十九路军发生正面冲突，根据中央军委命令，主动撤离漳州，回师中央苏区。这时，中共漳州中心县委和红三团即搬到小山城，漳州中心县委以蔡协民、曾志、王占春为主展开工作。

红军东路军撤离漳州后，逃窜到云霄、漳浦边界的盘陀、古楼一带的张贞残部及反动地主武装卷土重来。6月1日，张贞残部及在张贞纠集下的民团翁猪母、陈祥云，打着"剿赤游击队"和"剿赤救乡军"的旗号，杀气腾腾进占漳浦，开始了对初创阶段的小山城根据地和红三团的疯狂反扑。

6月2日，红三团在漳浦象牙庄主动出击，消灭张贞残部200多人，缴枪40多支，并乘胜攻下漳浦县城。而后红三团撤出县城，驻扎在漳浦崎溪寨仔村休整。

6月5日，张贞残部与地方民团300多人悄悄包围了寨仔村，群众发现后向红三团报告敌情，但红三团的一些领导人麻痹轻敌，未引起重视。结果，敌抢占制高点后，将红三团层层围住，红三团尚未集合起队伍，就已遭到敌人的进攻。在紧急的情况下，红三团马上做出突围的战斗部署，命红一连为突围战斗的尖刀连，抢占制高点，掩护全团撤退，但伤亡很大。王占春分析了敌我态势，在这关键时刻，毅然带领老游击队班子的红五连往上冲，经过一场鏖战，终于夺下了敌人占据的制高点，打开了突围的道路。王占春在这次战斗中胸腹部中弹受伤，冯翼飞指挥红三团迅速突出重围。几天后，王占春因伤势过重，医治无效牺牲，年仅27岁。

6月17日，红三团在蔡协民指挥下主动出击龙溪圩张贞部。张贞部的二九三团以优势兵力实行反包围。林和尚的队伍在山上与敌人周旋一天，并计划当晚组织突围。晚上8点左右，战斗开始，林和尚亲自带领十几名战士断后掩护队伍突围。但由于敌人机枪火力太猛，数次突围都没有成功。林和尚觉察到，不消灭敌人机枪手，突围就难以成功。他当机立断，带了两名战士，摸黑从背后冲向敌军的机枪阵地。不幸被敌人发现，敌机枪手调转枪口连续向他们射击，同行的两名战士英勇牺牲。这时林和尚的右手也挂了彩，但为了掩护队伍突围，他不顾自己的安危，冲向敌阵，用左手开枪击毙敌机枪手，夺过机枪，掩护部队突出重围。敌人恼羞成怒，集中兵力向林和尚冲过来。林和尚子弹已打光，敌人蜂拥而上。在这生死关头，林和尚纵身跳下悬崖。当他摔到半山腰时，幸好被岩石边一棵小树卡住了，他乘机爬进一个山坑隐蔽起来，后被团部派人在山坑中找到了。此时，林和尚已身负重伤，因伤势过重又缺医少药，再加上天气炎热，伤口严重感染，没几天，林和尚壮烈牺牲。红三团与强敌交锋后，再次受损，部队被迫退回小山城。

6 月 23 日，张贞部 3 个团和邻县反动民团共 1 万多人，分别从五寨、南胜、漳浦、南靖几个方向向车本进攻。激战中，冯翼飞防守的北路被攻破，北路战士与敌展开白刃战，终因力量悬殊而失败，冯翼飞英勇牺牲于阵地。敌人突破北路防线后直插中路，面对强敌，蔡协民只得指挥部队分散突围。至此，以小山城、龙岭、车本为中心的根据地丢失了。

冯翼飞团长牺牲后，整个红三团分散撤退，王却车和陈开昌所在的第五连退入一条山沟，隐蔽了三个昼夜。在强敌重兵的包围之下，王却车积极谋划突围的方案。在此独立作战的危急关头，王却车沉着慎重，随机应变，采取“声东击西”的策略，连夜突围。副团长尹林平和四连长余天助、政委何鸣也带领四连一部分队伍，经内溪、程溪粗坑突围撤到漳州南乡，并同陈开昌、王却车他们取得了联系。四、五连撤退中，在南乡又遭敌人的追击，尹林平左脚负伤，队伍退到山上。

三次战斗失利，中共漳州中心县委、红三团领导冷静下来，面对困难局面，改变作战方针，调整部署。7 月中旬，厦门中心市委从陈开昌返厦汇报后得知红三团失利，指示漳州中心县委立即将分散的队伍集中起来，分为两队，一队在漳州南乡进行游击战争，以南乡为中心逐步恢复小山城苏区，创造由南乡至小山城的游击区域；另一队在北乡，打进南靖，向闽西发展。为加强漳属地区革命斗争，厦门中心市委再派陈开昌返回漳州，后又派杨亮到漳巡视指导。

根据上级的指示精神和当时的实际情况，王却车在程溪东婆楼竹仔园召集红三团五连全体战士开会，进行部队精简。而后，带领精悍的队伍在程溪、上坪、马岭、溪仔、双第一带继续开展游击斗争。为了解决部队的给养问题，他带着队伍到南靖捉了大土豪、封建家长陈五县，筹集了一部分款项，解决了队伍经济匮乏的燃眉之急。

在王却车带领五连战士于南乡一带恢复游击斗争的同时，蔡协民、曾志等在小山城一面与敌游击，一面深入群众做宣传工作。红三团四连政委何鸣带领一部分战士在漳州南、北乡秘密做群众工作，逐步恢复了从南乡经程溪到小山城一线游击区。为了加强红三团的军事骨干力量，厦门中心市委又选派卢胜等一部分军事人才到红三团工作。在纪念苏联十月革命节时，红三团攻打平和浦内的浦口村，接着攻打龙溪圩民团，没收土豪劣绅的财产。通过斗争，提高了根据地人民的斗志，根据地人民对红三团又寄予了希望。

1932 年 6 月，在蒋介石的逼迫下，曾在一二八淞沪抗战中英勇抗击日寇的国民党十九路军离沪入闽，执行蒋介石"围剿"红军的命令。6 月上旬，十九路军先头部队在泉州登陆；7 月中旬，全军抵闽驻防，其总指挥部就设在漳州，蔡廷锴任总指挥。十九路军在漳州驻防一个师，师长为区寿年；特务第一团驻海澄，团长司德非；特务第二团驻漳州，团长李金坡。十九路军入漳后，张贞残部并入十九路军，一同"清剿"红军。

1932 年 12 月，十九路军在邹塘、洪塘、木棉等村强迫群众组织守望队，企图以此隔离红军与群众的联系，并对靖和浦中心区实行经济封锁，禁止盐、烟等日常用品进入游击区。同时，还派兵进入小山城，将车本村烧尽，加紧"清剿"游击队。十九路军的军事、经济封锁，造成了党和红军与群众失去联系，使红军在生活上遇到了极大困难。中共漳州中心县委被迫由南乡龙虎庵转移到程溪狮头山，红三团一个连也退出南乡到程溪山区打游击。

面对严峻的局势，1933 年 1 月，漳州中心县委在龙岭召开扩大会议，根据厦门中心市委的指示，总结红三团初期武装斗争的经验教训，制定新的斗争策略，并调整充实中心县委领导班子，书记由何鸣担任。与此同时，充实加强了红三团的领导，尹林平为团长、王却车为副团长，共有 3 个连，100 多人。新的漳州中心县委制定了工作方针和任务：恢复和巩固靖和浦根据地，发展白区工作；扩大红军游击队；继续开展游击战争，牵制十九路军向闽西革命根据地进攻，配合中央苏区开展第四次反“围剿”斗争。

1933 年春，靖和浦中心区又遭到了国民党反动民团的重创，苏区范围一天天地缩小。在这极端恶劣的环境中，红三团紧紧依靠群众开展各项工作，变内线作战为外线作战，在军事上采取灵活的“敌进我退，敌驻我扰，敌疲我打，敌退我追”的游击战术，避开敌人主力，寻找敌人薄弱之处予以袭击，不断骚扰敌人。漳州中心县委充分发挥党支部、工农革命委员会、农会和其他群众团体的作用，在各区成立“反对守望队斗争委员会”，开展反组织守望队的斗争，对一些地方已经成立了守望队的，县委即派人打进守望队，把参加守望队的群众组织起来，及时为游击队传递信息。

11 月间，红三团决定再次攻打龙溪圩，不料在程溪粗坑遭遇十九路军便衣部队的袭击。红三团仓促应战，伤亡 10 多人，随即撤往大坪山。大坪山离敌军驻地较近，红军的行踪很快被敌人发现，敌李金坡即带 1000 多人闻声扑来。红三团在当地赤卫队、游击队的配合下，用 300 人左右的兵力，与敌千余人在大坪山树林中展开激战，红三团终于成功撤出。

红三团在强敌之下，转移到白区，利用十九路军主力围攻靖和浦根据地，造成白区兵力空虚的间隙，出其不意地骚扰敌人，开展抗捐、抗税、打土豪、分谷米等斗争，以削弱十九路军进攻靖和浦苏区的锐气。同时，党组织还同意敌占乡村的赤卫队员参加守望队，钻进敌人内部，暗中配合红三团的武装行动。在人民群众的配合支持下，红三团粉碎了敌人的经济封锁，渡过了难关，战胜了敌人的“清剿”。红军伤兵医院、被服厂和看守所也进一步得到完善和巩固，守望队也成为共产党的农民武装。同时，党组织也有新的发展，漳州中心县委先后恢复了新春、新塘、龙虎庵、山前、白云、草坂等地工作，并依靠苏区群众，得到物资补给。1933年下半年，漳州中心县委在南乡、北乡、洋尾溪、小龙溪成立4个区委，在龙岭、山城、三坪、山前、沥水成立5个工委，开创了漳属地区革命斗争的新局面。

1933年11月，十九路军发动“福建事变”，停止了对革命根据地的进攻。红三团抓住这个有利时机，积极开展斗争，拔掉了洋尾溪、龙岭、欧寮、白云、程溪等地的反动据点，恢复了原有的革命根据地，还发展了大片新游击区。区、乡苏维埃政权也基本恢复，并深入开展了土地革命。

当时，比较突出的是洋尾溪区苏维埃政权。该政权脱胎于闽南工农革命委员会和石码工农革命委员会，保留原苏区政权的班子，特别是王占春、林和尚的许多战友担任了新生苏区政权的各级领导职务。洋尾溪苏区成为靖和浦苏区的模范区，分田运动的试点区。洋尾溪苏区红色区域覆盖今龙海市程溪镇、程溪农场全境，以及九湖镇的大部分，面积合计334.3平方公里。到1934年春，靖和浦地区有14个苏区乡近1万人口分得了土地。

第二节　王劫车案与“九九”五区事件始末

以何鸣为首的中共漳州中心县委，在领导革命根据地群众反国民党十九路军的“清剿”中取得了一定成绩。厦门中心市委一方面肯定了漳州的工作，另一方面又认为漳州工作仍有不足之处。为此，厦门中心市委于1933年7月17日派巡视员黄会聪和团的巡视员方毅（即小陈）到漳州检查布置工作。在黄会聪的指导下，漳州中心县委于7月18日至28日召开县委扩大会议。

这次会议在靖和浦革命根据地斗争局势开始恢复的形势下召开，会议全面检查漳州党、团、工会、妇女、城市及根据地斗争等各方面工作,并就漳属今后各项工作的深入开展进行具体布置,明确下一步工作方向。应当肯定,这次会议不仅开得及时,而且具有一定的指导意义。但遗憾的是,黄会聪在会上做了关于肃清党内反革命分子的讲话。他严肃地指出:"红军中确有反革命分子在有计划有组织的来破坏革命,要党特别注意这个问题,尤其是总支要用最大的力量来肃清这些反革命分子。"黄会聪的讲话为后来发生的红三团内部"肃社会民主党"运动做了舆论先导。

黄会聪在指导思想上认为"红军内部潜伏着很多反革命分子,需要肃清",并非个人主观臆断和心血来潮,而是有其历史与客观原因。

首先,是八七会议以来一直存在于党内的"左"倾思想与"左"倾政策的影响,这种"左"的错误认识,到 1931 年 1 月党的六届四中全会以后王明上台,愈加得到发展。王明等人极力主张把苏共在党内"肃反"的经验在中共推行,厦门中心市委直接与上海中央联系,不可能不接受一些"左"倾指示,并在实际工作中不知不觉又将这些"左"倾思想与政策灌输给党员、干部及下属党组织,且在实际工作中强调贯彻执行。厦门中心市委曾多次在给中央的报告与对漳州工作指示中表现出这样的思想:认为漳州党组织,从蔡协民路线开始,就是一贯忽视红军中的"肃社会民主党"工作,指示漳州中心县委要"严密的考查社会民主党的活动,应用苏联的肃反经验来消灭队伍中的社会民主党与 AB 团的反动派别。发现社会民主党应采取公开审判的方法,暴露社会民主党的罪恶,根究社会民主党的关系,打破过去简单秘密的枪毙方法"。黄会聪是受厦门中心市委的指派到漳州检查指导工作的,在其指导思想上也不可能脱离厦门中心市委"左"倾指示的影响。为此,在实际指导工作中,就表现为夸大党内斗争,夸大红军中反革命分子存在,夸大肃反的重要性与紧迫性。

其次,红三团内部存在的一些问题,从客观上给黄会聪判定红军中存在许多反革命分子提供了所谓的"事实"依据。由于中央红军离漳后,张贞、地方民团、十九路军等反动力量先后对根据地、红军游击队进行残酷的“清剿”，使得红三团在经济上、武装力量上、群众支持上都面临着许多困难。艰苦的生活、复杂的斗争环境，使一些思想上不坚定的人对革命前途发生动摇，经受不住地主豪绅的收买，或开小差脱离革命队伍，或走上叛变投敌的道路。如靖和浦二区委的许春福等叛变，勾结敌人杀害区委书记及解除赤卫队武装，公开组织“剿共先遣队”。叛徒吴其山杀害第三区委书记何兴，拉拢龙岭吴恩盘及其弟（红军排长）叛变。红军队伍中的干部、战士本来就有各种思想，加上敌人乘机破坏，写挑拨离间信等等，使得问题更加复杂化。红三团个别领导人正是带着红军中已混入社会民主党和“AB团”的思想向黄会聪汇报问题的。这样的汇报，自然很容易使黄会聪产生共鸣，而一致认定红三团内部潜伏着许多反革命分子。

因此，一场红军内部自相残杀的“肃反”斗争，于漳州中心县委扩大会后迅速在红三团拉开帷幕。主要表现在王却车（王奕修）案及“九九”五区事件上。

1933年7月中下旬，在黄会聪做了关于“肃清反革命分子”讲话后的第二天，即接到红三团第五连政治委员与团长尹利东（尹林平）的信，要求总支和县委扣留第五连连长洪振隆，理由是洪振隆有数次破坏红军军事行动，并与反动民团有书信来往，又是红三团中排斥外地干部的主谋之一等等。

黄会聪接此信后，先是派人将洪振隆扣留，随即召开有红三团总支书记李克己、中心区委书记开国、团巡视员小陈（即方毅）、县委执委高松及县委常委参加的县委（扩大）会议。会议对一些同志反映的关于五连有反革命言行及连长洪振隆“反革命事实”进行调查与讨论。由于黄会聪及红三团中个别领导没有识破敌人挑拨离间的花招，故认定敌“剿匪”总司令张冠南给洪振隆写信，是洪振隆反革命活动的证据，并以此推论：“反革命分子不仅只是连长一人，确有很多反革命分子潜伏在红军中。”红三团副团长王却车也被牵连在“反革命分子”之列。

肃反开始后的1933年8月4日，漳州中心县委、红三团部以议事名义将王却车调至程溪上坪扣留。紧接着中心县委、红三团总支召开审判会,各连均派代表参加。王却车对此做法不服,愤然拔刀自刎,审判后被定为畏罪自杀。洪振隆则在从医院解往团部审判时逃跑。被怀疑与王却车案有关的人员于审判后即被枪决。这些被错杀的人,大都是王占春游击队的老班底。

8 月 8 日,红三团政治部发布了《闽南红军独立第三团为破获王奕修、洪振隆搞反革命阴谋告闽南工农劳苦群众书》。一时间,红三团干部、战士及部分群众人心恐慌,人人自危。敌人又借机挑拨离间,以分裂红军队伍,造谣说“本地人被外地人杀光了”“外地干部杀本地干部”等,把事态扩大。原王却车的旧部、五区常委叶火,团县委常委、团五区区委书记陈九十及团县委执委杨摆琨,带领五区脱产游击队员 12 人与北乡的高渭南等先后叛变革命。

叶火叛变以后利用“外地干部杀本地干部”的口实进行报复,于1933 年 9 月 9 日,在寻机逃脱后投向敌人营垒的原红三团第五连连长洪振隆策划下,纠集陈九十等叛变分子,捕杀了五区游击队政委李侠农、五区党委书记黎中汉、团县委书记谢仲明(即谢芳那)、区农会常委符亚東、漳州中心县委交通员陈乌册、中心县委妇女部干事秀花等人,并缴去长枪、短枪 25 支,子弹数百发,大洋 2000 余元,以及五区党委和团县委的全部文件。这一批叛变分子杀害了在五区活动的所有负责人以后,又到一区委领导下的程溪塔潭村,杀了县委组织部干事吴开进和村的自卫队队长欧扁等人,使这一地区工作受到了严重破坏。五区的组织,除程溪人家、官园、浮山 3 个村免遭破坏外,其余均被叶火等人破坏,原来五区内一支 16 人组成的未脱产游击队也被迫解散。此后,叶火等叛变分子投向地方反动民团,编为“剿匪”向导队,进攻红三团。“左”倾错误终于造成了人民群众不想看到的恶性循环。这就是“九九”五区事件。

“九九”五区事件后,漳州党组织被破坏程度令人痛心,有 14 个支部,128 个党员与党组织失去联系,群众组织亦受到很大破坏,有14 个乡农会,约 500 多个会员,与党失去联系。至 1933 年 11 月,黄会聪向厦门市委汇报时,这些被破坏的地方尚未恢复起来。

错误的整肃还使闽南党组织失去了部分优秀干部，一时间原来就不够用的干部，愈加紧缺，新干部难于在短期内接任，大量工作又急需干部。此时，漳州党组织的干部力量受到严重削弱，闽南的革命面临着严峻的局势。

第三节　闽粤边三年游击战争与南乡洋坪交通站

1933年5月，蒋介石在南昌成立全权处理赣、粤、闽、湘、鄂五省军政要务的“军事委员会委员长行营”。经过半年准备，蒋介石调集100万军队，自任总司令，先以50万兵力分为东、西、南、北几路“围剿”中央苏区红军。在这之前，“围剿”东路军由十九路军总司令蔡廷锴负责，指挥所部及福建地方军7个师2个旅，布置东方战线，阻止红军向东发展。福建人民革命政府失败后，东路军由蒋鼎文为总司令，设司令部于漳州，辖10个师，进一步强化了东方战线的攻势。

为了粉碎国民党东方战线的进攻，在敌人后方与侧边猛烈地开展游击战争，牵制国民党兵力，中共临时中央于六届五中全会闭会后，决定将厦门中心市委领导下的漳州中心县委与福建省委所领导的饶和埔县委，及东江特委所领导下的澄饶县委合并起来组成闽粤边区特委，直接归中央领导，并指定代表厦门市委参加五中全会和二苏大会的黄会聪为特委书记。

黄会聪带着中央的委托，于二苏大会后返回厦门，开始了组建闽粤边特委的工作。经过筹建，1934年8月，中共闽粤边区第一次代表大会在平和县邦寮山召开，正式成立中共闽粤边区特别委员会（简称闽粤边特委）。书记黄会聪，委员有何鸣、何浚、林路、许其伟、余丁仁、谢卓元、张华云等。特委下辖靖和浦县委（书记何浚）、饶和埔县委（书记赖洪祥）、潮澄饶县委（书记陈胜信）；特委所辖的武装力量有闽南红三团、潮澄饶红三大队、潮澄饶特务大队、饶和浦诏游击队；特委所辖红色区域有靖和浦苏区、饶和埔苏区、潮澄饶游击根据地。

这次会议后，特委便与中央苏区失去联系，与上海中央的联系也因厦门市委被破坏而无法恢复。黄会聪等特委成员在与党中央失去联系的情况下，独立地领导着闽粤边根据地的革命斗争。1934年10月，中央主力红军开始长征，但是闽粤边特委尚不知道这个消息。在闽粤边根据地，特委领导红军游击队仍以破坏骚扰敌人后方，配合苏区红军反第五次“围剿”为主要任务。

1934年11月，福建省保安第五司令部所属沈东海营配合马鸿兴所属“保三团”等反动武装700多人，分两路进攻靖和浦苏区中心区。马鸿兴部从漳浦的象牙庄进入龙岭、欧寮，沈东海部从文峰、三坪进发，准备在欧寮与马鸿兴部会合。中共闽粤边特委紧急召开军事联席会议，提出了“动员起来，保卫秋收，保卫苏区人民”的口号。决定调集红三团主力和赤卫队计500余人，由张长水统一指挥，主力部队埋伏于平和三坪埔尖山，控制埔尖山制高点，而后诱敌入埔尖山埋伏区围而歼之。当沈东海部队进入文峰与许霜楼一带时，红三团一个短枪班向他们发起突然袭击，使敌人陷入红三团的伏击圈，沈东海部乱成一团，沈本人被击中大腿后伏马逃跑，威风扫地。红三团在追歼沈东海残部途中，又与驻文峰的保安队派出的慰问队相遇，敌慰问队丢下大批慰劳品逃跑，从漳浦方向进至苏区的马鸿兴部也被红三团击退，埔尖山战斗取得重大胜利，毙伤敌100多人，缴获重机枪2挺，各种枪支100多支，军用品30多担。这次战斗，是闽粤边特委成立后，红三团取得的一次重大胜利，沉重打击了进犯苏区的沈东海主力部队，吸引了国民党的兵力，稳定了靖和浦根据地的斗争局势，保卫了秋收，鼓舞了军民斗志，充分显示了闽粤边红军武装的战斗力。

1935年1月，国民党调集中央军第八十师、粤军第九师等部队以及地方民团，分别向靖和浦、饶和埔等苏区实行疯狂进攻。3月，国民党实行划区政策，将龙溪、南靖、海澄、长泰4县划为第一“清剿”区，将平和、漳浦、云霄、诏安4县划为第二“清剿”区，并限令于4月底将红军游击队全部肃清。敌人的残酷“清剿”，加剧了闽粤边党组织和红军坚持革命斗争的艰巨性与复杂性。当特委得知红军主力长征的消息后，及时调整斗争策略，要求红军游击队的主力避敌锐气，保存有生力量，到封锁线外作战，创造新的游击根据地。

闽粤边特委和游击队就这样在极端困难的情况下，领导各级党组织和红三团等游击队，在闽粤边区一带与国民党正规军、地方保安团和地主民团进行了顽强的斗争，坚持了艰苦卓绝的三年游击战争，粉碎了敌人三个阶段的“清剿”，开辟了大片革命根据地，使闽粤边区成为南方 8 省 15 块革命根据地之一。

在闽粤边区三年游击战争中，位于漳州南乡的洋坪交通站在传递上级党组织指示、报告各根据地和游击队的情况、筹备补给、刺探敌情及扩大革命宣传等方面起到了不可估量的作用。漳州是国民党统治闽南人民的反动政权中心，也是共产党获取重要情报、购运军用物资的“基地”和护送人员安全过境的“通道”。闽南党组织根据斗争形势的需要建立了交通总站，总站长是吴运琳，下设三条联络线。交通站的主要任务是传送机密文件、重要信件及报刊宣传品，负责护送机关工作人员来往的安全。交通总站组成了运转自如的秘密交通网，给特委的斗争决策提供了情报依据，也为根据地的武装斗争解决了许多实际困难。

为了严密监视漳州方向敌人的动态，解决漳厦之间地下党过境人员增多、交通线任务趋重的问题，中共闽粤边特委决定在漳州近郊再建一个更加秘密的交通站，让莫丁贵当分站站长。

莫丁贵，海南万县人，1927 年“四一二反革命政变”时起来反抗，参加革命后加入共产党。在环境最恶劣的时候，组织上安排他南渡新加坡继续革命，他当过地下工会党支部书记，以后被英当局逮捕，判处一年徒刑后被驱逐回国。到厦门后，由市委介绍到漳州。到漳后，他经得起斗争的考验，是个战将。

吴运琳选在漳州南乡的洋坪村，设立了闽粤边特委的交通分站。洋坪距漳州城只有一桥(中山桥)之隔，是闽南革命根据地和红军游击队创始人王占春、李金发闹革命的基地。村里已秘密建立了共产党支部，杨石为支部书记，杨厚话、陈早水为支部委员，由靖和浦第一区委领导，群众基础很好。吴运琳当了闽粤边特委交通总站站长后，常来这一带活动，认识和培养了一些可靠的骨干力量，也开展了统战工作，使洋坪的开明士绅杨添和、保长杨开水两人，成了支持革命的外围力量。吴运琳带着莫丁贵、李榜、王狗高到洋坪后，就陆续和这些人接上了头。

莫丁贵和两个交通员，明的以雇工身份出现在洋坪村。白天，他们在田间、果园当长工；夜晚，就睡在菜园和果园的草寮内。开始，他们分散在关系人家里吃饭，不久，便依靠组织发给的一点微薄经费和劳作收入，维持低标准的生活，开始了交通站的工作。

1935年四五月间，闽粤边特委又在漳州城内顶田巷47号大宅的院子内建了另一个地下交通站。交通员是一男一女，男的名叫杨瑞，是新任的漳州工委书记，女的是邱菊，他们以夫妻做茶叶生意的小商家身份在此安家。莫丁贵按照组织上的指示，到顶田巷和他们建立了联系。以后他们又得知国民党八十师的一个魏姓营长娶了一个小老婆，在漳州设公馆，要找一个女佣人。杨瑞获悉后，便和莫丁贵商量，把漳州一位红军战士的遗孀简大嫂介绍进去。简大嫂进公馆后，还和魏营长的内弟朱副官（地下党员）接上关系。就这样，莫丁贵在短短的时间里，组建了洋坪交通分站，把漳州工委交通站和厦门市委交通站联结起来，就在国民党的眼皮底下，建立了共产党的据点，与敌人展开了秘密战斗。

交通分站除了想方设法搜集情报，及时传送党的机密文件外，主要的任务是设法购置、转运军需用品和接送外来干部到根据地工作。三年游击战争期间，洋坪站一共接送了外来干部和革命青年300多人，其中从马来亚、新加坡回国，到靖和浦根据地工作的近200多人；厦门和集美的学生、工人、医务人员、漳州的工人和知识青年，以及安溪、永春、南安等地干部来闽粤边区工作的100多人。如从厦门到闽南红军部队和机关后方医院工作的一批台湾籍医生，南委派来闽粤边区担任领导工作的钱兴夫妇和黄康、彭德清、陈淑琴等，都是从这个分站派人护送到特委去的。此外，在漳、厦和广东等地购置物品，供给特委机关和部队使用。交通站克服一切困难，出色完成了各项任务。

洋坪交通站为闽南军民坚持三年游击战争，度过艰苦岁月，争取斗争的胜利，做出了可贵的贡献。

第四节　芗潮剧社的抗日宣传活动

在日本帝国主义不断扩大侵略，民族危机日益加深的情况下，国民党反动当局依然沉溺于灯红酒绿、纸醉金迷之中，封建黄色的戏剧和音乐到处充斥，流毒所致，人们精神萎靡，意志消沉。在漳州，有一个国民党办的“莺声歌舞社”，专门演唱黄色歌舞，散布腐朽、颓废情绪，传布靡靡之声。为了抵制反动的黄色文化侵蚀和毒害，唤醒民众，振作精神，团结抗日。1934 年春，一部分爱国进步青年，发起创立了“虹桥文学戏剧社”，以研究文学创作为主，不久，在共产党员胡大机、蔡大燮领导下，转为以研究戏剧为主的戏剧社。因“虹”与“红”同音，申请登记时遭到国民党刁难，改为“芗潮剧社”，“芗潮”其含义为“芗江怒潮”。芗潮剧社的领导人胡大机、蔡大燮、柯联魁、许铁如（彭冲）都是地下党员。芗潮剧社一成立，便在党支部的秘密领导下，以进步健康的话剧和歌曲占领戏剧舞台，宣传党的抗日主张，唤醒民众爱国热情，为抗日民族统一战线做出贡献。

1934 年 9 月，芗潮剧社在漳州黄金戏院举行首次公演，演出三个剧目：《伤兵医院》《贼》《婴儿杀戮》。按照当时国民党县党部的规定，演出前必须先将剧本送去审查。在审查中，国民党龙溪县党部认为这三个剧目“宣传抗日，有碍邦交”，禁止演出。地下党指示芗潮剧社支部要讲究策略，进行斗争，争取演出以扩大影响。党支部便通过社员，利用私人关系，出面与国民党周旋，剧社为争取审查通过，将剧本中所有“打倒日本帝国主义”的台词，改为“打倒帝国主义”，但仍未通过审查。国民党龙溪县党部将剧本删改得面目全非，社员们无比愤慨。公演的晚上，演员们不管剧本如何删改，仍按原先的台词念，一时间，台上台下强烈要求抗日救国的呼声跌宕起伏，演员与观众一致振臂高呼“打倒日本帝国主义”，群情激昂，人心振奋。第二天，国民党县党部即下令禁演。为了更好地达到演出和斗争的目的，芗潮剧社决定不演《伤兵医院》，临时改排一出新戏《酒楼小景》。剧社成立后的首场演出效果很好，在社会上产生很大的影响，得到一致好评。一些爱国青年、学生、工人、店员、教员纷纷要求入社，社员人数一下子由 30 多人发展到 80 多人。

1935 年 11 月，日本帝国主义策动汉奸进行所谓“华北五省自治运动”，成立“冀东防共自治政府”，日本企图灭亡中国的计划又向前推进一大步。中共漳州工委得知消息后，立即组织芗潮剧社社员、龙中师地下党员与进步学生联合全市各中学，举行示威游行，反对冀东伪自治。国民党当局对学生进行种种限制，把学校铁门上锁不让学生上街游行，爱国学生在芗潮剧社骨干社员、地下党员的带领下，架叠人梯跳出校门外，将铁锁砸开，涌出校门，与前来阻挡的反动军警展开搏斗，他们不顾衣破皮伤，结队上街，在漳州市内举行了一次振奋民心的大游行。

1936 年 10 月 19 日，中国新文化运动主将鲁迅在沪逝世。噩耗传来，漳州各界进步人士同声哀悼。在党的领导下，由芗潮剧社负责人柯联魁、蔡大燮等人发起，在漳州文庙召开悼念鲁迅逝世大会。会上，柯联魁介绍了鲁迅光辉战斗的一生。之后，各界代表相继发言，赞扬鲁迅的伟大精神，表达一致抗御外侮的意愿。最后，全体合唱《安息吧，鲁迅先生》的挽歌。这次由芗潮剧社为主发起的悼念活动，有力地推动了漳州爱国抗日斗争。

为了扩大抗日宣传，芗潮剧社还联合龙中师剧社、国防剧社和毓南剧社于 1936 年 12 月 6 日，在漳州黄金戏院演出两天，芗潮剧社上演的《放下你的鞭子》剧目受到广泛的欢迎。

芗潮剧社的宣传演出不仅仅局限于漳属，还将演出活动扩大到厦门。1937 年 2 月，芗潮剧社前往厦门举行第六次公演。当剧社人员抵达厦门时，一些日本浪人十分惊慌，竟组织流氓，准备在公演中进行捣乱。剧社闻讯后，由剧社党支部及时与厦门地下党、码头工会取得联系，派出工人到青年会维持秩序，保证演出顺利进行。演出过程中，个别剧社社员克服突发的疾病，忍着病痛坚持把戏演完，剧社社员的革命热情与干劲感染了厦门许多观众。这次赴厦门演出深得群众的赞扬，厦门的《星光日报》《江声报》等，连日刊登评论文章，连中央社记者也闻讯赶来拍照、采访，《星光日报》还特意召开座谈会。当剧社要离开厦门时，厦门文化界人士及青年工人集合在码头欢送，互相题字留念，同声高唱抗日歌曲，高呼抗日口号。一些混在人群中的日本浪人，原想捣乱，也吓得不敢乱动。

1937 年 4 月，日寇侵略中国的炮声隆隆，时值抗战全面爆发前夕，厦门南天剧社为扩大抗日救国的宣传，筹备公演，特别邀请芗潮剧社、泉州黎明剧社、海沧海啸剧社参加联合演出。芗潮剧社欣然应允，积极响应参加演出，上演了独幕话剧《警号》。这次在厦门鹭江戏院的联合公演，不仅是一次闽南话剧大军的会师，更是一次抗日救亡宣传力量的检阅。面对日寇的步步逼近，抗日怒火在人们心中燃烧，演出中的台词、歌词道出闽南民众反对日本帝国主义侵略的心声，台上台下感情交融，情绪十分高昂。这次联合演出效果很好，影响深远，是一次有成效的政治宣传活动。

同年，芗潮剧社还到海沧巡回演出，上演《小英雄》《放下你的鞭子》《中秋月》和《雪中行商》等剧目。通过巡回演出交流经验，扩大宣传，并在促进话剧运动，建立抗日民族统一战线方面，产生了良好的影响。芗潮剧社是闽南抗日救国运动的一面旗帜。

第五章　抗日救亡运动的高涨和反顽自卫斗争的展开

（1937 年 7 月—1945 年 8 月）

抗战全面爆发后，出现了国共两党两条路线的对立。国民党当局的消极抵抗政策，厦门的沦陷，使龙溪、海澄两县成了抗日的前沿，人民极度困苦。值此民族生死存亡之际，龙溪、海澄两县党组织充分发动群众，大力开展抗日救亡运动，充分利用地下交通站沟通闽南游击区与国统区的联系，抵制国民党顽固派的倒行逆施。沿海守军同仇敌忾，反击日伪军的侵略。龙江优秀儿女在远方疆场浴血奋战。经过 14 年艰苦卓绝的斗争，终于赢来了抗日战争的伟大胜利，石码也因曾经作为侵华驻厦日军洽降处而载入抗战的光辉史册。

第一节　国民党的消极抵抗政策与龙溪、海澄的抗日救亡运动

1937 年七七卢沟桥事变后，中国革命进入全民族的伟大的抗日战争时期。因闽南地理位置特殊，成为日军重点进攻的目标，日舰、日机开始不断地炮击、轰炸闽南沿海城乡居民。10 月 26 日，日军侵占了金门县城，金门沦陷。厦门、龙溪、海澄等闽南沿海地区处于十分危急之中。

面对日军的大举进犯，国民党政府被迫调整对内对外政策。国民党闽南当局在日本海空军的挑衅和侵略直接威胁到自身统治的情况下，从漳州调派一五七师之九四一团到厦门驻防，加强对各要

塞布防警备，兴筑防御工事，组织训练壮丁义勇队，准备抗战。勒令日本人办的《全闽新日报》停刊，大张旗鼓地逮捕和枪毙一批汉奸、浪人，迫使驻厦日本总领事馆降下太阳旗，宣布闭馆。特别是面对日本军舰的挑衅，厦门守军坚决给予还击，以实际行动捍卫中国人民的尊严。

1938年5月10日，日寇集结3个陆战大队1000余人，出动30余艘军舰、20余架飞机，向厦门发起进攻，遭到中国守军的顽强抵抗。至12日，厦门岛陷入敌手。在这非常时期，海澄县、龙溪县与厦门一衣带水，遂成国防前线。国民党福建军政当局按照上峰的旨意，执行“焦土抗战”政策，下令破坏沿海公路、桥梁、港口，沿江沉船坠石构筑封锁线，以防日军入侵内地。龙溪、海澄奉令执行，历史悠久的江东桥、漳州新桥、旧桥、石码港口桥、龙海桥、海澄西门桥等尽被炸毁，甚至连一步之隔的芦枕桥也难幸免，被破坏殆尽。漳浮、漳嵩、漳诏等公路尽被挖得百孔千窟，布满深达2米至3米的大坑。国民党当局还把石码下仔尾、杉排尾、顶下新行（新华路）、外市路（民主路）以及西湖路等街道的路面条石全部掘起，分填于浮宫沟渠、海澄港口、镇头宫等江中，还封锁海港，强拉民船凿穿沉江，填成三道所谓“水上防线”。沿海渔民因船只、渔具被毁而无家可归，生活无所依靠，以致风餐露宿，流浪街头，其状悲惨难言。

日军攻陷厦门后，敌我双方互相封锁、禁运，造成双方物资紧缺。侵厦日军利用鼓浪屿万国界（公共租界，不列敌占区）之便，假手第三国申请运载生活用品、食品，发证批准定额船只航行于石码与鼓浪屿之间。而内地军政当局，则借口争取外来物资和外销农产品，批准各方面要求，出证许可船只通行，暗中利用船只倒卖货物牟取暴利。于是，出现一船两证于码、鼓之间畅通无阻，又名曰“交通船”的怪现象。从此，石码成为抗战期间仅有的航厦港口。自从有了交通船后，码、鼓货物流通频繁。国民党政府不失时机地在石码镇设卡收税，名曰“龙溪县进出口货品登记检查局”，办理进出口货物的登记检查事务。进出口商家经营的货物，均须列单向该局申请，经许可给证后始能营运，否则一经查出，以走私论处。驻扎在石码的国民党各方实力人物，借机大捞一把，大发国难财。

有了厦门作为侵略基地，日军更加肆无忌惮，经常出动飞机轰炸海澄、龙溪沿海各地。据 1944 年 5 月福建省赈济会的不完全统计：龙溪遭日机空袭 65 次，海澄 79 次；日机入侵龙溪 338 架，投弹 628 枚，海澄 146 架，投弹 103 枚；龙溪伤亡人数 664 人，其中死亡 395 人；海澄伤亡人数 270 人，其中死亡 130 人；龙溪被毁房屋 710 间，财产损失 145610 元；海澄被毁房屋 615 间，财产损失 306220 元。在日机不断的狂轰滥炸下，龙溪、海澄人民空前恐怖，生活极端困苦。

1938 年 6 月，日军强行登陆并占领了浯屿岛。浯屿是海澄县港尾乡的一个岛屿。沦陷后，岛上居民纷纷逃避上山，有 23 个居民被日军发现后惨遭枪杀，暴尸海滩。同时，还烧毁渔船 42 艘、房屋 11 间，并把数十名患病的渔民赶到浯安荒岛上，任其自生自灭。日寇还在岛上先后组织"浯屿自治会""行政公署""闽南警备司令部"，并派出片山岩男担任行政公署副署长、警备司令部副司令、警务科长等职。从政治上、军事上、经济上控制岛屿。

为了加强对抗日民族统一战线的领导，遵照中共中央的指示，1937 年 10 月 9 日至 15 日，闽粤赣边区党的临时代表会议在龙岩白土召开，会议决定积极开展抗日救亡运动，继续开展统战工作等主要任务。同时，决定撤销中共闽粤边区特委，成立中共漳州中心县委，何浚任书记，吴作球任副书记，朱曼平任组织部长，林路任宣传部长。中心县委下辖漳州等 5 个工委，党员总数约 1200 余人。

在漳州中心县委和漳州工委的组织和领导下，龙溪、海澄广泛开展抗日救亡运动。1937 年 7 月 20 日，漳州工委为扩大芗潮剧社活动，成立了"抗日救亡宣传队"，由蔡大燮任总队长，柯联魁任戏剧组主任，许铁如（彭冲）任演讲队主任，陈郑煊任歌咏组主任。宣传队积极开展活动，动员城乡群众投身抗日救亡运动。随着闽南国共合作抗日局面的进一步发展，1937 年夏，漳州工委又同驻军一七五师政训处合作，双方同意在抗日救亡宣传队的基础上成立"龙溪民众救国服务团"，团长张步程（张孤梅），副团长蔡大燮、柯联魁。短短的两个月，服务团迅速发展了20多个分团和几十支突击队，团员总数3000人，人员遍布城乡各地。此外，还组织小型活动宣传组，深入大街小巷进行抗日宣传；深入国民党部队、伤兵医院甚至监牢报告抗日形势。

1937年9月，“龙溪民众救国服务团”还在漳州发动大规模的市民火炬游行，庆祝八路军取得平型关大捷。10月25日，日军侵占金门，国民党金门县长邝汉放弃抵抗，逃往漳州，漳州民众无比愤怒。26日金门沦陷当晚，在中共漳州工委的领导下，以芗潮剧社为核心的民众救国服务团，组织发起了一场规模空前的万人火炬示威大游行，声讨日军侵占金门，谴责金门国民党官兵守土不力，弃岛潜逃的可耻行径，呼吁军民一致，誓死保卫漳厦、保卫闽南。群众高举火炬，经市区各主要街道，浩浩荡荡地前进。全城火光冲天，歌声震耳，抗日口号此起彼伏，挥拳直指敌寇。这次大游行，大大激发了广大民众的抗日爱国热情，有力地鼓舞了人民抗日救国的斗志，同时也引起了国民党当局的惊慌。游行后的第二天，国民党当局就下令将民众救国服务团并入官办的“抗敌后援会”。面对国民党当局的种种倒行逆施，芗潮剧社在中共漳州工委的领导下，巧妙地利用“抗敌后援会”这个合法的群众团体开展抗日救亡活动，扩大抗日救亡宣传队伍。1937年10月，漳州工委组织发动芗潮剧社社员和知识青年20多人，分批加入游击队，后编入新四军北上抗日，在北上行军途中，用通俗易懂的戏剧民歌，把抗日道理传遍沿途城乡村落。

石码原为龙溪县基层行政区划之一，1936年8月设立直隶省府的石码特种区，1938年8月又恢复为龙溪县辖区。1936年12月“西安事变”后，面对民族危难，石码地区的爱国民主人士及爱国学生纷纷走上街头，以戏剧、歌咏等方式宣传抗日救亡，号召群众抵制日货。正当群众爱国热情空前高涨时，石码特种区区长高峰却倒行逆施，逮捕民主人士陈师尹、郑国硅、骆育青、周穆和王继忠5人，以“抗日大同盟”的罪名押解福州监狱严刑审讯，关押3个月，直至七七事变后释放政治犯时才予释放。日寇进攻厦门前后，敌机连年骚扰沿海各地，石码首当其冲，深受苦难的石码人民同仇敌忾，掀起抗日救亡高潮。

1937 年夏，石码成立了“各界抗敌后援会”，会址设在石码镇宛南亭右侧楼房，下设宣传、侦查、救护、消防等 4 个工作组。后援会发动社会青年和各校师生，组织抗敌剧社、歌咏队、晨呼队，走出校门，走上街头，深入农村，开展声势浩大的宣传活动。此外，还进行义卖募捐活动，激发了群众的爱国热情，收到良好效果。

1938 年 5 月 10 日傍晚，日军攻占厦门市区前夕，在党的领导下，厦门各界抗敌团体联合成立“厦门青年战时服务团”（以下简称“厦青团”），开赴漳州。团部设在漳州龙溪简易师范学校，全团分成 9 个工作队，其中 8 个工作队则分别到漳州、龙溪、南靖、平和、漳浦、海澄、同安和龙岩等地开展抗日救亡运动，发动群众武装保卫闽南。港尾工作队是重点工作队，不仅要宣传群众，还要承担武装群众，领导群众进行游击战争训练的任务。尽管肩上的担子很重，团员们仍知难而上，通过进步人士的关系，在“抗日保家乡”的口号下发动群众，组织了一支有十几条枪的民兵队伍，同时还给民兵讲时事，教民兵识字、唱歌，同民兵一道站岗、放哨，很好地完成抗日宣传任务。

在抗日救亡运动中，还有一支重要力量是功不可没的，那就是台胞、侨胞等爱国志士。旅居闽南的台湾同胞对日寇怀有刻骨的仇恨。抗战爆发前，台湾同胞就在厦门光华眼科医院成立台湾革命青年总同盟，秘密组织了台湾爱国志士，绘制台湾的日军要塞、军港、仓库等地形图，递交武汉国民政府。厦门沦陷后，台湾青年总同盟迁到漳州，总部设于城区下沙，后迁至东门街天一贻记参行（原“台湾医院”）内。他们以漳州为据点，领导闽南一带的台湾同胞开展抗日救国运动，数次组织敢死队潜入厦门，炸毁了日军军火库，搅得侵华驻厦日军寝食难安。1942 年初，台胞李友邦率领“台湾义勇队”和“台湾少年团”，从浙江金华开赴漳州，义勇队驻于蜈蚣山，少年团驻于崇正中学。在台湾革命同盟会华南执行部的配合下，义勇队在 1942 年夏三次袭击厦门日军，有力地打击了敌人。

海外侨胞身在异国他乡，抗日救亡运动也空前高涨，他们纷纷组织抗日团体，支持和参与祖国抗战事业。如龙溪籍旅菲华侨杨启泰以他为首成立中国防空救国建设协会菲律宾分会，为祖国捐献飞机一架，另外还动员其他华侨献飞机 15 架。同时，任菲律宾华侨抗敌后援会副主席，发动菲律宾华侨捐款 1100 多万比索支援祖国抗战。海澄籍华侨邱元荣、郭美丞等组织了印度尼西亚华侨抗日救亡团体。海澄籍华侨蔡添木在泰国洛坤府与侨胞一起成立了救亡团体“抗日后援会”，蔡添木被推选为主任。抗日后援会在当地积极宣传抗日，组织募捐，把募款寄回祖国支援抗日战争。

爱国华侨领袖陈嘉庚于 1940 年 3 月，率领由他任主席的南洋华侨筹赈祖国难民总会的慰问团一行 50 多人，从新加坡起程，奔赴祖国各地慰劳视察。后随第二团视察福建，于 11 月从漳州乘船抵海澄视察。陈嘉庚入闽后对福建省主席陈仪施行的粮食公沽运输统制及地方上的抓兵派款、贪污舞弊等诸多祸闽苛政提出严厉批评，并屡电陈仪，要求撤销上述苛政。他在海澄视察后即席演讲，提出要大力发动、组织群众，巩固海澄海防前哨，保卫漳码门户的安全，殷情切切，可见一斑。

第二节　沿海守军反击日伪侵略与龙江优秀儿女在远方疆场的抗战

抗战之初，日本侵略者妄图迅速灭亡中国，沿中国海岸线全面进犯。一时间，东南沿海战云密布，日军的军舰麇集游弋，时刻觊觎着金、厦宝岛。1937 年 9 月 3 日凌晨 4 时 3 分，日军第三舰队“羽风”“若竹”等三艘驱逐舰，突然高速驶到大担山灯塔前，列成阵势，对厦门实施战役火力侦察，首先向厦门白石头炮台及曾厝垵海军机场发炮轰击，同时猛攻胡里山总台。位于海澄县港尾区石坑村屿仔尾炮台的官兵观察到敌情后，立刻发炮痛击敌舰，打响了闽南抗战第一炮。“若竹”舰受创后，日军舰队方才醒悟，急转舵以密集的排炮朝屿仔尾炮台攻击。屿仔尾炮台的全体官兵同仇敌忾，奋不顾身，勇敢还击。这时胡里山、白石头炮台也都发炮夹击日军军舰。

双方激战约半个小时，日军舰“若竹”号右舷倾侧冒烟，似有下沉之势，侧翼两舰见势不佳，才仓皇地夹着受伤的“若竹”号，掉头遁逃。此战，狠狠地打击了日军的嚣张气焰，更是打出了中华民族无所畏惧的抗争。这一炮，使日军军舰8个月均游弋在大担山之外海域，仅以远距离向各炮台盲目发炮，而不敢越雷池半步。

厦门岛失陷后，日军为了报一炮之仇，一面以大批巨型轰炸机轮番向屿仔尾南炮台轰炸扫射，一面由主力各舰以密集炮火向炮台猛攻。屿仔尾炮台官兵在主台官何荣冠的英勇指挥下，奋力抵抗。后因敌强我弱，奉命炸毁了心爱的大炮，挥泪撤离南炮台。在这一次战斗中，官兵6人光荣牺牲。其余由主台官何荣冠率领转移到福州马尾要塞。1940年4月20日，在保卫闽江口要塞战役中再次与日寇浴血奋战。

1940年2月17日，曾被汪伪政府任命为“和平救国军第一集团军总司令”的黄大伟，在日寇扶植和汪精卫的支持下，率胡耐甫的警卫团、陈光锐的特务团和张步楼的新编步兵团3个团，合计兵力3000多名，由两艘军舰、13艘汽艇和4只木排运输，以钳形攻势分南北两路入侵港尾区。18日晨，驻石码的水清浚团率步、炮各一营赶赴增援，一面部署反攻，一面开展政治攻势，向伪军高喊“中国人不打中国人”“勿为倭寇利用”“快快反正杀敌”等口号。在实力反攻和政治攻势下，伪军士气瓦解，军心动摇。下午三时，胡、陈两团派人前来洽降，并于凌晨一时正式投降。

此次伪军反正，共收编官兵3000多人，还有枪支2800多条，以及平射炮、迫击炮及轻重机枪等一批武器弹药。胡、陈两团反正时，适值民俗“天公生”刚过，群众当即将敬“天公”的丰盛食品慰劳反正部队。海澄县政府还组织各界民众代表慰问团和救护队，前往港尾进行宣慰工作。当慰问团唱起《流亡三部曲》时，反正士兵纷纷撕下佩带的伪军徽记，高呼“中国人不打中国人”“爱祖国不打内战”等口号。反正伪军撤离海澄县境时，受到隆重的欢送。途经石码时，各界代表出郊列队欢迎。在石码小住两夜，即转往漳州，漳州群众同样热烈欢迎，赠送慰问品以表慰劳。事后，将港尾梅峰寺改称“得胜庙”，并立有碑记。

1943 年间，日军临近崩溃，受日军扶植的浯屿伪行政公署司令官莫清华自认大势无望，想找出路，与华安“中美合作训练班”主持人陈达元洽谈反正事宜。1944 年 8 月间，莫清华率队伍由白坑、斗美登陆反正，开往漳州接受改编。

港尾和浯屿伪军的反正，打击了日本侵略军的气焰，也给了汪伪政权当头一棒，极大地振奋了闽南沿海军民的抗日斗志。

闽南战场连着祖国远方的疆场，众多闽南儿女奔赴抗战最前线，谱写了一曲曲气壮山河的凯歌，涌现了一批载入抗战史册的民族英雄。苏静、苏精诚、李林就是他们中最杰出的代表。

海澄籍进步青年苏静，投身红军队伍后，很快加入了共产党组织，在国共实现第二次合作，举国上下一致抗日之时，历任八路军一一五师东进支队司令部秘书长兼军法处处长、一一五师司令部二科科长、政治部保卫部兼敌工部部长、战时工作委员会公安处副处长、山东军区政治部秘书长等职。1937 年 9 月，在震惊中外的平型关战役中，苏静负责与阎锡山部联系协同作战事宜，为赢得平型关战役的胜利做出了贡献。一一五师在尾敌南进到达山西吉县时，发现日军向国民党军卫立煌部实施迂回包围。卫部尚无察觉。在此危急时刻，苏静奉命冒险赶往卫部通报，使其免遭被歼厄运，密切了与国民党友军的关系。在晋西孝义地区，国民党派来的联络官均系特务，苏静在接待中善于观察，巧妙周旋，及时发现和粉碎了其收买我军译电员窃取密码的企图，且获取破译对方密码的线索，为我军情报工作提供了宝贵资料。在山东陆房突围战斗中，机智地从日军的包围圈中带出一一五师机关大部分人员，使首脑机关转危为安。在反奸斗争中，苏静保持冷静清醒的头脑，既纯洁了内部，消除了隐患，又避免了对自己同志的伤害。1955 年，苏静被中央军委授予中将军衔。

随苏静参加中央红军的共产党员苏精诚是一名优秀的红军政治干部。七七事变后，中央红军改编为八路军，苏精诚任八路军一一五师三四三旅六八六团政委，参加了 1937 年 9 月震惊中外的平型关战役。1938 年苏精诚任一二九师三八六旅政治部主任。他领导下的三八六旅政治部宣传队宣传内容丰富，形式活泼多样，有京剧、话剧、演唱等，以出色的政治宣传和细致的思想工作，保证了部队的严明纪律和高昂士气。1941 年 1 月 25 日，山西省辽县、沁县和武乡的日军集中了 6000 多人向我敌后根据地“扫荡”。他们在夜间偷袭突破我前哨阵地后，直扑驻武乡县韩壁三八六旅直属队。苏精诚在睡梦中惊醒，站起来大声疾呼：“敌人来了，准备战斗！”并命令旅部电台立即撤退。瞬间战斗爆发枪声大作，苏精诚不幸被敌机枪扫射击中，英勇牺牲。

在抗战中，龙溪县还出了一位传奇式的巾帼英雄李林，她生于 1915 年，满月后被侨眷陈茶收养，起名李翠英。4 岁时随母移居印度尼西亚爪哇省泗水市，9 岁时，改名为李秀若，就读父亲参与创办的中华学校。14 岁回国定居龙溪县石码镇，先后在石码私塾、厦门集美学校、杭州女中、上海爱国女中和北平民国大学读书。1936 年 12 月，李林加入中国共产党，同时参加山西省牺牲救国会同盟会军政训练班。训练结束后，历任八路军一二〇师骑兵营教导员、边区游击队第八支队支队长等职。在与日寇战斗中英勇顽强，屡建奇功，威震雁北，成为名副其实的女英雄。1940 年 4 月 26 日，有着三个月身孕的李林，为了掩护晋绥边特委、专属机关、群众团体和干训班等单位 700 多人突围，主动带领骑兵排战士吸引敌军火力。当特委等大队人马突围后，只剩下身负重伤的李林和几名战士。在敌众我寡，难以脱身的情况下，李林用仅有的一颗子弹，举枪自尽，壮烈殉国，年仅 24 岁。1973 年 9 月 13 日，周恩来总理陪同法国总统乔治·让·蓬皮杜到大同访问时，称李林是“我们中华民族的女英雄”，嘱咐雁北地委“要多宣传李林，要写李林的传记”。李林烈士的事迹和精神光昭日月，她是龙海人民的骄傲，也是中华民族的骄傲。

第三节　反顽自卫斗争的展开与小梅溪交通站的贡献

正当全国抗日战争形势趋于好转，国共两党的关系有所改善的时候，国民党于 1938 年 3 月召开中国国民党临时全国代表大会和五届四中全会。会后，下达了一系列防共限共的密令。从 1938 年 5 月开始，闽南国民党当局便遵照这些密令，蓄意制造摩擦，到处向共产党领导的抗日武装发起进攻，捕杀共产党员，解散抗日团体，迫害爱国人士。6 月 5 日深夜，在漳州秘密绑架并活埋龙溪民众救国服务团团长、共产党员柯联魁，及文化界进步人士高般若等 4 人。次日，包围漳州青年战时服务团，逮捕共产党员、芗潮剧社成员及群众 30 多人，制造了“漳州事件”。6 月 7 日，又在石码逮捕芗潮剧社导演陈开曦等人，迫使芗潮剧社解散。6 月 14 日，在平和县小溪镇郊坑里村暗杀了中共闽西南潮梅特委委员、漳州中心县委常委、宣传部长林路、共产党员洪觉成及两位爱国人士。国民党当局还出动武装，在漳州包围了厦门青年战时服务团团部，把 52 名团员强行押解沙县。如火如荼的群众性抗日救亡运动，在国民党当局的扼杀中，于 1938 年底逐渐转入低潮。

针对国民党当局咄咄逼人的反共逆流，闽南党组织遵照中共中央《关于我党对国民党防共限共对策的指示》和中共闽西南潮梅特委的“五项紧急任务”。决定在各县组织武装班，加紧军事训练，做好武装自卫准备。同时，转变工作方式，将党的组织转入地下，干部隐进群众中，冲出顽固派的包围圈，开辟新的支点，加强中下层的统一战线，以坚持抗战。中共漳州中心县委还制定具体对策，派常委分赴各县，以加强对反逆流斗争的领导。

1939 年春夏，闽南地区的抗日局势愈来愈险恶，日本侵略者为了迫使国民党政府屈服，切断华南沿海补给线，巩固其在华中的据点，部署了大批军队于广西、广东和福建沿海，准备发动华南攻势。在闽南沿海经常派出飞机、舰艇和小股日伪军，频繁地对漳州、石码、海澄等沿海城乡进行轰炸扫射炮击和登陆骚扰。面对如此严峻的抗战形势，国民党当局不顾人民的利益，继续玩弄消极抗战、积极反共的两面手法，竟然提出“防共、溶共与抗日并行”的政策，加紧反共活动，并于1939年冬至1940年春发动第一次反共高潮。

1940年3月，福建第五专署保安团纠集地方反动武装头子陈秀林、林道教、张河山、马叶等部，到漳州南乡等地进行“清乡”，大肆烧杀抢掠。此时，闽南地区国共合作的局面名存实亡，中共闽南地方组织被迫走上了艰难的自卫反顽道路。

1940年春，中共漳州中心县委在程溪狮头山革命根据地组建中共漳南工委，以加强漳南一带国统区党的工作。漳南工委机关设在程溪的狮子头村，由吴运琳任书记，委员有黎炳光、李榜。漳南工委成立后，在漳南地区设立3个工作团，分辖22个党支部(包括九龙江上船民党支部)，62名党员。其中南乡工作团，由黎炳光、陈炳元、杨榴3人组成，黎炳光为主任，下辖新塘、新春、龙虎庵、小梅溪、下尾、塔尾、洋坪、蔡坑、蔡坂、西洋、九龙江民船等11个党支部，这些村社都在如今龙海境内。

为了解决经济困难，漳南工委响应漳州中心县委“开荒生产自救”的号召，从书记、委员到战士，每人都一手拿枪，一手拿锄，开展生产自给运动。他们在狮头山上开了七八亩荒地，边生产边领导群众开展抗日反顽斗争，同群众建立了鱼水般的亲密关系。

1942年2月，中共南委决定组建中共闽粤边委员会，调闽南特委书记朱曼平任边委书记。朱曼平调走后，闽南特委书记由卢叨接任，另调钟骞为副书记兼组织部长，郑敦为宣传部长。闽南特委以靖和浦边界为据点，坚持隐蔽埋藏斗争。10月，国民党顽固派侦知闽南特委机关在靖和浦边界一带活动，即再次调重兵大规模围剿。为了保存革命有生力量，中共闽南特委决定把机关人员分散出去，卢叨带特委机关7名工作人员向狮头山、白云一带转移。同年12月底，因闽南交通总站站长吴酒精叛变告密，敌人又派重兵重重围住狮头山，放火烧山，屠杀群众，并将附近基点村群众迁移，禁止群众上山，妄图阻隔群众与山上的闽南特委机关的联系，使之断绝生活补给而困死、饿死。在这种艰难的情况下，卢叨、吴运琳、洪椰子等沉着冷静、仔细分析，决定不强死硬拼，而是与国民党顽军比耐力、比毅力，顽强地坚持下去。他们 7 人用仅有的一斗米(15 市斤)维持了 26 天，体现了共产党人的坚强意志。

1943 年春节后，国民党顽军虽然没有继续搜山，但在村里打下密密匝匝的篱笆，设置联防队放哨，把整座狮头山围得像铁桶一样，企图把特委机关和群众隔绝起来。为了能给卢叨等人送粮食，又不被顽军发现，当地群众想出了“金斗瓮藏年糕”的办法。从春节到元宵节期间，群众利用上山挖笋、打柴之机，躲过顽军的检查，把要充当午饭的年糕放在“金斗瓮”内(当地老百姓用来装死人骨灰的陶瓮子)，上面盖着树叶，压块石头，用以暗示山上共产党人:里面藏着年糕。“金斗瓮藏年糕”的故事，反映了共产党与群众的血肉之情，正是有了这样好的人民群众的大力支持，卢叨等闽南特委机关人员才得以在艰难困苦中坚持下来，直至最后分散突围，使国民党顽军企图困死共产党人的计划彻底破产。

在国民党当局不断制造反共事件，日本侵略军进一步骚扰闽南的艰苦岁月里，中共漳南工委先后在龙溪县莲塘乡小梅溪及南靖县的半山、竹园、港子口等地建立交通站，以便加强闽南游击区与国统区的联络。

小梅溪位于九龙江的南岸，与漳州的洋老洲隔江相望。这里面对漳州城区，背后通过程溪狮头山可直达中共闽南特委所在的靖和浦边区根据地。村庄四周刺竹丛生，港汊交错，地形隐蔽，水陆交通十分便利，是闽南革命根据地沟通漳、泉、厦、码、澄广大白区的咽喉。

小梅溪的斗争历史源远流长，是漳州南乡早期革命运动的重要基点之一。早在 1931 年就有陈炳元、陈盆水、李通等人参加王占春组织的农会运动，参与撒传单、贴标语、剪电线、砍电杆等一系列革命斗争。1932 年 4 月，中央红军进漳时，他们又积极参与打土豪、筹款活动。由于小梅溪具有光荣的革命传统、良好的群众基础和优越的地理条件，闽南党组织十分重视这个基点村的建设，先后派遣符义山、许爱国、吴运琳、黎炳光等人到这里开展工作。1940年春，中共漳南工委决定在小梅溪建立交通站，黎炳光兼任站长。为加强党的领导，小梅溪建立了党支部，黎炳光任书记，陈炳元、魏启同为委员，村民大都是党的基本群众，大家同心同德，掩护党的工作，推进党的事业。

小梅溪交通站建立后，黎炳光以“打工仔”的身份居住在小梅溪群众的家里，很快得到群众的信任，村里的斗争骨干魏启同三兄弟及苏建才、陈应时、魏源成、曾清波和陈芳等人都围拢在黎炳光周围，异常默契地跟着他一起进行各种活动。

1942年底，吴酒精事件后，国民党便衣警察一日三次到小梅溪搜捕黎炳光，破坏交通站。当时，小梅溪群众把黎炳光当亲人看待，在群众的全力掩护下，黎炳光三次渡过险关。

小梅溪村毗邻九龙江西溪，周围是一片一望无际的柑橘园，村民有在柑橘园搭盖草寮的习惯，于是，这些草寮就成了接待游击队员和党的地下工作人员膳宿荫蔽之地。交通站利用这些隐蔽之地护送了不少闽南特委机关工作人员。还有在闽南革命根据地工作的“厦青团”人员40多人，以及来往开会、汇报工作的各地干部100多人，他们的进出都得交通站安排食宿和护送。交通员们往往要冒着生命危险，机智灵活想尽一切办法，才能出色地完成党交给的任务。

小梅溪交通站也是闽南党的重要地下运输站。这里交通方便，近在咫尺的漳州城有通往闽南各地的公路交通线。九龙江上有船民党支部领导的阮石象、黄松茂等运输船。交通站利用这些水陆交通网，为根据地购置和转运枪械、医药、被服等军需用品。再由地下交通员化装为小商贩，把所需物资送到狮头山、白云、竹园、油柑坪等交通站，再转达抗日支点。由于正处在国共合作抗日期间，党停止打土豪筹款，但又必须购置大批军需物资，所以交通站经济十分拮据。为了解决给养问题，小梅溪交通站党组织还发动群众在物质上支持游击队。1941年除夕之夜，卢叨、洪椰子、吴运琳带领漳南游击队经过小梅溪村，村民们主动把自己的粮食、蔬菜、米粿及猪肉等送给游击队，让他们带回狮头山过年，解决了游击队供给困难。小梅溪村群众就是这样在经济上倾力支持党组织，集腋成裘，滴水成河，为党的事业做出贡献。

为了掌握敌情，以达到知己知彼的目的，小梅溪交通站经常派人到漳州市区，收集有关国民党顽固派的活动情况，交通站成为闽南党组织的重要耳目。有一次，交通员陈炳元、魏启同、阮石象等在九龙江边澄观道王爷庙喝茶，听到国民党侦探在谈论当晚要派兵到圆山“进剿”漳南工委机关，即派人把这一情况报告工委领导，使工委机关及时转移。

1941 年秋，漳南工委派人打入军统特务康庄主办的《福建新闻》报社内，建立了一个党支部，有党员陈伯敏、陈如鹏、颜湘共 3 人，他们都是这个报社的编辑人员。他们利用《福建新闻》这个舆论阵地，巧妙地宣传抗日战争和国际反法西斯战争的形势以及党提出的“坚持抗战、反对投降，坚持团结、反对分裂，坚持进步、反对倒退”的方针，收到很好的宣传效果。同时他们还在社长康庄的办公室里取出了两份军统内部机密文件，通过交通站送交闽南特委转交南委。

1942 年冬，在国民党顽固派到处设卡检查的严峻形势下，交通站还成功地将闽南特委郑敦、张国忠从小梅溪转到城市国统区巡视工作。

小梅溪交通站从建立至解放，经历了 8 年光荣又艰巨的战斗历程，出色地完成了党交给的各项任务。在漳州平原上，这个交通站就像一盏明灯，照亮了漫漫长夜，经受了狂风巨浪的冲击而岿然不动。

第四节　抗战胜利前的局势与侵华驻厦日军石码洽降

中共中央关于党在国统区实行隐蔽精干方针提出后，闽南特委部署中共漳州工委及其辖下，疏散隐蔽于漳州市区、海澄、石码等地的党员二三十人。他们一面根据保存干部积蓄力量的原则，缩小机关，注意隐蔽；一面做好特委与外界联系的交通和信件、印刷品传递等工作。在城市开展坚持进步、坚持团结、坚持抗战、反对倒退、反对分裂、反对投降的斗争。特别是隐蔽于学校和新闻单位的党员，坚持舆论先行，暗中做好抗日宣传，发动和武装群众，巧妙对付各种事变和袭击。

1942 年底，因吴酒精被捕叛变，国民党当局在漳州逮捕了交通员黄大头。黄大头被捕后，供出了中共漳州工委书记陈伯敏的住处。后来陈伯敏被捕叛变投敌，给敌人开出 31 名党员的名单。几天后，漳州工委组织部长马东涵、石码支部书记翁郎云等相继被捕。至此，漳州、石码等地的党员除个别外出幸免外，其他的都被捕，漳州工委已名存实亡。

为解决组织生存和发展问题，闽南特委曾于 1942 年在靖和浦边区的三角坑举办干部训练班，组织大家学习，训练班由特委副书记钟骞和郑敦主讲，讲授中国革命的基本问题、国际常识、党的建设和革命历史等，引导大家结合实际讨论，强调指出黑暗是暂时的，前途是光明的，以树立必胜的信心。1943 年间，针对南委事件以后闽南发生一系列叛变事件，闽南特委还适时进行革命气节的教育，这对于防止事态的扩大和保存革命力量起了重要作用。

1943 年 3 月，中共闽南特委在平和县坂仔乡金京洋召开特委扩大会议。会议决定，闽南党组织应从单纯的分散隐蔽，过渡到必要的武装自卫，扭转被动挨打的局面。随后，立即组织成武装小分队，在“有理、有利、有节”的原则下，开展武装自卫斗争，打击地方反动势力，清除顽固派的耳目，在斗争中逐步壮大发展。

1943 年，世界反法西斯战争的形势发生了根本性变化。在欧洲战场上，苏联开始反攻，英美联军开辟了欧洲第二战场。在东方战场上，美军于 1944 年春逼近日本本土，严重威胁日军的海上运输，使南洋各地的日军处于孤立作战的境地。在中国战场上，共产党领导的抗日武装，局部开始了战略反攻，并决定以八路军第一二〇师三五九旅组成南下支队，从延安出发，向豫鄂湘粤敌后挺进。此时，闽粤边委一方面部署扩大抗日武装斗争，进一步巩固和发展闽粤边区这一南方重要战略支点;另一方面组织分散隐蔽在各地的干部、党员,恢复党的组织活动。

1944 年 10 月,闽粤边委在上杭、永定边境的梅镇乡楮树坪建立抗日反顽自卫武装王涛支队,随后挺进闽南,取得了一次又一次反顽武装斗争的胜利。

1945 年 6 月 29 日,日军胁迫民夫 3000 多人,从金门、厦门分批向海澄县港尾区白坑村日夜强行登陆。他们沿途抢掠,使港尾一带损失严重。据事后调查,港尾地区共损失财物 2697.55 万元。而驻守闽南的国民党正规军、保安队等却始终不放一枪一炮,听凭敌军从容抢掠,流窜过境。为时 22 天的漳诏阻击战,仅俘虏日军士兵 4 名。

1945 年 8 月 15 日,日本宣布无条件投降,浴血奋战 14 年的中国人民终于赢得了抗日战争的最后胜利。抗战胜利后,国民党福建省政府主席兼全省保安司令刘建绪就组织了“接收厦门委员会”,报请第三战区司令长官顾祝同和陆军总部同意,决定以省保安处处长严泽元为主任委员(即“受降主官”),同时,又委派省政府委员黄天爵(海澄人)为厦门市市长。于是“接收厦门委员会”的所有成员都会集在漳州,筹划入厦受降及接收的一切事宜。

当时严泽元下榻于漳州的九龙饭店,住在这里的,除了严泽元和他的随从人员外,还有准备到厦门担任警备司令部副司令的少将阙渊,少将参谋长柯远芬、秘书沈桢,以及担负受降官警卫的保安 X 团大队长、中校邬学义,“中央社”特派员冯文质(闽警二期毕业),受降官的英语翻译陈振福(协大毕业生)等人。

国民党厦门市市长黄天爵、厦门市党部书记长黄谦若,市府主任秘书吴春熙以及陈烈甫(后任厦门市参议会参议长)、严餤(后任厦门市商会会长)等人,则住在福建省银行漳州分行内(现厦门路)。但都相约到九龙饭店中商讨接收问题,九龙饭店一时成为接收工作的中心活动区。

对于“厦门受降”问题,国民党海军司令陈绍宽认为厦门历来是海军驻防要港,应由海军派人主持受降。因而早已电令海军第二舰队司令李世甲少将兼任接收厦门日本海军专员，指令克日前往办理具报。于是，李世甲立即率领海军陆战队第四团第一营（约二三百人枪），由福州循路南行抵集美，准备进入厦门受降，并通知严泽元。但原先正集结在集美的，由陈重率领的保安团（约一千余人枪），则组织海军进入厦岛，并敦请李世甲到漳州洽商。这么一来"接收厦门委员会"和海军，究竟应以谁为主代表中国政府入厦受降引起争议。

正在这时，国民政府财政部又来急电，声称："奉总裁手谕：凡全国敌产应由财政部统一接受处理。现派李致中兼厦门市接收组长"，并说"在李尚未莅任之前，不得擅自接收"。严泽元接电后，赶紧复电敦请李组长莅漳，谁知回电却说"李尚在广州接收"。情况越变越复杂。这时戴笠的军统局又以蒋总裁名义电知福建省政府："全国汉奸案一律归军统局统一处理。"又电转军统局紧急通知说："已派沈觐康任厦门市警察局长，负责处理该市汉奸案件。"

原设在华安的中美合作所第六特种技术训练班（俗称"华安班"）副主任陈达元更认为接收厦门"非我莫属"。因为他所属 4 个营（约三千多人枪）实力最强，所以他和另一副主任雷镇钟早在日本宣布投降的第五天，就命令所属 4 个营立即移防逼近厦门：第一营驻海沧，第二营驻嵩屿，第三营驻石码，第四营驻海澄县城，随时准备去厦门接收。

由于多方插手，各有来头，互相掣肘，争执不下，最后由省主席刘建绪亲自坐镇漳州跟各方面反复磋商，仍然无法解决究竟以谁为主接受日本投降的问题，刘只好报陆军总部核准。李世甲也致电海军司令部请示，陈绍宽复电："仰遵照前令办理。"态度十分明朗、坚定。由于上头意见未能统一，所以受降之事一直拖延未决。

抗战八年，厦门人民历尽艰辛苦难，在欢庆胜利之后，日夜盼望国民政府早日派员来厦接管。可是，由于各方意见不一致，互相掣肘，使厦岛一时出现权力真空。侵华驻厦日军首领及领事馆则迫于责任，也为自身安全和日俘、日侨早日回国着想，便派员前来联系，请求受降主官早日莅厦受降接收。在九龙饭店里，还在等待上峰裁决的官员们,只好临时推举严泽元出面接见来使。由于石码与厦门一衣带水,隔海相望,是漳厦间交通的咽喉,严泽元便指定石码为接见日军代表的地点。

1945 年 8 月 28 日,驻厦日军派海军少佐驹林力和日本厦门总领事永岩弥生为代表到石码商会会所(原文化局大楼处)洽降,向严泽元递交日军投降准备事项和备忘录,因日军代表级别太低且未携带身份证件而被饬令返回换人。

1945 年 8 月 29 日,驻厦日军最高司令部指挥官原田清一改派海军大佐松本,由领事馆书记官林乃恭及随员陪同,搭乘"烟台山"号小汽艇到石码正式请降。日本降使自晏海路码头上岸后,腰佩指挥刀,刀把扎白布,低眉垂眼,手持降书,齐举胸前,经中镇路(现九二〇路)直趋石码商会受降处。沿途岗哨林立,石码群众齐聚街道,扬眉吐气,喜气洋洋地观看日本侵略者的可耻下场。下午 3 时 30 分,请降仪式开始,松本大佐解去军刀,呈验证明文件,毕恭毕敬地呈上请降书,恭聆受降官训令。厦门警备司令部副司令阙渊少将宣读第三战区司令长官顾祝同和福建省政府给厦门日军最高司令部指挥官原田清一的备忘录和闽字第一号备忘录,最后由日本降使松本大佐在上面签字,整个仪式历时 40 分钟。请降结束,降使一行立即退出,上船返厦(受降仪式于 9 月 28 日在厦门鼓浪屿举行)。经过八年浴血奋战,闽南人民终于赢得了本地抗日战争的最后胜利。

第六章　反蒋革命斗争的持续和人民解放事业的胜利

（1945 年 9 月—1949 年 9 月）

抗日战争胜利后，面对蒋介石统治集团挑起的反共内战，闽南各级党组织适应形势的新变化，又投入新的战斗。先是采取隐蔽埋藏、分散发展的策略，以扩大武装、开辟新的据点。后来转为集中力量，发动群众，广泛开展农村游击战争。同时，加强党对国统区工作的领导，推动城区学生运动的蓬勃兴起，进而在知识分子和进步人士中成立解放大联盟，保护城市，迎接解放。1949 年初，地下交通站的建立，特别是统战策反工作的有效开展，大大削弱了国民党反动势力，在挺进闽南的人民解放军和闽西南地方部队的配合下，龙溪、海澄两县终于回到了人民的怀抱，取得了新民主主义革命在闽南的最后胜利。

第一节　抗战胜利后的农村游击战争

抗战胜利后，遭受日本帝国主义侵略战争苦难的中国人民，迫切要求实现全国统一，建立独立、自由与富强的新中国。而以蒋介石为首的国民党政府却置人民的生死于不顾，一心想消灭共产党及其领导的革命军队，独吞抗战的胜利果实，实现独裁专政。国民党福建当局秉承蒋介石的旨意，也不遗余力地发动反共内战，以军事进攻、政治迫害、经济掠夺等手段，对闽南地方党组织及其革命武装和人民群众进行“围剿”迫害。

1945 年 8 月底，中共闽粤边委在平和县水尖山召开紧急会议，朱曼平、魏金水、刘永生、陈仲平、卢叨、郑金旺、洪椰子、陈天才、卢炎等领导参加了会议。会议分析了日本投降后的国内形势，充分认识到国民党反动当局玩弄“和谈”、部署内战，妄图消灭共产党及其领导下的武装力量，恢复其反动统治的阴谋。会议决定，闽西南党和人民武装必须继续实行“隐蔽精干、长期埋伏、积蓄力量，以待时机”的方针，分散发展，开辟新据点，达到“添丁发财”(即扩大武装，发展经济)的目的。地方工作着力向党员群众宣传抗战胜利后的新情况、新任务，以提高对新形势下斗争策略的认识。

水尖山会议是闽粤边委在历史转折关头召开的一次重要会议。它对转变干部思想，明确党的工作任务和改变斗争方针策略，以适应新形势的需要起了重要的作用。会议所确定的工作方针是正确的，后来在工作实践中得到了证明。

1946 年 10 月至 11 月，中共闽粤边临委扩大会议在永定召开，这次会议根据上级指示，正式成立了中共闽粤边区工作委员会(简称闽粤边工委)。1946 年底，闽南特委改称为闽南地委，下辖平和县委、云和诏县委、漳南工委(黎炳光负责)及一些白区党组织。为了贯彻隐蔽待机指示，闽南地委决定除留下民兵在基点内坚持斗争外，将游击队化为工作组，突出外围进行活动，以转移敌人对革命基点的注意，保存力量，待机发展。在执行分散发展的同时，闽南地委还加强了国统区党的工作，使闽南党组织在国统区的工作有了较快的恢复和发展。

闽南党组织根据中央的指示和本地区的实际情况所采取的方针和策略，为后来农村游击战争和城市爱国运动的开展，做了坚实的基础准备。

1947 年 1 月，在香港的中共华南分局联络员陈明，向闽粤边工委传达了分局关于恢复武装斗争的决定，并指出了闽粤边游击战争的发展方向。3 月 9 日，闽粤边工委向边区各党组织提出任务：集中最大力量，积极发动群众，准备开展广泛的群众性游击战争。于是，闽南分散于各地的党组织和武装力量，迅速发动群众开展了反“三征”(征兵、征粮、征税)和破仓分粮运动，新的武装斗争逐步蓬勃发展起来。

闽南特委为了恢复靖和浦游击根据地，曾于 1946 年 5 月，指派柯永麟带领钟骞大队 3 个班挺进靖和浦边区，完成打击反动势力、恢复老区、发展新区、壮大武装力量的任务。经过一年艰苦奋斗，至 1947 年初，不仅恢复了原靖和浦中心区，形成了纵横百余里的农村游击根据地，还扩大到外围广大地区，包括漳南、程溪、草坂、白云、南浦等地区。

1947 年 7 月，根据闽粤边区工委的指示，闽南地委决定结束隐蔽状态，成立“中国人民解放军闽粤赣边区总队闽南支队”，支队长李仲先，政委卢叨。同时，重新组建闽南地委，卢叨任地委书记，地委下辖云和诏县工委、靖和浦县工委、平和县工委和靖边武工团及安、南、同边党组织，原漳南工委并入成立于 1948 年初的靖和浦县工委，书记柯永麟，组织部长黎炳光，宣传部长张亚挞，执委张天宝。

靖和浦县工委成立后，在漳浦县车本村召开了扩大会议。会议结合本地区斗争情况和发展方向，做出了 4 条决定：一、加强组织建设，组成 5 个工作团，何清标、吴炳坤、杨和文、黎炳光、张亚挞 5 人分别担任工作团团长，划分活动区域；二、创建县工委领导下的靖和浦独立大队，加强武装斗争；三、放手发动群众，开展游击战争，打击顽固分子，争取中间力量；四、确定解决粮食、经费来源的原则。靖和浦县工委扩大会议后，工作团分赴各地展开活动。黎炳光带领漳南工作团，恢复漳南原有老区和漳浦赤岭老区，加强程溪、颜厝等地的工作。工作团深入农民群众进行革命宣传，发动农民群众支持革命事业，为开展游击战争创造良好的条件。

1948 年 5 月，经闽南地委批准，正式成立靖和浦地区独立大队，大队长何协兴，政委柯永麟，人员 30 多人。面对枪支、弹药和经济上的困难问题，独立大队采取各种措施，从敌人手中夺取武器。如县工委指派林水泰打进敌军某连当排长，暗中争取原驻程溪、后驻古县的连长吴英起义。同年 8 月，吴英率领 50 多人投诚并带来机枪 3 挺、冲锋枪 2 支、步枪 35 支、子弹 8000 多发及部分手榴弹，壮大了革命力量。同年，闽粤赣边区工委发出《为粉碎敌人进攻，致各地委各支队的信》，按照上级指示精神，靖和浦县工委把独立大队分成两部分，其中一部分在工作团的配合下，出击龙溪圩、官园、塔潭等地区的反动保长，捣毁其反动基层组织，鼓舞了人民群众的革命斗志。

革命武装所到之处，国民党的“三征”难以实行，苦难的民众得到实惠，共产党领导的游击革命根据地更加巩固。

1948 年上半年，游击战争的熊熊烈火，燃遍了闽南大地，闽粤赣边国民党当局的“清剿”行动以其指挥官涂思宗中将被撤职而告终。7 月，国民党福建省政府主席刘建绪配合闽粤赣边“清剿总指挥部”的反共内战部署，对闽南游击队推行封锁堡垒政策，向漳属地区的革命根据地进行所谓“重点进攻”。针对这种情况，闽南地委贯彻 8 月闽粤赣边党的代表大会精神，提出巩固乌山、山内，加强靖和浦、龙（溪）、平（和）、南（靖）、漳（浦），建立梅花式的游击点，恢复白区，做好经济、交通等工作，准备粉碎敌人大规模的进攻。

1948 年 9 月，国民党福建省新任主席李良荣步刘建绪后尘，开始对靖和浦等革命地区展开第三次“扫荡”。为了粉碎敌人的进攻，闽南地委决定让闽南支队分路冲出外线，展开一场反“清剿”游击战争。闽南支队副政委王汉杰率支队第一连，在靖和浦独立大队配合下，直插漳浦县的湖西、马坪和海澄的南太武山一带进行活动。在海澄县隆教乡袭击反动地主兰德惠，惩治了反动势力，扩大了政治影响。不久，又出击海澄、漳浦交界地区，点燃了反“三征”的群众斗争之火，政治影响很大。国民党漳浦、海澄县反动当局叫苦不迭，地方的反动家伙更是坐立不安，天天告急。

在此期间，闽南支队第一连还帮助靖和浦县工委收编、成立了两支农民武装队伍，一支是“澄浦独立大队”，大队长蓝西芳；另一支是“赤岭游击队”，大队长蓝兆熊。

由蓝西芳带领的游击队，纪律严明，有战斗力，队伍一度发展到 30 多人，常在漳浦的佛昙、前亭、马坪、东坂、赤岭，海澄的白水、郊边、港尾、镇海、新厝、白塘、隆教等地活动，深受农民群众欢迎和支持，队伍虽屡次遭到反动势力的“围剿”，队员减至 10 多人，但他们仍顽强坚持战斗。后来,与赤岭游击队20多人会合在一起行动。

1948年11月,"澄浦独立大队"和"赤岭游击队"合并,组成靖和浦工委领导下的一支农民武装队伍。这支游击队,在靖和浦独立大队的支持下,游击区域遍及隆教、马坪、前亭等沿海一带及海澄县和漳浦县交界处,与靖和浦、漳南革命根据地互相呼应。12月,国民党漳浦、海澄两县反动武装疯狂地"清剿"这支游击队。在群众支持下,游击队与大批敌人进行周旋,打得敌人晕头转向,不知所措。随后,游击队又转战到海澄县隆教乡一带,抓获关头村的反动地主多人。敌人经过多次"清剿"连遭失败,军心涣散,士气低落。1949年3月,蓝西芳与蓝兆熊率领的游击队30多人遭到敌人包围,不幸全部被消灭,损失惨重。

总之,闽南地委及其领导的革命武装,在隆教地区捣毁敌人乡村政权和发动武装,打乱敌人的部署,为粉碎国民党大规模"清剿"创造了有利条件。

第二节 新漳州工委和海澄支部的组建与城市广泛的爱国民主运动

抗战胜利后,福建地方党组织逐步恢复和壮大,党的基层建设也逐步得到健全。此时,在龙溪、海澄两县活动的党组织有两个:一是漳南工委和靖和浦县工委,隶属于闽粤赣边区党委领导的闽南特委;二是漳州工委和海澄支部,隶属于闽浙赣省委领导的闽中地委泉州中心县委。

1947年下半年,为了恢复漳州城区的党组织,领导学生开展爱国民主运动,中共泉州中心县委林金妙(化名陈列)作为党的特派员,到漳州城区开展地下工作。1948年7月19日,中共(闽中)漳州工作委员会(简称漳州工委)在漳州新桥下街42号郑图家中成立。陈列任书记兼农工部长,周兴民任副书记兼组织部长,张方任宣传部长,陈均任城工部长,朱鸿祥任青工部长。工委下辖3个支部,有党员 52 名。

新的漳州工委成立后，做了许多重要工作：一是壮大党的组织力量，先后发展 70 多名共产党员。二是组织团结进步人士共谋革命事业，在短短两年内，共聚合社会和学校的精英 400 多人，开展了大量有效的工作，尤其是发动领导漳州 7 所中学学生举行了罢课、示威游行。三是引导革命青年走与工农相结合的道路，先后向漳州、龙溪、海澄、南靖等地派出工作组，建立了 32 个革命据点，组建 7 支武装抗征队，抗击反动政府的征兵、征粮、征税。四是开辟地下交通线，输送地下党员和青年积极分子 150 多人，参加闽西南游击队或地方工作团，为新中国诞生浴血奋战。五是在漳州城区组建"龙溪人民解放大同盟"，保护城市，还建立地下印刷厂，创办漳州大路书店，广泛开展政治宣传，为迎接漳州解放做好准备。

抗战胜利后，在闽南党组织的领导和重视下，海澄的地方党组织也得到了快速的发展。1946 年春，共产党员蓝守仁经党组织同意，出任海澄县参议会秘书，蓝介绍进步人士吴良成到参议会任工友。同年 10 月，泉州中心县委指派党员林今言（女，化名陈婉香）来海澄负责工作。经蓝守仁的介绍，林今言到县城附近的豆巷村任民师。林今言到海澄后，就及时传达了上级对海澄地区的工作指示，从此，澄、浦一带如隆教、浯屿、官浔、浮宫过溪等地活动着一支受泉州中心县委领导的地下党，为以后开展农村斗争奠定了良好的基础。

1947 年 2 月，在海澄县郊的一所国民小学内，林今言、蓝守仁、吴朝阳 3 人召开了支部会议，正式组成党支部，林今言任支部书记兼组织委员，蓝守仁任宣传委员，吴朝阳负责在角美地区及厦门外围一带开展地下活动，开辟新的活动据点。随后，林今言在吴良成的配合下，深入调查了解海澄的社会情况，分析在海澄开展工作的主客观条件，逐步落实上级的指示。经过努力，至 1947 年春，海澄党组织的活动范围扩大到港尾隆教、浯屿、浮宫过溪、漳浦官浔一带。同时，在澄浦边区的新厝、墩里、后厝、新圩、项弟、油车、牛屎桥、白塘、上岗、大林等村建立了掩蔽点。

后来,由于林今言受敌人通缉,组织上让她返回泉州工作,海澄地区在1948年上半年就由吴良成独立开展工作。此间,吴良成独当一面,在漳浦张坑兰一带、大路边、山坪、石椅、蔡坑一带,前亭乡的洛运、顶埕,海澄的郊边、林仔八坑一带、南头洲、墩上等地都建立了掩蔽点。

1948年六七月间,泉州中心县委为加强澄浦地区工作,派林金妙(陈列)、蓝振德等到海澄,与吴良成组合成立了澄浦边区工委,由中共(闽中)厦门工委领导。按照上级指示,澄浦工委的任务是进一步巩固和整顿群众组织,开展知识青年工作,培养干部、发展党员,打通海上交通联络线,开展群众性的武装斗争等。工委内部亦进行分工,蓝振德、林金妙负责物色发展进步学生和知识青年参加工作,吴良成负责武装斗争。正当工委开始进入紧张的工作中时,蓝振德、林金妙在蓝家被捕。敌人加强了对隆教地区的侦察监视,并派遣特务跟踪,准备清乡。遭此变故,隆教一带的党组织活动不得不停顿下来。由于隆教一带党组织一直保持直线联系,严守秘密,所以地下党的其他成员没有全部暴露,加上澄浦交界的空隙适合于开展地下工作,因此,澄浦边界山区党的活动仍处在大发展中。

在国民党统治的城市,由于以蒋介石为首的国民党统治集团推行内战、独裁、卖国政策,国民党官僚资本家对人民进行疯狂掠夺,导致国统区城市爆发了日益严重的政治危机和经济危机。闽南漳州城区也出现工商业大批倒闭,市场物价飞涨,致使广大市民挣扎在死亡线上,不得不为生存和发展而斗争。

1947年下半年,省立龙溪中学进步教师周兴民、郑图,龙溪师范学校进步教师张方等,在马列主义的熏陶和全国学生运动的影响下,开始倾向革命,并利用教师的身份对学生进行思想启蒙,革命的火焰在学生中点燃了。进步学生在周兴民、杨加富等老师的带领下,以龙溪中学的名义,在漳州光明剧院上演《十字街头》话剧,深刻反映旧社会青年学生毕业就是失业,只能徘徊在十字街头的命运。此剧的尾声,给广大学生和群众指明了前途——走向革命。同时,龙溪师范也公演了《升官图》《群莺乱飞》等剧目,揭露旧社会的极端黑暗和腐朽，使人民群众感到这个社会除了革命之外再无良药可医了。公演 3 场，场场满座，给观众以巨大的渲染力和感召力。漳州中学生利用参加“双十节”游行的机会，尽举倒写“国泰民安”“风调雨顺”“万税”等字样的彩旗，借此讽刺旧中国“国不泰、民不安，风不调、雨不顺”，寓意民众负担沉重，生活极端困苦，以此激发人民群众仇恨旧社会，向往新社会。

当新的漳州工委成立并站稳脚跟之后，省立龙溪中学、龙溪师范等青年学生的爱国民主运动随即在党组织领导下蓬勃兴起。1948 年 5 月 28 日，厦门大、中学生在厦门地下组织的领导下，举行“反美扶日”示威大游行。起因是妄图称霸世界的美帝国主义者，为了压制中国、控制远东、对日本竭力扶植、恢复其军国主义；而坚持独裁、内战、卖国的国民党政府，竟屈从美国旨意，于 1947 年 8 月和日本签订《中日贸易协定》，对美日政府策划的“资本美国、工业日本、原料中国”的企图俯首帖耳，甚至竟把侵略中国的日军总司令、头号战犯冈村宁次留作打内战的军事顾问。饱受日本帝国主义侵略之苦的中国人民，对此无不恨之入骨，一场声势浩大的抗议美军在华暴行的爱国民主运动，便在全国轰轰烈烈地展开。漳州工委也不失时机地对运动进行参与和领导。1948 年 5 月 29 日，漳州工委副书记兼组织部长周兴民，在北桥塔口庵附近的学生宿舍召开全体党员会议，研究 5 月 31 日上午在漳州发动“反美扶日”示威大游行的事宜，并对游行前后的具体工作作了安排。5 月 31 日，漳州工委以龙溪师范和龙溪中学的党员为核心，发动漳州各中学爱国师生上街举行“反美扶日”示威大游行，参加者达到 3000 多人。游行队伍所到之处，围观群众人山人海，自觉跟着呼口号和唱歌，歌声、口号声此起彼伏，有的自觉加入游行队伍，把学生运动推向高潮。游行后，学生罢课、教师罢教 3 天。

“反美扶日”示威大游行显示了学生运动的巨大力量，有力地打击和动摇了国民党的反动统治。国民党龙溪县反动当局惊恐万状，对进步师生采取种种手段加以迫害，用解聘的办法把进步教师赶出学校，提前放假把应届毕业生驱散，同时开除、通缉一批进步学生，企图扑灭革命火种。当时龙溪中学高中生即将毕业，面临着人生的重要选择。针对这一情况，漳州工委决定化整为零，分散活动，一方面抓紧发展党员，把在学运中经受考验、表现突出、符合条件的进步学生吸收入党；另一方面号召应届毕业生党员和进步青年，放弃报考大学，走与工农相结合的道路，奔赴农村发动农民起来"三抗"（反抗国民党征兵、征粮、征税），未毕业的留校继续坚持斗争。1948 年秋，龙溪中学和龙溪师范应届毕业生党员及进步青年，按照漳州工委"奔赴农村，秘密发动，组织力量，开展斗争"的部署，组成工作组分头到龙溪、海澄、漳浦等地开展革命活动，向周围亲友、同学、同事宣传解放战争大好形势，揭露国民党反动腐败与旧社会黑暗罪恶，宣传革命道理和共产党的主张以及未来新中国的美好前景，提高人民群众觉悟，使群众向往革命。部分留校的学生党员，也到漳州南、北乡开展群众工作。这些输入农村根据地和游击区的革命力量，先后共有 150 多人，他们为人民的解放事业，做出了突出的贡献。

1949 年夏，为了配合解放军迅速解放闽南，顺利地接管漳州，恢复社会生产秩序，闽南地委根据闽粤赣边区党委指示，在集结游击武装力量牵制敌人、横扫残敌的同时，决定进一步加强国统区的地下革命斗争。8 月，按照闽南地委的指示，施耀（闽南地委特派员）和黎炳光（闽南地委执委）到漳州部署成立"龙溪人民解放大同盟"，以作为党的外围革命群众组织。大同盟由朱彬任书记，颜明任组织委员，王子陵任宣传委员，吴诚与郑图任调查委员。

在解放大军节节胜利，逼近漳州之际，广大人民群众热切盼望解放，热心于革命事业，踊跃参加革命组织。按照"大同盟"章程规定："凡是拥护共产党，反对国民党，思想倾向进步的工人、学生、社会青年，有两个盟员介绍即可参加。"经过秘密串联，想参加解放大同盟的人越来越多。为了便于领导和发展盟员，大同盟所属支部以漳州中山公园为中心，分为东、西、南、北 4 个工作区。工作区建立后，盟员的发展由各区审查批准，向盟部报名单备案。至 9 月 19 日，在漳州城区发展盟员 88 人，在南乡发展盟员 17 人，在南靖县发展盟员 23 人。"大同盟"在闽南地委的领导下，积极开展宣传教育、调查敌情、维护地下交通线、保护城市等工作，为龙溪解放事业做了大量有益工作。

1949年8月下旬，中共厦门工委地下党员许镇坊接到施耀（闽南地委特派员）和纪华盛（闽南地委厦门临时市委组织委员）的指示后，也着手物色和发展盟员，并于同年9月成立了“海澄人民解放大同盟”；由时任海澄中学校长的许镇坊任书记，厦大地下共青团员许镇藩任组织委员，海澄中学教务主任周任辛任宣传委员。大同盟先后发展了10多名盟员，其中大部分是小学教员。海澄解放大同盟与龙溪解放大同盟一样，也为海澄的解放事业做出了重大贡献。1949年9月下旬，两县人民解放大同盟胜利完成历史使命后，全部解散。

第三节　地下交通站活动与统战策反工作

1949年初，解放战争捷报频传，震撼世界的淮海战役取得重大胜利。为做好迎接解放的准备，1949年4月，中共闽中地委厦门工委指派共产党员林文吉和厦大进步学生林德才前往石码开展地下工作。4月下旬，两人转入石码后，先在林文吉家中设立石码交通站（地点在石码锦江道华太电灯公司，原是糕饼厂），后又在石码对岸紫泥浒茂洲巽玉村林德才家设立巽玉交通站。巽玉交通站地方偏僻，既是石码和角美的中心点，又便利厦门水路交通。交通员亦兵分两路，林文吉、陈豪知留在石码，林德才、林其发、吴素英负责巽玉交通站。

1949年6月，厦门工委书记杨梦周指派市立中学支书翁鹏飞，联系了作为地下党培养对象的蔡文杰，以其家所经营的石码汉口杉木行为据点，组建了另一个石码交通站。为了便于联络，厦门工委领导梁明富、叶绍书介绍蔡文杰与林文吉等认识，从而使石码、巽玉3个交通站连成一片。

1949年8月，人民解放军挥师南下，进军福建，直逼厦门。中共闽中地委厦门工委为了在厦门外围建立据点，发动组织群众配合解放厦门岛，工委指派共产党员吴朝明和吕良德，在角美中心小学组建田里地下交通站。该站位于龙溪、同安、海澄三县交界处的角美，地理位置非常重要。早在 1946 年 4 月，闽中地下党就曾委派郑种植等到角美中心小学（田里小学）活动，发展进步教师吴朝明为共产党员，翌年 2 月吴朝明成为海澄党支部成员之一，负责在角美地区及厦门外围一带从事地下活动。

在石码、巽玉、田里等交通站接连建立期间，就任厦门警备司令的毛森推行法西斯统治，动用军统特务猖狂搜捕、迫害地下党员、进步人士。为保存革命力量，厦门工委开始撤往岛外，工委领导梁明富、叶绍书等人转移到巽玉交通站。此后，巽玉交通站就成为厦门工委的临时领导核心点之一，它指导石码、田里交通站，负责与厦门和同安党组织联系。交通站设立后，先后有十几位思想进步的青年参加地下工作，他们有的负责递送情报、通信联络、抄写标语、散发传单，进行革命宣传鼓动；有的负责护送地下党同志的来往。由于处在解放前夕，前来巽玉联系的地下党同志较多，有时二三人，有时四五人，大多是厦门大学的学生，也有集美中学、大同中学和厦门侨师的学生。他们到巽玉接受梁、叶布置的任务后，又分头到海澄、南靖等县与当地地下党配合工作。交通站经常派遣进步青年调查搜集反动政府的情况供上级参考。一次，上级通知交通站到厦门接收一张《日本侵华的厦门陆军地形图》，交通站派遣林其发、林益三深夜由巽玉划小船到鼓浪屿牛皮寮，接到地下工作者送来的地形图，把地形图巧妙地装在蜜果盒里。回巽玉交通站后，再转送田里交通站，而后送到同安解放区递交解放军。

处于水陆交通关口的石码交通站充分利用其地理优势，开展敌情调查搜集工作，把各地搜集来的国民党军、警、政情况，地方武装、区公所、警察局、水警队内部编制、枪支配备、水陆活动规律等情报分类汇总，填表造册，呈送工委转报泉州中心县委。原新四军第七师敌工科副科长金贯一，1948 年解放战争期间在山东前线负伤，由组织安排到石码治伤并搞党的地下工作。金贯一在石码进步人士郑国珪的关照下，以其店铺的店员为掩护，边养伤边进行地下工作，还利用口头宣传和书刊传阅等形式，向交通员和进步人士宣传党的革命主张。

为配合人民解放军解放闽南地区和厦门岛，田里交通站地下党员冒着生命危险，深入敌人心脏，积极收集角美地区国民党驻军的兵力部署和武器装备情报，并及时向解放军侦察部队报告。当交通站从闽西获得国民党军刘汝明兵团将从大陆退据金、厦的情况后，立即派吴朝明、毛清选带领解放军，从 9 月 18 日夜开始，迅速解放同安、集美、后溪、角美及石美等厦门外围城镇。

由于厦门市区的白色恐怖日益加剧，中共厦门工委转移到同安后溪，工委组织委员梁明富、宣传委员叶绍书以及著名民主人士郑静安转移到巽玉。这样，就形成以同安后溪、浒茂巽玉和角美田里 3 个据点互为照应、开展工作的局面。这些据点与在厦门市区里坚持秘密工作的同志保持联系和紧密配合。此时，角美田里交通站就成为同安后溪、浒茂巽玉及厦门市内地下党传递情报的重要据点。田里交通站主要任务是负责转送巽玉至后溪的往来情报；调查国民党军队的布防和武器装备情况；对角美的地主武装（水上纵队）的头目进行策反。角美水上纵队头目王杰、王小鲦经过教育、说服，表示不透露地下党活动，不对抗解放军。部署在水上纵队的敌潜伏电台亦为地下党所掌握。这些对角美的顺利解放起到了一定作用。

随着解放大军日益临近闽南，巽玉交通站除了开展敌情调查、宣传鼓动外，还加紧统战策反工作，以配合闽南的解放。1949 年 8 月，林文吉在陈豪知的配合下，动员进步人士郑国珪出面联络石码米商，拒交粮食给国民党刘汝明兵团，囤积 3000 余担大米作为解放大军粮食。此外，林文吉还策动国民党海澄、南靖武装力量弃暗投明。

1949 年夏季，解放军以排山倒海之势向华南、西南、西北推进，国民党福建当局妄图负隅顽抗。坚持在厦门、泉州、漳州的地下党组织，都按上级要求，组织社会调查，开展统战策反工作。

在漳州，闽南地委执委黎炳光积极联系民主人士，开展策反工作。1949 年 5 月，他委派进步人士张志鸿、朱自荣（时任龙溪县莲塘乡乡长),策动朱金水、郑文理起义投诚。朱金水时任龙溪县潮洋、古林、莲塘三乡联防区主任兼龙溪县自卫总团独立分队队长,手下有 80 多人,100 多支枪,是龙溪南乡最有实力的地方武装。郑文理时任莲、古、潮三乡联防区副主任兼县独立自卫分队的队副。经策动,朱、郑不仅不和地下游击队对抗,而且经常掩护游击队的活动。在漳州解放隔日,这批地方联防武装被解放军收编。

在人民解放事业节节胜利的感召下,国民党海澄县警察局局长赖鄞祥已有投奔革命之意,他参加了国民党内部的地下反蒋组织"三民主义同志联合会"。1949 年 7 月,厦门工委梁明富转移到巽玉村后,决定策反赖鄞祥发动海澄警察局起义,指派林文吉与赖联络。9 月中旬,先由林文吉与赖鄞祥秘密谈判策动起义事宜。在此同时,又策动国民党南靖县党部书记王元和龙溪县政府秘书蔡诗彬起义。赖鄞祥约王元到石码宛南亭边饮食店与梁明富会面,商谈策动南靖县国民党军政人员起义之事。赖鄞祥还把海澄警察局所属的武装枪械清册和准备起义的计划交给地下党领导,以配合解放军解放海澄县。

王元回南靖后,即组织成立龙、澄、靖起义指挥部,以王元为指挥,赖鄞祥为副指挥,黄奕赫主持具体起义工作。闽中地委还派李力、曾铭两人前往南靖,住在王元家中,直接指挥起义。经策动,南靖县警察局刑警队队长戴评章,自卫队队长吴献安,县银行经理黄奕赫,分别率领警察、自卫队和县银行部分人员共 200 多人起义。起义队伍在南靖葛仔圩与反动部队战斗,俘获了国民党护路司令曾捷元,后又参加解放港尾战役。

1949 年 9 月 21 日,解放军兵临城下,国民党闽南纵队第一支队队长兼海澄县长倪履长企图做最后的挣扎,命令海澄警察局抵抗解放军。赖鄞祥不接受命令,率领 120 多名警察,携长短枪 120 多支及一些军用物资,转移到海澄县东泗区碧浦村宣布起义。

统战策反工作的顺利进行,为闽南的解放做出了重要贡献。

第四节　龙溪、海澄的解放

1949年8月17日福州解放后，盘踞在漳州、厦门和金门等重要城市和海岛的国民党军十分恐慌，企图负隅反抗，又随时准备逃往台湾。根据当时的形势和国民党军的布防特点，担任闽南对敌作战任务的人民解放军十兵团首长提出了“首歼漳州地区之敌，控制海岛外围阵地，尔后攻取厦门”的作战计划，准备以三十一军、二十九军为主力，二十八军相配合，将国民党军队大量歼灭于大陆，不使其龟缩到海岛，以便减少以后越海作战的困难。

担负解放漳州及其外围作战任务的主力是人民解放军十兵团三十一军九十二师，另有闽粤赣边区纵队闽西南联合司令部(简称“联司”)第八支队予以配合。他们于9月17日抵南靖宝林村会师。当晚，命令联司八支队二十一团率一支突击队协同三十一军侦察营一个连从南靖沥水过河，绕道草坂、九湖、颜厝、双第，直趋海澄、浮宫、港尾，截敌退路，其余各部在18日晨，以日行200里的速度，经平和黄井、南靖塔潭、程溪，于当日夜进至漳州南郊木棉亭、九龙岭的漳汕公路两侧，切断漳州守敌刘汝明部南逃退路。

9月19日凌晨，解放军三十一军九十二师和“联司”八支队兵分三路，发起攻漳战役。已攻克长泰县的二七六团为左路，会同“联司”八支队四团五营进抵漳州北郊；二七四团为中路，从长泰岩溪出发，涉渡九龙江北溪，进至漳州市的芝山一带；二七五团在进军途中担任战役迂回任务，打下南靖县城，作为攻漳右路，经龙溪月岭向漳州西郊突进，再会同师主力部队歼灭漳州之敌。“联司”八支队十三团、二十一团则分兵于漳州西南郊，构成弧形包围。至此，对国民党驻漳刘汝明部形成了三面夹击的态势。

九十二师副参谋长田贤成、三十一军侦察科长丛德滋率领侦察营到漳州侦察敌情，获悉：敌在漳州市区西北角公路北侧马鞍山一带筑有集团工事，还有几幢楼房约一个营防守。在山脚下公路两侧各有一个大地堡,有交通壕与几个单兵掩体相连接。交通壕外是一道一列桩的铁丝网。每个地堡里有一挺轻机枪,大约有一个加强班防守。

九十二师二七五团会同师主力,挑起主攻漳州重担。19 日下午,二七五团首长在漳州西北约 3 公里处的林内村头一棵大榕树下,召集各营干部布置战斗任务。

黄昏时分,团指挥所两发绿色信号弹腾空而起,二七五团一营二连三排,首先拿下公路两侧的大地堡,为二排扫清道路。二排连续爆破取得成功,占领了集团工事。而后二连集中火力、兵力攻击楼房,歼敌一个连的大部,于是漳州的大门被打开了。二七六团、二七四团分别从北郊、芝山插进漳州市区,肃清残敌。二七五团一营长率一、三连进市区后直插旧桥,见敌人正在烧桥,排长张孝先带一个班冒着大火冲过去,俘敌 12 人。内有敌支队长的一名伙夫,即利用他喊话,把敌支队长叫过来活抓,于是该支队 200 余敌人皆被缴械俘虏。紧接着沿江猛追猛打,又俘敌 400 余人。团首长率三营进入市区时,路灯还亮着,街道上一片狼藉。敌八十一师正要过新桥逃窜。于是三营直插新桥江边。对面南岸敌轻、重机枪和六〇炮一齐向二七五团开火,企图阻止解放军前进,双方在大桥两头展开了一场激烈战斗。敌军狗急跳墙,用重机枪把放在桥北头的大桶汽油打着,桥头上燃起了熊熊烈火。三营长一边组织重机枪压制敌人火力,一边指挥八连过桥。八连长王忠仁带领部队不顾一切,冒着敌人密集的枪弹冲过桥头的大火,迅速过桥。战士们一边射击,一边投手榴弹,前面的战士倒下了,后边的战士跟上来,很快占领了大桥南头两侧的工事。被赶出漳州城的敌军沿着漳(州)浮(宫)公路向石码方向逃遁。二七五团团部、三营营部、三机连、团炮连紧追其后,由八连担任前卫,奋力追歼逃敌。至此,漳州解放大功告成。

九十二师二五七团在追击途中,先于榜山阻击溃逃敌军,敌人大部分向白水营方向逃去。9 月 19 日午夜,解放军部队临近石码镇时,团长命令部队停止前进,派一个班在前方警戒,派侦察参谋带 4 名侦察员进石码查明敌情,其余原地休息。不到一个小时,侦察参谋回来报告：敌人大部队已撤到石码，大街小巷到处都是敌军，有的躺在马路边，有的睡在“五脚距”（即街道骑楼下），秩序相当混乱。在江边码头上有一部分敌人正等船逃厦，但船只很少。估计敌军约四五千人。据此，团首长命令部队在公路南侧土丘后集合待命。

此时，二七五团一营、二营和友邻部队都在30公里之外，一时联系不上。现有这支队伍只有八连、三机连和团炮连的两个排，加上三营营部和团部，还不足300人，而当面敌人有六十八军军部和特务营、八十一师和它的两个团，还有二二二团，共约5000人。敌我力量悬殊。二七五团面临着严峻的考验。如果立刻向石码之敌发起攻击，不足300人的部队要对付比自己多20倍的敌人谈何容易。万一战斗打响后，后续部队在四五小时内赶不到，不仅吃不掉敌人，反而有被敌人吃掉的危险；如果不发起攻击，拖不住敌人，让他们白白跑掉，岂不可惜，且时间也不能再拖，如果天亮以后被敌人发现在后面追击的解放军只有二三百人，一下子反扑过来，此地又无险可守，后果不堪设想。在这关键时刻，头脑冷静、一向讲究指挥艺术的王亚明团长和政治老练、作风稳重的林风政委，经过深思熟虑，召集三营干部和团机关人员开会，征求大家的意见，大家一致支持团首长的想法：打！坚决把敌六十八军歼灭于石码，决不让他们逃往厦门。众人统一了思想，明确了任务之后，即分头回去做准备工作。八连此时成了攻敌的主力，政委即派一名宣传干事到八连协助连长王忠仁、指导员周文明分头到三个排进行战前动员。

天将破晓，营长、连长带领三个排开始行动。他们以奇袭和强攻相结合的战术，迅速突进石码城，仅用一个多小时的战斗，就消灭了730多个敌人，控制了各个主要街口和战略要点，切断了敌人的江上退路，为解放石码掌握了主动权。

9月20日天亮以后，被解放军突然打懵的敌人逐渐清醒过来，开始向我军三排的两个据点展开反击。敌人的几次反扑都被三排彻底粉碎。上午七八时左右，敌我双方各有伤亡，战斗形成僵局。解放军设法找来两辆汽车，由三排6名战士随车往漳州载运援兵和弹药。不久三排两名战士押来了一名敌中校军官，从他口中得知：敌六十八军军长刘汝珍、参谋长张星伯率军部和八十一师已于昨天黄昏前撤离漳州，企图从石码、浮宫乘船逃往厦门。昨天上半夜第一批敌军从水路撤走后，解放军就打进了石码。当时守在码头红楼大院的是敌军部和特务营，镇东南角是敌一个团，镇公所是敌八十一师师部和漳州撤下来的保安团，以及县政府等地方警察，均已被解放军分刈，内部一片混乱。经我军宣传教育，敌中校军官表示愿意劝说军部投降。二七五团即以“中国人民解放军漳州前线指挥部”的名义，写了一封给敌六十八军军长刘汝珍和参谋长张星伯的劝降信，限其在上午10时前率部投降，否则我军将采取歼灭行动。信交给这位中校军官并派两名侦察员送他回去，同时组织部队向敌展开政治攻势。

根据敌中校军官提供的情况，二七五团营部很快调整了兵力，加强了八连三排和一排的力量，重点打击江边红楼大院和镇公所一带的敌人，防止敌军突围逃走。上午9时左右，八连三排副排长发现码头下有100多个敌兵向江中偷偷运动，已有20多人进入江中，企图趁江水落潮时突围，八连长立即下令三排和重机枪一班向其猛烈开火，把前面的敌人打落江中，后面一些敌人趴在江边泥滩里，被解放军俘虏。在清查中发现有一名敌军官是六十八军军长刘汝珍的卫士排长，八连立即把他送到团指挥所。当问及刘汝珍去向时，敌卫士排长放声大哭，据他交代刘汝珍有两种可能：一是在突围中已经被解放军打死在江中，二是已逃过江去。可见，解放军刚放回敌中校军官不久，敌人就突围了。全歼这股突围之敌，大大提高了解放军战胜敌人的信心。这时，二七五团后续部队赶到了。他们带来了1门迫击炮，20多发炮弹，还有2具六〇六火箭筒。团首长高兴地和七连连长、指导员紧紧握手。七连干部受领任务后，很快加入战斗。解放军再一次向敌人喊话，命其投降，战场上一片寂静。当上午10时的时刻一到，团指挥部一声令下，部队一齐向江边红楼敌军部据点发起最后的攻击。迫击炮接连打了几个齐射，炮弹在大院里爆炸。六〇六火箭筒直接瞄准大楼，炮弹穿透墙壁在屋里爆炸，轻、重机枪、步枪、冲锋枪也一齐开火。不一会儿，从硝烟弥漫的红楼窗口上，敌人伸出了白旗——一件用竹竿挑着的白色衬衣。敌六十八军少将参谋长张星伯率部投降。石码战役，共俘敌军1500多人。9月20日下午3时，九十二师师长徐体山、政委张英和参谋长田世兴骑马来到战斗胜利后的石码镇，传达了军部对二七五团解放漳州、石码的嘉奖。全体指战员沉浸在胜利的欢乐和自豪之中。一场以少胜多的战役宣告石码解放。

与此同时，解放军九十三师渡过九龙江，沿江向东攻击前进。二七九师主力逼近码澄时，守敌逃窜，解放军追歼其一部。下午4时，三营在肃清长洲、郭洲、大沙洲一带残敌后，发现逃至东美的残敌一部，立即回渡九龙江，向东美之敌攻击，激战两小时，歼敌千余人。21日上午，二七九团从石码分兵两路：一路沿漳浮公路挺进，一路沿山路绕至海澄的屿上、莲花交界处，从西、南两面夹击海澄县城，海澄县城旋即解放。余敌夺路向浮宫方向逃窜，解放军乘胜追击，于东园亭仔路头渡口处歼敌170多人。

九十三师二七八团渡过九龙江后，会同二七九团由浮宫向海澄县港尾、漳浦县马坪攻击前进。22日下午，发现敌大股集结于港尾地区，二七九团当即展开攻势，俘敌2000余人，毙伤800余人，同日占领屿仔尾，歼敌1个营。二七八团向东攻击前进，将敌压至卓岐地区，三营七连猛插敌腹，首歼敌营指挥所，至4时30分，歼敌500余人。二连、八连于5时占领斗美，歼敌二八一师、一四三师、一六六师各一部。解放军二七九团另一部攻占镇海等沿海一线要地。“联司”八支队二十一团、十三团突击队也在港尾、石埠一线海滩追歼逃敌，共俘敌官兵、交通警察100余人。23日上午，敌军以一个团的兵力，从厦鼓分乘8艘兵舰、5艘炮艇，在飞机掩护下，向二七八团防守的屿仔尾炮台猛扑，由于屿仔尾阵地只有八连一排防守，加之通讯联络失灵，曾于24日晚被敌攻占，但解放军二七八团、二七九团集中兵力和炮火，很快又把屿仔尾阵地夺了回来。

漳码澄此役，解放军十兵团三十一军和“联司”八支队，共毙伤敌刘汝明部官兵及保安团等1100余人。龙溪、海澄两县全境解放。

龙溪、海澄人民同全国人民一道，在中国共产党的领导下，经过艰苦卓绝的革命斗争，终于推翻了帝国主义、封建主义和官僚资本主义的统治，取得了新民主主义革命的胜利。从此，龙溪、海澄两县翻开了新的历史篇章。

第七章　人民政权的建立巩固和经济社会的全面恢复

（1949 年 10 月—1952 年 12 月）

龙溪、海澄两县相继解放，新民主主义革命取得完全胜利后，地方人民民主政权全面建立起来，有序开展接管旧政权和改造旧制度工作，并致力开始新秩序新制度建设。紧接着，两县广大人民特别是老区人民在支援前线、解放厦门的战斗中做出了英勇贡献。为恢复和发展生产，建立和稳定社会经济秩序，巩固来之不易的人民民主政权，按照上级党委统一部署，两县党组织迅速发动、组织广大人民群众，集中力量，群策群力，取得对敌特、匪霸、反动分子斗争的彻底胜利。建立新的社会组织，完成基层民主建政和农村土地改革，摧毁封建土地剥削制度及其机构。至 1952 年底，经过 3 年艰苦奋斗，两县国民经济得到了全面恢复和发展。

第一节　新生政权的建立和对解放厦门的支援

1949 年 9 月，中国人民解放军第十兵团三十一军在闽粤赣边区纵队闽西南联合司令部第八支队 4 个团配合下，分兵向漳州各国民党守敌发起攻击，于 19 日攻占角美，并迅速解放龙溪县城——漳州；20 日石码解放，21 日海澄解放。至 9 月 25 日，龙溪、海澄两县全境解放。10 月 1 日，两县各界人民分别隆重集会，热烈庆祝中华人民共和国诞生。

为迅速建立新生的人民民主政权，1949 年 7 月，中共福建省委率领华北、华东各地南下干部组成“南下干部纵队”（“长江支队”）和上海知识青年组成的“南下服务团”数千人南下，其中长江支队第五大队随军开进漳州。9月22日，闽西南联合司令部副司令兼第八支队司令李仲先及长江支队第五大队62人、南下服务团16人组成的地委机关，在主要负责同志李伟率领下，与原地方党组织（中共闽南地委）主要负责人卢叨、卢炎、高明轩等会合。9月22日，中共龙溪县委成立，由上级政府和军管会委任县领导班子成员，陈砚田为书记、白佩珩为县长（县委于1951年6月作调整充实，由杨廷标任书记）。县委下设3个工作机构；11月，设立9个区分委，定县城于漳州（现芗城区政府所在地），为城关一、二区（后于1951年6月，城关一、二区从龙溪县析出，另设漳州小市，原龙溪第三区为石码镇）。全县有中共党员264名，脱产干部264名。长江支队第五大队三中队39人参加海澄县接管工作，其中3名南下服务团同志和当地坚持地下工作的党员许镇坊、邱亦昆、林爱国、苏进宝等同志维护团结，服从大局，慎重酝酿，参与筹建新政权。9月22日，中共海澄县委成立，蔡良承任书记，郭景周任县长（县委于1952年2月调整充实，由李玉科任书记）；11月，设立4个区分委。定县城于老城关（现海澄镇政府所在地）。全县有中共党员47名，脱产干部120名。

1949年9月26日，龙溪、海澄两县成立军管会；9月30日起，开始着手接管旧政权工作。根据中央“自上而下、原封不动、各按系统、先接后管、坚持立场”精神，接管工作有序展开。漳州（龙溪）军管会派出人员接管国民党县政府及军、警、法、监狱等旧政权机构，发出《接管工作的方针政策计划》，以军管会名义命令清点、移交旧政权财产与收缴枪支弹药；收容、登记旧政权原有人员，移交人员档案。海澄县旧国民党警察局是由原警察局局长赖鄞祥率部起义的，县公安局一成立就顺利接管伪警察局的全体官兵，清点枪支弹药、档案材料和各种财物。1950年6月下旬，两县公安局分别举办散兵游勇、自新土匪集训班，对他们进行政策教育和前途教育。两县还接管旧政权的宣传机构，将原龙溪县国民党党部机关报《正报》、原农会机关报《明光报》、原设于石码的《九龙报》等报社全部合并为《漳州电讯》，成立报社新领导班子。军管会还派出军代表和联络员陆续对金融、邮政、交通、文教部门与医疗机构等进行接管。两县还迅速接管一批主要企业和重要部门，将其整顿、改造为地方国营企业。接管工作历时两个多月，顺利完成，为两县民主改革、基层建政和一系列工作打下良好基础。

1952年前后，龙溪县各界人民代表会举行两次会议，先后选举李学俭、王英才为县长。海澄县各界人民代表会也举行两次会议，先后选举李玉科、倪天林为县长。

两县党组织和人民政府围绕迅速恢复和发展生产工作，开始在城乡对旧基层政权进行系统改造，发动群众开展根除剥削、清除社会丑恶现象等多方面社会变革。

新中国刚成立时，龙溪、海澄两县尚未彻底推翻保甲制度，租佃土地制仍在苟延残喘，顽固施行。两县农村占总人口6.63％的地主、富农和其他封建剥削者占有37.53％的耕地，而贫苦农民仍处于无地少地的困境。农民要翻身就得组织起来，挺起腰杆。1949年11月、12月间，两县先后召开农民代表会议，成立以农民积极分子为骨干的农民协会，通过《农民协会组织章程》和建立区乡政权、支援解放厦门等为中心任务的决议。在党和人民政府领导下，两县农民协会成为一支能够坚决贯彻执行党和政府的政策法令，摧毁保甲制度，进行反霸斗争、减租减息和土地改革运动的有生力量。

之后开展的城区民主改革，重点在工矿、交通企业。首先是废除旧社会遗留下来的官僚管理机构和各种压迫工人的制度，建立总工会、工厂管理委员会和职工代表会议，调动广大工人群众当家做主搞好生产的积极性。再者是依照“公私兼顾、劳资两利”原则，消除部分工人与资方之间产生的不良思想情绪与紧张状况，不断缓解劳资矛盾。组织学习、宣传全国总工会颁布的《关于劳资关系暂行处理办法》，共同建立新劳资协商机构和协商会议制度。通过召开劳资协商会议，让职工以主人翁姿态参与工厂监督管理，推动劳资双方同心克难，恢复生产，稳定社会秩序。

新中国成立之初，由于国民党留下一个千疮百孔的烂摊子，龙溪、海澄两县仍然“一穷二白”，人民群众生产、生活极度困苦。据统计，至1949年年底，龙溪县9个区264个村，有293737人口；海澄县4个区173个村，有140716人口。两县农业相当落后，全年粮食总产量仅12.31万吨。工业仅有几十家小企业、小作坊，年产值只有1357万元。受国内经济危机、官僚资本垄断和帝国主义长期掠夺的恶劣影响，这些工厂企业大多不景气，生产经营半死不活。是年，两县社会总产值10199万元，国民收入7191万元，人均年收入仅190多元。广大城乡群众过着十分艰难的生活。

在建立新政权、维护新秩序工作中，龙溪、海澄两县政府组织广大人民群众艰苦奋斗，采取一切办法，战胜重重困难，救济穷苦群众，逐步恢复生产。1951年3月15日，军管会发出金融税收、工商管理布告，加强金融管理，严厉打击奸商，稳定市场物价，广泛宣传使用人民币，统一货币流通，控制指导货币投放和回笼，严禁一切外币、黄金、白银在市场上交易和计价流通，改变民国时期金银黑市投机、通货恶性膨胀、纸币大幅度贬值的状况。同时，两县政府分别召开工商界座谈会，宣传党的工商政策，采取相应措施限制市场交易中的中间盘剥，为部分业主解决资金困难，使商业市场获得生机。石码商会动员并带头扶持有益于国计民生的私营工商业，恢复商业活动，使市场经营走上正常轨道。

在社会管理上，对旧社会遗留的严重毒害社会环境和人们身心健康的吸毒贩毒、卖淫嫖娼、聚众赌博等丑恶现象，采取严厉措施，予以取缔。1952年2月，龙溪、海澄两县分别成立爱国卫生运动委员会，大力开展爱国卫生运动，提倡健康向上的生活方式；7月，两县又分别成立禁毒指挥部，开展肃清鸦片烟毒运动，对旧社会沿袭下来的吸食鸦片烟毒的陋习坚决予以清除。10月，大力宣传贯彻《中华人民共和国婚姻法》，推进两县妇女解放，广大劳动妇女获得了人身自由。经过两三年努力，旧中国屡禁不止的社会遗毒，终于在共产党和人民政府领导的新社会中销声匿迹，社会风气为之纯净，社会气象为之一新，人民群众无不拍手称快。

厦门、鼓浪屿解放前夕，龙溪、海澄两县人民特别是老区人民积极配合人民解放军，将大量人力物力投入到支援前线、解放厦、鼓战役中，为闽全境解放和新中国的诞生做出英勇贡献。角美、石码、紫泥、海澄、浮宫、港尾等乡镇，主动承担建立交通站、支前站，组织船工民工、征集船只、征借军粮等重要支前任务。1949年8月，中共厦门工委指派中共党员吴朝明、吕良德在角美田里小学建立地下交通站，与同安后溪、紫泥巽玉和厦门岛内地下工作者连成一片，为解放角美和厦门本岛做了大量工作，尤其是角美解放后，田里交通站即改为支前站，他们以交通站成员为核心，吸收田里小学部分教师和校友参加，组成角美支前工作队，在角美地区动员商店开业，恢复社会秩序，积极筹集各种军用物资，为配合解放军解放厦、鼓不遗余力。

1949年10月，龙溪、海澄两县农民协会组织发动筹粮捐物，仅月余时间，龙溪县即筹到大米、柴草总计141.84万公斤，石码商会还发动商家日夜突击生产2万斤桐油、足量船钉和2000担大米，用于抢修运送兵员的旧船只。海澄县也筹到大米86万公斤、征收公粮1789.5万公斤、柴草162万公斤支援前线。石码、巽玉地下交通站，除了利用地理优势，进行敌情侦查和情报传送外，还积极开展收集柴草、建造竹排、寻找支前船只、招训参战船工等工作。

厦门、鼓浪屿皆为海岛，易守难攻。解放厦、鼓必须渡海作战。1949年9月23日，人民解放军第十兵团三十一军九十一师在先前横渡长江时组建的“船管大队”的基础上，又于角美石美村成立南台船管大队，以石美虎网（较大型捕鱼船）为主，连同石码水上乡和紫泥洲头的虎网及小渔船，都进行战时征用登记，当地渔民踊跃报名支前，200余户让出自家的船只。在两县人民政府协助下，几天工夫共征集到各种船只350余艘，船工480余人。训练前，渔乡又出动船只157只、船工128人。紫泥巽玉交通站受组织委派，到南台船管大队参与组建支前工作组，负责征集船只，发动船工及担任翻译等工作。支前工作组郑静安、林义民、林其发等还到石码征集汽船，拆卸“大道奇”汽车发动机，把木帆船改装成渡海汽船、机帆船，一切工作尽在紧张有序进行。

渡海作战前夕，人民解放军将船工、船只组成3个中队进行训练。娘家石美村的石码水上乡 50 多岁女船工张水锦自南台船管大队成立后，每天坚守在船上护船，任凭敌机轰炸扫射，始终不离船只半步。为了作战时人民解放军和船工能相互配合，既能作战，又能撑船，在训练中，船工侧重学习战地常识和作战技能，解放军指战员着重学习游泳及掌舵技术。经过 20 余天紧张训练，军民双方战地常识和作战技能都有较大提高。

渡海作战的军备物资和人员训练就绪后，“智取嵩屿”成为解放厦、鼓的关键一战。嵩屿位于海澄县海沧东南，与厦、鼓仅一水之隔。角美田里交通站中共党员们冒着生命危险，深入敌人心脏，搜集情报供解放军决策。1949 年 9 月 24 日晚，以解放军二七二团 18 名机智勇敢的战士为主力，船管队 16 名船工配合，智取嵩屿，一鼓作气端掉厦、鼓守敌桥头堡垒，为厦、鼓解放赢得关键一战。

1949 年 10 月，海澄县组织民工 3000 多人突击修通浮宫至港尾屿仔尾南炮台简易公路，为人民解放军运输枪炮弹药和作战物资提供了方便。上级决定由南台船管大队负责运送执行渡海攻打鼓浪屿任务的九十一师二七一团全体指战员。10 月 15 日，人民解放军第十兵团下达攻打厦门鼓浪屿命令，部队在乌屿港训练基地召开南台船管大队出征誓师大会。进攻厦门鼓浪屿战斗打响后，二七一团指战员和船工在海沧码头整装上船，开始渡海。船工凭着娴熟的航海经验，逆着七八级东北风，顽强拼搏，急速向鼓浪屿海滩前进。敌人疯狂地对我船只横射乱炸，海面上硝烟滚滚。军民协力，奋不顾身，在支前船只将近靠岸时，敌人炮弹忽然炸响，船工张水锦夫妇和 3 个儿子及本村欧大兴兄弟，还有两船的战士不幸中弹全部壮烈牺牲。经过激战，200 多名战士率先登陆，红旗插上了日光岩。10 月 17 日，解放大军从厦门北部成功登陆，解放了厦门全岛。

据记载，厦、鼓战役，龙溪、海澄两县支前船工、渔民及学生共牺牲 58 人，负伤 54 人，失踪 23 人。参战部队三十一军和九十一师司令部、政治部分别对参战船工评功，发给《功劳证》《伤残证》，授海澄支前民工一等功臣 2 名，二等功臣 52 名，三等功臣 70 名；支前参战的船工一等功臣 33 名，二等功臣 23 名，三等功臣 64 名；张水锦烈士（厦、鼓战役唯一一位女船工）获船工特等功臣；紫泥溪墘村少年康亚宗获支前特等功臣。授予两县在参战支前中有突出贡献的船工民工为“渡海第一船”“开路先锋”“登陆先锋”“坚毅英雄”四面奖旗，龙溪县第四区渔洲保获集体功臣锦旗一面。

厦门解放后，龙溪县又组织大批民工参与修建厦门机场。1951年4月，中国人民解放军龙溪军分区龙溪县人民武装部、海澄县人民武装部同时成立。同年，两县均成立支前办公室，紧密配合人民解放军守卫东南海防前线。1952年6月，海澄县在东南沿海增设第六区，进一步加强全县海防工作。

第二节　剿匪反霸的打响与社会秩序的稳定

由于长期战乱和国民党反动统治，龙溪、海澄两县历史上匪患频仍，各种黑恶势力盘根错节。临解放时，国民党在境内安插了各种反动组织，使两县社会、政治环境更加错综复杂。为巩固来之不易的新生政权，两县人民在共产党领导下展开了深入、持久的肃清残余反动势力的斗争。

龙溪、海澄两县解放后，顽匪继续与人民为敌，他们遁入深山隐蔽，与潜伏特务、恶霸劣绅、反动党团骨干内外串通勾结，企图伺机东山再起。逃窜到台湾、金门的国民党特务机关不断派遣敌特分子，携带武器、电台等装备，上山为匪，充当骨干，沆瀣一气，坏事做绝，更有甚者，躲在阴暗角落里的匪特，不断制造谣言、散发反动传单、抢劫民财、策反民兵、武装暴动、枪杀民主政权干部等反革命活动，企图扼杀新生的人民民主政权。

龙溪县南乡匪首洪振龙、朱五县纠集匪徒，在漳码及闽粤公路沿线，公然抢劫商旅，在九龙江船民中派黑单，坑害百姓；天宝的吴炎山、杨天球、许文水，浦南的钟泉水、蔡庆弟等匪徒，公开抢劫枪支，打死打伤农会主任、区乡干部20余人；颜厝地区土匪郑粪扫不但包围马洲农会，抢夺枪支，在长福村杀害农民和地委工作队队员，还在颜厝庵前村和宫田村敲诈勒索财物;活动在圆山至金锋一带的股匪吴耀窜入漳州城抢夺枪支后竟杀害公安队员陈朝水。角美田里社惯匪王婴(又名王杰)解放前曾参加过民团、任过国民党军队连长、自卫队长及角美乡乡长等伪职务,仗势横行乡里,鱼肉百姓,还曾指使爪牙枪杀我地下游击队员及无辜群众,血债累累,民愤极大。角美解放后,王婴虽率部投诚,接受改编,但他顽固不化,反复无常,1950 年重新纠众,上山为匪,被华安著匪黄雨定任命为“龙同泰支队”队长,大搞破坏活动,杀害基层干部和群众 4 人。据统计,此时期,仅龙溪县遭匪特杀害的干部和积极分子就有 20 多人。

海澄县匪首黄河东、苏虱母、陈少瑞、江一山等,他们各霸一方,为非作歹,无恶不作,扰乱社会治安。原海澄自卫总团副团长陈麒麟指挥一支地下匪特武装(称第六支队),在港尾南太武山至白水玳瑁山一带烧杀抢掠,杀害区乡干部 9 人、伤 5 人。原白水镇镇长陈仁瑞煽动碧浦、高坑两个保的民兵 30 余人携枪叛变,随其上山为匪,其所属匪首吴连泉等匪徒还趁海澄县人代会召开之时,袭击海澄城关区。匪海澄突击支队中队长、惯匪苏万才还杀害五区区委副书记马玉俊。

面对严峻的斗争形势,龙溪、海澄两县党组织和人民政府按照 1949 年 8 月中共福建省委印发的《清剿匪特的指示及经验》精神,坚决执行“军事、政治双管齐下”基本方针和“争取多数,打击少数”斗争策略,全面展开剿匪、镇反运动,奋起捍卫新政权。1950 年初,两县均成立剿匪指挥部,以中队、分队、小队建制,建立城乡民兵组织。在人民解放军九十一师主力部队的有力协助下,开始对匪特活动进行军事侦察。1950 年 1 月至 1951 年 1 月,两县公安局配合剿匪部队,发动群众,对股匪进行军事围剿,先后活捉龙溪县危害最大的南乡匪首“十二兵团漳泉地区游击指挥部第九纵队第四支队支队长”洪振龙及匪徒 37 人,捕获“闽粤边区反共救国自卫军突击支队支队长”李永清等匪徒 79 人。1950 年 5 月,经过多方搜捕,于石码镇活擒惯匪、反共司令黄河东。1951 年 1 月,剿匪部队集中兵力进驻角美,给股匪以沉重打击,顽匪王婴缴械自首。海澄公安机关识破活动在康乐乡(现东泗乡)和城关区的苏虱母、吴连泉假自首的阴谋，将其逮捕归案。我剿匪指挥部还根据敌情分析，会同漳浦、海澄两县人民武装力量，协同作战，击毙匪首陈少瑞、江一山，众匪徒纷纷缴械投降。两县公安机关密切配合，乘胜追击，一举全歼海匪匪首徐大镏等 70 多人。

恶匪陈麒麟“第六支队”的残暴行径，激起广大人民的仇恨。1950 年 3 月 17 日，经海澄县公安机关侦查，剿匪部队当即活捉“独立大队长”苏定清，捕获陈憨一伙匪徒。1950 年 4 月 26 日，围捕土匪张九笠并立送县公安机关惩处。7 月中旬，围剿陈尿畏匪部，捕获枪杀海澄县五区区委副书记马玉俊的匪首苏万才。8 月，抓获匪中队长郭水木和匪徒郑绍全、蓝八珍等 20 人。12 月，又相继捕获苏介宾、陆少卿等一批匪徒。至此，除匪首陈麒麟、陈振辉在逃外，猖獗一时的匪“第六支队”全线崩溃。

1950 年下半年，全省剿匪斗争进入“重点清剿、面上坚持”阶段，龙溪地委成立“剿匪指挥部治安委员会”和“福建省第六军分区剿匪委员会”，由地、县两级党政军和公安机关联合组成，以拘捕和打击民愤极大恶匪为重点。在发动群众清查登记基础上，漳州军管会对藏匿在龙溪县城的恶匪进行大搜捕，一夜之间把潜伏于城关内的土匪恶霸一网打尽，残余股匪日益孤独。1951 年 1 月 17 日，龙溪地委第一联合剿匪指挥部下达围捕首恶分子命令，一举镇压了许庚申这个越狱逃跑的中统特务、匪上校支队司令。

1951 年初，剿匪斗争由大规模围剿股匪转入彻底肃清散匪新阶段。4 月 21 日，龙溪县五区大寨乡与华安县公安局及剿匪部队密切配合，在五区凤林乡月岭村田寮里，将“十二兵团漳泉地区游击指挥部”副总指挥兼第二纵队司令黄雨定击毙。5 月 1 日，逃匪支队长陈麒麟在同安企图潜往金门时被捕归案。6 月初，顽匪甘春令亦被白水区公所路崇阳区长组织的力量，围歼于郊边山中隐蔽的石洞里。在两年的剿匪斗争中，龙溪、海澄两县共消灭土匪 8 股，毙匪 18 人，击伤 20 多人，捕抓 226 人，自新 257 人；共缴获机枪 7 挺、步枪 133 支、手枪 239 支、自动武器 7 支、手榴弹 24 枚、炸药 2 包、子弹 2000

多发，取得了剿匪反霸的重大胜利。

为了进一步震慑负隅顽抗的匪特分子及其反动势力，龙溪地委决定将一批被捕获的罪大恶极的匪首要犯予以公开镇压。龙溪县先后在县城召开公审大会，判处匪特刘涛、杨爱吃、江天赐、蒋在根死刑，立即执行。海澄县也通过公审，对匪首陈连生、苏万才、许庚申、黄河东、吴连泉等恶贯满盈的匪特分子执行枪决。同时，执行“镇压与宽大相结合”和“首恶必办，协从不问，立功赎罪、立大功受奖”的政策，对有悔过表现的罪犯，经过教育给予释放，促使一些反动分子向人民政府投案自首。在执行政策中，也曾出现“宽大无边”的右的倾向，但均能及时予以纠正。至1951年12月，两县共在漳州、石码、海澄、白水、浮宫、港尾、角美等乡镇召开公审大会50余场，对怙恶不悛的匪特、恶霸、反动党团骨干进行镇压，共判处死刑617人、有期徒刑1140人、管制13人，较好消除了历史上长期存在的匪患，稳定了社会秩序。

第三节　镇反肃反的延续和抗美援朝的参与

镇压反革命是我国新政权建立之初必须解决的重大问题。“庆父不死，鲁难未已”。反革命不彻底清除，共产党的天下就坐不稳，人民民主政权就难于巩固。1950年10月10日，中共中央发出《关于镇压反革命活动的指示》，要求全面清查匪特、恶霸、反动党团骨干及其他一切反革命组织和反革命分子。龙溪、海澄两县充分发动群众，大张旗鼓地在社会上展开了第一阶段的镇反运动。

在国民党统治末期，位于漳州这个闽南政治中心的龙溪县治，与第五行政专署、龙溪地方法院和检察处、闽南师（团）管区、保安司令部、军统特种汇报秘书室、中统县干组等全区性统治机构相处一地，盘根错节，情况十分复杂。且县级机构也较为庞大，县政府、参议会、自卫总团、党团组织、警察系统均一一具备。仅国民党区党部就有12个、区分部200个。海澄县麻雀虽小，五脏俱全。除未设脱产的消防队外，其他党、政、警机构建置都与龙溪县相同，其国民党组织的建立，甚至还早于龙溪县，组织机构也远比龙溪县庞大、健全。海澄县人口仅为龙溪县的48%，却设立了11个国民党区党部和173个区分部。两县这么多国民党机构，需配备多少官员是可想而知的。这批大小官员长期受国民党统治集团的反动宣传和训诫，其反动立场和思想观念也是根深蒂固的。新中国成立之初，这批国民党官员中的反动党团骨干不甘心失败，与社会上的反革命分子互相串通勾结，妄图垂死挣扎，与人民为敌。

海澄县的国民党、三青团在与地方势力结合后，就一直成为地方宗派势力的角力工具。他们为了争夺县级和乡镇级各项公职，每逢选举都必演兵戎相见的"全武行"，即使在解放初期的土匪活动中，也仍保持着这种营垒分明的态势。原国民党白水镇镇长、白水区党部书记长、中统分子陈仁瑞，就是一个官瘾极重的反动家伙。他唯恐蒋介石反攻大陆后，海澄会成为陈麒麟团派势力控制的天下，于是在1950年2月底化装冒险偷渡东山岛，投靠匪特洪伟达系统的"行政院闽粤边区特派员公署兼游击总指挥部"，被任命为该组织"海澄突击支队"支队长。陈仁瑞返回后，在其原有的党派同僚及各路散匪中进行串联，并于漳浦赤岭乡一个偏僻山村召开"突击支队"成立会议，会上对原白水镇国民党官员等人大肆封官许愿。从1950年2月至1951年1月，这支股匪共集结200余众，以澄浦交界的玳瑁山、南太武山、灶山一带为基地，在海澄广阔的城乡、平原地带发动8起攻打新区、乡政府和杀人抢劫的严重破坏活动。1950年6月在中共龙溪地委剿匪会议后，在漳浦驻军的指挥下，对玳瑁山展开两县联合搜山行动，抓到了陈仁瑞的13个匪干，而陈仁瑞却从我军包围圈溜走。因其处境困难，所希冀的反攻大陆美梦已破灭，只得于1951年元旦，到新成立的五区区公所投案自首，从而宣告了这支匪特武装的彻底灭亡。

1950年10月至1951年10月，为镇压反革命运动的高潮阶段。1950年12月，龙溪、海澄两县以《中华人民共和国惩治反革命条例》为准绳，先后破获反革命刑事案件371起，占发案总数的74%，破获大规模匪特组织20多起，查出残存、潜伏的反革命分子4142人，对其中有罪恶、有民愤者3306人依法逮捕处理。1951年，根据“谨慎收缩”方针，清查隐藏在社会上的反革命分子的“外层”工作至5月底基本结束。下半年，两县将工作重点转入清理、消除“中层”“内层”的反革命分子上，对党政机关和群众团体工作人员普遍进行一次审查。6月，两县成立清理积案委员会，集中一定力量处理积案。至1951年10月，共查获“中、内层”反革命等刑事案件20起，逮捕人犯10名。

1952年12月至1953年12月，镇反运动进入肃清残敌、巩固成果阶段。抓捕陈振辉、甘炳南、甘文辉、甘九发等52个匪特，还破获匪“东南人民反共救国军”联络点，逮捕主犯高志雄。1953年1月，海澄县逮捕8名托洛茨基分子。从1950年至1953年，两县依法审结反革命罪犯1966人、刑事罪犯866人。1955年，依照《管制反革命分子暂行办法》，先后批准管制反革命分子690人。

公开的反动敌对势力虽然被消灭了，但旧社会遗留下来的带有宗教和封建色彩且秘密结社的邪教组织——反动会道门仍然存在，其种类多，活动时间久，扰乱危害深。当时，龙溪、海澄两县中的反动会道门组织有同善社、一贯道、黑旗会、符仔会、三圣会、白扇会6种，他们不仅在社会上发展组织，设立道坛，有的甚至还混进我基层政权组织之中。新中国成立初期，这些会道门被国民党匪特利用和控制，成为与人民政府分庭抗礼的最大反动组织。他们利用求仙拜佛等手段，诱骗、愚弄群众，造谣破坏，坑害百姓，与新生政权为敌。如龙溪县反动会道门“一贯道”，在1949年中国人民解放军挥师南下，国民党政权分崩离析之际，预感末日即将来临，反动道首杨庆椿跑到厦门参加应变组织“金线班”受训。返漳后，部署“化整为零”“先侦查后办道”“打入对方组织，长期潜伏活动”等应变措施，妄图与新生政权长期对抗，还印发反动道经，阴谋组织“反共联盟社”，配合国民党军反攻大陆，还与匪“十二兵团福建游击总司令部闽西南总指挥部”副总指挥、华安著匪黄雨定等相互勾结，共同进行造谣破坏活动。1952年12月，龙溪地委确定以漳州、龙溪、漳浦三县(市)

为重点，开展取缔反动会道门运动。1953 年 2 月，龙溪县人民政府发出《取缔反动会道门布告》，掀起揭露、清算、取缔反动会道门罪恶活动的斗争，共逮捕反动道首 45 人，击毙 1 人，一批道首骨干受到法律制裁，其中杨庆椿被处以极刑。在取缔“一贯道”过程中，运用广播、幻灯、黑板报、图片巡展、电影等多种形式，揭露其罪恶，唤醒被愚弄的群众，宣传人民政府方针、政策，促使一般道徒觉醒，认清入道危害，在群众斗争大会上，有 98 个中、小会首登记自首，2065 个道徒退道。

1956 年至 1957 年，龙溪、海澄两县肃反运动在内部单位进行，且均成立肃反五人小组及办公室，抽调 120 名专职干部参与肃反工作。经甄别定案，清查隐藏在机关单位反革命分子和坏分子 346 人，纯洁了内部，消除了隐患。1954 至 1957 年，两县依法逮捕反革命罪犯 805 人。镇压反革命和内部肃反运动胜利结束后，立即转入打击特务、间谍和现行反革命，扫除国民党反动派遗留在两县的残余势力和混入机关、团体的反革命分子。1957 年 8 月，海澄县破获“二旬金陵帝国反革命组织”，逮捕“皇帝”一名，进一步纯洁革命队伍，安定社会秩序，有力地配合土地改革和抗美援朝运动。

1950 年 6 月，中共中央做出抗美援朝、保家卫国的历史性决策。当时龙溪、海澄两县刚解放一年，百废待兴。但为提高广大人民群众对抗美援朝运动重要性的认识，树立民族自尊心和自信心，11 月，两县广泛开展爱国主义、国际主义宣传教育活动，把抗美援朝的宣传教育与减租减息、生产支前、剿匪反霸等中心工作结合起来，作为推动一切工作的动力。党政干部带头学习国际形势，提高认识，增强对敌斗争观念；全县文化工作者、教员、学生及机关、团体等单位组织起来，举行集会、游行、演讲、舞蹈、歌咏、戏剧、图片、标语及黑板报等形式的宣传教育活动，激励人民发扬国际主义、爱国主义精神，增强对抗美援朝的决心和信心。共召开控诉、声讨大会 700 多次，参加群众达 14 万人次。

1951 年 2 月，龙溪、海澄两县首次征兵，有 300 名爱国青年响应祖国号召，踊跃报名参军。石码商会 6 名工商界子弟主动报名入伍。干部、工人、学生向志愿军书写慰问信2.8万余封。年底,两县各推选1名代表参加中央组织的赴朝慰问团,到朝鲜前线慰问志愿军战士。

1951年4月间,龙溪、海澄两县均成立抗美援朝分会,直接领导两县人民以抗美援朝、“反对美国重新武装日本”与“拥护缔结五大国和平公约”为中心内容的爱国活动,有18.55万人签名拥护,要求缔结五大国和平公约,投票反对美帝重新武装日本。5月1日,老区石码地区举行大规模抗美援朝集会和示威游行。两县再次出动23万多人(占总人口60%)参加“缔结五大国和平公约”和“反对美国重新武装日本”签名活动,抗美援朝运动推向高潮。

1951年6月,龙溪、海澄两县人民迅速响应全国抗美援朝总会发出的“推行订立爱国公约、捐献飞机大炮、优抚军烈属”三大号召,两县7万余户家庭签订爱国公约。同时,根据中共福建省委《关于开展捐献运动的指示》,两县各地纷纷订立增产节约及捐献计划,共收到捐款47.48万元。为实现捐献“龙溪号”“海澄号”飞机各一架计划,两县人民慷慨解囊,多方筹集资金;广大华侨、侨眷也积极投入,踊跃捐献;石码工商界发动工商业者捐款6500万元(旧币,下同)。至10月26日,龙溪县提前完成捐献飞机大炮款9.08亿元;海澄县捐献9亿元,超额完成捐献任务。

1951年8月7日,赴朝慰问团代表周明、秦之岭及华东青年文工团一行24人到龙溪、海澄县城作赴朝慰问情况和志愿军英雄事迹传达报告,各界人民受到极大的教育和鼓舞。12月23日,两县宗教界紧随基督教会,开展“三自”革新运动,控诉帝国主义利用宗教侵略中国罪行。

1952年4月至5月,美帝国主义实行惨无人道的细菌战,指使蒋军出动飞机窜入海澄县上空,投下大量带有细菌的昆虫及传单,企图引发疫情,残害百姓,扰乱民心。美帝这一滔天罪行,激起人民群众无比愤慨与谴责。4月6日,龙溪专区和南靖鼠防站分别派出11人和4人的防疫队,到海澄县指导、协助大搞卫生,开展反细菌战工作。海澄县卫生院组织5个防疫机动队计50人,深入各乡宣传开展卫生突击运动。4 月 7 日，响应毛泽东主席“动员起来，讲究卫生，减少疾病，提高健康水平，粉碎敌人的细菌战争”号召，两县成立爱国卫生委员会及消毒办公室，海澄县还成立了“海澄县防御细菌战委员会”，大力开展反细菌斗争，彻底粉碎美帝国主义细菌战阴谋。

1952 年 3 月 12 日，中国人民志愿军归国代表团到龙溪、海澄两县，作志愿军赴朝参战情况报告。1953 年 7 月，朝鲜战争胜利结束。1954 年 1 月 25 日至 29 日，海澄县侨联会主席、全国第三次赴朝慰问团代表杨新田在海澄县城关召开的首次农业增产模范代表会议上，传达报告赴朝慰问情况。

第四节　代表制度的推行与民主建政的实现

龙溪、海澄两县虽均建立县级人民民主政权，但尚不具备召开人民代表大会选举人民政府的条件，故暂时采取军事管制过渡办法，由上级人民政府或军管会从上到下委任人员，组成军管会和人民政府。

1949 年 10 月，中共福建省委发出《关于召开各界代表会议的指示》，两县军管会和人民政府在条件成熟的情况下，按省委指示精神，组成工作队，着力开展工作。海澄县于 1949 年 11 月 26 日，召开农民代表会，选出参加各界人民代表会议代表；12 月 26 日召开首届农民代表大会。同时，成立农民协会（李玉科任主席），组成海澄县第一届农民协会委员会；全县各区、村也对应成立 195 个农民协会小组，发展会员 2187 人。龙溪县于 1949 年 12 月 14 日至 16 日举行首届农民代表大会，成立龙溪县农民协会（赵振旅任主席），组成龙溪县第一届农民协会委员会；下辖 9 个区农民协会、1 个区渔民协会，101 个乡农民协会，有会员 32463 人。

在新政权的支持和组织下，以贫、雇农为骨干、带有半政权性质的龙溪、海澄两县农民协会，是一支向不法地主恶霸做斗争和减租减息工作的有生力量，成了党和人民政府在农村中贯彻执行政策、法令的主要支柱，农民协会组建也为进一步举行各界人民代表会议，逐步建立和巩固城乡基层政权奠定了思想和组织基础。

新政权的民主政治建设是从创造和运用各界人民代表会议开始的，通过召开各界人民代表会议以代行人民代表大会职权，民主选举各级人民政府。龙溪县第一届各界人民代表会议于1949年9月在漳州举行，出席代表134人，县委书记陈砚田、县长白佩珩出席会议；各界人民代表会议常务委员会由主席和23名委员组成，主席白佩珩；首届各界人民代表会议共举行10次会议，常务委员会工作制度逐步健全规范。海澄县于1949年12月在城关（现海澄镇）举行首届各界人民代表会议，出席代表94人，县委书记蔡良承、县长郭景周与会，并分别在大会上做工作报告；第一届各界人民代表会议常务委员会由主席和2名副主席、14名委员组成，主席郭景周；第一届各界人民代表会议共举行9次会议。1952年，人民代表会议制度逐步完善为经常性制度，是实现民主集中制的人民代表大会的雏形。

龙溪、海澄两县各界人民代表会议民主选举产生地方人民政府的制度虽然已建立起来，但区、乡一级基层组织建政工作尚未展开，旧社会遗留的保甲制度还未彻底废除。随着各项工作的深入，迫切要求建立区、乡基层人民民主政权。1950年6月，中共福建省委发出《关于废除保甲制度、建立乡村人民民主政权的指示》；12月，政务院颁布的《乡（行政村）人民政府组织通则》和省委《关于结合土改加强民主建政工作的指示》先后发布后，明确乡为国家最基层政权组织，于是两县着手进行区、乡两级人民政权建设。各区、乡在建政工作中，充分发挥区、乡农民协会的作用，召开各界人民代表会议，逐步开展行政村、乡（镇）和区的政权建设。各村设村公所、村长、农会主席、民兵队长、文书，分管政务；将若干行政村组合建立乡（镇）人民政府，设正、副乡（镇）长、农会正、副主席，民兵队长及财粮、民政、生产、治安等委员，各乡（镇）受区公所管辖。1951年6月，在乡（镇）之上，设区公所，两县普遍建立区一级人民政权，龙溪县设立9个区、86个乡，海澄县设立4个区、38个乡，农村基层组织形式和工作制度逐步趋于规范。

1952年，改区公所为区人民政府，通过区人民代表会议选举产生人民政府领导机构。区一级设区长、副区长、文书和民政、财粮、生产诸委员会及公安员、人民武装部。1952年，根据《治安保卫委员会暂行组织条例》规定，两县在乡(镇)建立治安保卫委员会167个，设主任、委员若干名。

在渔港区，基层民主建政也紧锣密鼓开展。1950年1月，龙溪县四区西良乡洲头、城内中港与三区石码(龙海桥)渔民，在西良乡成立渔洲村，建立渔民协会。1952年下半年，成立九龙江水上乡民主改革办公室，对水上乡进行民主改革。1953年，石码渔民与渔洲村所属的虎网、手网渔民合并，成立石码水上乡人民政府。

同年10月，两县对供给制国家工作人员实行公费医疗制度。

至此，旧社会长期沿袭下来的封建地主阶级统治农村的保甲制度彻底摧毁，区、乡基层人民政权形成了。

在加紧建立基层民主政权的同时，中共福建省委对建立健全人民群众团体组织工作也做出了部署。至1949年9月，龙溪县石码有工人2615人，海澄县有工人431人。海澄县于1950年6月初召开首次工人代表大会，出席代表64名。会上成立县总工会筹备委员会，会后发展工会会员628人。1951年9月，举行第一次工会会员代表大会，出席代表62人，选出总工会委员26人，主席蔡良承；县总工会辖教育、船民2个产业工会、城关、浮宫、白水、海沧、梅市5个镇(乡)工会，有会员1533人。龙溪县在稍早成立县总工会筹备委员会之后，于1950年10月召开首次工人代表大会，出席代表158人，成立县总工会委员会，会员1199人，选出委员26人，主席娄和贵；1951年5月举行龙溪县总工会第一次会员代表大会，出席代表64人，选出委员31人，主席李清亮；县总工会辖教育、店员、手工业3个产业工会，石码、角美、浦南3个镇工会和42个基层工会，有会员3136人。

龙溪、海澄两县是闽南主要商业贸易中心，两县商户众多、纷杂。1951年10月，海澄县召开工商联合会首次会员代表大会，出席代表176人，并成立海澄县工商业联合会首届执行委员会，主任翁百川。翌年，在浮宫、白水、海沧3个集镇地设立工商联分会。1952年9月，龙溪县召开工商业代表会议，出席代表80人，正式成立龙溪县工商业联合会，主任洪文厚；在角美、浦南、石美、东美、天宝、郭坑等集镇建立分会。

1949年10月，为加强社会各界人民联盟，巩固基层民主政权，中共福建省委就青年工作问题召开专门会议，要求各地建立青运机构，广泛开展青年运动工作。1950年1月，中国新民主主义青年团龙溪县工作委员会成立，首批发展团员6人，各区城乡均组建团支部和团小组，成立团区工委。1952年10月，召开共青团龙溪县第一次代表大会，出席代表245人，选出委员15人，组成青年团龙溪县工作委员会；团县工委辖9个团区工委和101个团乡工支部。同年8月，海澄县成立青年团海澄县工委，各区乡也相应建立团基层组织。

1950年6月10日，全省首次妇女工作会议在福州召开，会上，省政府号召加强全省妇女组织，团结妇女积极参加各项建设。是年，龙溪、海澄两县妇委会成立。龙溪县1952年夏召开第一次妇女大会，出席代表175人，主席宋秋鲜，组成龙溪县第一届民主妇女联合会，9个区设立民主妇女联合会办事处，101乡设妇代会。海澄县于1951年召开第一次妇女代表大会，出席代表175名，主席王清新，组成第一届民主妇女联合会，5个区设立民主妇女联合会办事处，74个乡设立妇代会。广大妇女团结在妇女组织的旗帜下，以实际行动投身党领导的革命和建设，取得了妇女应有的权利。

1952年春，中共龙溪地委召开组织工作会议，随后两县开始部署党的基层组织建设工作，逐步建立健全党的组织生活制度，党的发展工作开始走向制度化、正常化轨道。至年底，龙溪县有中共党员266人，建有党委13个、党总支10个、党支部98个；海澄县有中共党员270人，建有党支部36个。

经过各级人民政权的建立和对旧基层政权的改造，人民政府的组织系统从县、区、乡、村一直延伸到城乡最基层，初步形成上下贯通、集中高效、便于发挥组织动员作用的国家行政体系。这是新中国社会政治结构的一次重大变革。

第五节　土地改革的实行与国民经济的恢复

1950年6月，中央人民政府明确规定：要“废除地主阶级封建剥削的土地所有制，实行农民土地所有制”，使“耕者有其田”成为现实，“以解放农村生产力，发展农业生产，为新中国的工业化开辟道路”，用3年时间实行减租减息，经过渡后，实现全面土地制度改革。

龙溪、海澄两县是传统农业地区。新中国成立初期，两县分别有耕地259676亩和225520亩，其中水田分别为233405亩和178100亩，旱地分别为26271亩和47420亩。两县广大农民还在受着封建地主阶级田租、高利贷和雇工剥削。此时，两县农村总人口分别为217643人和139609人，据调查，两县中分别占总人口3.17%和3.99%的地主，以各种形式直接或间接占有11.79%和14.56%的土地；分别占总人口3.79%和2.51%的富农，以各种形式直接或间接占有6.88%和4.17%的土地；而分别占总人口38.59%和42.92%的贫雇农，却只占有16.8%和16.64%的土地。从户均占有土地分析，龙溪县雇农0.48亩/户，贫农3.09亩/户，中农6.69亩/户，富农20.60亩/户，地主32.58亩/户，其他封建土地剥削者8.08亩/户；海澄县雇农0.25亩/户，贫农2.42亩/户，中农7.06亩/户，富农16.78亩/户，地主34.3亩/户，其他封建土地剥削者9.48亩/户。两县“公田”占耕地面积的17.4%，名义上是村社“公堂”所有，实际上皆由地主阶级和封建势力所把持。两县农村地主户均占有耕地为贫雇农10倍以上，他们雇工剥削，不劳而获；而贫农、雇农和中农虽然耕种着90%的土地，却仅拥有极少量土地所有权和少量简易农具，更缺乏生产资料。

1949年，两县渔民分别为398人和7880人，沿海渔区渔业经济体制，历史上以小型、流动、分散的连家船（白水泊）个体经济成分为主体，渔民过着世代沿袭下来的水居漂泊生活，经济上受着渔业地主、渔霸、封建族房的剥削，政治上更受压迫和歧视。

1950年7月，龙溪、海澄两县成立土地改革委员会，负责指导和处理有关土地改革各项事宜。8月初，龙溪县抽调96人、海澄县抽调140人参加土地改革工作队，于1950年夏收夏种以后，龙溪县在老区颜厝乡和（紫泥）溪洲乡，海澄县在老区莲花珠浦乡和东头乡先搞土地改革试点工作。由于颜厝乡群众发动得比较充分，条件比较成熟，因此，在几个试点乡中率先开展。经过3个多月的工作，土改试点取得成果，得到福建省委书记张鼎丞的充分肯定，并要求推广其经验。11月，龙溪、海澄两县被定为首批土改县。两县在总结土改试点乡工作经验后，各分两期全面铺开土地改革运动。龙溪县第一期1950年11月至1951年3月，第二期1951年5月至7月结束；海澄县第一期1950年12月至1951年5月，第二期1951年6月起至8月结束。最后分别于9月间组织下乡复查。

两县土改运动分两期进行，如海澄县第一期在1区和5区38个乡镇开展，第二期在2、3、4区36个乡镇进行。每期工作大致分3个阶段进行：即发动群众阶段、划分阶级阶段、复查总结阶段。第一阶段重点宣传发动，为土改做好思想上、组织上的各项准备。第二阶段工作尤为重要，要点是正确掌握划分标准，严格按照贫雇农、中农、富农、地主4种阶级成分划分。两县政府紧紧依靠农民协会力量，正确掌握执行党的土改政策，团结和依靠贫雇农的主力军作用和占农村人口40％的中农的力量，为整个土改运动的胜利完成奠定广泛群众基础。第三阶段是复查总结阶段。1951年下半年起，按照《土地改革法》规定，执行“满足贫雇农、团结中农、保护富农”的原则，龙溪县没收、征收水田111344.42亩、农地27442.73亩、房屋4098间、家具21325件、农具25248件、耕牛812头、余粮81.78万公斤，分配给无地、少地的贫雇农（24952户）；海澄县没收、征收水田69786.35亩、农地8858.01亩、房屋6102间、家具34396件、农具22760件、耕牛1135头、余粮107.46万公斤，分配给无地、少地的贫雇农（含部分下中农，共21637户），使那些长期以来深受贫困煎熬的贫雇农有了自己的耕地和财产。据两县土地改革前后各阶层土地分析，龙溪县贫雇农，土地改革前后人均土地从0.73亩/人提高到1.63亩/人，中农从1.4亩/人提高到2.14亩/人；海澄县贫雇农，土地改革前后人均土地从0.57亩/人提高到1.42亩/人，中农从1.4亩/人提高到1.69亩/人。共有4.6万户无地或少地的农户获得土地21.7万亩、房屋9000间、耕牛1700头、农具4.3万件、粮食180万公斤。依《土改法》的政策，只没收地主多占的土地和富余的生产资料、粮食、房屋，仍留给其与农民同样的一份土地和生产资料使其在劳动中自食其力，改造自己。

龙溪、海澄两县林区和渔区土改运动同时开展。按照《福建省土地改革中山林处理办法》分配处理原则，山林以原经营为基础，依山林的特点，只进行山林整体分配，大块山林则收归国有。在渔区，随着水上乡民主改革，实行“先管后改”方针，成立整港委员会，编成若干民主改革小组，组织发动对渔霸等“四大金刚”斗争，没收、征收渔业资本家渔用地、渔具，其中渔用地收归政府。

至1951年七八月间，两县土地改革完成，农村各阶层土地占有量趋于合理。1951年11月，两县人民政府完成土地证发放工作，龙溪县53365户、海澄县37301户取得土地证。土地改革运动彻底废除封建剥削的土地所有制，实现“耕者有其田”，打碎几千年来套在农民身上的封建剥削枷锁，农民真正在经济上翻了身。

龙溪、海澄两县人民政府刚成立时，经济基础十分薄弱，农村贫困，城镇萧条。1949年，两县社会总产值仅为10199万元（按1980年不变价，下同），国民收入为7191万元，按当年人口35.98万人平均，每人收入仅199.86元。1950年10月至1952年底，系国民经济恢复时期，两县人民政府领导全县人民，围绕恢复和发展生产这个中心任务，积极开展包括经济、政治、思想、文化等多方面的建设。1952年初，两县先后成立生产委员会，直接领导经济生产工作。在实行打击奸商和投机资本，整顿金融秩序，合理调整工商业，加强管理，稳定物价，恢复生产，繁荣经济，安定人民生活等一系列措施的同时，通过接管和改造旧机构、旧私企，没收官僚资本企业，社会主义国营经济得到进一步发展。在机关干部队伍和私营工商业者中，开展“反贪污、反浪费、反官僚主义”（简称“三反”）和“反行贿、反偷税漏税、反盗骗国家财产、反偷工减料、反盗窃国家经济情报”(简称“五反”)运动,教育广大干部勤政为民,教育私营工商业者爱国守法,打击不法奸商,两县共惩处贪污分子50人,其中,龙溪县原税务干部施大年、昌平、陈海琛3人贪污税款979元,原税务干部林士族勾结奸商曹国仁、税务干部林清源私刻税收专用章,私制税单,从中贪污税款380.5元,施大年、林士族、曹国仁3犯被依法判处死刑。经过调整工商业、手工业,初步解决了私营经济的困难,商业市场出现新景象,城乡交流日趋活跃,工农业稳定发展,财政状况得到好转。

恢复农业生产是国民经济一切部门恢复的基础。新中国刚成立时,农村中有不少田园荒芜,耕畜、农具、资金、肥料普遍缺乏,农民生产生活处境极其困难,龙溪、海澄两县党组织和人民政府发动群众生产自救,实行减租减息、土地改革、互助合作、兴修水利、发放农贷和用合理价格收购农副产品等一系列政策措施后,调动了农民个体经济和劳动互助两方面的生产积极性,恢复和发展了农业生产。1950年至1952年,在财力十分有限的情况下,人民政府逐年增加农业投入。首先用于兴修水利,1950年7月,海澄县首次完成73个村海堤抢修工程,修堤岸61段,堵缺口139个,受益土地18093亩。同时,抓好农业技术改造,改革传统农具,引进新式农机具;实施耕作改革、培育良种、加强农业栽培技术指导,指定专职人员搞病虫测报工作,提出防治措施,做到灾年保收成,常年增产丰收。1952年起,逐步扩大冬种面积,稻、稻、麦(或绿肥)三熟制的面积扩大。1953年两县粮食作物面积比1949年增加10万亩,粮食总产跨3亿斤大关。

龙溪、海澄两县集体所有制工业是在个体手工业基础上发展起来的,也是在小县城艰难困境中发展起来的。1950年后,私营、合营企业开始进入生产;2月,龙溪县人民政府接管石码华标锯木厂,开办第一家地方国营制材厂。1951年两县接管7个厂(场)为国营工业,接办石码青年电厂、角美裕民米(电)厂等,迅速恢复供电。1952年,两县有纸箔商53家,糕饼店18家,酱制业19家,制香业有百合和、香远斋、华其升、大华、新发、益香亭等6家,有石码酒厂与角美酒坊合并的龙溪酿酒合营处,12 家私营小机器厂合并的石码机器修造厂,地方国营龙溪县人民印刷社和海澄县私营友南、艺友印刷所等企业都纷纷生产经营,开展业务。在人民政府鼓励和扶持下,经过 3 年整顿改造、补充平衡、重点兴建和积极扶持,各种体制的工业、手工业均得到发展,产量较新中国成立前有大幅增加。

工农业生产的恢复和发展直接促进商业市场繁荣。1949 年 12 月,龙溪县第一家国营商店——厦门贸易公司石码经营处成立。1950 年,第一个国营经济单位——盐业石码支公司成立。1952 年又建立国营百货公司;8 月 20 日,两县县委先后发出“关于加强物资交流的指示”,并在“三反”“五反”运动基础上,根据实事求是、积极交流、有买有卖、互助互利的原则,于 8 月下旬,组织工商界参加城乡物资交流;海澄县城关镇物资交流成交额 20.1 万元,龙溪县石码镇物资交流成交额 14.25 万元,进一步活跃市场,繁荣了社会经济。

交通运输是国民经济发展的关键命脉。抗日战争特别是解放战争后期,由于国民党军队节节败退,公路、桥梁遭到严重破坏,直到新中国成立前夕,大部分公路、桥梁及其他设施均受到不同程度的毁坏。两县境内等级公路 154.6 公里,其中,国道干线 45.03 公里、省道干线 28 公里、县道 41 公里、乡道 40.57 公里。新中国成立后,除了加紧修复抗日战争以来未修复的公路和国民党军队败退时所破坏的交通设施外,还建立交通秩序。1952 年,两县公路工区成立,养路队加紧维修、养护公路,全年维修 435.60 公里,其中国道 45.03 公里、省道 52 公里、县道 41 公里、乡道 297.57 公里。继续发挥两县滨海水上运输发达的优势,确保九龙江西、北、南三溪和出海口畅通。交通设施的维修养护,为恢复发展社会经济和加强国防建设做出了贡献。

在财经工作上,采取紧缩开支、发行公债、征收公粮及工商税、加强市场管理、取缔投机活动等措施,迅速扭转财政经济困局。国民经济恢复时期,国家银行对农业生产贷款逐年增加。1950 年 8 月,中国人民银行石码办事处发放第一批农贷(大米 1.5 万公斤),支援发展农业生产。1950 年至 1952 年,金融部门共发放农贷134.97万元。1951年,开始发放商业贷款3万元。1952年,继续放宽对私营商业贷款,贷款余额增至20万元,比上年增长5.7倍。

在两县党组织和老区人民的艰苦努力下,很快结束了通货膨胀的局面,实现了财政状况的空前好转。1949年至1952年,两县财政收入主要为农业税,以实物为主,共征收稻谷1亿公斤;工商各税约征收1000万元,统一上缴。至1952年,两县社会总产值为11331万元,比1949年增长11.09%;工农业总产值达9715万元,比1950年增长4.33%。其中,工业总产值1185万元,占12.7%;农业总产值8530万元,占87.3%。1950年,两县粮食总产量3.14亿斤;1952年年底,两县粮食总产量达3.76亿斤,国民收入7877万元;在人口增长的情况下,人均收入208.17元,比1949年增长4.16%,人民生活有了相当改善。社会各阶层购买力明显提高,社会商品零售总额达2040.19万元。

经过3年多艰苦奋斗,国民经济全面恢复和发展,各项社会事业齐头并进。1949年,龙溪、海澄两县人民政府均设置教育科,管理全县教育工作。1950年龙溪县文化与教育工作机构合并设文教科,另设识字运动委员会办公室,专门管理学校教育和成人教育,逐年增拨教育经费。两县中小学基础教育和工农业余文化教育得到较大发展。教育管理和学制同步改革。人民政府接管中小学同时接管原有幼稚园,并改称幼儿园。1950年,两县共办幼儿园4所,入园幼儿673人;小学273所,在校小学生32902人;中学3所,在校中学生1370人。1952年11月两县分别举办速成识字师资培训班,开展扫除文盲工作,共办成人教育226班,参加学习总人口数1906人。

党和政府十分重视文化、艺术、体育事业发展。1950年2月,龙溪、海澄两县先后设立新华书店、文化馆、图书馆、广播站和戏院,群众性体育活动蓬勃发展。医疗卫生方面投入大量人力物力,增加设备、成立协会,组织群众开展爱国卫生运动,取得很大成绩。开展破除迷信、宣传科学活动,科学普及、科技推广、科技人才工作也大有长进。

第六节　党和政府对老区的抚慰、扶助与老区重建家园、恢复生产

新中国成立之初，长期的战争创伤，造成革命老区人口锐减、生产资料奇缺，田园大量荒芜，群众缺衣少食，许多人房屋被毁或破烂不堪，加上老区绝大多数处于交通不便的偏远山区，文化落后，贫病交加，群众的生产生活面临极大困难。

1950年下半年，党中央和人民政府多次做出加强老革命根据地建设的指示，提出了“组织起来、发展生产，全面恢复、重点建设”的总方针。当年11月，福建省人民政府《关于开展老根据地地区工作的指示》也指出：“老根据地当前最迫切的任务，就是要发动与组织群众，积极进行恢复生产和重建家园”，还要求各专署要尽快组建老区工作委员会（后改称老根据地建设委员会，简称“老建委”），有计划有系统地进行工作；各县人民政府也要指派干部专门负责这项工作。

1950年底，根据中央和省政府关于“必须重视老区工作，召开老区代表大会”的指示，龙溪专署于12月21日至25日，在漳州市（今芗城区）隆重举行龙溪地区第一次老区代表大会，参加会议的有平和、南靖、诏安、云霄、漳浦、龙溪等6个县的代表230余人。会议先后听取了地委领导卢叨、丁乃光和陈文平3个报告。会议指出：新中国刚成立，国家还“一穷二白”，在这种情况下，人民政府仍给老区人民拨出粮食、资金进行救济，制定出种种减免政策，体现了党和政府对老区人民的关心和支持，但根本的办法，还是要靠老区人民发扬革命传统，按照党中央的指示，开展互助合作，恢复和发展生产，自力更生改善自己的生活。

这次会议首次确认与会的龙溪等6个县为“革命老区”的政治地位，为今后落实党和政府对老区的政策扶持，解决老区各种特殊问题和平反冤假错案奠定了基础。

龙溪县委认真宣传贯彻专署第一次老区代表大会精神，就老区乡村生产生活中亟待解决的问题进行工作部署。1951 年 2 月，省委、省政府为了让老区人民过好新中国成立后的第一个春节，向龙溪专区下拨老区救济粮 40 万斤，专署又配套 10 多万斤，合计 50 多万斤，其中龙溪县分得 1 万斤，解决了部分老区贫苦群众的吃饭问题。老区人民在党的领导下，发扬艰苦奋斗精神，挺过了生产生活中的一道道难关。

1951 年 4 月和 8 月，中央人民政府先后两次派出"南方老根据地访问团"到达福建，对各地老区干部群众进行访问(慰问)。其中第二次访问由李步新、魏金水任副团长。8 月 25 日，安排访问团第 12 分队到龙溪地区，陆维特为队长，许开良为副队长。为配合中央访问团对老区的访问，龙溪专属成立了访问团工作领导小组，由洪椰子、杜鄂生兼任访问团 12 分队副队长，并配备访问团成员 33 人，其中有龙溪县在老革命根据地坚持斗争的县级领导干部和工作人员 10 人参与访问。中央访问团 12 分队分成 6 组下县后，分别召开 3 场老革命根据地代表会，其中龙溪县、漳州市与南靖县、漳浦县合开一场代表会；还分别召开 11 个区代表会，其中龙溪县召开一个区代表会。访问团在代表会上传达了党中央、中央人民政府和毛泽东主席对老革命根据地人民的慰问和关怀，报告了新民主主义革命在全国胜利的经过和新中国成立后的建国情况，以及国家发展大政方针和光辉前景；各县人民政府主要领导向大会作了老区工作报告，并分组学习党和政府的政策，发扬民主，倾听老区代表的意见和建议。中央访问团还深入龙溪邹塘等老区基点村，进行重点访问。另外，还组织两个剧团、一支电影放映队到各老区县开展文化慰问活动。中央访问团历时 18 天的访问使老区人民深受鼓舞。

1951 年 9 月，龙溪专区第二次老区代表大会在漳州召开，部署了老区重建家园、烈军属优抚、土地改革、剿匪反霸和支前、扫盲等工作，并根据上级下达的名额，选出老革命根据地代表 6 名，赴北京参加国庆观礼。

1952 年 12 月，龙溪县委经过充分准备之后，首次召开全县老区代表大会，传达贯彻党中央、中央人民政府和省人民政府关于加强老革命根据地工作的指示和专署第二次老区代表大会精神，部署老区重建家园等各项工作，充分肯定了老区人民长期坚持革命斗争的光荣历史，对老区人民表示慰问和关怀，要求老区人民按照毛泽东主席的指示，以重建家园、恢复生产的实际行动，“发扬革命传统，争取更大光荣”。会上收到老区代表提案 27 件，涉及给老区烈军属挂光荣匾、减轻老区赋税和公粮负担、修建老区公路和水利设施、创办老区中小学校及卫生所等。会后，责成有关部门认真办理，还向老区群众发放救济款 3000 万元（旧人民币）。

革命老区重建家园，是新中国成立之初，党和人民政府的一项重要民心工程。从 1953 年 7 月开始，龙溪县“老建委”及老区办就着手进行调查摸底，将老区基点村被敌摧毁需要重建或修建的房屋数上报龙溪专署“老建委”及老区办审核批准，并呈报省人民政府备案；采取群众自建、政府资助、新区支援的办法，对被毁房屋进行重建或修建。龙溪县有 7 个老区基点村（自然村），分布于九湖区的小梅溪、新春、邹塘、洋坪和双第的寨仔、洲仔、许碑等 7 个老区乡村；另外原属南靖县的程溪区（20 世纪 50 年代划归龙溪县），有 9 个老区基点村，分布于白云、下庄、洋奎等 3 个老区乡村。这些老区基点村房屋均被敌人严重毁坏。如王占春烈士的家乡九湖区邹塘村就有 246 间房屋被烧毁；闽南特委和红三团活动据点程溪区白云顶社，也连遭浩劫，到处是断壁残垣。这些老区基点村是党和人民政府特别牵挂的地方，也是老区重建家园的重点。在各级人民政府资助下，大多数老区基点村受毁房屋均得到了重建或修建。

党和人民政府在帮助老区基点村重建家园方面做出了很大努力，但由于种种原因，重建或修建中仍有遗漏现象存在。据 1981 年 1 月龙溪地区“老建委”关于老区基点村建设规划的报告，龙海县还有老接头户房屋 20 间，漳州市（原属龙溪县）还有老接头户房屋 12 间，需要政府帮助修建。至此，老区基点村被毁房屋的重建或修建问题才得以最后解决。

清偿革命战争年代闽南游击队向老区人民所借粮、款，是党和人民政府兑现承诺、取信于民的负责任之举。以前,闽南政权组织和游击队在敌人严密的经济封锁下,为了解决军需和生存问题,经常以打土豪、攻打有屯粮的乡镇、在根据地开辟生产基地、创办供销合作社,或通过建立秘密交通线,从国民党占领区采运物资。但在特殊困难时期,当上述几种途径都无法实施时,经政权组织同意,只好通过关系,找群众借点钱和粮,由经办人开具借条;有的则以当时流行于中央苏区的钞票即“苏区票”购买物资,并承诺等革命胜利后,以予偿还粮款或兑换新币。

为了兑现当时的承诺,早在 1950 年 12 月,龙溪专署在发放老区春节救济粮时,就开始偿还游击队的借粮。龙溪县从分得的 1 万斤救济粮中划出一部分,发给革命战争时期积极支援游击队而新中国成立后家庭极度困难的农户,作为一种照顾和补偿。1952 年 11 月,省委召开第三次老区工作会议,传达了中央关于清偿革命战争年代向群众所借粮款和兑换“苏区票”等项工作的部署,强调此项工作须在 1953 年底前完成。省“老建委”制定了清偿的具体政策和兑换的标准,并于 1953 年 6 月 29 日和中国人民银行福建分行联合颁发《关于手兑苏区票券及清偿游击队向老区人民所借粮款的几项补充通知》,明确:“游击队向老区人民所借的粮款,不论有无条据,均须由出借人申请,叙述出借粮款的时间、地点、经借人姓名、当时的职务、所借粮款的用途等。经当地老区工作组审查证明,县老区建设委员会批准后方得偿还。但地主、富农、反革命分子持有苏区票券及游击队借粮款条据一律不予清偿。解放初支前借粮不属于游击队向老区人民借粮款范围内,本会不负责清偿。……去年得到老区救济粮款的老区人民所持有的苏区票券及游击队的借粮款条据仍应同样予以清偿与收兑。”在此期间,省政府拨给龙溪专区兑换基金 10 亿元(旧人民币)。龙溪专署和专区“老建委”研究后,拨给龙溪县兑换基金 3000 万元(旧人民币)。龙溪县在继续做好游击队所借粮款清偿工作的同时,根据上级“老建委”和银行制定的政策标准,认真开展“苏区票”兑换工作,按时完成了任务。

认真落实老区烈军属优抚政策,是关乎人心安定和社会稳定的一件大事。1952 年，龙溪专署民政科在总结工作中透露，新中国成立初期，由于党和人民政府来不及重视烈军属的优抚工作，致使许多烈军属生活困难没法得到解决，出现了有的流落外乡要饭吃，有的找儿子所在部队要儿子回家种地，有的直接要求在部队当伙夫等现象，引起了中央和省里的高度重视。

龙溪、海澄两县按照省委、省政府和专署的部署，从 1951 年起，把落实烈军属优抚政策、做好烈军属优抚工作摆上议事日程。4 月 10 日，龙溪专署在漳州市（今芗城区）召开老革命地区烈军属代表大会，来自全区 6 个老区县和漳州市民主选举的 231 名代表出席会议。会上中央访问团闽南分团陆团长传达了党中央、中央人民政府和毛泽东主席的慰问信，专署副专员杜伦解答了代表们的提问，化解了老区群众和烈军属的困惑。会后制定了一系列优抚政策和措施：一是核实各县应优抚人口，规定每年春节前发给优抚粮；二是对生活困难的烈军属实施救济；三是每年对烈军属开展节日慰问；四是对缺乏劳动力的烈军属实行农田代耕工作。

龙溪、海澄两县认真落实专署制定的优抚政策，使对烈军属的优抚工作落到了实处。

按省委、省人民政府规定，凡以前积极支持游击队，被敌人残酷烧杀，劳动力和生产资料全部丧失，全家生活无着者，平均每人发给优抚粮 200 斤；与上述情况基本相同，但劳动力尚未丧失者，平均每人发给优抚粮 100 斤；受到敌人一般摧残，区分有无劳动力、有无土地和财产等情况，平均每人发给优抚粮 40～60 斤不等。还规定要特别照顾鳏寡孤独烈军属贫困户。1952 年龙溪县有烈军属 474 户，应优抚 157 户，春节前发优抚粮 6569 斤；海澄县有烈军属 67 户、应优抚 67 户，春节前发优抚粮 5430 斤。另外，两县根据每年实际情况，还对优属对象发放优属款，作为特殊生活补贴。

每逢“八一”建军节和春节，两县发动机关、企业及其他经济组织、文化团体，捐钱捐物慰问烈军属；如有举办各种庆祝大会或军民联欢会均在台上或台下设“光荣席”，请烈军属代表就座，增强他（她）们的光荣感；春节期间组织机关干部和工人、学生到烈军属家慰问,帮他(她)们挑水、洗地板和洗补衣服等。

实施农田代耕是当时创造的拥军优属的一种好举措。每逢农忙耕种季节,两县组织人员对缺乏劳动力的烈军属户进行代耕。1951 年,龙溪县实行代耕的有 103 个乡,占总乡数的 92.2%,代耕面积达 10065.1 亩。代耕方式主要有固定代耕制、大包耕、小包耕、工票制和临时派工制,其中大部分采用工票制,固定代耕的较少。通过一个阶段的实践后发现采用固定代耕制有利于增强代耕人员的责任心,可以有计划地安排生产、代耕的质量和作物的产量较有保证。海澄县 1953 年组织为 995 户烈军属固定代耕,代耕面积 2902.28亩,作物产量普遍高于一般群众水平,后来都积极实行固定代耕制。

为了尽快改变老区的贫困局面,党和人民政府在兑现承诺、重建家园、做好优抚工作的同时,还采取一系列扶持措施,帮助老区恢复和发展生产。比较突出的做法是减免老区群众的公粮征收。1952 年 10 月,省人民政府主席张鼎丞再次就加强老革命地区工作作出指示,提出 8 项基本任务,其中有一项就是"减轻老区人民的公粮负担"。根据华东军政委员会颁布的《农业生产歉收减免暂行条例》规定,龙溪专署制定了老区公粮征收减免细则:凡因水、旱、虫、雹及其他灾害,致农作物歉收的,应予减免。受灾六成以上者按成数减免,受灾七成以上者全部减免。

老区基点村被敌人摧残破坏致歉收者分 3 种类型户减免:第一种类型户:房屋被烧光、家庭物资被抢走、家具耕牛等损失严重,田园荒芜,劳动力减少,生产无力恢复或大部分未恢复者、全部免征;第二种类型户:房屋被烧、家具物资耕牛农具等遭受损失,仍有劳动力,但生产尚无力恢复或大部分未恢复者,折半减免;第三种类型户:因长期支持革命而受敌人摧残抢掠,物资损失一部分,生产尚未全部恢复者,减征三成。还根据具体情况,细分 8 个等级予以减免。

1952 年,龙溪老区县有 1 个乡 2 个村,共 87 户、376 人减免公粮三至八成,合计减免 45084 斤。1952 年至 1954 年,龙溪县老区乡村共减免公粮 13.53 万斤,平均每户减免 1554.62 斤。减免公粮征收激励了老区群众的生产积极性。

人民政府还通过直接划拨生产建设补助金或支持老区群众添置生产工具等办法，支持老区恢复农业基础设施建设和山区土特产生产。九湖老区自古以来就盛产花木，水仙花更是远近闻名；程溪老区地处山区，历来以生产菠萝、麻竹、竹笋及其加工制品为生活主要来源。后来由于连年战争不断，才使这些副业遭到严重摧残。1953 年 7 月，省委、省军区领导刘永生到龙溪老区调研时，指示“在副业资源丰富的地区，应当有领导有计划地领导群众进行副业生产”。省政府从 1952 年至 1954 年共拨给老区生产资料补助金 12.1 亿元。龙溪县无论在思想上还是资金上，都受益良多，从而改善了农业生产条件，使老区农林副业有了初步的发展。

1951 年至 1953 年是新中国成立后的国民经济恢复时期。经过土地改革，废除了封建土地所有制。龙溪、海澄两县人民，特别是老区人民，在党和人民政府的扶助下，生产积极性空前高涨，涌现了一批劳动模范。1952 年 12 月，两县分别召开劳动模范代表会议，并选出赴省劳模会代表，龙溪县 8 人，海澄县 4 人。有了勤奋劳动的典型，加上两县较好的地理区位优势和农业基础，老区人民的生产日益恢复，群众的生活也有所提高。

第八章　社会主义制度的建立和经济社会的曲折发展

（1953 年 1 月—1966 年 4 月）

1953 年，中共中央提出社会主义过渡时期总路线，开始实施国民经济第一个五年计划。中共龙溪、海澄县委和两县人民政府根据中央、省委指示精神，全力推进对农业、手工业和资本主义工商业的社会主义改造，确立了社会主义初级阶段的基本制度，开创了工农业生产新局面。但由于缺乏社会主义建设经验，对经济发展规律认识不足，地方党组织在工作指导思想上受“左”的错误影响，经历了曲折的发展过程。1960 年 2 月，龙溪、海澄两县合并为龙海县后，面临三年国民经济十分困难的严峻局面，龙海县委、县人民政府全面贯彻以调整为中心的“八字方针”，经过五年不懈努力，国民经济得到初步恢复和发展。1963 年，春龙海县遭遇严重旱灾，全县人民在堵江截流抗旱斗争中，形成了“丢卒保车，顾全大局”的“龙江风格”，并传扬至今，成了龙海人民宝贵的精神财富。

第一节　农业合作化运动的探索与三大改造的基本完成

为加强党组织的集中统一领导，1953 年 4 月和 7 月，龙溪、海澄两县分别设立县委常务委员会，实行民主集中制，县委主要领导人均由上级党委任命。至 1956 年 5 月，中共龙溪县委由许云任书记，赵峰任第二书记。中共海澄县委先后由李光、倪天林任书记（1956 年 5 月后，开始实行党代会选举）。至 1960 年 2 月，中共龙溪县第一届委员会先后由赵峰、秦秀峰任书记，秦秀峰还任过第一书记。

中共海澄县第一届委员会先后由倪天林、许昭明任书记，张存友任第一书记。两县的县人民委员会(简称“县人委”)领导人也通过各界人民代表会议选举产生。1954 年 3 月至 1960 年 2 月，龙溪县先后由常秋贵(连任两届)、郭洪元任县长。海澄县先后由倪天林、袁万昌、李山、许昭明任县长。

20 世纪 50 年代初，龙溪、海澄两县的中心工作是探索和开展农业合作化运动。两县县委、县人委根据中共中央关于把农村工作重点更多地转向兴办初级农业生产合作社的要求，先是引导农民组织临时互助组，走互助合作道路，后来在两县试点乡试办常年互助组，对逐步推广互助合作起到很好的示范作用。龙溪县颜厝乡颜金本互助组在参加全省 11 个试办互助组联名挑战和华东区应战中，受到上级表扬并推广；海澄县黎明乡黄海澄也因此荣获省劳动模范称号。至 1952 年，海澄县有临时互助组 1950 个、12573 户，常年互助组 352 个、2570 户；龙溪县有临时互助组 2383 个、16696 户，常年互助组 2041 个、20690 户。两县参加互助组农户占总农户数 60.2%。1952 下半年，农业互助合作已显示出“组织起来”的优越性，许多农民希望能够进一步组织发展生产。福建省委根据实际需要，决定试办初级农业生产合作社，在取得经验后，逐步扩大试办范围。两县以试点乡互助合作经验为基础，试办 68 个初级农业生产合作社。至 1953 年，龙溪县试办的 7 个初级社取得良好成效，水稻总产均获得丰收。

1953 年，中共中央提出并公布了党在过渡时期的总路线，即“在一个相当长的时期内，逐步实现国家的社会主义工业化，逐步实现国家对农业、手工业和资本主义工商业的社会主义改造”(简称“一化三改”)。农业合作化就是对个体农业进行社会主义改造的具体步骤。这一年，党先后做出两个关于农业合作化的决议，一个是 1953 年春发布的《中共中央关于农业生产互助合作的决议》，另一个是 1953 年底发布的《中共中央关于发展农业生产合作社的决议》。这两个决议进一步促进了农业合作化运动的发展。至 1954 年 12 月，龙溪、海澄两县农业生产合作社达 470 个、互助组 12100 个，参加农户62700户,占总农户数60.8%。农村互助合作运动也影响和推动渔区改造。1954年龙溪县成立渔业生产互助组40个、390户,海澄县成立渔业生产互助组64个、525户。

初级农业生产合作社在私有制基础上兼有共同劳动的部分社会主义因素,是"走向社会主义的又富有生命力的有前途的形式"。1954年,两县进一步总结办社试点经验,首先在龙溪的胜利乡和海澄的黎明乡初级社中试办高级社,取得良好效果。同年6月底,海澄县黎明合作社社长黄海澄被推举出席全国第一次青年社会主义建设积极分子代表大会。1955年9月,中共龙溪、海澄县委先后召开县委扩大会、党支部书记联席会和三级党员扩大会,学习贯彻中共中央提出的"关于农业合作化问题"的指示精神。9月21日,两县县委还举办扩建社训练班,使合作化成为群众舆论中心,在两县范围内掀起了农村社会主义改造高潮。1955年10月,按照中央《高级农业生产合作社示范章程》规定,各县纷纷召开各种会议进行贯彻,农业合作化出现第二个浪潮。至1956年4月,龙溪县农业社入社农户由23%发展到90%,其中由农业生产初级社转升为高级社的农户已达34748户,占总农户65.22%。海澄县参加农业社农户28462户,已达全县农户90.64%,其中,高级社农户占51.37%。石码水上乡10个渔业初级社合并,成立水上乡海声和海光两个渔业高级社。至此,两县基本实现半社会主义性质的初级合作化,并迅速实施完全社会主义性质的高级合作化。高级社实行土地和耕畜、农具等主要生产资料的公有化,取消土地分红,以高级社为独立经济核算单位,社员全部按劳分配,建立劳动群众社会主义集体所有制经济。

鉴于全国农业合作化运动"反右倾"的"大气候",龙溪、海澄两县虽然出现个别"冒进"现象,但从总体看,主流方向是正确的,运动发展是向前的。至1957年,龙溪县高级社115个、44294户,海澄县高级社100个、34881户,两县入社户数占总农户96.29%,入社人口共357524人。基本完成对个体农业的社会主义改造,农民彻底摆脱个体私有制束缚,走上集体经济发展道路,进入建设社会主义新农村的历史时期。

1952年4月，中共福建省委、福建省人民政府发出《关于发展供销合作社工作的指示》，两县在组织开展农业互助组、合作化运动中，注意把农业生产合作同供销合作、信用合作紧密结合起来。5月，县级建立供销合作社，各集镇、农村也先后建立供销分社、分点。6月后，两县相继建立供销合作总社和25个乡(镇)基层供销合作社。1953年增加到29个基层供销合作社，入社社员84041人，投入股金168082元。供销社成为两县农村经济生活中重要支柱，起指导和组织生产作用。

农民购买力提高了，为了扩大生产，对农业生产资料需求更迫切。此时，农村金融信贷应运而生，1952年，开始普遍建立农村信用合作社，调剂农村金融流通，促进农业互助合作运动发展，打击高利贷剥削，对新兴信用合作事业做出很大贡献。

手工业是地方工业的组成部分。新中国成立初期，两县手工作坊颇多，但生产规模小，设备简陋，一家一户分散生产经营，生产力落后低下。由于手工业在国民经济中所占的比重较大，行业和品种较多，尤其在农村，大部分农民的生产资料和生活资料主要依赖手工业生产。因此，党和政府很重视对手工业的扶持。在第一个五年计划开局之年(即1953年夏)，中共中央进一步提出“积极领导，稳步前进”的方针，开始对城乡手工业和农村私营商业的社会主义改造，逐步引导手工业者走社会主义集体化道路。

1954年8月，龙溪、海澄两县成立对私改造办公室，组建手工业社会主义改造工作队。1955年6月，两县人民政府同时设立手工业管理科，主抓整顿、巩固、提高原有生产合作社、供销合作社和生产小组，积极发展新的合作组织形式，把个体手工业生产资料私有制，逐步改造成社会主义集体所有制。1955年9月后，在农业合作化运动迅猛发展推动下，加快手工业改造步伐。1956年又相继成立对私改造领导小组，加大对私改造力度；1月后，两县掀起手工业社会主义改造热潮，相继批准手工业者全部参加合作社。1956年底，将原有手工业生产者5413人，组成55个生产合作社，16个公私合营厂

(场),组成64个生产小组,个体经济向集体经济转变的社会主义改造基本完成。

1953年,龙溪、海澄两县创办一批手工业企业,为以后龙海县工业发展奠定了基础。龙溪县石码组建第一个工业合作社,即铁器生产合作社(1982年3月改为龙海钢窗厂)。1954年3月,建立私营江东瓷厂(1956年改为公私合营,并县后改为龙海瓷厂);4月,建立竹器码陶器生产小组(1985年3月改为龙海花釉陶厂)。1955年6月,建立公私合营海澄酱油厂(1974年改为龙海味精厂)。1956年7月,石码公私合营蜜饯厂建成;8月,漳州农药厂建成,址在步文(1961年6月归龙海县,改名龙海农药厂)。1957年6月,海澄酒厂建成,年产量80吨;10月,龙溪县农械厂成功制造全省第一台锅轮式三级鼓风机;11月20日,海澄县港尾公社建立海带养殖场。

在手工业公私合营高潮的热烈气氛中,一些独立劳动者、运输经营者,积极要求参加公私合营。1954年2月,私营交通运输业进行社会主义改造。龙溪县私营交通运输户659户、从业人员1342人,接受改造的占92.9%;海澄县私营交通运输业从业人员415人,全部接受社会主义改造。至1957年,两县个体手工业者除130户(多属零星修配业)未接受改造外,基本实现手工业由个体企业向集体企业的转变。

对资本主义工商业的社会主义改造,是党在过渡时期总路线、总布局中又一项崭新、艰巨的任务。1954年是有计划地扩展企业公私合营之年,旨在把一切有利于国计民生的资本主义工商业改造为初级至高级形式的国家资本主义产业,进而逐步变为社会主义经济。

1953年以前,土改完成后,龙溪、海澄两县经过社会市场整顿、城市工商业调整和“五反”运动,以及粮食实施统购统销政策,把原来落后、混乱、畸形发展的资本主义工商业逐步推上社会主义改造之路。但由于不少资本家存在疑虑和抵触,加之这期间积极发展国营和供销合作商业,忽视对私商的扶持,致使有的商家停业。年底,两县统战部、工商联多次组织学习,对过渡时期总路线和方针政策有了深入体会，于隔年7月制定“公私合营扩展计划方案”，加速对私营企业改造步伐。1954年2月，两县开始对私营工业户进行清产核资、定产定息和经济改组规划。中共龙溪地委统战部在石码对近百户批发商进行改造试点，辅导纱布业“私私合营”为国家经销，促成糖业批发商华南、建大、聚源等号转业创办全县第一家高级形式的公私合营石码大众澡堂旅社；6月，龙溪县公私合营双第农场设立（1960年4月改为国营华侨双第农场）。

1955年11月，毛泽东、陈云分别对对资改造问题做出指示和报告，全国工商联亦发表《告工商界书》，成为推动工商业者接受改造的巨大动力。1954、1955两年，两县部分私营工商业户改造成初级形式的公私合营企业后，在原料、市场、贷款等方面得到政府支持。为进一步有效促进私营工商业社会主义改造，1954年开始对已改造的工商业发放贷款（至1956年工商业贷款达767万元），部分未经改造的私营商户，因货源和销售问题，深感独自经营困难，主动要求公私合营。

1956年初，龙溪、海澄两县均进入私营工商业社会主义改造高潮。两县贯彻中央关于对私营工商业利用、限制、改造政策之后，有1万多户人员，表示愿意改造，90%以上私营商户提出申请接受改造。原厦门建筑公司在龙溪新建的80条砖瓦窑由县政府直接接收为地方国营。不少私营工业企业相继组成生产合作社，或直接进入公私合营，有的还组合并厂或改造成地方国营。如龙溪县私营石码机修厂与地方国营的漳州农具厂合并为国营漳州机器厂；石码机修、铸铁、铸铜三个行业的12户联合成立机器修造厂，纳入公私合营；碾米、蜜饯、糕饼、酱油、造纸、纸箔、烟丝、砖瓦等11个行业中的51户、资金20.42万元，组成14个厂，纳入公私合营。海澄县的浮宫成记、白水陆丰、城关民生、合安碾米厂、白水成发酱油厂、海沧沧光火电厂等12个企业实行公私合营。华侨投资兴建的侨江造纸厂，6月转为公私合营。两县从个体手工业基础发展起来的集体所有制工业，大都改造组成生产合作社，有些企业过渡为全民或集体所有制工厂。1956年，两县私营粮行厂商全部转入国营或公私合营，碾米厂实现全行业公私合营，碾米加工业统一归口粮食部门管理。龙溪县有合营厂 11 家，从业人员 107 人；海澄县有合营厂 5 家，从业人员 62 人。至 1956 年党代会召开之前，海澄县原有 12 户私营工业已全部改造为国有、公私合营和合作社营；龙溪县原有 140 户，改组为国营厂 3 家、公私合营厂 14 家，生产小组 1 组。至 1956 年 11 月底，两县对私营工业进行社会主义改造基本完成。

1956 年 12 月，完成了私营工商业社会主义改造，龙溪县原有私营工商户 2078 户，当年接受改造 2023 户，从业人员 3608 人，其中过渡为国营 132 户，批准公私合营 301 户、组织合作商店 194 户、合作小组 1426 户。海澄县原有私营商业 530 户，接受改造 510 户。其中，过渡为国营 32 户，从业人员 339 人；批准公私合营 8 户，从业人员 104 人；组织合作商店 33 户；合作小组 457 户，从业人员 1524 人。两县饮食服务业 853 户，过渡为国营 7 户，公私合营 12 户，合作商店 10 户、合作小组 374 户。这些饮服行业在城镇的由饮食服务公司经营，在乡村的由基层供销合作社归口管理。

由于在社会主义改造中正确贯彻了党的方针政策和“改造、经营两不误”要求，激发了对私改造后工商业者的经营积极性。龙溪全县工商业营业额实现 711.51 万元，尤其从 1950 年成立盐业石码支公司后，分别在云霄、诏安、东山、漳浦等县建立盐业办事处、批发站和采购组，公司业务全面拓展。1951 年 11 月，石码贸易公司成立，原厦门贸易公司石码经营处并入石码支公司。至 1952 年两县先后建立百货、贸易、专卖等 9 个专业公司，纯商业市场零售总额比重有了全新的变化。1956 年，随着对农业、手工业和资本主义工商业社会主义改造的完成，国营、合作经济在城乡已占绝对优势，国营经济的主导地位突显，标志着从新民主主义向社会主义的过渡已经实现。

1955 年开始，龙溪、海澄两县县委、县人民政府加强自身建设，着手建立行政管理体制。12 月 14 日和 28 日，两县人民政府分别改称为县人民委员会（后来，县人民委员会增设党组，分别由郭洪元和路崇阳担任书记，两县合并后由李山担任龙海县人委党组书记）。

1956 年 3 月和 7 月，海澄县和龙溪县先后成立县人民政治协商会议，分别选举倪天林和赵峰为政协主席。当时，全县农业、手工业和资本主义工商业的改造已基本完成，数以千计的工商业者和从业人员，刚刚成为国营、公私合营企业的主人，迫切需要学习政治理论和方针政策，加强自我教育自我改造，从政治思想上缩小与工人的距离，以便搞好合作共事。为此，在龙溪县政协首届一次会议上，成立了学习委员会，以此为平台，迅速组织和指导数千名工商各界人士学习。

1953 年至 1956 年，龙溪、海澄两县组织民工先后投入国防工程和国家重点工程建设。1953 年 7 月 15 日，抢修闽南交通要道龙溪县境江东桥，为运送人民解放军部队及载有重型武器的军车及时进入东山县境，参加东山保卫战做出了贡献。1955 年 1 月，组织民工参加厦门高崎至集美海堤建设；5 月 13 日，组织民工支援 3613 国防工程建设；11 月 13 日，组织民工参加鹰厦铁路工程建设。

从 20 世纪 50 年代开始，两县党和人民政府把农田水利设施建设摆上了重要位置。1950 年，成立九龙江河道堤防管理处和海堤管理处，设立县防汛抗旱指挥部，把原县政府建设科扩改为水利局。1956 年 4 月，始设龙溪县江东灌溉管理所。在历次抗旱防涝斗争中，以原有港、浦、渠、圳、沟为基础，构建九龙江北、西、南三溪水利网络工程，改善农业生产条件，扩大农田灌溉面积，提高防抗自然灾害能力，为农业丰产丰收、农民生活、农村安全带来极大好处。

这一时期，各项事业、改革工作也同步推进。1953 年 8 月 9 日，祖籍龙溪县角美流传村的归国华侨吴传玉参加第四届青年学生和平友谊联欢国际友谊赛比赛，在 100 米仰泳决赛中获得冠军，为新中国参加国际比赛夺得第一枚金牌。1954 年 9 月 21 日，为纪念在漳厦解放战争中英勇牺牲的人民解放军指战员，中共海澄县委、县人民政府在海澄港口建成革命烈士纪念碑（1957 年又在海沧建设了革命烈士纪念园）；12 月，龙溪县人民检察署改为龙溪县人民检察院。翌年 2 月，海澄县成立人民检察院。1955 年 3 月 1 日，龙溪、海澄两县实行义务兵役制，适龄青年踊跃报名应征；同日，两县人民银行执行政务院令，开始兑换新的人民币，按新人民币1元等于旧人民币1万元的比值，回收旧人民币；7月1日开始，两县执行国务院关于国家机关工作人员全部实行工资制和改行货币工资制的命令，将原有部分包干制干部改为工资制干部。

第二节　第一个五年计划的实现与政治、经济工作的“左”倾冒进

新中国成立之初，龙溪、海澄两县人民政府只简单设“计划统计员”，直到1953年12月、1954年7月开始执行“一五”计划时，才分别成立计划统计科，负责编制社会主义计划经济。但因受经济发展局限，编制范围较小，每年只编制工农业生产计划。1953年至1957年，开始实施国民经济第一个五年计划。由于缺乏经验，两县在计划编制中，只能采取边制定、边执行、边修订、边调整、边补充的办法，瞄准超额完成国家建设计划指标为总目标，逐步实施。随着计划的逐年实施和工业化发展，出现粮食供不应求、农民待价惜售和私营粮商粮贩操纵市场的不良现象。1953年，为确保军需民食和粮市价格的稳定，两县粮政实行“统一管理，统一指挥和调度”的粮食管理体制，设立国营粮食交易所，实行有限制的粮食交易。龙溪县设立石码、城内、角美等12个国营粮食交易所，海澄县设立浮宫、城关、白水等5个交易所。1953年12月开始对城镇居民实行计划供应，按定量凭证供应粮食。1955年10月，按核定的四类九等口粮定量标准，由粮食管理部门按户按人填发购粮凭证，再凭粮证和粮票购买。

1954年，两县境内粮食市场价格与统购统销价格大致保持平衡，龙溪县按当时核定价收购粮食量为3053万公斤，海澄收购量为2239万公斤，分别完成龙溪专署下达任务的94.4%和70.98%。“一五”期间，两县的食品、农副产品、生活资料等购销业务划归计划经营，购销额逐年增长。1955年，将水产、禽畜、中药、红糖等收购业

务陆续划归国营专业公司经营。此后，在较长一段时间内，由于受“左倾”思想影响，造成计划与实际脱离，在管理权限上，上级权限较下级基层大，强调指令性计划，忽视指导性计划和市场调节作用。

“一五”期间，龙溪、海澄两县以发展农业、增产粮食为主，并获得高产、稳产，因此成为全国著名水稻高产区，也是全国商品粮基地县之一。而农业生产的丰收，与两县重视水利建设密不可分。1954年1月，两县首次发动人民购买国家经济建设公债，投资进行水利设施建设。几年间，先后兴建海澄县南港水闸(1955年10月4日)，受益田地4.9万亩。龙溪县洋西渠道(1956年4月14日)，受益田地1.8万亩；江东水闸和进水渠道(1956年4月28日)，受益田地3.8万亩；内林水库(1956年6月28日)等。同时，还修建多个引水灌溉工程和19座水库。修复、加固江堤、海堤，改造易涝区和低洼地。1957年冬开始，两县掀起兴修水利、养猪积肥、改良土壤的冬季生产热潮。两年间，龙溪县兴修水利完成270万工日，积肥1.6亿担；海澄县出动28万民工，兴修水利2380处，消灭旱田6.8万亩，基本实现农田水利化。

耕作制度的改革是粮食增产的关键措施。但长期以来，沿海平原地区只是早、晚稻间作，冬闲后耕地荒芜，增产潜力没有发挥。随着农业合作化的逐步实现，一些农业生产合作社带头扩大冬种面积，利用冬闲地复种作物。1956年，龙溪、海澄两县稻、稻、麦(或绿肥)三熟制的种植面积扩大，占水田总面积91.42％。至1957年农作物的复种指数上升为187.9％。此外，适当发展甘蔗、黄麻、花生等经济作物。其中，花生种植面积30917亩，总产2430吨，实现吃油自给有余。1956年，两县粮食产量大面积增加，龙溪县早稻插秧216453亩，收稻谷52230.11吨；晚稻插秧256141亩，收稻谷76581.04吨，平均亩产为530.5公斤。海澄县双季稻年平均亩产为502.5公斤，其中黎明农业生产合作社7600亩水稻田，双季稻年平均亩产727.5公斤，创造全国大面积水稻最高丰产纪录，荣获农业部颁发的丰收奖状和奖章。中共福建省委也在海澄县召开黎明农业生产合作社大面积丰产经验观摩会。历经3年的恢复和发展时期，粮食总产量年平均递增5.89%。同年,两县均成为水稻亩产“千斤县”。

“一五”期间,龙溪、海澄两县水稻生产连年增产丰收,充分显示集体农业的优越性,农民积极响应国家粮食统购统销的号召,交足优质粮,保证了市场物价的稳定,满足了工业化对粮食的需要。

“一五”期间,两县工农并进,工业生产也有长足发展。经过三年国民经济的恢复,两县工业在品种、规模、技术、产值上均得到空前的提高。主要建设了龙溪机器厂、龙溪农药厂、龙溪砖瓦厂、角美农机厂、角美电厂、石码纺织厂、海澄木器厂、海澄印刷厂、海澄电厂、港尾油厂,并先后新建、扩建、合并或改造了不少的工厂企业,尤其是电力、冶金、机械等工业龙头企业。1954年前后,人民政府除了把石码的青年电厂、海澄的其昌米(电)厂等5个厂改为地方国营外,还新建龙溪县江东瓷厂、漳州机器厂。造船、建材、金属、皮革及纸、木、竹制品等企业也有了长足进步。生产生活资料企业发展加快。1955年、1956年间,两县新建、扩建了公私合营革新酱油厂、蜜饯厂等工厂,又建立了花纱布、针织品公司。1956年,两个县城所在镇结合私营工商业社会主义改造,扩大手工业加工订货,商业贸易以国营和合作社为主覆盖城乡,国营经济逐步占领城乡阵地;广泛开展企业劳动竞赛,实现了国营、合营同步增长。

交通运输业加速建设。1953年,两县境内原有公路全部修复通车。1954年开始建造新的公路。1955年后,组织6个地方国营运输企业和13个水、陆集体运输合作社。交通运输快速发展,经济大动脉逐渐拓通。1956年,鹰厦铁路通车,龙溪县境内铁路里程43.06公里,境内设有郭坑、角美、西山3个火车站点。

经过五年艰苦奋斗,龙溪、海澄两县终于超额完成第一个五年计划各项指标,初步改变两县历史上工业、手工业基础薄弱和农业生产力低下的落后局面。至1957年底,两县农业总产值12161万元,比1952年增长42.57%;粮食总产量达193273吨,比1952年增长14.13%;两县共有全民、集体所有制工业59家,工业总产值达2522万元,比1952年增长112.83%。两县社会生产总值17669万元,比1952年增长55.94%;预算内财政收入5507.77万元,纳税户共387户，财税收入中，工商税占53.6%，农业税占40.63%。城乡居民生活有所改善。两县农民年人均口粮269公斤，民食较为充裕；城镇居民人均收入168.69元，购买力相应提高，石码镇平均人月购买力10.32元，比1950年增长18.9%。

“一五”期间，两县经济建设取得突出成就，为顺利进入全面建设社会主义阶段奠定了基础，积累了宝贵的经验。但在顺利完成第一个五年计划之际，党内出现了波及全国的反右扩大化和经济冒进、浮夸风。

1956年夏秋，国际共产主义运动出现了大的波折，发生了波匈事件。国内也出现了一些群众闹事等未曾预料的问题，人民内部矛盾日益突出。面对新形势、新问题，毛泽东于中共八届二中全会上郑重宣布，在1957年开展全党整风。按照上级部署，龙溪、海澄两县自上而下的整风、整社运动迅猛开展，群众对党提意见、帮整风，鸣放的气氛越来越浓烈。同时，也出现极少数对党和社会主义不怀好意的分子乘机发难。

1957年6月8日，中共中央发出《关于组织力量准备反击右派分子进攻的指示》，在全国范围内组织反击资产阶级右派的进攻。两县整风运动重新调整，重点转向反右派。6月26日，龙溪县在石码镇召开万人工人大会，声讨右派分子，支援反右派斗争。7月初，两县先后召开县委扩大会议，号召农民搞好生产，巩固合作社成果，以实际行动支持反右派斗争。各级按先党内后党外、由上而下、层层动员、逐步深入贯彻会议精神，掀起反右派斗争运动。

1957年至1959年，由于“左”的思想影响，龙溪、海澄两县县委在整风“反右”运动中，特别是后来机关干部和小学教员反右派的学习运动中，把一些正常的、善意的，但涉及党的领导和社会主义制度等重大问题的批评意见和建议视为右派进攻，以致打击面过宽，错划一批知识分子、爱国人士为“右派”，并给予批判和过严过重的处理，反右斗争在数量和性质上出现扩大化，给党和人民带来不幸的后果。至1958年4月，两县共划出右派分子101人，其中龙溪县机关干部28人，小学教员17人；海澄机关干部15人，小学教员41

人。1957 年至 1960 年，反右斗争扩大化和错误开展“反右倾”运动，被错误处分的党员干部共 2114 人。

1958 年 5 月，中共八大二次全会召开，会上通过了“鼓足干劲，力争上游，多快好省地建设社会主义”的总路线。这条总路线的提出，反映了党和人民迫切要求尽快改变我国经济文化落后状况的普遍愿望，但由于忽视了客观经济发展规律和国民经济的综合平衡，夸大了主观意志的作用，因而存在严重缺陷，加之 1957 年 10 月 25 日公布了《一九五六年到一九六七年全国农业发展纲要(修订草案)》(简称“农业四十条”，系开展农业“大跃进”的指南)和 11 月毛泽东率团参加莫斯科会议时，根据会上对国际形势过于乐观的估计而提出的“中国在 15 年内钢产量要赶上或超过英国”的口号，于是，在“左”的错误指导下，全国展开了“大跃进”和人民公社化运动。

龙溪、海澄两县紧跟时代潮流，在经济建设中也逐步形成了急躁冒进的指导思想，掀起了“大跃进”高潮。1958 年 6 月，两县开始“土法上马，大炼钢铁”，为实现年产 2.5 万吨钢铁的指标，处处建炼铁土高炉。九、十月间，两县县委动员全县人民搞“大兵团作战”“挑灯夜战”，炼铁运动由城市波及农村，从初始时，全县只有马岭、石码 2 个厂 6 个炼铁炉和石码镇 3 个土法炼钢炉，扩大到各地纷纷建炉。10 月中旬，开展轰轰烈烈的“钢铁生产周”运动。海澄县动员千人上山、万人找矿，10 万群众大搞炼铁运动，县委还成立钢铁后勤部，专搞铁砂和烧木炭的筹集和运输，造成资源的极大浪费和破坏。

1958 年，秋收冬种之际，两县县委提出工农业生产双丰收、双放卫星计划，农业战线上的浮夸风、高指标日益泛滥起来。龙溪县提出“1958 年水稻总量要由 1957 年的 3.33 亿斤提高到 4.4 亿斤，平均亩产达 1230 斤，并计划创造 100 亩的 3000 斤高产田”。海澄县第一次提出 1958 年粮食亩产指标 1280 斤，再提高到 2400 斤，后又修订 4 次，直至计划粮食单产 1000 公斤。为了放“水稻万斤县”的“高产卫星”，两县组织农民群众在水稻分蘖灌浆阶段大量移植并丘，虚报产量，还提出“人有多大胆，地有多大产”的荒谬口号。据 1963 年上半年两县对粮食产量的抽样调查，经实割实测资料推算，晚稻实际亩产，莲花公社369公斤、白水公社295公斤、紫泥公社308公斤、九湖公社262公斤，与高指标和虚报的数据相差甚远。工业生产高指标也十分严重。海澄县1958年计划工业总产值达到3048万元，实际执行结果仅为784万元。在“全民办工业，实行重点建设遍地开花”方针指导下，两县初期总投资663.32万元，新建20多家工厂。工业战线拉得太长，出现严重浪费和国民经济比例失调。至1959年，部分工厂停产、关闭、下马，国营工厂减少至65家。

1958年8月，随着《中共中央关于在农村建立人民公社问题的决议》的发布，中共龙溪地委和龙溪县委也先后发出关于建立人民公社的方案。8月31日，海澄县黎明公社首告成立。9月1日，龙溪县的火箭（角美）、红旗（榜山）、海鹰（紫泥）3个公社相继成立，后又成立先锋（九湖）、胜利（颜厝）、星火（天宝）、卫星（步文）、程峰（程溪）5个公社。一个月时间，龙溪县就建立10个公社（1960年3月试办石码人民公社），海澄县也建立4个公社。至9月，两县取消乡镇人民委员会制，实行政社合一体制。

一哄而起的人民公社化，超越社会发展阶段，违背经济客观规律，以取消现行政策为代价，大搞“一平二调”（一平，指在人民公社内部实行平均主义的供给制、食堂制；二调，指对生产队的劳力、财物无偿调拨）、大刮“共产风”，大办公共食堂，风风火火闹了几个月，不仅经济建设上不去，而且使农民陷入更糟更难的日子。两县许多公社征购任务完不成，农民口粮严重不足，农村劳动力外流，生猪大量死亡。特别是集体出工劳作，取消按劳分配，三餐吃公共食堂，助长了部分农民懒散、浪费的不良风气。后来公共食堂越办越糟，农民喝稀粥、饿肚子，严重挫伤了农民的生产积极性。

第三节　三年困难时期的苦渡与“八字方针”的贯彻

龙溪、海澄两县的“大跃进”和人民公社化，使两县人民经历了思想上和经济建设上的坎坷和磨难。1958年11月，中共中央和毛泽东主席觉察到“大跃进”和人民公社化运动存在的某些问题和错误，要求刹住高指标歪风，纠正“大跃进”失误，制止“一平二调”和“共产风”泛滥。1959 年 1 月，开始对人民公社进行全面整顿，通过算账、民主整风，处置群众反映的一些问题，纠正了一些“左”的错误倾向，初步理顺了公社管理体制。

1959 年 7 月，在庐山的中央政治局扩大会议上，先是针对“大跃进”和人民公社化的问题进一步纠“左”，后来因中央政治局委员、国务院副总理兼国防部长彭德怀提交一封如实反映“大跃进”和人民公社化问题的长信，会议转而批判“右倾”思想，接着于 8 月的中共八届八中全会通过“反右倾”决议，并发布到全党，使前一阶段受到批评的“左”的口号、政策、措施，又被重新肯定下来。在“反右倾，鼓干劲”这一中心口号下，全国再次掀起新的“大跃进”高潮，高指标、瞎指挥、浮夸风和“共产风”等“左”的错误再次抬头。

1959 年和 1960 年，在新的“大跃进”高潮中，龙溪、海澄两县连续遭受前所未有的两次特大自然灾害。1959 年 6 月上旬至 8 月中旬，正当水稻禾苗分蘖和花芽分化盛期，突遭数次台风和洪水的袭击。8 月 23 日，12 级强台风正面袭击两县，海啸引发狂暴大潮，夹带大于 100 毫米的暴雨，造成百年不遇的特大风、水灾害，两县受灾耕地 29.71 万亩，倒屋 9753 间，死亡 319 人，重伤 89 人，江海堤坝溃口 569 处，长 42100 米，渔船、果树、牲畜等受到严重损失。当时龙溪县有 18.4 万亩秧苗被洪水淹没，占总面积的 67%，受淹时间长 6 天以上，造成秧苗分蘖中断，大量死苗现象。其他经济作物、果树也都受灾严重。海澄县遭大潮袭击，全县受淹稻田 13 万亩，堤岸溃破 30 公里，房屋倒塌近 2 万间，死亡 143 人，损失为四五十年来所未遭遇。

1960 年春耕之时，两县又遭遇长达 5 个月滴雨未下的干旱，山泉枯竭，遍地龟裂，沿海和沿九龙江下游地区，因旱起碱，龙海全县有 8 万余亩耕地变成旱地，春耕插秧、果树种植都受到很大威胁。而大旱刚结束，当年 6 月 9 日至 11 日，又遭台风暴雨袭击，九龙江下游两岸一片汪洋，石码潮水位高达 8.75 米，为有记录以来最高潮水位。“六九”洪水灾害，全县 185 个大队，受淹 110 个大队，受灾人口 236899 人，占总人口 47.9％，倒塌民房 17590 间，死亡 98 人，江海堤缺口 733 处，溃破 66 公里。各项经济损失严重，全县 380190 亩早稻，损失八成以上 38636 亩，被冲毁颗粒无收的有 10460 亩，早稻总产量比上年同期减产 45％。1961 年粮食总产量仅 0.7 亿公斤，比 1957 年下降 27.2％，不少农民粮食不够吃，只好用瓜、菜和其他食物充饥。

具有顽强拼搏精神的龙海老区县人民并没有被灾害和困境所压倒，全县人民团结一心，战天斗地，在县委的领导下展开了抗灾生产自救，全县种植瓜菜 2949 亩，饲料作物 2997 亩。百姓以瓜菜和少量畜肉为粮食，勉为果腹。

1959 年 9 月，漳浦、平和、云霄、诏安、漳州(现芗城区)等县组织一万多名民工和解放军济南二团指战员赶赴海澄县决口堤段抢修海堤，帮助重灾区在短期内重建家园。海澄县人民委员会命名玉枕堤段为“济南二团英雄堤”，命名普贤堤段为“漳浦海澄团结堤”。11 月 30 日，全省水稻生产现场会在榜山公社召开，听取了海澄县莲花公社社长黄海澄关于黎明大队 7000 亩丰产田高产的经验介绍，参观了金星大队登地村水稻丰产片。省电影制片厂摄制人员还前来进行现场拍摄。

1959 年下半年，龙溪、海澄两县在重建家园的奋斗中，又面临新的“大跃进”运动，虽然他们难以像全国各地那样进入“再跃进”的亢奋中，但为配合形势，还是勉为其难地干，迫使两县经济工作又陷入了“左”的错误。表现为浮夸风再次抬头，在 1960 年的“大跃进”规划中，继续要求工农业生产达到不切实际的高指标，人民公社化的“一平二调”又一次挫伤了农民生产的积极性。

但在这个时期，两县党和政府克服困难，也开展了一系列有利于国计民生的基础设施建设。如 1959 年 12 月九九坑中型水库工程开工，1960 年 8 月龙海电厂建成，1963 年 9 月石码高坑自来水厂竣工。

1960 年 1 月 31 日，龙溪、海澄两县开始筹备并县工作。2 月，中共龙溪县委、海澄县委合并建立中共龙海县委，先后由倪天林、刘秉仁任书记（刘秉仁任职到1968年4月，其中1960年2月至1963年1月任第一书记）。全县重新建立党委会15个、党总支16个、党支部380个。两县原政府直属机关迁到石码镇合署办公，合并建立龙海县人民委员会，由李山任县长（1963年8月至1966年11月，又先后由杨保成、李山任县长）。县城设于石码镇政府所在地。此时，新成立的龙海县委、县人委，一方面要领导全县人民抗击“六九”特大洪水灾害（灾情上面已述），一方面又要违背人民意愿再掀“大跃进”高潮。龙海县的领导们忙得焦头烂额，而全县工农业生产却急剧下降。由于农业生产上违背科学，插秧过分密植，通风透光差，尤其在水稻灌浆期大搞移植并丘、虚报产量，还大砍山林果树作为炼钢柴火，使粮食和林果等经济作物全面减产。1961年双季稻平均亩产下降到396.47公斤，油料、水果总产量比1957年减少61.68%和49.88%。在“以钢为纲”的方针指导下，1960年工业基本建设总投资比1957年增长了160%，而一哄而上的几千家工厂，却大部分关、停、并、转。纵观龙海经济指标，1962年全县社会总产值12685万元，仅为1957年的71.6%；工农业总产值9551万元，比1957年减少57.73%，其中工业总产值2490万元，比1957年减少12.9%；农业总产值7061万元，比1957年减少72.22%。

人民公社化的“一平二调”和“共产风”，片面强调国家积累，却不顾及人民群众的生活水平，使积累和消费比例失调。1958年两县社员年均纯收入仅为51元，1960年社员年均口粮减少36.8%。与此相反，公共积累比重过大，1957年粮食征购量为839万公斤，占总产量的43.6%；1960年在天灾人祸、粮食减产情况下，征购量为746万公斤，总量虽未增加，却占当年粮食总产量的50%。过高的国家积累与低下的群众消费形成了强烈反差。

三年困难时期，全县城乡，特别是农村群众粮食奇缺，生活困难，普遍以瓜、菜、糠代粮食充饥，许多群众因食物匮乏、营养不良而致病（水肿、虚胖），甚至死亡，后来民间称此时期为“瓜菜代”。在粮食大幅减产情况下，国家的粮食储备从前几年年均3432万公斤，降为1720万公斤。1960年8月起，实行粮食定量供应。1961年，人均月口粮减到11.69公斤。

为了渡过三年困难时期，中共中央和毛泽东主席毅然决然修改指导方针，采取紧急措施叫停“大跃进”运动。1960年11月3日，中央发出《关于农村人民公社当前政策问题的紧急指示信》，提出了十二条政策，要求全党用最大的努力纠正“共产风”。1961年1月，中共八届九中全会决定对国民经济实行“调整、巩固、充实、提高”的八字方针。中共龙海县委根据中央精神和地委部署，出台《关于当前生产和人民公社的若干政策规定》，召开全县四级干部会议，并于2月上旬抽调一批机关干部深入全县76个生产大队，开展首批整风整社运动，彻底清理“大跃进”和人民公社化以来农村出现的浮夸风、共产风、强迫命令风等“五风”和“一平二调”遗留问题。经过4个多月的整风整社，“五风”得到遏制，“一平二调”得到纠正。全县共兑现平调金额494.9937万元，占应退赔总数的88%。深入贯彻农业六十条，按规定分给社员少量自留地，清理部分企业人员返乡务农，鼓励发展家庭副业，放开农村集贸市场，严格执行“三包一奖赔”制度，实施工业支援农业方针等，一系列应急补救措施，促使农业逐步走出低谷。

1962年2月后，龙海县委、县人委认真贯彻扩大的中央工作会议(史称“七千人大会”)精神，大兴调查研究之风，更坚决地执行“调整、巩固、充实、提高”的八字方针。全县进一步加强工农业生产，疏通商业渠道，保障市场供应。6月，全县增加农村回销粮48.89万公斤，核减夏粮征购任务174万公斤，秋粮入库核减202万公斤。社员口粮标准有所提高，生活有所改善。7月，在精简企业职工，减少城镇人口的基础上，缩短工业生产战线，压缩基本建设规模。全县钢铁生产全部停止；对停工待料企业实现关、停、并、转；把部分原集体所有制转为地方国营的工厂企业恢复为集体所有制；理顺轻、重工业顺序，压缩重工业，充实轻工业和手工业，逐步完善工业结构和布局；对调整后留下的工业企业，普遍试行“工业七十条”，管理工作大为改观。1962年底，龙海县农业、工业均有明显起色。全县粮食总产量35441万斤，比1959年增加4670.4万斤；工业总产值2421.73万元，超计划5.01%，亏损企业减少，盈利企业达到总数的80.77%。

龙海县委在进行经济政策调整的同时，也进行了政治关系的调整。1961年11月18日成立县甄别工作领导小组，对1958年“拔白旗”、1959年“反右倾”及1960年整风运动中出现的处分过重和错误处分的干部44人进行甄别平反。1962年前后，县委认真落实知识分子政策和侨务政策，加强和改进了统一战线工作。

1963年1月，延续原龙溪、海澄两县党代会的届次，在海澄镇召开中共龙海县第二次代表大会。刘秉仁代表龙海县委作《关于七年来工作的报告》。会议回顾总结了贯彻社会主义建设总路线，发动“大跃进”和人民公社化运动以来的情况，提出坚决执行“以农业为基础，工业为主导”的发展国民经济总方针，进一步巩固人民公社集体经济，发展农业生产，争取提早实现农业机械化和电气化任务。大会选举产生中共龙海县第二届委员会，龙溪县委原书记刘秉仁就任龙海县委第一书记，海澄县委原书记倪天林就任龙海县委书记。1963年8月15日，国务院第102次全体会议正式批准龙溪县、海澄县合并为龙海县。两县人民在新成立的中共龙海县委正确领导下，开始乘风破浪，继续前进。

1963年至1965年，龙海县继续进行国民经济调整工作。期间，由于1962年9月的中共八届十中全会重提阶级斗争，会后又决定在全国城乡发动一次普遍的社会主义教育运动（简称“社教”）。因此，龙海从1963年2月开始，在广大农村、城镇，由点到面进行了广泛、深入的“社教”运动。在农村先是开展点上的形势教育、阶级教育，后来发展到揭发检查、“洗手洗澡”和1965年1月后的清政治、清经济、清思想、清组织的“四清”运动。在城镇，即县属以上机关和企事业单位，开展为期5个月的反对贪污盗窃、反对投机倒把、反对铺张浪费、反对分散主义、反对官僚主义的“五反”运动。“四清”“五反”的社教运动在一定程度上起到了“煞住歪风，纯洁队伍，密切干群关系，促进经济发展”的作用，但随着运动的深入开展，把斗争重点转为整“党内走资本主义道路当权派”，客观上成了后来“文化大革命”爆发的原因之一。

在开展“社教”期间，龙海县还接连做了三件大事：一是1963年春，众志成城抗击“百年不遇”的特大干旱，谱写了一曲共产主义精神的颂歌；二是1964年12月，响应党中央号召，开始展开“农业学大寨”运动，从此大干农田水利基本建设高潮迭起；三是1965年，在榜山公社洋西村当年堵江截流的地方开工建设西溪引水工程，亦称“西溪水利一条龙”，确保大旱之年能解决下游10个公社18万亩耕地的灌溉之需。

龙海县历时五年的国民经济调整，在党的领导下和全县人民的奋斗中取得了显著的成就。1965年，全县社会总产值20597万元，比1957年、1962年分别增长16.06％、61.65％；国民收入11741万元，比1957年、1962年分别增长2.52％、63.43％；1965年，工农业总产值15378万元，比1962年增长61％，其中农业总产值11380万元，比1962年增长61.17％；粮食单产289.5公斤，粮食总产量232510吨，总产比1962年增长31.31％；油料作物产量1825吨，比1962年增长21.42％；工业总产值3998万元，比1962年增长60.56％，其中轻工业产值增长42.34％，重工业产值增长12.8％。

第四节　堵江截流抗旱与“龙江风格”的传播

1963年春，正当龙海县人民认真贯彻国民经济“调整、巩固、充实、提高”八字方针，克服三年经济困难，满怀信心准备夺取经济建设更大胜利之时，一场千年罕见、百年不遇的特大旱灾不期而降。从1962年10月至1963年6月，历时8个多月、253天，全县未下过一场透雨，横贯县境的九龙江西溪、南溪、北溪3条支流水位降至新中国成立以来观测记录的最低点，全县76座小(二)型以上水库蓄水量仅有4％，大江小河水流干枯。更为严重的是春耕春种迫在眉睫，九龙江中下游5个公社(包括革命老区石码镇、东泗公社及老区分布乡镇榜山、海澄、东园)的11万多亩稻田缺水溶田,占水田总面积的38.2%,同时还有16%的秧田缺水,无法播种育秧。

面对江河干涸、田地龟裂,全县早稻田有一半以上抛荒的严峻局面,1963年2月4日,中共龙海县委召开会议分析旱情,总结吸收1960年堵江引水的成功经验,向全县人民提出“九龙江有水能救旱”的行动口号,决定堵江引水,在榜山公社洋西村后的江面上填筑拦江大坝,引九龙江水过洋西村进入九十九湾渠道,解救榜山、石码、莲花、东园、东泗5个公社的10万多亩高产良田。但堵江截流势必引起水位上涨,造成人为的涝灾,使处于进水低洼处的洋西村300多亩良田及崇福、上苑、文苑、翠林等大队的1300多亩稻田被淹没。为了保证堵江引水的顺利进行,受淹区的干部、群众纷纷表示,要小局服从大局,小利服从大利,把困难留给自己,把方便让给别人,宁肯淹掉一小部分田,也要换来几万亩良田的好收成。

2月15日,堵江截流引水工程正式开始,龙海县万名劳力上场。县委成立堵江工程指挥部,县领导亲自带领机关干部冲在第一线,榜山公社挑选3000多名精壮劳力,近百艘船户参加堵江。即将受淹的洋西大队社员不计较个人得失,腾出20多间砖窑和住房让外来民工居住,借出200多件生活用品供兄弟大队使用,主动帮兄弟大队烧饭炒菜,办理伙食。在大坝合龙急需大量茅草时,他们又将储存用于烧砖瓦的5万多斤茅草全部献出,迅速运往工地。在参加堵江的全体干部、群众的共同努力下,经过7昼夜的奋战,投入9万工日,挖掘运送填埋5.9万立方米的土石方,2月21日上午,合龙工程顺利完成,一条长535米、高8.5米的拦江大坝横亘在九龙江西溪上(拦江大坝从2月21日堵江合龙至6月15日被洪水冲垮,前后维持了114天)。

西溪堵江截流成功后,为了确保下游农田用水需求,龙海县领导还率领全县人民在南、北两溪筑坝堵江,在江东组织铁龙会战,在南溪、中港架设渡槽。榜山公社沿途的文苑、翠林等大队也出动千余群众清除障碍,构筑涵洞,确保水渠畅通无阻,以进一步增大流量,提高水位。由于水位一再提高,洋西及邻近6个大队的1300亩良田被水淹没,这其中不少是正在抽穗灌浆的小麦和刚刚播种出苗的早秧。为尽量减少损失,榜山公社提出在保“车”的同时,“卒”也不能丢的口号。在公社的领导下,各兄弟大队开展大协作,主动派出人力、畜力支援洋西等受淹大队围土堤,排积水,突击溶田抢种,尽量将损失降到最低的程度。其中,水流经过翠林村时因陡门闸太窄,“被卡住喉咙”,须加开一个涵洞,扩大水流量,村干部主动破除有关闸门风水的迷信,割掉“龙须”,确保水流畅通无阻。

榜山人民这种在抗旱斗争中所体现出来的团结协作、无私奉献、舍己为人、顾全大局的精神,受到县委、县政府的充分肯定和表彰,称之为“榜山风格”。

在“榜山风格”之后,又出现了“玉枕人风格”。莲花公社玉枕大队地处九龙江下游,是四面环水的洲岛。在面临洋西堵江将使他们大队2300多亩水田无法灌溉的情况下,玉枕人没有半句怨言,而是喊出“先保十万,后顾两千,舍卒保车,全盘棋便赢”的豪言壮语。他们在堵江战斗中挑选40名体力强、技术好的技工,承担了最艰巨、最危险的截流江坝合龙口的打桩任务,为堵江立下一大战功。同时还派人支援架设南溪渡槽,让江水顺利入渠,浇灌下游稻田。玉枕人却因此蒙受损失,2300多亩水田只收成400亩。他们的义举,给“榜山风格”增添一道耀眼的光彩。

伴随着热火朝天的抗旱斗争,“榜山风格”在整个九龙江流域广为推广。南溪封堵后,老区东泗公社的西岭大队放小顾大,让路淹田;老区白水公社与浮宫公社互相让水给下游;北溪封堵后,沙洲大队损失800亩,救活6万亩;西北两溪封堵后,紫泥公社喊出“局部旱咸不叫苦,敢为全局作牺牲”的口号,“榜山风格”很快在龙海县全境得到进一步发扬。

“榜山风格”虽发祥于榜山公社洋西村,却遍及九龙江两岸,成为沿江各地群众的共同信念和精神操守。后来因“榜山风格”发生在九龙江下游,从而又被称为“龙江风格”,广为传播。

无论是“榜山风格”,还是“龙江风格”,她一诞生,就得到了新闻媒体的充分肯定,并加以大力宣传。1963年4月7日,《漳州报》用通栏标题报道了榜山公社《牺牲自己部分庄稼,保证广大地区不受旱灾》的新闻,还配了《"丢卒保车",顾全大局》的评论,喊出"让这种全局精神更普遍发扬起来吧"的时代强音。23日,《福建日报》在第一版突出报道"榜山公社助人抗旱贡献大"的消息,并撰写了《高尚的风格》的社论。6月21日,《人民日报》第一版发表了著名诗人郭小川的长篇通讯《旱天不旱地——记闽南抗旱斗争》的长篇通讯,热情讴歌了闽南人民发扬"榜山风格",战胜百年不遇旱灾的伟大胜利。同时,还配发短评《"榜山风格"的光辉》,褒扬"'榜山风格'所代表的集体主义、共产主义精神显得特别光辉灿烂"。同日,《文汇报》也发表《九龙江畔一曲抗天凯歌入云霄》的通讯。众多新闻媒体对"榜山风格"的高度评价和据实报道,使之在全国各地引起强烈反响。从1963年到1965年,以"榜山风格"为题材编成的戏剧有:芗剧表演唱《榜山风格颂》、芗剧《碧水赞》、话剧和京剧《龙江颂》等。后来京剧《龙江颂》还拍成电影在全国各地放映了十几年,几乎家喻户晓,流传甚广。

毛泽东主席当年观看了《龙江颂》之后,接见剧组人员时说:"这个戏很好,让水,不争水! 龙江精神,这是共产主义风格!"毛主席亲自为"龙江精神"定义并做了高度概括。

"龙江风格"诞生以来,产生了极为广泛和深远的影响,成为激励人们建设社会主义的强大精神力量。当年,平和县安厚公社东川、东寨、南门、白石4个大队农田受旱,他们学习"龙江风格",互相让水,原来因50年前抗旱抢水械斗而互不往来的东寨、南门大队双方和解,东寨让水给南门,保证了南门900亩受旱水田插上秧苗。云霄县的莆铺、下河公社也三让"救急水",保证下游莆美社1200多亩高产田大面积丰收。

时隔28年,"龙江风格"又在江淮、太湖流域的抗洪斗争中显示巨大威力。在抗击百年不遇的特大洪水中,安徽省决定打开五家坝水闸,向蒙洼地区分洪,这样会淹没几十万亩待收的麦田,蒙洼地区的人民为了抗洪的胜利,甘愿做出牺牲;上海市为支援江、浙等省市的抗洪斗争,断然下令炸开青浦红旗塘坝,四县一区也纷纷开闸纳潮。他们把困难和牺牲留给自己，换来整个太湖地区汛情的缓解及抗洪斗争的胜利。1998年夏，在长江抗洪斗争中，为保住武汉、江汉平原的3万多平方公里土地与2400多万群众生命财产安全，湖北省监利县"舍小家、保大家"，4次扒口分洪，300多平方公里家园沦为泽国，10万群众艰难转移，为抗洪抢险做出贡献，再谱"龙江颂"新赞歌。龙海人民短短几天就为监利县募捐款109万元，捐物价值105.2万元，献上龙江人的一片爱心。

20世纪90年代，龙海干部、群众传承红色基因，再次唱响"龙江风格"赞歌。在厦漳高速公路建设中，角美、榜山、海澄等乡镇在3个月内主动拆迁各类建筑686幢，面积5.2万平方米，砍伐果树4.5万株，拆迁群众达1615户；老区分布乡镇榜山镇拆迁房屋3.6万平方米，涉及农户400多家，为高速公路建设做出了无私的贡献。

"龙江风格"从产生、形成到传播，至今已有半个世纪之久，它经历了3个截然不同的社会变革时期，即我国社会主义经济恢复时期、"文化大革命"时期和改革开放时期。在这3个时期中，不管社会上发生什么样的变化，"龙江风格"的影响一直经久不衰。她不仅是一种风格，更是一种精神，具有强大的生命力。即使在实行改革开放，发展社会主义市场经济的今天，人们的价值观较之当时有了很大的改变，但在处理个人与集体、局部与全局的关系中，以集体利益、全局利益为重的价值取向并没有改变，"龙江精神"已成为党和人民精神宝库的重要组成部分。

为了固化、弘扬"龙江风格"和"龙江精神"，龙海市先后4次迁建"龙江风格"纪念馆：第一次，1993年在榜山镇政府大院龙江楼二楼建立"龙江风格"纪念室。当时全国正在掀起爱国主义教育热潮，"龙江风格"被列为爱国主义教育的重要内容，"龙江风格"纪念室也成了爱国主义教育基地。第二次，1996年，在龙江中学（现榜山中学）二楼综合大教室，"龙江风格"纪念室升格为纪念馆，并被福建省委、漳州市委以及龙海市委确定为爱国主义教育基地。第三次，2000年，迁馆于石码市区锦江影剧院三楼，此时，"龙江风格"与红军革命精神、中国女排拼搏精神、谷文昌创业精神、漳州110服务精神并称为漳州“五种精神”。期间，曾临时迁馆于洋西小学。第四次，2014年，馆址迁移到榜山镇“龙江风格”发祥地洋西村“龙江颂歌”主题文化园内。“龙江风格纪念馆”的建立，成为我市一个重要的宣传文化教育阵地。

第五节　海防前线的斗争与民兵武装的加强

龙海地处九龙江入海口，东南部沿海濒临台湾海峡，从浮宫镇海门岛至隆教乡湖前湾的“半弧带状”的海域上，有海门、浯屿等84个岛礁，海岸线全长达103.3公里。县境港尾镇、隆教乡是老区分布乡镇，它们所属的屿仔尾、大径、深沃、岛美、白坑与老区村浯屿、镇海、新厝、白塘等10多个行政村，隔海与厦门、金门诸岛相望，最前沿的浯屿岛距国民党盘踞的大担、二担岛仅4500米，是东南沿海的海防战线地区，对敌斗争形势十分严峻。

1949年新中国成立后，国民党蒋介石集团败退台湾，海峡两岸开始武装对峙。解放初期，盘踞在台湾、金门的国民党当局不断向海澄县境的浯屿、深沃、白坑、镇海、大径、屿仔尾等沿海岛屿及港口要地派遣特务和小股武装匪特进行袭扰和阴谋活动，甚至还出动飞机、军舰、炮艇窜入港尾、隆教一带进行骚扰、炮击与轰炸。1952年12月10日至18日，国民党海军军舰5艘、炮艇3艘先后5次窜入镇海、白坑、新厝一带海面进行侦察和骚扰活动。1955年5月，国民党小股武装窜入鼠尾山海面，4名匪徒被我民兵捕获。同月，国民党飞机14批44架次窜入海门岛上空，炸沉拖驳“颖海号”，船上民工死58人，伤18人。7月16日，国民党飞机4架窜入老区村浯屿岛上空，轮番扫射轰炸，炸死群众6人，炸伤15人，炸毁民房13间。期间，沿海地区被国民党飞机炸死132人，炸伤62人。

20世纪60年代初期，国际上出现一股反共、反华逆流，中苏关系也日趋恶化，而国内则由于“大跃进”的错误出现了严重的经济困难。对此，台湾的蒋介石认为“反攻大陆”最好时机已经出现。1962

年3月，台湾当局下达了“征兵动员令”，甚至成立了“战时政务局”，准备“国军”在沿海登陆后建立政权。面对蒋匪帮积极准备对大陆沿海进行突然的军事冒险，东南沿海地区全面进入战备支前动员阶段。

1963年至1965年，海峡两岸形势有所缓和，龙海县沿海的战备支前转入正常状态。“文化大革命”开始后，大陆对台关系的总体格局趋于敌对和紧张，沿海对敌斗争呈现更加尖锐、复杂的局面。1966年7月6日，美制国民党V-2型高空侦察机1架窜入漳州上空，被中国人民解放军地对空导弹击落，坠于龙海县颜厝公社长边大队附近田野上，该机残骸现存放于中国人民军事博物馆。

1949年至1978年，龙海全县沿海共发生外逃投台案件88起221人，其中被截获72起177人；发生国民党偷渡派遣特务22起33人，其中，被抓获17起27人；国民党小股武装特务登陆袭扰11股120人，其中，被击毙16人、击溃2股18人、围歼5股29人、投诚3股17人。同时，在县境内还破获8起派遣特务案件。

1950年8月，海澄县成立“海防委员会”；9月，成立县委沿海工作部，加强海防管理，加强军、警、民海防联防工作。当时重视建立健全海上防线、海岸防线、隐蔽防线，搞好“五反”（反心战、反抓靠、反内潜外逃、反偷渡派遣、反走私）斗争，沿海地区相继成立浯屿、屿仔尾、深沃、流会、白塘等公安派出所加强海防管理。

1960年2月，成立中共龙海县委沿海工作部，又称海防部。同年，面临当时全面战备的形势，按照中央与省的指示，扩大与加强县委对敌斗争委员会组织，委员会由17人组成，由县委书记刘秉仁担任主任，全面领导战备支前工作，全民动员，全方位开展战备支前工作。沿海的老区村浯屿、镇海、新厝、白塘及岛美、白坑、流会、关头、红星等渔村都建立军民联防线，还在镇海、浯屿、深沃、屿仔尾、沙坛等地建立5个重点联防线。

在1958年著名的“八二三炮战”中，海澄县委认真落实各项战备支前工作，全县组织16个担架大队，16个民工大队，4个海上运输队，在沿海各乡成立搜救跳伞空军小组；二线的浮宫、白水、东泗、港尾，各编一个民兵主力连，做好反空降准备。期间，沿海一线的民兵组织运输、救护、联络、宣传、洗衣等战勤小组，全力服务前线，积极配合部队的军事行动。老区村镇海与白坑的民兵们冒着台风，帮助参战海军某部运输船抢运回炮弹160多发，抢救9名海军伤员。"八二三炮战"后，龙溪专区在海澄县岛美乡召开全区民兵海防对敌斗争庆功大会，表彰沿海民兵支前的先进事迹。

1963年至1965年，海峡两岸形势有所缓和，龙海县委在强调"五反"(反心战、反下海投敌、反情报、反破坏、反偷渡袭击)的同时，把加强海岛建设，保持战备工作经常化、持久化作为当时的工作重点。"文化大革命"期间，县委海防部撤销，工作归省军区统一领导，沿海战备支前工作在县革委会一元化领导下组织实施。

民兵作为祖国海防前哨的一支武装力量，在备战支前、巩固海防的斗争中发挥了巨大的作用。加强民兵工作，是搞好支前备战、巩固海防的重要措施。1950年2月，龙溪、海澄两县以中队、分队、小队建制，在城乡普遍建立民兵组织。1954年，两县共有177个民兵大队、216个民兵中队、24603名民兵。1958年成立人民公社时大办民兵师，实行"全民皆兵"，县建师、公社建团、生产大队建营；机关企业按系统、车间、学校，分别编成营、连、排、班，形成组织军事化，生活集体化，行动战斗化的民兵武装。1959年，为加强沿海防御实力，海澄县在港尾、浮宫组织了6个炮连，开始有了民兵专业技术队伍。1960年，龙海县组建12个民兵师，根据毛泽东关于"民兵组织要做到组织、政治、军事三落实"的指示，县成立武装民兵基干团，下辖38个连，有4693名武装基干民兵。至1962年，全县民兵已发展到110950人，编成269个营，552连，2266个排。当年，全国实行紧急战备，成立武装基干团，人数达4693名。至1972年，全县民兵人数已达18万人。1981年贯彻中共中央《关于调整民兵组织问题》的指示，取消师、团的编制。至1991年4月，全县基干民兵进行全面整顿，保留民兵13640人，编为1个团、19个营、133个连、1462个班。

在加强民兵组织建设的同时，两县重视政治思想工作，以解放军为榜样，加强“三大纪律、八项注意”教育。新中国成立初期，以保卫翻身果实及人民生命财产安全为主进行教育；1955 年，抓好人民战争思想教育；1962 年，加强战备教育；1965 年，开展“创五好”活动。在军事训练方面，主要学习武器的使用与保管；1955 年以后增加军训内容，进行射击、投弹和战术训练；1962 年沿海民兵增加夜间巡逻和抗击小股袭扰训练；1965 年开展全县性民兵野营训练活动。

从 1953 年开始，海澄县沿海村白塘、新厝、镇海、浯屿与自由、白坑、岛美、深沃等乡村均建立民兵哨所。1956 年 3 月，龙溪县始建立民兵固定哨所。1960 年，全县设 13 个固定哨，13 个流动哨，20 个海上巡逻哨。同时，在内陆设立 3 个防空哨和 61 个铁路涵洞守护哨。1965 年全县设 18 个海防固定哨，1 个铁路桥守护哨，1 个公路桥守护哨。1972 年 8 月后调整为镇海、卓岐、深沃、小澳、江洋、岛美、浯屿、南炮台、白坑、海门、关头、后村等 13 个固定海防哨所。1962 年 1 月，渔业大队民兵出席首届全国民兵代表大会。1977 年 10 月石码渔业大队民兵光荣出席福建省第五届民兵代表大会，接受省委、省政府表彰。1979 年 10 月南炮台女民兵哨所被省妇联评为“省三八红旗集体”。1984 年 9 月，江洋（大径）、浯屿哨所被省军区评为先进哨所。1985 年，裁撤铁路桥和公路桥的守护哨和部分海防固定哨，只保留 4 个海防固定哨。1989 年 4 月，屿仔尾民兵哨所被省人民政府、省军区评为“正规化建设达标单位”；12 月，江洋、浯屿、岛美民兵哨所被省人民政府、省军区评为“正规化建设达标单位”。1991 年 9 月，漳州市人民政府、漳州军分区给屿仔尾民兵哨所记集体三等功一次。这些哨所的建立，在保护群众生产，开展对台宣传、监视、观察敌情，维护社会治安，配合部队作战等方面发挥了重要作用。

第九章 “文化大革命”动乱和拨乱反正大转折

（1966 年 5 月—1978 年 12 月）

1966 年 5 月，龙海县进入“文化大革命”时期，红卫兵运动迅猛发展，动乱向全社会蔓延。1967 年 1 月，“造反派”非法抢夺县委、县人委与各级党委、各部门的行政权，全县陷入无政府状态。1967 年 3 月，人民解放军进驻龙海，执行“三支两军”任务。1968 年 4 月，县革命委员会成立，初步扭转社会动乱局面。文化大革命进入“斗、批、改”阶段，大搞清理阶级队伍、“一打三反”、整党建党、教育革命、干部下放劳动、知识青年上山下乡等一系列政治运动。1971 年“九一三”反革命事件后，开展“批林整风”和“批林批孔”运动。1975 年底，掀起“反击右倾翻案风”狂潮，全面整顿后刚有好转的形势又受到冲击。1976 年 10 月，中共中央粉碎“四人帮”反动阴谋，结束十年动乱。在拨乱反正过程中，全面揭批“四人帮”帮派体系，进行“一批双打三整顿”工作；组织平反文化大革命中的冤、假、错案，全面落实党的政策，整顿和恢复工农业生产，社会秩序与国民经济逐步走向正常化，并在十一届三中全会后实现党的工作重心的转移。

第一节 “文革”动乱的十年与逆流中的前进

经过三年（1963—1965 年）的国民经济调整，至 1966 年初，龙海县国民经济转入正常运行轨道，第三个五年计划顺利实施。1966 年 5 月 16 日，中共中央通过《中国共产党中央委员会通知》（简称“‘五一六’通知”），正式发动“文化大革命”。县委根据上级党委的指示，部署全县人民参加“文化大革命”运动。

1966年7月，龙海县委成立“文化大革命领导小组”及办公室，派工作组进驻龙海一中、二中，指导学校开展运动。8月，中共八届十一中全会在北京召开，全会通过了由“中央文革小组”起草，经毛泽东主席审定的《关于无产阶级文化大革命的决定》(简称“十六条”)。从此，红卫兵运动开始兴起。各中小学校纷纷“停课闹革命”，进行“革命大串联”；9月，“文化大革命”开始从学校蔓延到机关、企事业单位和农村，并和学校一样，掀起了“大鸣、大放、大字报、大辩论”高潮。

在“革命无罪，造反有理”的旗号下，龙海红卫兵组织无限上纲，把学校领导干部和一些教师打成“走资派”“黑帮分子”“反动学术权威”“资产阶级代表人物”进行游街批斗，随意对教职员工进行抄家。同时，红卫兵组织还在城镇、农村大搞破“四旧”、立“四新”运动，把所谓带有“封、资、修”色彩的街名、巷名、店名、校舍全部更换为“革命色彩”浓厚的名称，把农村和社区中的宗祠、宫庙捣毁或改作他用，很多“神像”“神主牌”“家谱”被清除或付之一炬。红卫兵和机关干部背诵毛主席语录风行一时；全县机关、企事业单位、农村人人都在“早请示，晚汇报”，所有公共场所都挂上毛主席像，写上“毛主席语录”，到处是一片红色的海洋。

红卫兵还以揪斗“牛鬼蛇神”为名，冲击社会上的爱国民主人士，原工商业者和归国侨胞、侨眷，被随意抄家、砸物与游斗。在“破四旧、立四新”运动中，龙海县大批文化教育界、民主党派、宗教界知名人士身心备受摧残，个人财产遭到抢夺；大量国家珍贵文物、历史名胜古迹、馆藏的图书遭到毁灭性的破坏，仅县文化馆就有4万多册馆藏图书被烧毁，龙海一中被破毁的财物损失约15万元。

1967年1月，龙海受上海“一月风暴”影响，红卫兵的造反派组织开始冲击县委、县人委，非法夺取领导权。各造反派也纷纷向县直机关、公社、大队等组织夺权，全县各级党政和公检法机关普遍处于瘫痪、半瘫痪状态。一月夺权以后，局面很快发展到“打倒一切”的全面动乱，造反派组织因内部矛盾、观点不同，屡屡发生纠纷和冲突，派性斗争不断激化，最终分化成对立的两大派：即以龙海一中、二中的“八一八”“红色造反司令部”和县直机关“五湖四海革命造反司令部”等为主的造反派组织串联、组合的“革造会”一派；以龙海一中、二中的“八二九革命造反团”“东方红公社”和县造船厂“五一利斧革命造反团”及高坑村“东海革命造反兵团”等为主的造反派组织串联、组合的“八二九”派。在极“左”思潮支配下，“八二九”派与“革造会”派互相对立，互不相让，发生多次纠纷冲突。特别在江青“文攻武卫”口号的煽动下，发展到一定规模不动枪械的武斗，县城石码发生一中“革造会”派与高坑村“八二九”派激烈争斗追打的“一三一”事件与“围攻食杂大楼事件”最为轰动。两大造反派的对立、冲突，使龙海社会局势更加动荡；工农业生产处于停顿、半停顿状态，许多人生活在恐怖与不安之中。

1966 年，由于龙海动乱直接冲击经济领域较迟，正常生产秩序还没有完全被打乱，国民经济计划完成情况还好。进入 1967 年，动乱加剧，全县经济形势急转直下，工农业生产全线下滑。这一年，全县总产值下降到 10719 万元，比上年下降 12.5％。1968 年再度下降到 10317 万元，同比又下降 5.4％，其中，工业总产值降幅达 35.7％，农业总产值降幅达 23.2％。

为稳定社会秩序，1967 年 1 月，根据毛泽东的指示，中央军委发布《关于集中力量执行支左、支工、支农，军管、军训任务的决定》，大批人民解放军指战员投入地方“三支两军”之中，直接介入地方“文化大革命”的调息，承担起支援地方工农业生产任务。2 月上旬，人民解放军 6643、351 部队按照中央部署，配合龙海县人民武装部，执行“三支两军”任务。3 月，成立中国人民解放军龙海县武装部工农业生产指挥部，取代党政机关职能，主持全县日常工作。全县 15 个公社相应成立了生产领导小组，由武装部长任组长，主持公社“抓革命，促生产”。3 月中旬，县派出 19 支宣传队进驻机关、学校、工厂。支左部队也举办各种类型的学习班，做两大造反派工作，促成全县 70％以上的单位实现了“革命大联合”。

1967 年 4 月 20 日，驻石码镇的福建省九龙江疏浚工程处民兵在支左部队指挥下，于紫云岩祖山头举行投掷手榴弹演习。民兵承官大投掷失手，执行军训任务的解放军某部排长魏忠义为掩护民兵安全，用自己的身体压在承官大身上，被炸成重伤，经抢救无效，于5月25日牺牲(后在祖山头上建立魏忠义烈士纪念碑)。

1968年3月，龙海县革命大联合委员会成立，两大造反派联合后，混乱局势暂趋缓解。4月25日，人民解放军龙海县军事管制小组成立，继续做好县公安局、邮电局、中国人民银行和广播站等单位的军管工作。4月27日，经人民解放军空军第八军党委批准，龙海县革命委员会宣告成立，由吴新敏(军队代表)任主任(1970年2月至1976年10月先后由由廷久、陈维仪、苏海成任主任)，县革命委员会对全县各项工作实行“一元化”领导。县革委会下设两部一组(即政治部、生产指挥部和人保组)。政治部及其下设各小组履行原县委工作机构职能；生产指挥部及其下设各小组履行原县人委工作机构职能；人保组履行原县公检法机构职能。9月8日，全县15个公社、2个农场、282个生产大队以及机关、学校、企事业单位也全部成立革命委员会，并下设相应工作机构。1970年9月17日，成立龙海县革命委员会党的核心小组，由廷久任组长，核心小组行使原县委的部分领导职能，各公社相继成立革委会党的核心小组。

龙海县革委会成立后，按照“十六条”规定，“文化大革命”进入“斗、批、改”阶段。清理阶级队伍(简称“清队”)，是“斗、批、改”的主要任务，1968年9月，县革委会发出《关于清理阶级队伍工作的决定》，全县组织工人、贫下中农、革命干部1000多人统一编队后，分别进驻5个公社、2个农林场和7个工厂企业，开展“清队”运动。随后“清队”延伸到全县各领域，一大批老劳模、老农业专家、老先进典型被打成“黑样板”，遭到批判和无情打击。1968年11月初，省革委会在龙海石码镇召开“斗、批、改”现场会，推广龙海“典型经验”，并参观“清队”揪斗游街现场。省现场会后，县革委会又在高坑举办“县直属机关第一期清理阶级队伍学习班”，在长达15天的时间里，大搞“清队”扩大化，以捕风捉影代替调查取证，以逼供信代替党的政策。据统计，在“清队”阶段，全县受到重点审查的有7160人，查处所谓阶级敌人 5398 人，其中非正常死亡 199 人。1970 年 2 月，龙海县结合“清队”，开展“一打三反”（打击反革命破坏活动，反对贪污盗窃、反对投机倒把、反对铺张浪费）运动，全县共破获所谓“反革命案件”132 起，挖出所谓贪污盗窃、投机倒把等“经济蛀虫”13638 人。“清队”与“一打三反”虽也打击了少数犯罪分子，但因受极“左”思潮和派性干扰，造成不少冤假错案。

1968 年 5 月，在“清队风暴”到来之前，龙海县革委会首批安排 116 名干部下放到老区程溪镇和东泗乡山区、农村插队劳动，至 1970 年 1 月，带薪下放劳动的干部共有 561 名。这些下放干部有些是县革委会成立后，原有机构被撤销产生的编余人员，有些是“文革”中、“清队”后被认为“有问题”的干部，都属于“精简”范围。此外，还有省下放干部 102 人、厦门市下放干部 19 人，均被安排到龙海农村或“五七”干校劳动，接受再教育。

中小学是“文革”动乱的敏感区。在 1968 年的“清队”中，龙海许多教师被打成“阶级异己分子”遭到批斗。随后，全县所有农村公办小学都被下放到生产大队，1476 名教师全部回原籍（生产大队）任教。教师工资改为工分加补贴。同月，县革委会派出 175 人的工宣队和 679 人的贫宣队进驻全县中小学开展“斗、批、改”运动。工宣队和贫宣队进驻学校后，建立由社队干部、贫下中农为主的学校“三结合”班子，并全面进行教师整顿，聘请工农兵当教师。学校贯彻毛泽东主席的“五七”指示，实行开门办学。1969 年 7 月，全县中小学教师 2856 人集中参加“斗、批、改”学习班，组成“毛泽东思想宣传队”。县教育行政机构改设宣传组。中小学调整学制，小学缩短为 5 年、中学缩短为 4 年，改秋季招生为春季招生。1970 年后，国家废除大中专招生考试制度，实行逐级推荐选拔工农兵学员入学。1972 年中学恢复秋季招生。1973 年县恢复设立教育组，公社设立教改组，全面实行贫下中农管理学校。1974 年提倡“读高中不出公社，读初中不出大队”，推行“农村普及七年制”教育，小学附设初中班，初中校增设高中班，盲目开办完全中学，中学数量从“文革”前 10 所增至 1975 年 74 所，造成师资严重不足。

1969年，全县推行农村合作医疗制度，大量培训“赤脚医生”。1972年2月，县召开卫生大会，讨论、制定龙海县计划生育“四五”规划。7月，成立县计划生育领导小组，开始以强硬手段抓计划生育工作。

1969年初，根据毛泽东主席关于“知识青年到农村去，接受贫下中农的再教育，很有必要”的号召，龙海县革委会成立“四个面向”办公室，并迅速掀起第一次知识青年上山下乡热潮。全县除分散安置外，有11个乡(镇)场建立了31个知青安置点，从1969年至1971年，全县共有6322名知识青年上山下乡，到农村插队落户。知青安置地主要在本县农村和南靖县山区。另有城镇居民回原籍或随子女到农村插队落户4581人。1973年底，随着“株洲模式”的出现，掀起了第二次知识青年上山下乡热潮。从1973年至1978年，全县共动员2086人上山下乡，全部安置在本县知青点。广大知识青年上山下乡，吃尽苦头，经受了锻炼，增长了见识，为改变农村面貌起了一定作用，但却改写了一代人的命运，他们的青春年华失去了在校接受正规、系统教育的机会，造成了人才的断层，使国家和知青家庭都遭受了损失。直至1979年，中央做出知青返城的决定，知识青年上山下乡运动才逐渐落下了帷幕。

1969年8月，龙海县革委会党的核心小组贯彻毛泽东主席“五十字建党纲领”和“吐故纳新”指示，开始进行整党建党。先在石码公社高坑生产大队、紫泥公社城内生产大队、莲花公社埭新生产大队和县百货分站等4个单位进行试点，然后在县直机关全面展开。这次县直机关整党建党长达40天，经历了革命大批判、斗私批修和建立新支部等阶段。9月23日后，全县农村522个基层党支部，分4批进行普遍的“开门整党”和建党。1970年11月，全县15个公社和1个农场建立了新的党委会，同时建立376个基层党支部。通过整党建党，恢复了大多数党员的组织生活，稳定了龙海局势，但由于“左”的思潮的影响，存在的问题仍然不少。

1970年4月，县革委会结合农业学大寨，在榜山公社北溪头生产大队召开所谓“大批判”现场会，将20座砖瓦窑当作“走资本主义道路”典型强行拆毁，改种地瓜。此后3天中，榜山公社共拆毁砖瓦窑82座。5月中旬，县革委会提出“百花让路，蔬菜靠边，果苗上山，还我良田”的极“左”口号，错误地将老区九湖公社的百花村(长福村)当作“封、资、修”典型进行批判，砍掉各种花木25万株；把水仙花视为“卖国花”，铲掉全公社所有水仙花地。所幸个别花农冒着政治风险私存少量种苗，才使水仙花没有灭绝。

1970年11月5日至10日，经批准，中共龙海县第三次代表大会在石码镇举行。大会选举产生中共龙海县第三届委员会，由廷久任县委书记。以后又有所调整，相继由陈维仪、苏海成任县委书记，任期至1978年3月。

1971年4月，省革委会在龙海县召开全省农业学大寨经验交流会，龙海县委在会上做了典型发言。会后，多次组织县、社、队三级干部到大寨学习取经，到江苏等地参观考察。还抓了3个不同地区的试点：平原地区抓莲花公社，山区抓莲花公社罗坑生产大队，沿海抓紫泥公社溪墘生产大队，以点带面，加快了农业学大寨步伐。龙海县成为全省农业学大寨先进县之一。在大搞农田水利基本建设的同时，龙海县水稻生产推行高秆改矮秆、单季改双季和湿润育秧等科学种田措施，在1970年取得70年代第一个大丰收年之后，1971年又战胜连续220天干旱，取得水稻亩产1400斤，总产比上年再增6000万斤的第二个大丰收年。

1971年9月13日，林彪反革命集团阴谋败露。11月龙海县委传达中共中央关于林彪反革命集团篡党夺权的材料。1972年2月，从“批陈(陈伯达)整风”转入“批林(林彪)整风”。1973年5月后，“批林整风”和“批林批孔”运动在全县全面铺开。

1973年6月28日，由中央一机部和农业部共同主持的南方水稻机械化现场会在龙海县召开，南方13省及解放军总后勤部、国务院有关部门450人参加。会议期间，在龙海县海澄、角美、颜厝等地现场参与表演的农机具样机共148台。会后兴起了一股农业机械化发展热潮。同年8月，莲花公社黎明生产大队潘无毛因对农业有重大贡献，光荣出席中共第十次代表大会。

1975年1月，邓小平恢复并主持全国党、政、军的日常工作，开始果断地对被搞乱的各条战线进行整顿。龙海县委根据中央和省、地委指示，把整顿的重点放在解决领导班子的派性问题。从6月30日至7月7日，对少数派性严重的干部进行揭发批判，处理了个别搞派性的县领导班子成员。同时，对各级领导班子进行思想教育和组织整顿。7月，县委成立落实政策办公室，抽调专职干部，着手复查“文革”以来历次运动案件和一些历史案件，重新任用一批老干部。

1975年下半年，在全面整顿的形势下，特别是在1975年9月，全国第一次农业学大寨会议后，龙海县委、县革委会发出了“建设大寨县”的号召，农业学大寨运动迅猛发展。一年中，全县平整规格化农田2800亩，改造低产田19000亩，开山、围垦、填港造田6300亩，梯田垒岸3800亩，修建机耕路109公里，营造防风林带24公里，海堤砌石护坡20公里，渠道垒石29公里，为全县粮食高产稳产打下扎实的基础。

农业学大寨与建设大寨县运动，对促进农业大发展，改变龙海革命老区山河面貌，起了一定的作用，全县基层干部和广大群众在运动中激发出战天斗地、艰苦奋斗的精神。但由于延用“以阶级斗争为纲”，把群众性向自然界的斗争演变成政治斗争；缺乏科学引导，在组织建设时采用一哄而起的人海战术，在利益分配上采取平均主义的做法，严重挫伤干部群众的积极性，给农业生产造成了不利影响。

这个时期，龙海县在工业方面也有局部的进展。1970年2月，在老区程溪镇洋奎村建工农机械厂，后下放归程溪公社管理(1988年4月改为龙海钢铁制品总厂)；1975年10月后，在海澄港口兴建龙海橡胶轮胎厂；把组建于1968年2月的龙海红旗像章厂改为龙海电机厂；在海澄山后兴建龙海齿轮厂，在石码兴建龙海工模具厂。

1975年11月，自上而下掀起“批邓反击右倾翻案风”运动，再次冲击刚刚出现的稳定局势，全面整顿步伐也因此停顿下来。但龙海县由于前阶段经济基础扎实，几项主要经济指标仍然比较理想。

1975年底,全县工农业总产值16260万元,比1974年增长1.56%;财政收入1436万元,比1974年增长6.1%,比1970年增收279万元,增幅达24.1%,基本完成第四个五年计划指标。

1976年9月9日,毛泽东主席逝世。县委在石码中山公园大会场举行万人集会,沉痛哀悼。10月6日,中共中央粉碎江青反革命集团篡党夺权阴谋,结束"文化大革命"十年动乱。24日,全县分片集中干部群众40多万人收听北京百万军民庆祝粉碎江青反革命集团的实况广播,随后召开报告会420场,举行声势浩大的游行活动。

第二节　粉碎"四人帮"后的拨乱反正与落实政策

粉碎"四人帮"后,龙海县政权领导机构仍称为革命委员会。1976年10月至1977年11月,县革委会以苏海成为主任。1978年3月,县第七届人民代表大会第一次会议在石码召开,又选举产生新的县革委会领导班子,周顺明任主任。

1976年12月21日至26日,龙海打响了揭批"四人帮"斗争的第一战役。县委组织县直机关干部集中学习,各人民公社也分别召开会议,揭批"四人帮"滔天罪行。1977年3月6日,中共中央下发"四人帮"反党集团罪证材料之二,即《"四人帮"的反革命面目及其罪恶历史》,龙海揭批"四人帮"斗争进入第二战役。1977年4月17日,县委成立揭批"四人帮"办公室,全面清查与"四人帮"有牵连的人与事,把县直机关作为重点进行揭批查,清查出"另搞一套"的人员78人,其中宣布逮捕1人,给予解脱27人。至6月,全县共清查出与"四人帮"有牵连、问题较严重的39人。1977年9月,中共中央下发"四人帮"反党集团罪证之三,即《"四人帮"在各个领域散布的反动谬论》之后,龙海揭批"四人帮"斗争打响第三战役,进行第一次新的马克思主义教育运动,联系实际,继续深入大揭批、清查与"四人帮"有关的人与事,从组织上粉碎"四人帮"的资产阶级帮派体系,从思想上肃清"四人帮"流毒。1977年4月至1978年3月,全县揭批查运动基本结束。

中共龙海县委在开展揭批“四人帮”运动中，把被“四人帮”颠倒的思想、理论、路线又彻底扭转过来，全县工作和生产秩序逐步恢复正常。县委调整充实各级领导班子，恢复中断13年的县人民代表大会制度。1978年3月，龙海县第七届人民代表大会胜利召开，选举产生县革委会正副主任及委员36人。同年3月11日至15日，中共龙海县第四次代表大会召开，选举产生第四届委员会，周顺明任书记。县委还对公社、农林场、机关企事业单位及基层党支部进行整顿。8月，重建龙海县人民检察院。

龙海县委深入揭批“四人帮”罪行，还与开展“双打”斗争(即打击阶级敌人的破坏活动，打击贪污盗窃、投机倒把活动)结合起来。1977年3月，县委抽调县、社机关干部、工厂企业职工、农村青年积极分子、中小学教师计834人，组成98个工作队，由4名县主要领导带队，进驻石码、榜山、步文、九湖4个公社及工交系统10个单位，开展第四批点上基本路线教育。4月，县委成立“一批二打”(即揭批“四人帮”，打击资本主义势力、打击阶级敌人)办公室，采取打“总体战”的做法，“内外一齐查、上下一起揭、城乡一齐抓”。全县共揭出贪污盗窃、投机倒把金额201万元、粮食105万多斤，清查出一批贪污盗窃、投机倒把分子。1978年初，县委进一步开展“双打”运动，采取点面结合、城乡结合的方法，重点抓146个单位。两年内，全县揭露的贪污盗窃、投机倒把的金额达239万多元、粮食142万多斤；103名贪污盗窃、投机倒把分子受到处理，其中15人被判刑。“双打”斗争，沉重打击了包括“四人帮”帮派骨干分子在内的现行反革命分子、打砸抢首恶分子、重大刑事犯罪分子及贪污盗窃、投机倒把分子。

粉碎“四人帮”后，落实政策，平反冤假错案，是当时的一项迫切任务。1978年5月，中共龙海县委成立落实干部政策领导小组，制定落实干部政策、平反冤假错案、拨乱反正，解决历史遗留问题。重点狠抓一批大案、要案的复查落实工作。如为榜山公社农民邱旺丛的所谓“反标案”(“坚决拥护邓小平”)与程溪农场14人的所谓“领袖问题”“反革命案件”进行平反。1978年下半年，为龙海一中、二中两所中学的13名学校领导干部公开平反。对“文革”中受审查和处理的干部案件进行全面复查，为一批老干部、老劳模平反昭雪，恢复名誉。全县共复查文革中立案审查的案件2598件，对被定性错误的233人全部予以平反改正；对1132件不准确、没立案处分的人员全部予以恢复名誉；对运动中非正常死亡的199人全部予以平反昭雪；对9506人未立案而受迫害的干部群众予以恢复名誉，消除影响。

在处理老区地下党历史遗留问题中，龙海县对24名曾参加地下党革命工作要求恢复党籍的人员，全部进行调查审理，恢复党籍6人，报审待批2人；对受刑事处理24人，改判无罪16人，不追究刑事责任1人，平反案外案60人。对“五老”人员（老地下党员、老游击队员、老交通员、老接头员、老苏区干部）262人，全部予以确认并发给“光荣证”。还对“审干”和“肃反”运动中受到牵连、限制使用的95名干部进行全面复查，分别做出撤销处理1人，注销处理36人，解除处理58人。

在开展错划右派和“四清”“反右倾”案件的复查纠错工作中，中共龙海县委根据“中发【1978】11号”文件精神，对被划为“右派分子”的人员进行全面复查，予以平反纠正98人，恢复工作48人。对613名被处理为“中右”“不纯分子”的人员，除8人离队后犯罪另当别论外，其余605人均按政策给予妥善安置。对“四清”教育运动中立案处理的106件案件进行复查，给予平反处理51件，维持原处理55件。对“反右倾、拔白旗”中受处理832件及1962年受处理未经甄别和甄别不彻底的239名干部，全部撤销处分，彻底平反，恢复名誉。

1978年5月，龙海县委成立7人领导小组，进一步加强对落实政策工作的领导。党的十一届三中全会召开后，落实政策的步伐加快，范围扩大。基于建国30年来地主、富农等“四类分子”绝大多数已得到改造，决定予以落实政策。全县3678名地主、富农等“四类分子”重新评审和审批，对3598人予以摘帽，对错划的54人予以纠正。至1983年8月,余下未摘帽“四类分子”26人也全部予以摘帽。

1978年9月,龙海县侨务办公室成立后,对在“文革”中被错划为地主、富农身份的原侨户727户予以改正;对受到迫害的归侨、侨眷214人予以平反;收回1960年被精简下放的归侨职工217人;退还被占用的869户华侨私房,并补贴迁房户款500多万元。

文教部门是“文化大革命”的重灾区,落实政策尤为迫切。1978年10月后,龙海县一批教育、文化、医疗、科技等部门的冤假错案得到彻底平反。1979年全国科学大会后,龙海县委全面落实知识分子政策,平反纠正冤假错案1468人,清理人事档案5072件,清退被占用的私人房屋105户、165座;吸收优秀知识分子入党,开展各类专业技术人员职称评定工作,改善知识分子的工作、学习、生活条件。

龙海县委恢复统战部门日常工作,认真贯彻中央有关宗教政策精神。1979年恢复宗教活动,41名在“文革”中受到冲击与处理的宗教人士得到平反,退还教会房产28处71座,面积达1121平方米;佛教寺院、道教神庙、基督教、天主教堂陆续恢复正常的宗教活动。1980年10月,恢复县政协工作,民革、民盟、农工党等3个民主党派恢复组织活动,随后县委协助成立民进、致公党、台盟3个新的民主党派组织,爱国民主统一战线得到恢复。对党外各级政协委员、人民代表的42件历史遗留问题进行复查纠正,平反冤假错案16件51人,更正错划的华侨地主、富农身份1357人,纠正台胞、台属中的冤假错案95件。

第三节 国民经济的调整与复苏

粉碎“四人帮”后,中共龙海县委、龙海县革委会把揭批“四人帮”斗争同整顿和恢复国民经济结合起来,工农业生产和各方面工作都得到初步的扭转和恢复。1976年12月,全县掀起第二次农业学大寨热潮。是年冬季,提出“全党动员,大办农业”口号。全县大搞农田基本建设,以“改水、改土、增肥”为中心,以改土、治水、增肥、发展小水电和治理山、林、路五大项目为重点，实行山、水、田、路等综合治理，采取群众短期突击和专业队常年大干相结合的办法，摆开农田水利基本建设战场。至1977年底，全县共投入1013万工日，挖填土石方1200多万立方米，平整土地5.5万亩，改造低产田1.7万亩，修建机耕路127公里，旱涝保收、稳产高产田达到35万亩，占耕地总面积的73%。1976年为了充分发掘革命老区的水电资源，组织投工2170万工日，完成土石方120多万立方米，在老区程溪公社动工兴建库容1200万立方米、灌溉面积2.1万亩、发电量3300千瓦的湖后水库水电工程。1977年9月，福建省九龙江北溪引水工程龙海段指挥部成立，把龙海境内的北溪水引入厦门，该工程全长51公里，位列福建省引水工程之最。工程历时近三年竣工，给厦门送去"幸福水"。

龙海县委、县革委会坚持科学种田，积极推广杂交水稻，改"二熟为三熟"(即改二稻二熟为一麦二稻三熟)。1978年，全国劳模潘无毛在莲花公社黎明生产大队一亩零六厘的试验田上，创造了三季亩产3973.5斤的全省水稻亩产最高纪录。7月4日，全国杂交水稻现场会在革命老区石码镇召开，听取龙海县推广杂交水稻促进粮食增产的经验介绍，实地参观杂优品种试验田。

龙海县委、县革委会强调要完整、准确地推行"以粮为纲，全面发展"方针，大力发展多种经营，在农副产品收购价格、奖励及国家贷款等方面做出有利于多种经营发展的政策规定。设立县及各乡(镇)、村企业管理机构，加强领导，出台扶持措施，大办社队企业，支持社队企业大发展。县委、县政府还强调"下决心把农业机械化搞上去"，狠抓农业机械化工作，使全县基本实现耕作、灌溉、植保、脱谷、加工、运输、农建以及林、牧、副、渔主要作业的机械化。1978年，全县机耕面积35.5万亩，占总耕地面积70%，占水田面积90%。

农业的初步调整，调动了广大农民的生产积极性，促进了农业生产的恢复和发展。1977年，龙海县粮食总产达到54000万斤，比1976年增产4237万斤，粮食单产达1429斤，均创历史最高水平。多种经营也开创新局面，与1976年相比，甘蔗增产28%，黄麻增产

24%,水果增产12%,生猪、鸭子、水产、水果、蘑菇、茶叶、造林均取得好收成。当年农业总产值达到13241万元,比1976年增长16%。1978年,龙海农业生产又获得新发展,粮食总产达61800万斤,比1977年增加7800万斤,增产13%,粮食亩产实现超“双纲”,达到1614斤;农业总产值达17183万元,比1977年增加3942万元。向国家交售粮食18400万斤,社员每人平均口粮586斤,比1977年增加92斤;人均纯收入达到100元,比1977年增加20元。老区程溪公社孚山生产大队大力推行“以粮为纲,全面发展”的方针,大搞农田基本建设,把900亩“三跑田”改造成稳产高产的“三保田”;同时大举向山进军,发展投资少、见效快、收入大的木薯、甘蔗、香芳草等短生作物,大种茶、果、林,巩固和发展茶、果、林三大基地5000多亩。1977年,全大队集体经济繁荣,社员群众生活大大改善,粮食总产达到124.97万斤,创历史新纪录,向国家提供商品粮55万斤,社员人均收入由94元增加到258.6元,口粮标准达690斤,老区村呈现出一派兴旺的新景象。

1977年4月至5月,中共中央号召全国“工业学大庆”,掀起“抓革命,促生产”高潮。龙海县委、县革委会克服工业生产盲目性,增强计划性,加强企业管理,建立健全岗位责任制等各项规章制度,坚持“挖潜、革新、改造”方针,放手发动群众,开展社会主义劳动竞赛热潮,大搞技术革新和技术革命,广泛开展增产节约运动,提高产品质量,降低生产成本,在较短的时间内,扭转亏损局面。1977年,全县工业总产值达到7046万元,超全年计划的13.6%,比1976年增长18.8%,创历史最高水平。交通运输业提前完成计划,邮电事业有新的发展。财政总收入超年计划18%,比1976年增长24.4%,是历史上最好的一年。商业纯购进总额比1976年增长12.6%,零售总额增长10.5%。1978年1月至9月,全县工业战线完成总产值4869万元,占年度计划的87.31%,10个单位提前1季度完成全年生产计划。郭坑化肥厂8个月提前完成省里下达的全年生产任务。1978年,全县工业总产值10483万元,比1977年增长19%,超计划完成全年工业生产指标任务。县农药厂、农机厂、铁窗厂、铁工厂、工农厂等企业被省里授予“大庆式企业”称号。

第四节　党的工作重心的转移与教育事业的恢复发展

1978 年 5 月 11 日,《光明日报》发表《实践是检验真理的唯一标准》一文,引起对“两个凡是”同解放思想、实事求是两种观点的激烈辩论。中共龙海县委认真组织学习中共中央、毛泽东主席有关思想路线和真理问题的重要论述,联系龙海实际,批判林彪、“四人帮”篡改马列主义、毛泽东思想的罪行,从理论和实践上,澄清被林彪、“四人帮”造成的混乱。6 月底,县委坚持实事求是原则,冲破“禁区”,列举了林彪、“四人帮”假马克思主义对龙海干扰破坏的种种表现,提出拨乱反正具体步骤。下半年,中共龙海县委通过举办培训班、召开理论讨论会、编印简报、印发学习材料等,开展“实践是检验真理的唯一标准”大讨论。全县共举办 24 场宣讲会,参加听讲群众达 15000 多人,培训理论骨干 670 人,培训党员干部 934 人。当时,龙海县是龙溪地区开展真理标准问题讨论较早的县(市)之一。对真理标准的讨论,在一定程度上减少了林彪、“四人帮”极“左”路线的流毒和影响,澄清了“左”倾错误所造成的思想混乱。

1978 年 12 月,中共十一届三中全会召开,全会彻底否定“两个凡是”方针,确立实事求是指导思想,实现思想路线的拨乱反正。龙海县上下掀起了学习贯彻三中全会精神热潮。1979 年 10 月,龙海县委根据省委、地委部署,以角美镇石美生产大队为试点,组织工作队进村,开展群众性真理标准问题的大讨论,广大干部群众解放思想、正本清源、拨乱反正,打破精神枷锁,为集中力量进行经济建设奠定了良好思想基础。

1979 年 3 月 27 日至 4 月 1 日,中共龙海县委召开领导干部会议和劳动模范暨四级干部扩大会议,学习传达贯彻中共十一届三中全会、中央工作会议和省委工作会议精神,研究部署全县工作重点转移,加快社会主义现代化建设问题。4 月,县委又召开县直机关干部学习整顿会议，学习三中全会精神，统一干部思想认识。通过这些会议活动，把广大干部群众的工作重心真正转移到社会主义现代化建设上，实现了重大历史性转折。

在工作重心转移过程中，中共龙海县委、龙海县人民政府把较多精力集中到农业发展上，确定三分之二领导力量抓农业；公社一级领导和县直机关干部，全部深入到生产第一线，进驻全县12个公社各生产大队；各行各业也迅速转移工作重心，做好服务农业各项工作。县委、县人民政府为了更有效地指导和发展农业，确定逐步向农业生产区域化、专业化、机械化方向发展，规划全县当年要新建、扩建竹木基地，油茶、油桐基地，果林基地和海产养殖基地等，支持社队兴办工厂、企业。县委、县政府带头改革机关行政层次，实行干部分级管理和权限下放，充分发挥部、办、局的职能。坚持干部下基层蹲点制度，恢复经营管理机制，积极探索新的经营管理方式，全县2732个基层核算单位，90％以上恢复生产作业组，建立了“三定二挂钩”（定勤、定工、定肥；粮、肥粮挂钩）和“三定一奖罚”（定任务、定质量、定工分，超奖减赔）经营管理制度。县委、县人民政府结合龙海实际，提出“用进攻的姿态把农业搞上去，把工业搞上去，把财政搞大搞活，确保龙海经济建设有新的特色，人民生活有新的改善”这一战略目标，集中力量建设社会主义现代化。

三年工作重心转移，初见成效。至1978年底，龙海县农业生产连续3年获得大丰收，粮食总产量年递增8.9％，亩产3年增加440斤；农工副总收入17000万元，比1976年增长58％，其中工业总产值12628万元，同比增长55％；财政收入同比增长56％；商业购销分别同比增长44％和56％。

党的工作重心转移到经济建设上来以后，龙海县教育事业也得到了较快发展。1977年推倒所谓的“两个估计”并恢复高考后，全县有311名高中毕业生参加全国各大中专统一招生考试被录取。高考制度的恢复，为包括老区在内的被“文化大革命”耽误的大批知识青年提供了获取高等教育的机会。

龙海县教育工作坚决落实知识分子政策，营造尊重知识、尊重人才和尊师重教的良好社会氛围,促使教育事业蓬勃发展,形成学前教育、基础教育、职业教育、成人教育和师范教育等各类教育多层次、多形式办学的格局。

至1978年,全县学前教育有石码华侨幼儿园(前身为私办民力小学,1953年改办石码幼儿园,1959年称龙溪县实验幼儿园,1979年由菲律宾华侨曹秀平先生捐款扩建后,改名龙海县华侨幼儿园)、石美幼儿园(福建省农村民办示范性幼儿园)、海澄丽竹幼儿园(1960年为海澄实验幼儿园,1980年由印尼华侨捐资投建)等224所,共630班,在园幼儿19274名,入园率56.1%,共有教养员800多名。

小学教育有龙海实验小学(前身为石码西湖小学,1905年创办)、石码中心小学(前身为锦江小学堂,1906年创办)、海澄中心小学(前身为海澄宗南小学,1919年创办)、角美中心小学(1952年创办)等281所,在校生94075名,适龄儿童入学率96.8%,普及率93.4%,教职员工数3771名。龙海成为全国100个普及基础教育先进县之一。

中学教育有完全中学11所,乡镇初级中学16所(1978年用石码第三小学校舍改办龙海第三中学,1980年创办霞圳、崇福中学和龙海四中),全县有高中生1304名,初中生3671名,教职员工2067名。涌现了一批名校,如龙海一中(前身为石溪中学,1925年创办),为福建省重点中学,校办"龙溪生物标本厂"为国家教委定点生产生物标本单位,产品参加国际博览会;龙海二中(前身为海澄县立初级中学,1942年创办),校办教学仪器厂,产品行销20个省市,1975年兼办6个农业专业班,培养出国家女排教练陈忠和、队员陈亚惠等优秀体育人才;华侨中学(前身为龙溪县华侨补习学校,1954年由爱国侨胞集资创办)。

中等职业教育有师范学校(1978年创办龙师龙海分校)、专业技术学校(1979年创办龙溪卫生学校龙海分校,址在榜山芦州)、漳州市技工学校龙海分校(1980年创办,址在海澄)、郭坑铁路职业中学(1958年创办,1976年改为福州铁路分局郭坑铁路职工子弟中学)

等,1983年后先后创办龙海县高级职业中学(由龙海三中改办)、九湖花果职业中学(由九湖中学改制而成)、石美水产职业中学(由石美中学改制而成)、古县职业中学(由古县中学改制而成)、浯屿渔业初级中学(1985年创办,1989年停办)、双第中学附设职业班等。1975年创办龙海县农业大学(址在九湖高塘农场,1979年停办)。

成人教育过去曾开办过读书班、扫盲班,“文革”中被“政治夜校”所取代。1979年后,健全工农教育委员会,恢复扫盲工作。1981年,榜山大队夜校被定为福建省农村夜校重点联系校。同时,还开展工人教育、干部教育,创办龙海县职工业余文化学校、龙海县直属机关干部业余学校。

中共龙海县委、龙海县人民政府重视对教育事业的投入。1977年,全年投入教育经费266.37万元,占全县财政经费的26.89%;1979年至1983年,共集资315.99万元,建筑校舍374间,建筑面积1025万平方米。1953至1991年,爱国华侨捐款及赠送各种教学仪器设备,折合人民币263万元。1979年,全县有194所学校开展勤工俭学活动,年总产值31.1万元。

第十章 改革开放的推进和经济社会的跨越

（1979年1月—1993年5月）

1979年，中共十一届三中全会召开后，中共龙海县委、龙海县人民政府积极推行改革开放政策，大力开展城乡经济体制改革，实行农业家庭联产承包责任制，调整农村产业结构；推动城市经贸体制改革，优化经济发展环境。进入80年代中期，改革开放稳步向前推进。在全面深化改革开放的同时，实现外向型经济的大发展，经济开发区建设如火如荼。努力构建社会主义市场经济体系，市场在资源配置中的基础性作用明显增强。各项社会事业齐头并进，民主法制进一步健全。特别是1992年初邓小平南方重要讲话和中共十四大的召开，给龙海改革开放和现代化建设吹来更强劲的东风，全县经济社会发展取得辉煌成就。

第一节 城乡改革的全面展开与各项工作的齐头并进

改革开放前期的14年间，中共龙海县第四次至第七次代表大会先后选出第四届至第七届委员会，先后由周顺明、郑福全、林殿阁（连任两届）、桂其明任书记。第四次至第七次党代会还选出县委纪委和县纪委，先后由叶锦裕（连任两届）、康奋基、蔡炳智任书记。龙海县第八届至第十一届人大一次会议先后选举郭彩洪、桂其明（连任两届多）、郑道溪为县长（主任）。桂其明在省委党校第四期党政干部培训班学习期间，县人大常委会决定任命洪我追为代县长。这四届县委和县人民政府（革委会）都受命于改革开放扬帆起航的关键时期。

1979年7月，经中共中央、国务院批准，广东、福建两个省的对外经济活动实行特殊政策和灵活措施，龙海县成为享有这种政策和措施的县份之一。根据中央和省委文件精神，龙海县制定出台了《关于贯彻落实党中央的特殊政策和灵活措施，加快龙海经济发展步伐的规划和设想》，进一步加快工作重心的转移。

1981年12月，龙海县按照中央颁发的《农村人民公社工作条例（试行草案）》《关于加快农业发展若干问题的决定（草案）》和中央75号文件精神，深入开展农村经济体制改革，改变原来“三级所有，队为基础”的人民公社管理体制，全面实行农业家庭联产承包责任制。全县大田生产从包产到组发展到包产到户；从小段包工发展到普遍实行大包干；还延伸扩展到农、林、牧、渔各个领域的生产承包制，并根据广大农民群众的意愿，依法延长土地承包期。全县15个公社、278个生产大队、3700个生产队，有农户134678户642888人，合计承包耕地417033亩。

龙海县认真执行“绝不放松粮食生产，积极发展多种经营”的方针，大力调整农业结构，发展农村专业户、专业村和新的经济联营体，大办乡镇企业，努力开发“山、海、田”资源，形成粮食生产稳定发展、多种经营全面开拓新局面，农业向着专业化、商品化、现代化方向转变的新格局。实行乡（镇）、村、联营体、个体“四个轮子”一齐转，工、运、建、商、服一起上，外引内联相结合，实施一系列鼓励乡镇企业发展的优惠政策，鼓励农民进入流通领域，乡镇企业迅速崛起。至1983年，全县粮食总产量五年间增加5000万斤，达到6.72亿斤；农业总产值增加1亿多元，达到3.01亿元；乡镇企业6216家，总产值突破1.4亿元，增长2.1倍。全县各种专业户、重点户2.38万户，占农村总户数的17.19%；各种联营体3390个，资金额达1870万元。农村农业获得大发展。

龙海县以“调整、改革、整顿、提高”方针为指导，拉开了城市经济体制改革序幕。对全县工商业进行三个方面改革：一是体制上改变单一全民所有制经济，发展为多种经济形式和多种经营方式同时存在、共同发展，全县集体经济和个体经济有了较大增长，30家国营企业也实行多种经营方式；二是分配上改变原有吃“大锅饭”状况，从工厂、企业到多数车间、班组，层层建立经济责任制，使责、权、利紧密结合，鼓励一部分企业和职工先富起来；三是计划销售上扩大企业自主权，商业、供销部门重点改革流通体制，建立多渠道、少环节、开放式的流通网络。龙海县委、县政府还提出大办县办工业的指导思想，改革挖潜，外引内联，实现“一争、二保、三加强”(即争速度、保效益、加强后劲)，所有企业按要求转到以提高经济效益为中心的轨道上来，变单纯生产型为生产经营型。企业经济体制改革后，全县工厂企业建立健全新的岗位责任制，扩大自主权，实行联产计件工资、百分计奖制、浮动工资制等分配制度，53家国营企业均实现独立核算，建立新的经营管理制度。1983年，全县工业在调整和改革中稳步增长，总产值达到13969万元，比1978年增长61.6%。合成氨、化肥、农药、水泥、食糖、发电量等主要产品产量五年翻1倍至2倍。

工农业生产迅速发展，促进城乡市场繁荣。1983年，龙海县社会商品零售总额达到21497万元，比1978年增长1.03倍；商品纯购进14809万元，比1978年增长55.52%。国营、集体和个体商业齐头并进，财政收支平衡，经济发展取得令人瞩目的成绩。

1984年10月，中共十二届三中全会做出《关于经济体制改革的决定》，龙海县被中共福建省委、福建省人民政府确定为开展县级综合改革试点县。1985年2月，又被国务院批准为闽南金三角地区沿海开放县。中共龙海县委、县人民政府紧紧抓住发展有利契机，加快全县改革开放的步伐，从经济所有制形式、计划管理体制和商品流通体制等方面进行调整和改革。县委、县人民政府强调要大力发展专业户、专业村和各种经济联营体，大力发展粮蔗承包大户，发展规模经济，扩大社会分工，实现劳动力的转移，各种经济要素在更大范围内组合起来，开展更大规模的商品生产。农业内部结构实现从量到质的调整，在守住粮食安全红线的前提下，根据“宜果则果、宜渔则渔、宜经则经”原则，实行“退耕还果、退耕还渔、退耕还经”措施，适当调整粮食种植面积，粮食作物与经济作物种植比例从79：20.67调整为71.16：28.84。水产养殖重点发展鳗鱼、对虾、草虾等高产值产品的生产；畜牧业引进瘦肉型猪及稀有禽畜养殖，提升农副产品档次，增强出口创汇能力。全县农业总产值比1978年增长1.4倍，平均每年递增6.8%，粮食生产实现“吨粮县”，农、林、副、牧、渔五业齐发展。1991年1月，龙海县被国务院授予“全国粮食生产先进单位”称号，被确定为福建省“八五”商品粮生产基地。乡镇企业迎来良好发展时机，县、乡两级建立专职领导机构，加强对乡镇企业工作的领导，取得有关部门在税收、资金、管理等方面扶持，乡镇企业步入健康、稳步发展轨道。1991年，全县乡镇企业总数8176个，比1978年增加3.24倍；从业人员104728人，占农村劳动力总数的33.7%；总收入110687万元，占农村经济总收入的57.8%；产值上亿元的乡镇有4个（角美镇、海澄镇、步文镇、榜山镇），上千万元的村有12个。乡镇企业异军突起，繁荣了农村经济，加快了工业化进程，成为龙海经济发展的主力军。

龙海县把城镇经济改革作为改革的重点，探索建立社会主义商品经济体系，下决心搞活县、乡企业。在城镇经济改革中，实行政、企分开，推行厂长（经理）负责制，建立岗位责任制，扩大企业自主权，形成新的经营管理制度；加强企业内部的改革和管理，企业内部层层建立以包为主的经营责任制。1984年4月，试行劳动合同制用工制度，推行“不封顶、不保底”的浮动工资制度；坚持国营企业主渠道，大力发展集体企业、个体企业、联营企业和合资企业，形成多渠道、多方位的竞争机制。1991年，全县国营独立核算企业53家，实现利润1551万元，完成承包总产值25944万元，比1983年增长120%。县属企业发展至255家，职工15765人，工业产值112490万元，占工农业总产值53.24%。乡镇以上工业企业254家，其中，中型企业2家（县造纸厂、磷肥厂），产值占全县工业总产值的7%；产值上千万元的企业11家（县造纸厂、磷肥厂、合成氨厂、农药厂、味精厂、瓷厂、钢铁制品厂、第一纸箔厂、第二纸箔厂、饲料厂、程溪造漆厂）；年实现利税百万元企业有7家。164家集体所有制工业产值占全县乡镇以上工业总产值26%。“三资”工业企业31家,产值占全县工业企业总产值29.5%。1984年至1991年,龙海县创造出一大批省优、部优及名优特产品。

为深化商贸企业改革,龙海县调整各级商业行政机构,组织经营性公司,改革商业批发和物质供应体制,建立市场交易中心和批发市场。1978年全县农贸市场逐步放开后,一、二、三类农副产品自由上市。1983年,全县较大的正规集市贸易场所有程溪、石码、海澄、角美、郭坑、白水、浮宫、港尾8个,总占地面积7930平方米,建筑面积5357平方米。石码、白水、海澄、角美等还开辟小商品专业市场。1984年,新建港尾、浮宫、九湖林下、石码龙海桥市场。1985年,又新建步文港桥、东泗市场。1986年,新扩建17座钢筋水泥结构的农贸市场。1989年10月20日,位于老区石码镇的锦江市场开业,划分10多个交易区,经营摊位达2000多个。至1991年,全县拥有市场48个,其中农贸市场37个、专业市场11个;商品零售网点8753个,从业人员15522人。当年,全县社会零售商品总额63244万元,其中国营占29.83%,集体占24.71%,个体占45.44%。

面对以经济建设为中心的历史新时期,中共龙海县委加强各级党组织的整顿和建设。1985年4月,全县按县、乡(镇)、村分三批进行整党,共有724个党支部参加。在历时两年的整党期间,全县参加登记的党员17786人,占总数的98.86%;涌现出先进党支部128个,先进党小组32个,优秀党员1239人。

全面整党促进全县各项工作齐头并进,既保障了城乡改革发展环境的优化,又推动了社会事业的进步。

老干部工作。1982年5月,龙海县离退休干部管理工作领导小组成立,把老干部工作纳入全面加强党的建设的重要内容,推进了全市离退休干部的管理。在改革开放的感召下,许多离退休老同志为实现青年时代苦苦追求的理想而活跃在各条战线上,继续发挥光和热。

社会治安工作。1983年8月,龙海县认真贯彻中共中央《关于严厉打击严重犯罪活动的决定》,抽调1514名党政机关干部、政法公安干警和治安积极分子，集中统一行动，共侦查捕获刑事犯罪分子546名，对严重犯罪分子给予依法从重从快惩处，广大人民群众拍手称快。

人民武装工作。1986年6月，中国人民解放军漳州军分区和龙海县人民政府在石码镇举行县人民武装部交接仪式，中国人民解放军龙海县人民武装部转为地方建制，更好地服务地方工作。

文明创建工作。中共龙海县委、龙海县人民政府提出“建设文明县”目标，以城镇为重点，带动广大农村，创建文明村镇、文明单位、文明院户。在创建过程中，县委、县政府抓住核心，育人治本。1987年，全县评出文明村406个、文明户49033户，分别占总数的30％以上；老区县城石码镇被中共福建省委、省人民政府授予“文明县城”称号。龙海县连续多年荣获漳州市文明建设第一名，参加全国文明村镇建设经验交流会。

文化旅游工作。1982年7月，龙海县人民政府公布首批县级文物保护单位19个；10月，举行明代古月港海上丝绸之路学术讨论会，有来自北京、福州、晋江、厦门等地的专家学者和史学工作者参加，深入挖掘海澄月港海丝文化遗址文史资源，形成研讨论文集一册，为发展对外开放提供历史依据。1987年5月，老区九湖镇水仙花入选中国传统十大名花；7月，福建省文物保护部门在老区分布镇榜山雩林村燕仔尾尖山商代贝丘遗址发现一批汉代瓦片。1988年2月，福建省人民政府批准成立“龙海县红树林保护区”，保护范围包括角美、紫泥、浮宫、港尾4个乡镇的沿江（海）滩涂地，面积3000亩，是很好的旅游资源。4月，菲律宾总统科拉松·阿基诺夫人访问祖籍地角美镇鸿渐村；11月，日本冲绳县阮氏我华会寻根谒祖代表团到角美镇埭头村、海澄镇墩上村寻根认祖；12月，九湖八卦芦柑和荔枝干分别荣获国家农业部出口农副产品品评会金杯奖和银杯奖。1991年1月，云洞岩被福建省人民政府列为第二批省级风景名胜区；3月，角美宋代白礁慈济宫、榜山宋代江东古石桥被福建省人民政府定为第三批省级文物保护单位。

教育医疗工作。1984年，龙海县实现基本普及初等教育；1985

年通过省级验收，实现学校“一无两有”（无危险校舍，班班有教室，人人有课桌椅）；1986年，发展职业教育和成人教育，达到基本扫除文盲县标准。1987年7月，龙海一中学生苏朝晖参加第十九届国际中学生奥林匹克化学竞赛获得金牌。1990年8月，龙海补报国家体委被评为第三批“全国体育先进县”。8月，龙海中医院被国家中医药管理局批准列入“全国示范中医院建设单位”。

科学技术工作。1990年3月，龙海县投资58.76万元首次利用飞机科学播种造林，播种面积达到138417亩；7月，县磷肥厂技改项目经国家化工部批准投建，为福建省首套复合肥工程项目；8月，老区白水镇作为全省首家乡镇瘦肉猪出口站宣告建立；9月，豪华保安拉闸门研试成功，填补福建省建筑门窗业空白；10月，县钢窗厂研发投产的“空腹推拉窗”被福建省列入重点新产品；11月，全省第一座县级天象馆——华兴天象馆在石码落成；福建省首家县级庄稼医院在龙海开业；12月，龙海花釉陶厂研制的新产品炻器抽球通过省级鉴定。1991年6月，县花釉陶厂研制的新产品白云陶瓷陈设工艺品通过省级鉴定，为国内首创，达到国际标准，被国家轻工部定为“八五”期间重点科技开发项目。

社会民政等工作。1988年1月，龙海县隆教畲族乡成立；4月，经福建省人民政府批准，龙海县享有直接对外贸易出口经营权（当年由县直接出口商品收购额为6141万元，比1987年增长14.8%）；7月，县邮电局DD-16全自动电话正式开通，极大方便了群众生产生活；9月，县人民政府在石码镇举行石码建埠五百周年庆典活动，为迎接建埠五百周年，在镇区启动一批市政工程建设，如新建街道、公园、广场、机关办公楼及一批民生项目。11月，角美镇被评为“全国百颗星乡镇”之一。在此期间，龙海县还实行划片就近结婚登记和遗体火化的殡葬改革。1990年全国第四次人口普查结束，全县有189519户、812033人。

城乡经济体制改革的推进和社会事业各项工作的开展，有力地促进了龙海经济建设。全县提前两年实现国民生产总值翻一番的战略目标，经济实力大为增强。1991年，龙海县国民经济再上新台阶，总产值达 67060 万元，比上年增长 13.4%。工农业总产值 130109 万元，比上年增长 21.2%，其中工业总产值 89381 万元，增长 30.7%；农业总产值 40628 万元，增长 63.2%。商品零售总额 63244 万元，增长 0.75%。全县“三资企业”69 家，实际利用外资 101 万美元，增长 63.2%；出口总值 2750 万美元，增长 1.32 倍。

第二节　社会主义市场经济体制的构建与运行

1992 年初，邓小平在南方重要讲话中论述了“计划与市场”的关系问题，指出“计划多一点还是市场多一点，不是社会主义与资本主义的本质区别”。同年 10 月，中共十四大提出了建立社会主义市场经济体制的重大决策，明确这一体制是同社会主义基本制度结合在一起的，目的是使市场在社会主义国家宏观调控下，对资源配置起基础性作用，使经济活动遵循价值规律的要求，适应供求关系的变化。

中共龙海县委、龙海县人民政府根据邓小平南方重要讲话和中共十四大精神，结合龙海实际，在干部群众中开展进一步解放思想大讨论，引导大家在认识社会主义市场经济体制时摆正 4 个关系，即：要坚持社会主义基本制度，但不能动辄就问姓“社”还是姓“资”，让抽象的争论束缚自己的手脚；要正视市场经济自身的弱点，但不能因噎废食，因循守旧，在“本本”里兜圈子；要充分考虑群众对物价等市场因素的承受能力，但不能“旧瓶装新酒”，使新体制的建设扭曲变形；要积极服务市场经济发展，但不能让权力进入市场，以避免权钱交易、腐败变质。同时，以邓小平“三个有利于”原则为指导，提出“敢”（即敢试、敢冒、敢为人先）、“快”（即行动快节奏、快速度）、“高”（即工作高起点、高要求、高效益）、“实”（即工作扎扎实实、成效扎扎实实）四点要求，以实现社会主义市场经济的快速发展。另外，还对干部提倡“先干后说、先放后发、先活后理、先予后取”“解放思想换脑筋、树立建设有中国特色社会主义的全新观念”。全县广大干部群众通过学习贯彻邓小平南方重要讲话和中共十四大精神，思想观念为之一新，加快发展的积极性空前高涨。龙海县委、县人民政府利用龙海被省人民政府确定为县级综合改革试点县的良好契机，按照建立社会主义市场经济体制要求，积极探索，大胆实践。

建立社会主义市场经济体制要从构建现代企业制度抓起。龙海县人民政府对全县1984年以来的企业改革进行全面回顾与总结：从为企业松绑放权，放权让利，到转换机制，推行多种形式的经营承包责任制，实行厂长(经理)负责制和任期责任制；从大力推进价格改革，到放开市场贸易，放活流通领域，让包括要素市场在内的市场体系得到发展。在历经多年改革开放之后，龙海的经济体制已从僵化、封闭状态中解脱出来。通过回顾总结，增强了改革放活的信心和决心，从而进一步简政放权，扩大企业自主权，提高企业自我发展能力，增强国有企业活力。1992年，龙海县委、县政府制定《龙海县关于部分国营企业试行三资企业部分管理办法的规定》，推行劳动、人事、分配等制度改革，实行经营、价格、用工、分配"四放开"。深化工贸企业改革，认真贯彻落实《全民所有制工业企业转换经营机制条例》和《城镇集体所有制企业暂行条例》，对国有和集体工贸企业实行分类指导、分厂决策，适应市场经济要求，建立产权清晰、权责明确、政企分开、管理科学的现代企业制度。改革企业领导的任用和报酬制度、企业用工、企业分配和劳动保险制度。全县以出售转让、租赁承包、联合兼并3种形式，对18家国有企业实行改制。

龙海县坚持以市场为导向，优化工业结构，积极开发技术含量高、市场竞争力强的新产业，培育工业新的增长点。重点发展重型工业、新型建材、化学工业、电子工业和食品工业等项目，全县工业结构和工业产值出现根本性变化。1993年，全县有工业企业4853家，其中国有企业43家(产值2.85亿元)、集体企业122家(产值2.79亿元)；股份企业1家、外商投资企业15家(产值1.47亿元)；港澳台企业40家(产值6.8亿元)；城镇联营企业11家，城镇个体企业198家；农村村办企业788家，农村联营企业1237家，农村个体企业2398家。主要行业为非金属采矿业、食品加工业、木材加工业、家具制造业、造纸及纸制品业、塑料制品业、金属制品业、化学原料及化学制品制造业、非金属矿物制品业等。

龙海县坚定不移地把农业摆在经济工作的优先位置，加快建立适应社会主义市场经济要求的农村管理体制和运行机制，不断完善以家庭联产承包为主的生产责任制和统分结合的双层经营体制，充分尊重农民的土地经营自主权；切实增强对农户的社会化服务，以专业化分工和协作为纽带，努力发展各种专业性服务组织，用“农户＋公司”的方式，联结千家万户，使农户分户的小规模经营与日益发育的市场紧密联系起来。积极引导农业和农户进入国内外市场，加快农业商品化、专业化、现代化的进程，形成“以城市为中心，乡村为网络”的市场物流体系。龙海的做法得到福建省、漳州市有关部门的充分肯定与好评。

龙海县以深化农村改革为动力，积极调整农业产业结构，坚持依靠科技进步，大力推进山海田综合开发，加快企业产业化进程。按照“增粮增收保供给，脱贫致富一起抓”的指导思想，一手抓稳粮增粮，一手抓水田种植模式改革。在稳定粮食总产增加食物总量的前提下，把保证粮食供给和增加农民收入统一起来。重视冬季农业开发，开展水田集约化经营，提高农业经济效益。按照“山上林果竹、水下鱼虾贝、田里粮果蔗”的思路，加快山海田综合开发的步伐，山海开发形成规模。根据市场的需求，大力引进名、优、特、珍、稀、偏品种和工业发展需要的作物品种，扩大各具特色的经济作物区，达到布局区域化、品种高优化、栽培模式化、经营规模化，增强农业创汇能力。

健全统一开放的市场体系，是建立社会主义市场体制的题中应有之义。中共十一届三中全会后，随着改革的深入和开放的扩大，龙海县的生产力水平不断提高，社会物质如潮水般涌出，省优、部优和名特产品也日益增多。为促进商品乃至市场经济的发展，龙海县委、县政府坚持多种经济成分并存，花大力气抓商品市场建设，在巩固、改造原有商业网点、农贸市场的基础上，新建了一大批各色各样的商店、超市。至 1981 年，全县有商业网点 8753 个，从业人员

15522 人(其中个体有证商店 6863 个,从业人员 10628 人),社会商品零售总额 63244 万元(其中个体商业占 45.4%);农贸综合市场和专业市场 48 个,生意也十分红火,1981 年成交额 20521 万元,相当于当年社会商品零售总额的 32.4%。1992 年实施市场经济后,城乡各种现代化商场渐露头角,还有酒楼、饮吧、旅游、娱乐、中介等服务实体。这些商品交易场所和实体店,构成了覆盖城乡的商品流通网络和开放的市场体系,为龙海商品经济乃至市场经济的发展提供了众多载体和平台。

龙海县人民政府在发挥市场机制作用的同时,也加强了对市场和市场经济的调控与监管。改革开放初期,刚从所谓"资产阶级法权"束缚下逐渐解脱和恢复起来的各种市场,其发育和运作是很不稳健的,一经社会"黑手"的作祟,就会出现市场的乱象。1978 年市场放开后,主要的问题是走私和投机倒把。1979 年,县工商局在郭坑、角美火车站等交通要道重点加强缉私力量,依靠群众开展反走私斗争。1980 年县成立打击走私、投机倒把领导小组,全县共查处走私、投机倒把案件 1876 起,处罚、没收赃款 13.8 万元。1983 年后,经济政策进一步放宽,走私渠道和品种有所改变,但投机倒把问题仍相当严重。1991 年查处走私、投机倒把案件 1284 起,查扣物资总值 927.3 万元,处罚、没收赃款 236 万元。1992 年中共十四大后,开始试行社会主义市场经济体制,在政府严厉打击下,走私和投机倒把现象有所收敛,但市场乱象仍时有发生,表现为欺行霸市、强买强卖、搞不正当竞争;违法经营、假冒伪劣、骗人钱财;操纵物价、任意收费,损害消费者利益等等。面对这些情况,县政府采取有力措施强化市场监管。一方面建立健全物价、工商行政管理、食品药品监督、质量技术监督等机构,运用其监管职能,直接干预市场,并协同县公安、司法机关,严厉打击扰乱和破坏市场经济秩序的违法犯罪活动,净化市场经济环境;另一方面,运用政府宏观调控手段,平抑物价,制止乱收费,查处短斤少两、买卖不公等有失诚信的行为。县里还成立消费者协会,设立"12315"投诉、举报中心和热线电话,随时接受广大消费者的投诉举报,为消费者挽回经济损失。县政府为了更好地理顺市场主体、市场规则与市场调节的关系，还从法律的层面，认真贯彻落实《全民所有制工业企业转换经营机制条例》和《中华人民共和国反不正当竞争法》等法律法规，使市场经济的运行更顺畅、更有效。

构建社会主义市场经济体制需要坚实的基础铺垫。这样的铺垫，龙海早就全面展开。1987 年 8 月，县卫星电视地面接收站动工兴建，10 月建成启用(1993 年 4 月建立县人民广播电台，同时撤销县人民广播站)。1988 年 7 月，县邮电局 DD-16 全自动电话开通。1989 年，开工建设九龙江西溪大桥，衔接漳州市区南北环城公路。1990 年，投资 1200 多万元建成浮宫大桥。1993 年，龙海县成立“先行工程建设指挥部”，4 月 1 日，国道 319 线、324 线龙海段公路扩建工程启动；12 月，国道 324 线江东段第一座特大桥——漳州江东大桥胜利竣工。全县乡镇主干道“八路一桥一道”的拓宽改造建设也全面展开，工程总投资 7.8 亿元，建设 30 米宽水泥路面 100 多公里。石码市区新建的主次干道有平宁路、紫光路、锦江大桥及锦江道西段、后港路等；改造的主次干道有西浮公路、紫崴路、人民路、工农路、港林路拓宽工程等。城区道路总长达 91 公里，城市桥梁共 24 座。改革开放后至 1993 年，全县还投资兴建码头、桥梁、车站、通讯、广播、电力、金融等一批基础设施项目。基础设施建设的加速推进，打破了制约龙海经济发展的“瓶颈”，为加快利用外资、大力发展工业、拓展商品流通渠道、推动市场经济发展奠定了良好基础。

龙海县委、县政府根据福建省对“县级综合改革试点县”的总体要求，强化服务功能，推进各项配套改革。按照“小机关、大服务”的思路，加快机构改革和政府职能的转变，制定调整财政管理体制、深化工商企业改革、鼓励发展横向经济协作、实施农业综合开发和土地有偿使用等 15 项政策改革措施，推进财务、金融、社会保险、土地使用、住房和科技体制的改革。其中实行乡镇财政大包干，利用级差地租管理土地，实行企业两权分离等改革措施迈入全省前列。

所有这些改革，都反映了建立社会主义市场经济体制的需要，走出了一条适应本地经济社会发展的新路子。1993 年，龙海市工农业总产值突破40亿元，财政收入突破1亿元，分别比1990年增长1.3倍和56.2%，国民生产总值比1990年增长77%，经济建设呈现一派生机勃勃景象。

第三节 对外开放的扩大与经济开发区的建设

1979年，龙海县对外贸易局成立，与外贸公司合署办公(外贸公司成立于1971年12月)，成为政企合一机构，实行企业管理，负责外贸生产基地、外贸专厂的建立和外贸业务。1981年4月，成立进出口办公室。1984年6月，成立县对外经济贸易委员会，撤销进出口办和外贸局。外经委组织实施中央、省和地方有关对外经济贸易的方针、政策、法规、条例，贯彻对外经济活动的特殊政策和灵活措施，统一领导和管理外经外贸工作，包括吸引外资和侨、港、澳、台资创办“三资”企业以及多种形式的国际经济技术合作。1988年4月，福建省人民政府批准龙海县拥有直接出口经营权，石码港又成为出口商品口岸，企业产品可直销香港、台湾，直接推动外贸出口。除本县外，漳州市区、平和、南靖、长泰、华安及龙岩市、三明市的部分货物经石码出口。外贸部门实行政企分开，自营出口，企业承包经营责任制，进行“自负盈亏、放开经营、工贸结合、推行代理制”等重大改革，改变“统负盈亏”的格局。

龙海县区位优势和对外开放的经济政策引起了外商的兴趣。1984年，一些中外合资、合作及外商独资企业(简称“三资”企业)以及香港同胞投资的企业开始进驻龙海。7月，香港巨丰贸易公司首家与龙海县侨联服装厂合作创办华丰饮冰厅，揭开了龙海招商引资的序幕。10月，日本伸晃株式会社与海澄镇九九坑农场合资创办海田合作茶场，种植七叶胆(人参绞股蓝)。1984年，全县有中外合作企业3家，外方投资额24.36万美元，主要经营项目有冷饮糕点、七叶胆种植和铝合金室内外装饰等。1985年2月28日，龙海县被中共中央、国务院列为闽南沿海厦门、漳州、泉州三角地区经济首批开放县，县人民政府根据中央"加快改革，扩大开放"的指导思想，结合本县实际，制定对外开放的发展规划，积极改善投资环境，吸引外商到龙海兴办企业。同时立足于本县资源和腹地区位优势，以开放促开发，以开发促发展，加快乡镇经济开放步伐。1985 年，港商捷足先登，香港华氏贸易公司等 6 家合作企业进驻龙海，投资额 133.59 万美元。1986 年，全县新办中外合作企业 2 家，合资企业 1 家，外方总投资额 61.59 万美元。1988 年，全县出口商品额达 1844 万元，出口商品收购额达 6141 万元。

龙海县享有直接对外贸易出口经营权，尤其石码港成为出口商品口岸后，企业对外经济贸易由过去的单渠道间接贸易，转变为直接贸易和间接贸易相结合。1989 年 10 月 10 日，龙海县人民政府九龙江三角洲开放办公室成立；10 月 30 日，漳州市围绕"开放龙海九龙江三角洲，建设好漳州市东大门"进行专题研讨时，对龙海县进行较大范围考察。1990 年 11 月 17 日，国家交通部确定石码港为我国沿海综合性港口之一。

经济开发区是吸引外商直接投资的重要载体。1986 年 1 月，龙海县开始引进世界银行贷款；8 月，角美、海澄两镇被省政府列入闽南三角地区经济开发区建设的重点工业卫星镇。8 月 16 日，老区东泗乡兴办第一家台资企业"福建水产有限公司"。1991 年 7 月 6 日，角美工业综合开发区举行开工奠基仪式，拉开了全县经济开发区建设的帷幕。至 1993 年上半年，全县已有角美工业综合开发区、(步文)漳州蓝田工业区、郭坑工业开发区、(海澄山后)华轻工业开发区和(港尾)南太武、(浮宫)海门旅游开发区，开发总面积 2.66 平方公里，投资总额 4600 万美元。这些开发区开发生产的项目集中在加工业和劳动密集型产业，后来又逐步向基础设施、现代农业、原材料工业和传统产业改造以及第三产业等项目发展。投资领域涉及水产养殖、冷冻、食品加工、机械、电器、建材、化工、纸品、旅游、房地产等多种行业和土地成片开发、港口开发、商业中心开发等方面。

丰富的自然资源和良好的发展环境，是吸引外资进驻的重要条件之一。龙海号称"鱼米花果之乡"，区位优势明显，特色产业丰厚，盛产多种蘑菇和各色豆类蔬菜，这些都增强了对外商的吸引力。20世纪80年代中期落户龙海的台资企业“亚细亚”食品有限公司，90年代初期首家落户角美的“东海”冷冻食品有限公司，吸引他们的就是龙海特产蘑菇和豆类蔬菜这些资源产品。加工企业的进驻，引发了“多米诺”骨牌效应，罐头包装连带上下游关联企业如联天、统一马口铁等都陆续进入了经济开发区。龙海中外合资企业绿宝食品(漳州)有限公司专营蘑菇出口业务，曾针对美国制定的中国蘑菇出口倾销案提出申诉并获得胜诉，使该公司成为国内蘑菇输美关税率最低的出口企业之一。

为吸引更多外商到龙海投资兴办企业，中共龙海县委、龙海县人民政府制定了对外开放发展规划，灵活运用国家赋予的优惠政策，不断改善投资环境，致力做好基础配套设施建设，简化项目审批手续，提高办事效率，以一条龙的优质服务吸引外资企业落户龙海。1988年3月19日，外商在港尾浯屿岛投资73万元铺设海底电缆竣工通电；1989年11月，外商在隆教畲族乡兴建的大型国际性航标塔——镇海角航标塔落成；1991年，港澳台胞创建港龙房地产开发公司，投入外资84.37万美元。1991年1月，龙海县旅游公司与美国共和党亚裔全国总会第二副主席黄惠珍女士联办南太武旅游区建设有限公司，举行第一期工程奠基仪式。该项目计划投资2320万美元，开发土地2000亩，建设海滨浴场、高尔夫球场等综合性旅游服务业。1991年，全县工业开发区建设规模发展迅速，6月，原角美工业综合开发区在角美东山一带，成立“福建龙海经济开发有限公司”和角美开发区管委会，县委给予开发区一定的决策权和经营自主权，为开发区创造一个“稳定、宽松”的外部发展环境；7月6日，福建省中外合资工业综合开发区试点——整合后的角美工业综合开发区举行开工奠基典礼，开发区总面积1.04平方公里，为漳州市第一个成片土地开发区，首期开发工程仅一年就有许多项目进驻。1991年角美工业综合开发区全年引进中小型轻纺、电子、食品、服装、塑料制品等13家外商投资企业，总投资额2587.5万元。

龙海县人民政府根据中央“加快改革，扩大开放”的指导思想，进一步落实对内搞活、对外开放方针，抢抓机遇，通过外引内联，发展外向型经济。台商独资企业“龙海鞋业有限公司”于1989年创办，1991年总产值1.14亿元，创汇1500万美元，是全国300家经营规模最大的“三资企业”之一。1991年11月，由台商独资经营的悦胜民族文化村（中国）有限公司，计划总投资1288万美元，在步文东屿建设民族文化村。当年，“三资”企业总产值22827.55万元，出口值2638.82万美元，占全县出口总产值的94.6%。

从1984年“三资”企业进驻龙海，至1991年，全县共引进“三资企业”83家（实际创办44家），其中，独资企业35家，合作企业30家，合资企业18家，总投资额9409.02万美元，外商投资额7781.58万美元，实际利用外资2418.17万美元。角美镇自1991年整合建设工业综合开发区，至1992年创办宏雅（龙头山）开发区和富豪工业开发区，全镇共有“三资”企业38家，协议总投资额13660.21万美元，协议外资额13197.43万美元；郭坑工业小区有15家“三资”企业签订协议，总投资5075.4万美元，协议外资额4904.83万美元；石码、海澄中间地带的开发，也形成了一条新的工业走廊。至1991年，全县乡镇中的“三资”企业共有40家，利用外资969.9万美元、港币800万元、人民币242万元，出口创汇2719万美元。

1992年3月6日，中共龙海县第七届委员会发出《关于认真传达、学习邓小平同志重要讲话的通知》，提出“依港兴市，兴工富民”战略思路，实施经济开发区“三向拓展、中间开花、促进整体启动”的外向型经济发展措施，进一步加快了改革开放步伐。是年，外经外贸实际出口创汇达5888.11万美元，其中“三资”企业出口创汇5831.89万美元。全社会出口商品收购总额13108.52万元。全县创办“三资”企业139家，形成13种行业，年创产值46419.16万元，比上年增长1.03倍。

1992年6月18日，由招商局集团（香港）有限公司、中国建设投资（香港）有限公司、福建投资开发总公司、漳州市人民政府、龙海县人民政府5家单位联营开发的“招商局中银漳州经济开发区”在漳州宾馆举行协议书签订仪式，7月18日正式挂牌；10月，龙海县成立漳州经济开发区协调指挥部，全力支持开发区建设；12月28日，招商局中银漳州经济开发区在港尾打石坑举行开工典礼。该开发区为国家级经济开发区，在我国有“第二个蛇口工业区”之称。开发区规划面积18平方公里，首期开发4平方公里，启动资金7亿元，按照“多功能、全方位、现代化、集团化”的发展目标，借鉴广东蛇口模式，从基础设施建设起步。当年，已有11家“三资”企业进驻。1993年8月，该开发区配套项目之一的疏港公路在龙海县政府及浮宫镇政府的全力配合下顺利开工建设。

龙海革命老区县已成为海内外商家投资的热土，外商投资企业纷纷落户龙海。1991年至1993年，“三资”企业总产值、出口总值连续三年翻三番，对外开放步入快车道，形成全方位对外开放格局。特别是台资企业华阳电厂、统一马口铁等一批投资上亿美元的大项目入驻龙海，更加助力龙海经济的腾飞。

第四节　民主法制的健全与统一战线的发展

龙溪、海澄两县新政权建立后，根据中共中央“关于召开各界代表会议”的指示，通过各界别社会团体、民主党派和社会人士协商举荐代表，再分别召开两县各界人民代表会议。尤其是1954年，在第一部《宪法》(即“五四”宪法)规定下，首次进行乡镇和县级人民代表普选，再分别召开两级人民代表大会。县级人代会选举产生县人民政府组成人员及人民法院院长，并做出地方有关重大事项的决议，从而保证两县人民在国家政治生活中当家做主的权力。自此，两县人民代表大会制度建立起来了。县、乡两级人民代表大会的召开，以及社会主义民主法制的不断完善，标志着两县以工人阶级为领导、以工农联盟为基础的人民民主政权建设得到巩固和健全。龙溪、海澄两县合并后，特别是中共十一届三中全会召开后，地方民主法制建设进程加快。1980年10月，龙海县包括老区在内的全体选民，首次通过“直接差额选举”，选出495名县人大代表，召开县第八届人民代表大会第一次会议，大会听取和审议县革委会、县财政和县人民法院、人民检察院工作报告；选举产生县人民政府正副县长和县人民法院院长、县人民检察院检察长，并首次选出以杨百洲为主任的县人大常委会组成人员（县八届人大二次会议选杨英古为县人大常委会主任）。县第九至十一届人大一次会议，又先后选出以郑福全、叶锦裕（连任两届）为主任的县人大常委会组成人员和“一府两院”领导人员。县人大及其选举产生的“一府两院”，每届任期1993年及以前为3年，1993年后改为5年。

龙海县人大常委会作为县人民代表大会常设机构，在人民代表大会闭会期间，代行人民代表大会职权。县人大常委会下设办公室，以后增设法制（内务司法）、农村、财经、教科文卫、华侨民宗、城建环保和人事代表等工作委员会和信访办公室，简称“两办七委”。常委会办公室和各工作委员会均为正科级机构，主任由常委会驻会委员担任，有些委办还配备副主任或专职委员。工作委员会除主任和专干外，还设有来自相关部门的松散型委员，以便平时开展工作。

依照法律规定，县人大常委会行使三权，即本地区重大事项决定权、对“一府两院”的监督权和人事任免权。行使职权的方式，是定期举行常委会会议，听取和审议“一府两院”的有关报告和议案，任免国家机关工作人员；组织调查和视察，开展执法检查；督促政府及有关单位办理代表大会期间审议通过的议案和建议、批评、意见（简称议案建议），后来龙海县人大常委会又创造了评议监督形式。

县人大常委会依法决定本地区重大事项，是常委会代行人民权利的重要表现。1980年以来，龙海县人大常委会已在法定会议上审议通过决议、决定近百件，如《关于加快外向型经济发展的决议》《关于实施九年义务教育的决议》《关于严厉打击刑事犯罪活动的决定》《关于在司法机关和行政执法部门推行执法责任制和错案责任追究制的决定》等。县人大常委会还运用任免、决定任免的人事任免权，任免和决定任免一大批国家机关工作人员。

在县人大常委会会议上审议“一府两院”的报告或议案，是常委会行使监督权最常用的方式。如1993年龙海县十三届人大第三次会议审议通过的“关于坚定不移地加快发展乡镇企业的议案”，提交政府办理后，县人民政府进行了认真办理。这一年全县乡镇企业出现了快速发展的好势头。但在县人大常委会会议上审议时，委员们又给县政府提出了一些意见建议，引起县政府高度重视，又采取有力措施加快发展。结果在年底全省乡镇企业工作会议上，龙海县被评为“乡镇企业十强县”，全省排名从1991年第12名提升到1993年第6名。这成绩的取得，是与县人大常委会的审议监督分不开的。

龙海县人大常委会积极参与全国人大和省人大有关法律法规草案的讨论，并在人民群众中开展了“一五”“二五”“三五”普法教育，在法定会议上审议通过了人民政府依法治县（市）规划；组织了对《未成年人保护法》《妇女权益保障法》《残疾人保障法》和《农业法》《森林法》《环境保护法》等法律法规的执法检查。从1992年起，组织4次对公、检、法机关、人民政府和税务、工商、土地、交通等单位的评议或联动评议，带动乡镇人大主席团上百次组织评议基层“七所八站”工作，纠正了一些单位的违法行为，督办了一批群众反映强烈的疑难棘手案件和问题。20世纪90年代初，一些地方出现乱砍滥伐森林屡禁不止的行为。县人大常委会执法检查后，县人民政府根据人大的建议，深入各乡镇宣传《森林法》，抽调林业公安股，林场派出所等人员，分赴林区发动群众，摆疑点、查线索、清积案，狠狠打击毁林犯罪活动，共查处刑事案件5起，治安案件5起、林政案件44起，各种处罚58人，其中逮捕4人、拘留2人，有效制止了乱砍滥伐森林的歪风。

龙海县人大常委会还积极组织本级人大代表开展活动，在乡镇把县级人大代表与乡镇人大代表混合编组，根据代表的法定职权，发挥他们的参政议政作用和模范带头作用。按照《村民委员会组织法》和《居民委员会组织法》，村委会和居委会属于群众自治组织。村（居）委会与村（居）民利益密切相关的事情，都必须与村（居）民商量，征求大家的意见，取得大家的认可和支持。为此，县人大常委会和乡镇人大主席团联手，发动县、乡镇人大代表参与村务、居务的民主管理(后来又发展到参与乡务镇务的民主管理)。如老区东泗乡虎渡村和程溪镇的做法和经验就得到肯定和推广。为了充分发挥人大代表的作用,县、乡镇人大多年深入开展“创先争优”活动,不断激发人大代表参政议政的热情。对有些地方和单位侵犯人大代表权益的,县人大常委会依法给予保护,并向这些地方和单位领导大力宣传《代表法》及代表在履职时的言论免责权和人身特别保护权,免除人大代表后顾之忧,更加理直气壮地参政议政。

1980 年至 1993 年,龙海县人大常委会的领导克服社会上部分人对人大的偏见,以孜孜不倦的精神学习钻研法律知识,带领常委会组成人员开拓进取,依法行使职权,硕果颇丰,广大干部群众开始对人大及其常委会刮目相看。

中共十一届三中全会后,在龙海县委的重视下和漳州市委、福建省委的支持下,还推荐时任石码渔业大队党总支书记张福连、角美公社(镇)党委书记郑福全、林再生、“龙江风格”发祥地榜山洋西村党支部书记郑霜高为全国人大代表人选,使之在省人代会上分别当选为第五届、第六届、第八届、第十届全国人大代表。

人民政协是各党派、团体、各族、各界人士参政议政的重要场所,是中共政治生活中发扬社会主义民主的重要形式。1956 年 3 月、7 月,政协海澄县委员会、政协龙溪县委员会先后成立。1960 年,龙溪、海澄两县合并,政协龙海县委员会承接两县届次,于 1962 年 1 月在海澄镇举行第三届委员会会议。“文化大革命”期间,龙海政协遭受冲击,大批委员受到打击和迫害,会址被占用,被迫停止办公。1980 年 8 月,龙海政协恢复活动。

中共十一届三中全会的召开和改革开放重大决策的实行,使龙海政协的工作视角更开阔,政治协商、民主监督和参政议政的内容更丰富,因而要求政协在自身建设上有所创新,有所突破。

龙海政协的组织形式为龙海县政协委员会及其常务委员会。

龙海政协委员会由中共龙海县委、各民主党派、无党派民主人士、人民团体、少数民族和各界的代表、台湾同胞、港澳同胞和归国侨胞的代表以及特别邀请的人士组成。每届委员会的参加单位、委员名额和人选，由上届常务员委会协商决定。每届委员会任期内，如有必要增加或者变更参加单位、委员名额和人选，由本届常务委员会协商决定。1980 年 10 月，龙海政协第五届委员会主席由黄海澄担任(第六届至第八届委员会主席分别由杨英古、郭彩洪担任)，龙海政协委员会原规定每届任期 2 年，1982 年改为每届 3 年，1994 年起改为每届 5 年。

龙海政协常务委员会(简称“政协常委会”)是龙海政协委员会常设机关。常委会主持政协委员会会务；主席主持常委会全面工作。主席、副主席、秘书长(办公室主任)组成主席会议，处理常委会重要日常事务。

政协委员是政协委员会组成人员，依照《政协章程》规定，在充分发扬民主的基础上产生。委员人数从第一届龙溪、海澄政协 126 名增加到第十四届龙海政协 214 名，参加单位从 13 个增加到 80 多个，届别在原有范围的基础上扩大到新的社会组织，体现了爱国统一战线的不断发展和壮大。

龙海政协工作机构的设置，按政治、经济、文史、科教文卫等不同领域，以及统一战线各方面内容来划分。政协机关成立 20 年来，经过历届的不断探索、改动，现设立办公室、提案委员会、经济与科技委员会、文教体卫委员会、台侨胞联谊委员会、法制委员会、文史资料委员会等“一办六委”。这些工作机构归类合理，职能划分更完善。

政协专门委员会(工作组)是在龙海政协常委会和主席会议领导下，组织委员进行经常性活动的工作机构，也是联系委员和各界人士、履行政治协商、民主监督、参政议政职能，为各个时期党的中心任务服务的具体组织形式。专门委员会以委员为主体，根据工作需要，还吸收少数有代表性或有专业成就的人士及党委、政府部门、民主党派、人民团体的负责人参加。具体设置按政治、经济、科教、卫生、文史资料研究等不同领域以及统一战线各个方面的内容划分。其成员以自愿原则和协商邀请相结合，按其工作性质和特长分别编入相应的委(组)。各委(组)设主任(组长)1 人(正科长级)，副主任(副组长)若干人。委(组)的主要工作职责是:根据政协委员会全体会议和常委会提出的各项任务,分别组织实施,并就龙海政治、经济、文教、科技、卫生、文化历史、社会生活以及统一战线等方面的重要问题,提出意见和建议。其基本工作方法是开展专题调查、组织委员视察和召开专题座谈会。1991 年 10 月政协八届常委会增设"委组联络办公室"和"三胞联谊委员会办公室"两个局级单位,更便于对委员活动和三胞联谊的联络和指导。为了把政协工作贯穿到基层,还在各乡(镇)场设立政协委员联络组,联络组长由所在乡镇党委副书记或分管统战的党委委员兼任。

龙海政协历届委员会及其常委会依照人民政协章程规定,忠实地履行政治协商、民主监督、参政议政的职能,认真参与地方重要施政方针的协商,协助县人民政府宣传贯彻党和国家方针政策。围绕中心,服务大局,汇集各方智慧力量,促进龙海更快更好发展。搭好每年"两会"议政平台,深入协商讨论,积极议政建言,交办高质量提案,把委员和群众的要求转化为党委、政府决策。发挥政协人才荟萃,智力密集的独特优势,为改革发展献谋出力。积极反映人民群众的热点难点问题,推动政府部门改进工作和作风。密切联系龙海的台胞台属、归国侨眷,扩大"一国两制"和对台政策的宣传。开展地方文史资料征集、整理、研究和出版工作,资政团结育人。组织政协委员、各界民主人士学习理论和时事政治,进行自我教育,提高为中国特色社会主义服务的积极性。1985 年 3 月,龙海县政协发出"爱我家乡,美化锦江"牵头集资兴建石码锦江道的倡议,取得良好效果,有力推动石码市政工程建设。随后几年,还先后组织开展了文化产业发展、海丝申遗、商贸流通、文明城市创建、交通设施建设、贫困残疾人"安居工程"、饮用水资源保护利用、九龙江流域龙海段砂石场专项整治、社区矫正、传统村落和旧城保护与开发利用、市区医疗环境、胶合板专项治理、富美乡村建设等专题调研、视察,得到县(市)委、人民政府和有关部门的肯定。

民主党派是人民民主统一战线的重要组成部分。龙海现有中国国民党革命委员会龙海县总支委员会(简称"民革",1956 年建立石码民革小组,1985 年成立支部,1985 年成立总支委员会)、中国民主同盟龙海县总支委员会(简称“民盟”,1955 年建立民盟海澄 9 小组,1981 年成立县总支委员会)、中国农工民主党龙海县委员会(简称“农工党”,1957 年建立石码支部,1987 年成立县委员会)、中国民主促进会龙海县支部委员会(简称“民进”,1988 年成立)、中国致公党龙海县支部委员会(简称“致公党”,1989 年成立)、台湾民主自治同盟龙海县支部委员会(简称“台盟”,1988 年成立)等 6 个民主党派。1979 年,龙海县执行党的统一战线政策,在民主党派和无党派人士中,贯彻“长期共存,互相监督,肝胆相照,荣辱与共”的方针,恢复了各民主党派组织活动。1990 年后,实行民主党派、各界人士参政议政的季度座谈会制度,从发展最广泛的爱国统一战线出发,增加民主党派及各界人士在县政协的委员名额和在县人大的代表名额,较好地发挥了各民主党派和无党派人士在政治协商、民主监督、参政议政中的作用。

龙海是福建的主要侨乡。据 1987 年统计,全县有华侨 15.89 万人,侨居 21 个国家和地区;县境内的归侨、侨眷共 11.32 万人,其中归侨 8678 人。这些华侨,特别是爱国归侨和侨眷都是人民民主统一战线的重要对象。龙海历来十分重视做好这部分群众的工作。1960 年 2 月,龙溪、海澄两县合并后就成立龙海县归国华侨联合会。1991 年 6 月,龙海县第八次归侨、侨眷代表大会召开,县归国华侨联合会已延续到第八届。在县委统战部门的指导下,县归国华侨联合会成了党和人民政府联系归侨、侨眷和华侨的桥梁。1979 年前,贯彻“热情接待,一视同仁,服务周到”的方针,龙海县先后安置归国难侨 13 批 1030 户 4719 人,双第华侨农场就是主要安置点之一。1979 年后,龙海县委统战部牵头落实侨务政策,团结归侨和海外侨胞,重用归侨知识分子,发挥了他们的聪明才智,为社会主义祖国的振兴做出了贡献。

龙海与台湾一水相连,语言相通,习俗相近,骨肉相亲。龙海境内现有台胞 1100 多人,台属 17551 人,龙海移民后裔在台约 100 万人。1949 年 10 月后,台湾海峡两岸人民彼此隔绝往来。1979 年元旦,全国人民代表大会常务委员会发表《告台湾同胞书》,宣布争取和平统一祖国的大政方针后,海峡两岸关系日趋缓和。做好台湾同胞的工作,也是人民民主统一战线的主要任务。1982 年中共龙海县委成立对台工作部,下设办公室(正科级单位)。1984 年 11 月,龙海县成立兴农贸易公司,经营对台小额贸易。1985 年 5 月,经福建省人民政府批准,成立龙海县“龙发贸易公司”,直接经营对台贸易业务。1987 年 11 月,台湾当局允许台胞到大陆探亲,原籍龙溪、海澄两县的台胞纷纷前来寻根谒祖。为适应这一趋势,1988 年 4 月、5 月,龙海县人民政府分别成立台胞接待站、台湾事务办公室,认真贯彻中央对台方针政策,做好台胞台属安置、联络接待、救灾抢险、人道援助和对台宣传工作,通过各种渠道宣传祖国宝岛台湾和龙海建设风貌,使两地人民增进了解,争取祖国早日统一。1988 年 9 月,台湾—那霸—厦门航班首次实现两岸间接通航。11 月,台湾“经营部”公布“大陆产品间接输入处理原则”,准许间接进口大陆产品。此后,两地贸易关系日趋明朗化,台胞到龙海投资办企业、经营贸易项目及数额增多,两岸的民俗、宗教活动日益频繁。两岸关系出现了可喜的局面。

龙海由于历史的沿袭,宗教信仰比较突出,主要是佛教、道教等中国本土的宗教,其寺庙宫观分布于龙海城乡各地。此外,基督教、天主教等西方宗教也不在少数,约有教徒、修女 7000 余人。新中国成立后,龙溪、海澄两县人民政府坚决贯彻执行党的宗教政策,宣布宗教信仰自由,保护宗教建筑及名胜古迹;还成立中国基督教“三自”爱国运动委员会和天主教爱国会。1978 年改革开放以来,龙海县宗教界人士团结在爱国民主统一战线中,享有宗教信仰自由的权利,从而更加拥护共产党的领导,拥护人民政府和社会主义制度。

第十一章　撤县设市的推动和经济社会再上新台阶

（1993 年 6 月—2012 年 12 月）

1993 年 6 月，龙海撤县设市后，中共龙海市委、龙海市人民政府在中共十四大至十七大精神指引下，团结带领全市人民乘着改革开放的强劲东风，大兴基础设施建设，大抓工业和乡镇企业发展，以招商局中银漳州经济开发区建设为契机，提出“依港兴市、兴工富民”的总体发展思路，通过政策推动、外向拉动、民营支撑带动、项目建设牵动等策略，促进工业迅猛发展、乡镇企业异军突起，经济开发区独树一帜。引进了一批特大型高税源外资企业，形成强大辐射带动作用，使龙海实现了由传统农业大县向工业强市的转变。围绕农业增效、农民增收目标，培育主导产业，建设示范基地，发挥对台合作优势，加快现代农业产业发展。2007 年后，积极融入海峡西岸经济区建设、集中精力大干“五大战役”，增强创业创新活力。以项目建设为龙头，注重招商引资，扩大对外开放，形成了 6 大支柱产业。围绕建设小康社会目标，大力提升经济综合实力；城市框架快速拓展，城市功能日趋完善；社会管理创新加强，文明建设、平安建设效果显著，各项事业持续进步。

第一节　发展战略的实施与经济综合实力的增强

1993 年 5 月 12 日，国家民政部发文，就福建省撤销龙海县设立龙海市，向省人民政府做出批复。文称：经国务院批准，同意撤销龙海县，设立龙海市（县级），由省直辖，以原龙海县的行政区域为龙海市的行政区域,不增加机构和人员编制。28 日,福建省人民政府也就龙海撤县设市向漳州市做出批复,只在“由省直辖”后面增加一句:“委托漳州市代管”,其他内容与民政部批复相同。6 月 28 日,龙海撤县设市庆典大会在石码镇人民体育场隆重举行,干群激奋,万众欢呼。中共龙海市第七届委员会(延续龙海县当届届次)、龙海市人民政府等五套班子正式挂牌办公,并启用新印章,市五套班子成员由原来县五套班子成员改任。市委书记桂其明(翌年 10 月调厦门市工作)、市人大常委会主任叶锦裕、市人民政府市长郑道溪(当年 9 月调东山县任县委书记)、市政协主席郭彩洪、市纪委书记蔡炳智,市人民法院、市人民检察院和市直委部办领导也都由原职改任。

1994 年 1 月后(至 2012 年 12 月),中共龙海市委共召开 5 次党的代表大会,先后选出第八届至第十二届委员会,先后由黄浦江、王良才、吴志明(连任两届多)、许荣勇、张宗苎任书记。在中共龙海市第八次至第十二次代表大会上还先后选出市纪检委,先后由蔡清溪、杨溪峰、沈应生、吴丁顺任书记。在政权方面,龙海市第十二届至第十六届人大一次会议先后选出第十二届至第十六届人大常委会组成人员,先后由叶锦裕、张水湖、许跃国(连任两届)、沈应生任主任;先后选出第十二届至第十六届人民政府班子,先后由庄凉江、康君福、杨溪峰(连任两届多)、曾建成任市长;还先后选出市人民法院院长和市人民检察院检察长。龙海市政协委员会也召开五次政协一次会议,先后选出第九届至第十三届委员会,先后由康天厚、周阿份、柯莲英、高伟强任主席。

建市后,龙海市五套班子,特别是中共龙海市委、龙海市人民政府信心百倍,团结带领全市人民乘着改革开放的春风,把握机遇,开创未来。当时,全市基础设施建设和工业、乡镇企业、经济开发区(含招商局中银漳州经济开发区)建设正在火热进行中。面对大好形势,市委、市人民政府提出了“依港兴市,兴工富民”总体发展思路,实施“农业稳市,工业立市,开放强市,科教兴市”战略构想,以“乡镇工业年,基础设施建设年”(简称“两个年”)活动为载体,展开了建市后新一轮创业。

在龙海建市之初的五年间,位于浮宫、港尾交界处的招商局中银漳州经济开发区建设迅速推进。1993年,龙海市第五期征用给开发区作为成片开发建设的用地已得到漳州市人民政府的批准,共征用港尾镇石坑村土地60.79公顷,核定土地出让金1156.85万元,土地征用期限50年。同年,隆教乡获得福建省人民政府同意享有沿海经济开发区重点优惠政策,迎来新一轮发展机遇。1994年4月,龙海市的步文、角美、海澄、榜山、紫泥、石码、颜厝、九湖、郭坑等乡镇被漳州市列为重点乡镇,领先发展农村工业化、城镇化各项事业。5月,总面积80亩的蓝田村乡镇企业集中连片规划区,获得龙海市人民政府同意。7月,龙海市被列为全国500个粮食大县之一(全省仅有4个县、市被纳入);国家"高优农业综合开发区项目"金定鸭开发基地在紫泥甘文农场设立。8月、9月,角美坂美、杨厝、社头,步文打山、后店、孚美、朝阳、小港,浮宫邱厝,榜山南苑制革生产区10个乡镇企业开发区规划和程溪下庄、程溪圩、浮山,步文蔡坂、梧桥、西坑、步文,九湖下庵,角美恒苍、埭头、锦宅等12个乡镇企业连片开发规划区先后获得龙海市人民政府同意。

面对工业、乡镇企业和经济开发区的良好发展态势,龙海市人民政府于1994年出台了《关于进一步扶持乡镇企业发展的若干规定》和《关于1995年乡镇企业主要工作实行目标考核的通知》。在市人民政府优惠政策的扶持下和目标考核管理的激励下,龙海工业和乡镇企业异军突起。1994年6月,由香港宏雅企业集团独资兴建的龙海轧钢厂和漳州炼钢厂投产,总投资4000万元;12月,全市第一个规范化股份制乡镇企业"海新实业有限公司"开业。1995年1月,龙海市委、市政府决定开展"乡镇企业创百亿元"宣传月活动,全市形成了一个大办乡镇企业新浪潮,使工业、乡镇企业发展进了一大步。1995年3月,漳州市最大的企业项目——"福建统一马口铁"项目签约,5个月后,在角美工业综合开发区举行奠基仪式;7月,龙海市最大综合市场——榜山农工副产品专业批发市场动工兴建(占地50亩,投资6000万元);12月,台商王永庆总投资20亿美元、征地 1980 亩的漳州后石(华阳)火力发电厂项目引进成功,落户隆教。

1995 年,步文镇成为漳州市乡镇企业年产值率先突破 10 亿元强镇;全市涌现 21 个亿元村,海澄镇埭新村为漳州市第一个亿元村,港尾镇浯屿村为全省“首富村”;角美、步文、紫泥、海澄等镇在全省沿海亿元镇创“十好”文明集镇友谊赛中获优胜奖。是年,漳州市人民政府表彰乡镇企业,授予角美、步文、海澄、榜山 4 个镇为“十强镇”,海澄镇埭新村、步文镇后坂村、郭坑镇郭坑村和榜山镇南苑村、平宁村为“十强村”;海新集团、紫山食品总公司、闽南工贸集团、角美建筑工程公司为“十强乡镇企业”。

1996 年,龙海市人民政府《关于简化企业申办审批程序若干规定》和《关于扶持乡镇企业发展的若干规定》相继公布实施,龙海市乡镇企业工作领导小组成立,加强对“乡镇企业活动年”的领导,促进了乡镇企业快速发展。是年,龙海市被国家农业部评为“全国乡镇企业先进市”。海新饲料有限公司、紫山食品饮料公司、角美建筑工程公司和闽南电控厂被评为“省乡镇企业百颗星企业”,紫山食品饮料公司被国家农业部列入“全国 500 家先进乡镇企业”,国安船业有限公司成为全省第一家拥有“玻璃钢”生产能力的乡镇企业。

在工业、乡镇企业和经济开发区大力发展的同时,龙海通讯等一批基础设施相继建成。1994 年先后投入 8000 万元在 16 个乡(镇)场安装 3.55 万门程控电话及相应传输线路,16 个乡(镇)场全部实现电话交换程控化、线路传输数字化;市区有线电视系统试播成功。1996 年实现龙海市最高海拔行政村程溪镇粗坑村、东马村通上电话。水上运输,浮宫港务站代理经营浮宫至厦门快艇航线正式投入运行;龙海飞翼客运有限公司开业,开辟石码至厦门全日客运班次,每天 20 个班次;浮宫镇海门陆岛码头竣工并投入使用;港尾码头(漳州港)完成码头水下基础成型并开始主体 500 吨沉箱安装工作;1995 年 5 月普贤码头正式投入营运,年吞吐量 12 万吨。电力扩容,角美 220 千伏输变电站破土动工,是漳州电力工业由滞后型向超前型发展的一个重要项目;1995 年 1 月,颜厝 110 千伏变电所开工，项目可满足老区颜厝、九湖、程溪 3 个镇与日俱增的用电需求。陆路交通，国道 324 线龙海西溪至角美路段主车道水泥路面工程全线贯通；1995 年 9 月，市人民政府同意海澄月港小区和龙海市区“二环路”“海澄至山后”道路两侧修建方案；市区石码紫光路道路、桥梁及排水工程竣工；九湖镇“圆山公路”全线建成通车。1996 年 3 月，紫泥浒茂公路竣工通车，总长 7.3 公里。

1995 年 12 月，龙海市举行九龙江南港锦江段悬索桥（锦江大桥）开工典礼，大桥设计长 432 米，宽 10 米，为福建省当时施工规模最大的悬索桥，大桥的建成，结束了紫泥人民数百年来出行依赖舟楫的历史。1996 年，中共第八届龙海市委继续实施“先行工程”，掀起道路基础设施建设热潮。龙（海）（漳）浦公路东泗段开工，总长 10.6 公里，路面宽 23 米；石码锦江道西段扩宽改造工程动工，总长 1 公里，拆迁面积 1 万平方米；石码二环路举行开工典礼；市区主干道工农路拓宽改造工程开工；漳州东大门的步文镇步港路拓宽工程开工，全长 800 米；省道郊柏线龙海九湖路段拓宽改造工程启动，全长 9.5 公里，路面宽 23 米，建成四车道水泥路面国家二级公路。1997 年 2 月，程溪至三坪公路建成通车，全长 28.3 公里，总投资 370 万元；长洲互通桥、程溪林棉路拓宽、厦漳高速龙海长洲段通车、角嵩路拓宽改造、龙海虎渡桥至漳浦三古路段改扩建项目等一批道路基础设施投建或竣工通车。

为适应经济发展需求，在上级及有关部门支持下，对龙海境内实行机构调整和地域变动。1993 年，根据角美工业综合开发区企业出口报关的需要，经厦门海关批准，漳州海关角美监管组成立，并开始办理海关业务（1995 年升格为漳州海关角美监管科）。1994 年 9 月，龙海市税务局分设为地税局和国税局。市农村信用社与农业银行脱离行政隶属关系，成为自主经营、独立核算的农村金融机构。1996 年 8 月，招商局中银漳州经济开发区漳州港区被国家交通部列为“首批对台直航口岸”；角美工业综合开发区和招商局中银经济开发区部分区域被纳入漳州市规划建设高新科技园区范围；9 月，步文镇（梧浦、长洲两村除外）、郭坑镇从龙海市划出，归新设立的龙文区管辖，两镇总面积110平方公里，总人口11万人。

1998年11月，中共龙海市委、龙海市人民政府实施“农业稳市，工业立市，科教兴市”战略构想，全市形成了石码市区、港尾湾区、角美经济区3个重点区域和禽牧养殖基地、花卉生产基地等6大高优农业基地，培育发展了食品、建材、机械、包装、化工和能源工业，逐步形成拥有相当规模效益的支柱工业群体。至年底，全市工业总产值首次超过一、三产业，三次产业结构比例32.3∶38.1∶29.6；财政总收入3.39亿元，年递增25.1%；累计引进“三资”企业项目215个，年均引进43个，其中上亿美元项目3个。

1999年，龙海市人民政府采取改组、联合兼并、租赁承包、股份合作、出售转让等形式，推进国有小型企业改制；以调高、调优、调外原则，优化农业产业结构；引导、扶持、服务非公有制经济发展，提出搭建4个平台：即提高企业知名度、开拓产品销售市场、引进新技术新项目、培训人才及引进人才。1999年至2003年，克服台风、霜冻、特大干旱等自然灾害的袭击和“非典”疫情的影响，面对中国加入世贸组织后带来的机遇和挑战，龙海市采取外向拉动、内联驱动、民营互动和项目带动策略，着力将龙海建成漳州重要的工业生产基地、现代生态农业示范基地、进出口中转基地、新兴教育产业基地、科研成果转化基地、人才培训基地。2001年4月，厦门大学漳州校区在港尾镇大径村启动建设，总投资12.9亿元，总建筑面积60.8万平方米，能容纳2万名学生就读，翌年开始面向全国招生。2002年，中共龙海市委第九次全体（扩大）会议原则通过《关于加快工业化进程的决定》。7月，总投资1.2亿美元的龙池开发区灿坤工业园在角美举行隆重开工仪式；9月30日，首期26万平方米轻钢结构厂房正式开工；2003年1月进行试投产，被誉为“龙池速度”。至此，全市有6个省级开发区（工业区）和19个工业聚集区。2002年9月，龙海作为全国首批无公害蔬菜生产示范县，顺利通过农业部农技推广中心验收。10月被科技部批准为国家星火技术密集区。龙海发挥对台农业合作优势，建成了东园、榜山等5个省级、漳州市级现代农业示范区和4个生态农业园区、2个省级有机食品基地、1个国家级花卉标准示范区。2003年，全市社会生产总值106.82亿元，5年间年递增12.3%；工业总产值205.09亿元，年递增21.9%；规模工业企业137家，产值168.41亿元，年递增28.5%；农林牧渔业总产值35.89亿元，年递增4.9%。

2004年1月后，龙海市委、市政府实施“融入一湾、做强两翼、对接三区、构建四条经济带、形成五个经济组团”的区域发展战略，强化产业的集聚功能、对台的窗口功能、中转的枢纽功能、现代农业的示范功能，推动全市经济持续快速发展。至2006年，全市社会生产总值175.52亿元，3年间年递增11%；工业总产值356.73亿元，年递增18.9%；规模工业企业229家，工业产值313.71亿元，年递增22.2%。3年中，全市工业增加值98.45亿元，占生产总值比重56.2%。县域经济基本竞争力第5年位居全国“百强”，经济综合实力第11年保持全省“十强”。角美、石码两镇被评为全国“千强镇”。

2007年，龙海市委、市政府出台《关于实施依港立市战略的若干意见》，围绕“建设经济强市，构建和谐龙海”发展主题，实施“依港立市、工业强市、商贸活市、科教兴市”发展战略，充分发挥区位优势，参与海峡西岸经济区建设，进一步推进全市经济快速发展。2008年，龙海市委提出要紧紧围绕经济建设中心，以服务再优化、效率再提高为工作导向，切实履行发展经济第一要务的职责。随着海峡西岸经济区建设、厦漳同城化发展和漳州市区跨江南拓等战略决策的深入推进，龙海市全面进行战略调整，坚持好字当头，好中求快，以人为本，民生为先，呈现跨越发展的新局面。是年，全市社会生产总值244.42亿元，比上年209.84亿元增长16.48%；工业总产值531.31亿元，工业增加值136.33亿元，对生产总值增长的贡献率达62.86%；财政总收入27.73亿元，工业税收占财政总收入的69%。提前完成“十一五”规划目标，县域经济基本竞争力连续7年位居全国“百强”，经济综合实力连续13年保持全省“十强”。

2010年龙海市继续保持经济迅猛发展态势，实现社会生产总值365.5亿元，比增15.1%；公共财政总收入37.46亿元，比增19.53%；全市工业总产值759.81亿元，比增26.1%；规模工业442家，其中产值上亿元的有114家；有8家企业进入上市辅导期或正加紧改制，希源纸业母公司在香港上市；紫山集团产品被国家工商总局认证为“中国驰名商标”；“浮宫杨梅”获得国家地理标志保护。

2012年，龙海市委、市政府确立工业转型升级、城市拓展提升、三产加速壮大、临港产业聚集、民生着力改善5大重点发展思路，经济社会进一步向前推进。全市新增规模工业企业35家，总数368家，规模工业总产值824.5亿元，比增9.2%；培育后备上市企业10家，新增国家级高新技术企业1家。发展县(市)级以上农业产业化龙头企业61家，产值突破100亿元；全市农林牧渔业总产值91.05亿元，比增4.4%。至年底，龙海市主要经济指标同2011年和1993年相比，全市社会生产总值482.28亿元，分别比增12%和21.6倍；公共财政总收入55.18亿元(其中地方公共财政收入35.21亿元)，分别比增6.65%和48.7倍；全社会固定资产投资304.44亿元，分别比增43.8%和75.7倍；社会消费品零售总额109.32亿元，分别比增13.7%和15.8倍；农民人均纯收入10405元，分别比增14%和6.17倍；城镇居民人均可支配收入24822元，分别比增13.6%和9.88倍。龙海市经济综合实力继续保持全省“十强”，荣获2014年度全国中小城市综合实力、最具投资潜力、最具区域带动力“百强县(市)”3个称号。

第二节　城市框架的拓展与城区功能的完善

改革开放以来，特别是龙海撤县设市以来，历届中共龙海市委、龙海市人民政府一任接着一任干。为了适应厦漳泉城市发展的新格局，构建大框架，建设新城区，管好老城区，不断完善城市功能，提高城市化发展水平，除了聘请有资质的城市设计院专家帮助制订龙海城市建设发展规划外，1994年和1998年先后两次通过市十二届人大常委会会议，对龙海城市布局和建设、城市环境发展规划进行审议，广泛听取常委会组成人员和人民群众的意见。按照龙海城市布局，主要市区在石码和海澄两个集镇，及正在形成十里长街的区域。至2007年，城市建成区面积已由撤县设市之初的2.4平方公里扩大到14.82平方公里；城市人口由1993年的6.2万人增加到15.9万人；城市化水平由1993年的11.5%提高到41%。至2012年底，老城区石码镇已形成“三纵三横”格局，并逐渐向海澄方向发展。公共基础设施和城市功能日趋完善。

石码市区道路建设实行新建与改造并举，逐步形成较为完善的城市道路网络。1993年以来，新建的主次干道有：平宁路、紫光路、紫崴路、锦江道西段和东段、后港路、20号路、东市场路等；改造的主次干道有：紫崴路、人民路、人民西路、人民东路、工农路、港林路等。至2007年底，城区道路总长91公里，道路面积108.8万平方米。2010年，续建锦江道二期工程，开工新建锦江道三期工程、芦州大道、山后渠化岛、龙江大桥、紫光路工程，实现市区十三号路竣工并投入使用。2012年，完成投资5.21亿元，续建锦江道东段二期三期工程、龙江大桥、紫云路、紫云路西段等项目。

石码老城区原水厂取用于九龙江西溪九十九湾水源，1992年以前，自来水日供水能力仅为高坑1000吨、海澄2000吨、罗锦5000吨；供水管道长26.55公里，自来水普及率为25%。为了增强市区供水能力，1993年6月投资1.44亿元新建自来水厂，取用北溪水源，取水点位于榜山镇长洲村，厂址位于榜山镇翠林村，解决石码、海澄两个老城区居民供水问题。1997年1月，市自来水公司向东部地区供水，总里程8200米，从根本上解决东部地区乡镇人民群众生活和工业用水问题。海澄至东园自来水管道也施工完成，总投资1500万元，重点解决东园镇群众饮水问题。3月，老区颜厝镇粮食专管灌溉工程竣工投入使用，解决3000多亩“望天田”、4000亩果园的灌溉和沿江1万多名群众的生活用水。紫泥镇自来水工程开工，总投资1300万元，铺设管道25公里，引水到紫泥岛，解决全镇群众有史以来吃水难问题。2004年7月至10月，再投资300多万元对石码解东社区等3个片区进行管网改造；2007年至2008年，投资500多万元对石码安居新村等八大片区进行管网改造。至2007年底，龙海供水主干线达到72公里，供水面积16平方公里，受益人口近40万人，普及率100%。日供水量8万吨。2012年，完成投资3.46亿元，继续建设市区东部供水工程、与漳州开发区合作的原水工程，并对龙海自来水厂进行改造。2013年，全市用水普及率98.81%，人均日生活用水量154.67升。

2003年以前，石码市区公交公司主要承担下半市城区至各乡镇的客运工作，群众交通出行颇为不便。2003年元月，首次开通市区2条正规公交线路，即石码至海澄、石码至金定；至2007年底增加6条公交线路，即石码至崇福、石码至北溪头、石码至巽玉、石码至东园、石码至西月岩、石码至溪坂。至此，共投入资金240万元，开辟8条公交线路，购置24部公交车，初步形成便捷、舒适、低价的城市公交服务系统。2010年，再添置公交车辆，总数达到28部。2011年，开通石码至浮宫、石码至白水、石码至港尾普照寺、石码至角美以及市区共6条公交线路，逐步推行从普通公交车向智能公交车迈进。

1993年，石码市区保洁时间12小时，采用“两班”滚动作业，保洁率90%，垃圾清运率100%。1995年，市区垃圾无害化处理场迁至榜山镇许林头村蒲姜岭，建设100吨/日的垃圾无害化处理场。1998年，市环卫处拥有专业车辆26辆，生活垃圾运输、装机作业机械化程度达70%。1999年5月，建成桥口垃圾转运站。2000年，新建垃圾中转站5座，新改建公厕30座，全部达到二类以上标准。2004年龙海市通过省级卫生城市验收。2007年，市环卫处配有机动车辆19部，密闭保洁车132辆，配置垃圾桶、果皮箱200多只。2010年以来，共投入138万元购置道路清扫车、清洗车、摆臂垃圾车等专业车辆，强化机械式清扫，推行环卫作业时间、人员和责任“三落实”制度，确保清扫保洁常态化。

1993年至2007年，石码城区建成公园绿地13处，面积508公顷，人均公园面积14平方米，城市所有道路皆实现绿化建设；市区绿化覆盖率由1993年的18.15%增加到2007年的38.87%，建成区绿地率由1993年的13.68%增加到2007年的34.21%。到2007年底，全市城市道路绿化普及率92%，城市道路绿化达标率80%以上，新建主干道绿化带面积占道路总面积的25.7％，旧区主干道绿化面积占道路总面积21.3％。截至2013年底，城市建成区绿化覆盖面积789公顷，绿化覆盖率42.17％；建成区绿地面积736公顷，绿地率39.34％，人均公园绿地面积14.99平方米；公园绿地面积277公顷。

1993年，石码城区生活污水无害化处理尚未开展，也未实施雨污分流制，雨污合流管道长32.4公里。1999年，动工兴建平宁路中段工程，首次对雨污水管道进行分流铺设。2000年，新改、扩建城市道路均实施雨污水分流制。2001年，完成紫光路、紫崴路排水工程建设，总长310米。2006年，开始进行城市生活污水处理厂的筹建工作，组建以城投公司为母公司的污水处理公司，负责城市生活污水处理的建设和管理工作。2007年，址在海澄镇的市城市污水处理厂区工程开工建设。2008年下半年竣工投入试运营。2009年，城市排水管网总长166公里，其中污水管网长41公里、雨水管网长45公里、雨污合流管80公里，污水处理率71.02％。2010年，市区污水2＃泵站竣工投入使用。2012年，建成区排水管道密度10公里/平方公里。随后，续建紫光路污水管网，污水处理率80.51％，污水处理厂集中处理率提升至59.56％。

1994年，石码镇旧菜市场开始拆迁改造，拆除旧房占地面积3466.86平方米；1997年建成市区第一座高层建筑市侨联商厦，建筑面积18000平方米，是市区最大的商贸物资集散地。打石街及解放北片区（大码头）旧城改造项目于2000年12月20日经省发展计划委批准立项，拆迁总建筑面积51307平方米，建成红树林花园小区。实施后港路改造工程，从2000年至2001年道路拓宽后，道路两侧已建设后港路南小区、世纪阳光商城、瑞景苑、江洋小区等住宅楼。改建港口桥片区，由港口花园和顺风苑2个项目组成。其中，顺风苑于1997年12月立项，拆迁建筑面积4242.64平方米，开发土地面积5123平方米，新建房屋面积1.1万平方米，连带开发桥口西侧4334平方米土地为公园，形成环境优美的花园式住宅小区，是市区旧城改造较为成功的一个项目；港口花园于1999年3月立项征地拆迁，共拆迁建筑面积4448.95平方米，至2003年5月建成5幢110套居住房，建筑面积2.21万平方米。位于市工农路中段的市动力机厂拆迁改造，于2002年5月18日启动，总拆迁建筑面积19477.13平方米，建成"运辉花园"小区。2012年，城镇居民人均住房面积27.8平方米，比1993年增加18.1平方米。

城市规模日益拓展。新建机关公共建筑有：建行龙海支行综合楼、电信大楼、消防指挥中心、邮政局大楼、交通大楼、工商局综合大楼、移动通信大楼、计生综合大楼、广播电视中心、国税局办税中心大楼、交警大队行政办公楼、质量技术监督局大楼、人民银行综合楼、法院审判综合楼等。科教文卫建筑有：龙海一中科学楼、龙海市疾病预防控制中心、教师进修学校、龙海市一中分校、新建龙海一中新校区、龙海第一医院新院区。商业物流建筑有：商业城、钻石大酒店、成兴大酒店、粤龙农副产品批发市场、闽南家具批发市场、建发城市综合体、泷澄集团企业总部大楼、高坑农贸市场等。

实施夜景工程，亮化美化市区。1993年以前，石码市区路灯主要分布在人民路、公园路等主干道，总数仅有760盏。1997年，配合旧城区拆迁改造工程，在新建公路配套架设路灯线路5.98公里，铺设路灯电缆12.76公里，夜景工程建设初具规模。1998年至2000年，投资110多万元为锦江大桥、市区主要公共绿地及重点地段分别装上礼花灯，改观市容市貌。2001年，建设西浮公路沿线、紫云公园、锦江道、锦江大桥及市区路灯40多公里。2007年，投入夜景建设资金约1000万元，建成开放夜景工程项目86个，初步形成以南台公园—锦江影院为核心，以工农路、人民路为主轴，以商业街区为集群，以标志性建筑物为点缀的城市夜景体系。

开辟休闲、健身风景区，组织文艺体育活动，丰富城镇居民生活。原市人大常委会主任张水湖退休后，全身心投入市区石码镇紫云公园规划建设。在他的发动和努力下，市有关单位和企业家大力支持，经过多年开辟、建设，于紫云岩创建了成规模的休闲、健身风景区，成为广大市民平时健身、节假日休闲娱乐的好场所。海澄城隍庙、妈祖庙也建成了人们休闲健身的好去处。石码、海澄各级组织，特别是总工会、共青团、妇联、老龄委、农体协、老体协十分重视居民群众的文体活动，组建了一支支芗剧清唱队、广场舞蹈队、太极拳队、老人门球队，每当清晨或傍晚，均能见到他们矫健的身影。龙海市老年大学和海澄等乡镇社区开办的老年学校，为退休老干部、老职工提供了老有所学、老有所乐、老有所为的好机会。

第三节　社会管理的创新与平安和谐的创建

中共龙海市委、龙海市人民政府牢固树立“发展是第一要务，稳定是第一责任”的意识，坚持以平安促和谐、以稳定保发展的思路，全面落实综治措施，切实加强精神文明创建，大力弘扬中华传统美德和“龙江风格”的集体主义精神，使民众形成积极向上的价值追求和健康文明的生活方式，呈现稳定和谐的良好社会氛围。

1993 年，龙海市区石码镇被中共福建省委、福建省人民政府授予“文明县城”、角美镇、紫泥镇被评为“十佳文明集镇”、市工商局、粮食局被福建省评为“文明单位”之后，又进一步加大文明创建的力度，针对社会管理中存在的问题，突出抓好社会和谐、稳定工作。在 16 个乡（镇）场建立社会治安综合治理办公室，配备综治干部 16 人、村（居）治安主任 280 人、调委会主任 280 人；建立各种治安联防队、护村队 199 支 1425 人，执勤点、治安岗、报警点 33 个。1994 年，结合村级换届选举，加强基层治保组织建设，全市共调整充实治保会 91 个、治保主任 91 人、治保委员 417 人；共组建乡镇治安联防队 16 支 134 人，村级治安联防队 143 支 1101 人。

1997 年，龙海市委政法委结合创建安全文明片区（小区）活动，共建安全文明片区（小区）103 个，治安岗 32 个；健全完善“110”社会联动机制。2002 年，市政法委举办综治骨干培训会，召开座谈会，组织各种学习培训班，组建各类群防群治队伍。这一年，新上报漳州市级安全小区 7 个。2005 年，全市 16 个乡（镇）场、开发区均配齐专抓综治副书记兼任综治办主任，并配备乡镇综治办专干 14 名。举办综治干部培训班 3 期,96 人次。举办农村治保调解人员、平安中心户长和综治协管员培训班 15 期,2929 人次。

2005 年,龙海市采用电信投资、政府承租模式,在全市投入近千万元,建成 163 个电子监控摄像头和市"110"主控中心平台,形成上下联动的城市电子监控系统,提升全市技防水平。通过发挥监控系统作用,抓获违法犯罪人员 12 人,为侦破案件提供有价值线索 67 条,处理交通事故 66 起,扑灭火灾 19 起。

2009 年,龙海市积极探索治安大防控新途径、新办法,组建一支 305 人的综治巡逻保安大队,加强对重点发案时段、易发案区域治安巡逻防控力度,增强治安防控能力。2010 年共破获刑事案件 56 起,查处治安案件 193 起,提起公诉 117 人,收教 16 人,强制戒毒 10 人,行政拘留 62 人,抓获历年逃犯 31 人。2012 年,深入开展不稳定因素大排查活动,对重点领域、重点行业、重点地区和重点群体开展专项排查调处工作,摸排出重点矛盾纠纷 65 件次,摸排出治安突出问题和重大违法犯罪线索 121 条次,突出安全隐患 56 处。

中共龙海市委、龙海市人民政府还积极开展基层治保组织建设和基层平安创建等一系列活动,构建了创新综合治理和平安建设责任体系。"平安龙海"系列创建活动取得显著成效,先后荣获全国平安建设先进市、全国"平安家庭"创建工作先进集体、中国十佳和谐可持续发展城市(县级市)、福建省"平安先行县(市、区)"等称号。

龙海市创新社会管理,抓住源头性、根本性和基础性社会治安问题,运用新的社会管理理念、技术、方法和机制等,对传统管理模式及相应的管理方式和方法进行改造、改进和改革,完善社会管理的一系列政策和法规,建立与和谐社会相适应的社会管理新格局。从 1993 年开始,在革命老区石码镇组织开展社会治安综合整治活动,由于责任制落实较好,解决了社会治安中存在的不少问题。1994 年,从综治责任制发展为"一票否决"制,对 9 个单位实行综治"一票否决",同时筹措资金 15 万元,建立见义勇为基金。1996 年,市综治办"一票否决"原先进单位 3 个,原先进基层党组织 6 个,原优秀党支部书记 5 人,原先进工作者 7 人;发放市见义勇为基金 40

万元，首次表彰见义勇为先进个人13名。1998年，审查考评各类先进单位后，对2个市直单位和1个行政村实行综治“一票否决”。2004年，审查参评先进单位后，又对3个存在突出问题单位予以“一票否决”；对综治措施不力的20个单位做出限期整改的决定。2005年，把建立乡镇党政主要领导、分管领导和市综治委成员单位主要领导及综治委委员抓平安建设和综治工作的实绩档案，落实党委组织部门在考核党政主要领导和分管领导工作实绩和晋职晋级时“须征求社会治安综合治理领导机构的意见”等办法。2007年，开展争创社会治安综治五项“十佳”和乡镇综治服务中心示范单位、综治示范村活动，下达综治委成员单位挂钩乡（镇）场抓综治和平安建设工作制度，强化责任约束。2012年，推进社会建设和谐稳定，围绕创建“教育强镇”目标，致力实施“校安工程”，深化社会治安综合治理，“六五”普法、人民调解、社区矫正等各项工作扎实深入开展，安全生产、食品安全、校园安全、交通安全、消防安全等工作全面加强，“平安石码”建设成效突出。石码派出所被公安部授予“一级公安派出所”。

中共龙海市委、龙海市人民政府以创建文明、繁荣、富庶的现代化港口城市为目标，着手开展文明城市创建活动。1997年，全市开展创建安全文明片区（小区）活动，全市共建成安全文明片区（小区）103个，治安岗32个，有27.5％的城镇和26.5％的农村达到安全文明片区的标准。1998年，加大安全文明片区创建力度，完成84个安全文明小区的创建任务。两年间，全市共建立安全文明片区187个，其中农村创建安全文明片区170个，覆盖面61.8％；城镇创建16个，覆盖面58.5％；有3个片区被确定为全省创建安全文明片区示范点，有5个片区被确定为漳州市示范点。在全省“1996—1997年度文明城市竞赛”活动中，龙海市被评为二级达标城市。2000年，深化“创文明行业、建满意窗口”竞赛活动，涌现73个三级窗口示范单位，其中省级12个。市区建有“110”社会服务联动单位21个；市中医院创办“120”流动医院；市科协在全市农村开设科技“110”联动网；市公安局巡警大队、工商局“12315”被评为漳州市“110”社会服务联动先进单位；巡警大队被评为省“110”社会服务联动先进集体；有4个单位和7名个人受到中共漳州市委、漳州市政府表彰。在漳州市“1999—2000年度文明城市(县城、城区)竞赛”活动中，龙海市被评为精神文明创建工作先进城市。

2001年，以创建省级文明城市为目标，龙海市文明委出台《市各部门创文明城市主要职责》《省文明城市考评体系任务分解》，把各项任务分解落实到基层，健全市区管理队伍，强化市区环境卫生、交通秩序、集贸市场、建筑工地、娱乐场所和社会治安管理。2002年，共创建安全文明小区254个，其中城镇33个、农村221个；新上报漳州市级安全小区7个。共组建各类群防群治队伍204支1653人，促使安全文明小区在城区覆盖率达到100%，在农村覆盖率85%。2004年，石码老区镇各社区普遍建立科技活动室、法律学校、“110”联动服务站和文体活动队；全市创建“六进社区”规范化建设示范点，涌现省级“示范社区”1个。

2007年，龙海市坚持服务中心、服务大局、服务群众创建工作原则，深化“创文明行业、建满意窗口”竞赛活动。全市共推荐28个窗口单位参评漳州市首届行业“星级示范窗口”。2012年，文明创建取得新突破，在全省县级市文明指数测评成绩上升至第7名；城市管理文明劝导志愿服务在全省作经验介绍；再次被确认为省级卫生城市。2013年，龙海市文明委出台《关于加强乡风文明建设的实施意见》，确立以培育新农民、倡导新风尚、建设新环境、发展新文化为目标，以文明单位挂钩共建为重要举措，以典型带动促进全市乡风文明建设。文明创建在漳州领先，港尾镇蝉联“全国文明村镇”荣誉称号，卓岐村荣获第三批“全国文明村镇”荣誉称号(漳州市创建全国级文明村镇仅有5个，龙海占有2个)。全市荣获省级文明村镇5个，漳州市级文明村镇11个，龙海市文明村镇81个。

第四节　党建工程的实施与社会事业的发展

龙海撤县设市后的1993年6月至2012年11月，正是中共十四届、十五届中央和中共十六届、十七届中央的执政时期，以江泽民为核心的中共中央第三代领导集体和以胡锦涛为总书记的中共中央，高举邓小平理论伟大旗帜，提出和实施“党的建设新的伟大工程”，并各自确立作为党的指导思想的科学理论体系。中共龙海市委坚决按照中央和福建省委、漳州市委的部署要求，在全体党员中先后开展了以邓小平理论、“讲学习、讲政治、讲正气”（简称“三讲”）为主要内容的党性党风教育、以“三个代表”重要思想为主要内容的保持共产党员先进性教育、以科学发展观为主要内容的学习实践活动，使龙海各级党组织的纯洁性和战斗力有了很大提升，党员的先锋模范作用得到进一步发挥。

龙海市委认真落实新时期党的建设的各项任务，从市委领导班子抓起，健全市、乡镇党委党组的制度建设，制定印发《1993—1996年村级组织建设规划》，构建适应社会主义市场经济发展需要的党的工作新格局。1995年至2006年，龙海市委瞄准党建“三级联创”（村级、乡镇级、市级党建工作争先创优）目标，全面加强基层组织建设，开创党建创先新局面。1995年7月，发出《关于建立健全各级党委抓基层组织建设责任制的意见》《关于贯彻〈中共福建省委关于加强乡镇党委建设的通知〉的实施意见》，强调各级党组织增强“党要管党”自觉性，继续加强农村基层党的建设。龙海市委每年初颁发乡镇党委年度党建工作责任书。1997年1月，龙海市委出台《关于开展争创“五星级”党支部活动的意见》，要求各级党组织强化“堡垒工程”建设，提高农村党支部驾驭全局的工作能力。2月，又出台《关于开展党建工作“创先年”活动的意见》，力争全市党建工作进入省级先进行列。4月，龙海市委、市政府印发《1997—2000年村级组织建设纲要》。市委组织部在角美镇中艺箱包有限公司成立第一个非公企业党支部，在探索非公企业党建上跨出创新一步。是年，龙海市成功创建全国农村基层组织建设先进县(市)，市委书记王良才赴京交流龙海创先工作经验。

1998年4月，龙海市委组织部发出《关于后备干部谈话制度的通知》，明确对后备干部每年至少谈话一次，加强后备干部队伍建设。1999年1月，按照漳州市委要求，龙海市委成立"组织部长夜谈联动领导小组"，持续开展组织部长夜谈工作，密切党群、干群关系。3月，龙海市委发出《关于开展机关干部挂钩、进驻企业和农村活动的通知》，开始在全市广泛开展"五套班子联百家企业、百名科级干部挂百家企业、百名干部驻企业、千名干部进农村"活动，帮助国有企业走出困境，扶持非公企业经济发展，抓好后进村的整顿转化。同年，表彰一批先进基层党组织、优秀农村党支部书记、优秀共产党员、优秀党务工作者，授予一批基层党支部为三星、四星、五星级党支部(按照村级党支部"五个好"目标，实现一个好为一颗星，五个好给五颗星)。为配合党建工作，弘扬劳模精神，1999年"龙海市劳动模范荣誉馆"举行开馆仪式，展出新中国成立以来全市仍健在并保持荣誉的177名漳州市级以上劳模的彩照和主要先进事迹。2000年3月，在村级换届选举中，创新公推直选村党支委、党支部书记做法，得到中共福建省委的肯定，并在全省推广龙海的做法经验。2004年5月，龙海市委制定《关于科级领导干部任用工作的通知》，进一步规范干部选拔任用工作，纠正选人用人上的不正之风。同年，培育推广农村"六好"乡镇党委、"五星级"党支部、"一考二评三挂钩"绩效考核、"三级核心网络""村级宣教中心""村财镇管""干部驻镇"等福建省、漳州市及本市党建先进典型，对龙海党建起到了示范带动作用。

2005年后，龙海市委以保持共产党员先进性教育和科学发展观学习实践为主题，加强党的建设和作风建设，广泛深入开展党组织和党员"创先争优"活动，成效显著，曾在漳州市党建工作经验交流会上做了典型发言。深入开展"下基层、解民忧、办实事、促发展"和"心贴心服务群众，面对面化解矛盾"等活动，各级党组织的战斗力和党员的先模作用得到了较充分发挥。在2012年基层组织建设工作中，深入开展基层党组织现状大调查，按照“五个好”（领导班子好、党员队伍好、工作机制好、经济发展好、群众反映好）的要求，区别不同领域、不同行业确定基层党组织等级标准，对全市954个基层党组织进行分类定级，确定先进党组织273个，较好党组织433个，一般党组织210个，后进党组织38个，分别占总数的28.6%、45.4%、22%和4%。结合第三批党员干部驻村任职工作，以“一般”和“后进”党组织为整改提升重点对象，采取市领导定点联系、组织干部驻点指导、机关部门结对帮扶、下派干部驻村任职等措施，推进后进党组织转化升级。加强“两新”组织（新型所有制企业、新的社会组织机构）的党建工作，至2012年底，全市共组建非公企业党组织242个，还建立11个驻外党支部。4月，龙海市非公企业党建工作在全省此类经验交流会上做了书面交流。

围绕发展抓党建，抓好党建促发展。1996年12月，龙海市农村小康建设顺利通过福建省复查验收，又被评为福建省首届经济发展十佳县（市）和经济实力十强县（市）。社会各项事业也取得了明显的进步。

教育事业方面：1993年以来，龙海市教育事业蓬勃发展，全市有幼儿园413所、小学290所、中学32所。龙海师范学校恢复招生，校址定于原榜山中学，规定办学规模不少于18个班（720人）。1995年4月，中共龙海市委、龙海市人民政府发布《关于贯彻实施〈中国教育改革和发展纲要〉的决定》，强调落实教育优先战略，把龙海建设成为教育强市。1996年开始实施教育“两基”达标评估创建活动。1997年12月，顺利通过省政府教育“两基”达标评估验收。1999年10月，被福建省人民政府评为教育“两基”工作先进市，荣获国家教育部“中华扫盲奖”称号。2000年4月，龙海市又荣获教育部“基本普及九年义务教育和基本扫除青壮年文盲达标市”称号。在教育“两基”评估验收期间，龙海市掀起第四次集资办学热潮，共集资7200万元，新建中学4所、小学楼舍25座，还创办公立全日制石码育智学校。

1993年至1996年，龙海市对家庭经济困难学生实行“减、免、缓、助”措施，确保所有学龄儿童入学。1997年至1998年，扶助贫困生474人，发放助学金25万元。1999年至2000年，20名市领导挂钩20个老、少、边、贫村的小学，帮助解决实际问题；市直机关各单位与102名孤儿特困生结成助学对子，发放助学金53140元。2001年至2002学年，实施“助学制度”“春蕾计划”“手拉手活动”等，扶助贫困学生658人次，发放助学金40万元，使小学入学巩固率达99.24%。2007年，全面落实“两免一补”政策，为全市8951名寄宿生实施“免费营养早餐工程”，多渠道捐资助学5937万元，化解农村普及九年义务教育债务1500多万元。

2001年3月，龙海市通过福建省“实验教学普及市”验收；12月，被教育部中国教育学会评为“《尝试教学理论与实践》全国推广先进市”和“全国教育科学重点研究课题《尝试教学理论研究》全国先进单位”。至2007年，全市有99所学校被各级政府评为文明学校，其中5所学校被评为省级文明学校。全市有省级“绿色学校”13所、龙海市级“绿色学校”20所、漳州市德育工作先进校19所、龙海市“平安校园”239所。2007年，龙海市被福建省人民政府批准为“高水平高质量普及九年义务教育县（市）”。2009年，投入1200万元，改造龙海四中，分步实施市区两所初中并校，龙海一中新校区完成投资7000万元。2011年，龙海市再次荣获“漳州市初中教育教学质量先进市”称号。

科技方面：1993年至2007年，龙海市引进与应用新技术、新工艺800多项；通过技术市场及福建省“6·18”项目洽谈会成果对接平台，与高等院校和科研院所成果对接，签订243项成果或技术合同。期间，获得国家发明铜奖1项；在香港科技创新博览会上被评定为金奖1项；获国家科技进步三等奖1项；获部级科技奖7项；获福建省、漳州市科技奖35项；4个项目获国家新产品认定，1个项目获国家星火新产品目录。争取各类科技项目立项100项，获扶持资金1361万元，其中国家项目10项、省级项目21项、漳州项目69项。全市设立5个科普示范乡镇、98个科普示范村、14个农村科普示范基地、3个科普示范社区、5所科技教育示范学校及8179个科普(科技)示范户。1998年6月,龙海市被国家科技部授予"全国科技工作先进市"荣誉称号。1999年10月,老区颜厝镇被国家农业部确定为全国花卉定点基地;东园镇团委被团中央授予共青团领办科技项目"神农奖"。2000年6月,老区九湖镇被国家林业局、中国花卉协会命名为"中国水仙花之乡",位于老区颜厝镇的紫山集团被中国罐头行业协会评为"2002年中国罐头行业十强"。1999年至2000年,创建全国科技工作先进市经复查通过验收。期间,龙海科委先后5次被评为福建省科委系统先进单位,连续7次被评为漳州市科委系统先进单位。2012年,绿宝集团技术研发部被省人民政府确定为"福建省院士工作站",同时获得"福建省食用菌工程技术研究中心"称号。

文化文史方面:1995年2月,中共龙海市委发出《关于建立"龙海市爱国主义教育基地"的通知》,把龙海一中"红军楼""王占春烈士纪念室""李林英雄事迹陈列室""龙江精神陈列室"等场所列为龙海市爱国主义教育基地,由市委统一命名挂牌。1993—2007年,全市有77件(幅)作品、176人(次)表演在省级以上比赛中获奖;摄制出版10部芗剧舞台艺术VCD片在海内外发行。1998年实现市级图书阅览电脑自动化管理,2002年接待读者15万(次),流通20万册。开展文物普查,加强文物管理和保护,至2007年全市共有文物保护单位118处,其中国家级4处、省级2处、龙海市级112处。1993年6月出版《龙海县志》;同年,有28个单位达到档案管理省级先进水平;投建调频广播电台,转播中央、省、漳州市广播电台节目,设置开播10多个栏目。1999年,实施广播电视光缆工程和"百乡十村"覆盖工程。2000年3月,记述闽粤赣革命历史故事丛书"血沃杜鹃红"第六辑审稿会在龙海市召开。原中共中央统战部副部长童小鹏和"闽粤赣边区革命故事丛书"编辑出版委员会13名委员参加;4月,中央电视台《新闻联播》栏目记者到龙海市,深入榜山、东园两镇就"龙江风格"精神等有关内容进行实地采访。2000年,石码名小吃"常常满五香"在第二届中国烹饪协会评比中被认定为"中华名小吃"。2007年起,在全市农村实施国家电影"2131"(即在21世纪实现一村一月放映一场电影)工程;7月启动《龙海市志》编纂工作,市方志办编印出版《龙海村社》。2008年,市政协编辑出版大型文史资料《龙海姓氏》;2012年,市文化体育局、市博物馆出版《龙海文物精萃》。

医疗卫生方面:2001年初,龙海市人民政府成立"龙海市城镇医药卫生体制改革领导小组",组织和指导全市城镇医药卫生体制改革工作;同年,确定龙海市第一医院等19所医疗机构(含乡镇卫生院)为非营利性医疗机构。2005年,建立城镇居民基本医疗保险制度,至2007年城乡居民医疗保险参保人员37426人。2009年,免费向城乡居民提供健康档案,实行健康教育、预防接种、传染病防治、高血压和糖尿病等慢性病管控、儿童保健、孕产妇保健、老年人保健等9类基本公共卫生服务,农民健康档案工作被列为全省12个试点县之一。2010年,全市新农合参合人数6851万人,参合率99.72%。2011年,参合人数73.58万人,参合率99.8%;为55486人次参合居民发放新农合住院费用补偿款11642万元;实现新农合和城镇居民基本医疗保险合并,其中城镇居民参保人数为61152人,比2010年增加68.24%。2012年,新农合基本实现全覆盖,筹资标准每人每年290元,为16.11万人次参合患者减轻医疗负担1.8亿元。

体育健身方面:1993年,龙海市人民政府投资90万元兴建市少体校综合大楼。1994年,投资20多万元整修体育场。1997年,投资200万元重修市人民体育场,建造400米环形跑道。1999年,原市体委办公场所及体育场、馆行政划归龙海一中。2004年,石码人民影院改建成羽毛球、乒乓球的综合训练馆,填补市区无室内体育馆的空白。1990年至2010年,角美、榜山、颜厝3个镇以及市农体协被国家农体协授予"全国亿万农民健身活动先进乡镇(单位)"称号。2009年,市文体中心建设纳入本届政府"为民办实事"工作目标,第一期工程总投资1500万元,建成400米国际标准田径场,看台3200位。是年,角美镇玉江村投资30多万元建成一个标准篮球场、2 个排球场、2 个气排球场和 1 个羽毛球场；角美镇“龙泉谷”休闲中心建成一个 50 米标准室外游泳池和 2 个室内温泉游泳池；颜厝旺佳健身休闲中心，再投资 1200 万元兴建 50 米室外游泳池，完善 25 米室内标准池，扩建一栋集游泳、温浴、住宿、会议等设施齐全的综合大楼；海澄镇在城隍庙前建成国家级农民体育活动中心；市文体局向上争取指标完成全市 16 个乡镇(场)66 个“农民体育健身工程”篮球场建设及健身路径配套安装投入使用。同年，龙海市被国家体育总局授予漳州市唯一的“全国实施农民体育健身工程先进县”荣誉称号。2010 年，市文体局积极向上争取资金 312 万元，建体育健身路径 36 套、省“农民体育健身工程”66 个村建成标准水泥篮球场并安装 3～5 件室外健身器材。同年，海澄镇、东泗乡建成“国家级乡镇农民体育健身活动中心”，程溪、九湖、紫泥、白水、东园、浮宫、隆教等 8 个乡镇建成“省级乡镇校外青少年活动场所”。石码麟山游泳中心把原来不规范的游泳池改建成标准的 50 米游泳池。角美镇杨厝村在原来 4 个灯光球场的基础上，又建成 1 个有 2000 位观众看台的标准塑胶地面灯光球场。2011 年，制定《关于加强体育业余训练点和体育贫困村体彩补助资金管理的意见》，并召开有 4 个体育业余训练点学校、18 个体育贫困村和 5 个农村体育“老少同乐”示范点参加的会议。两年后，老年健身活动队伍覆盖 224 个村(居)，占全市村居数的 96.6%。农民体育、职工体育、老年体育代表团(队)在各级专项比赛中屡次获奖。在专业体育比赛中，全市有 1290 人(次)在省、漳州市级获奖；龙海籍运动员有 110 多人次在全国和国际比赛中取得名次。

计划生育方面：1993 年开始，龙海市委、市政府全面加强计划生育工作，出台一系列工作意见。1993 年 4 月，发布《关于 1993 年计划生育人口目标责任状考核及奖励规定》，强调进一步落实计划生育党政一把手负总责、抓攻坚政策，确保全年人口指标的完成。1994 年 5 月，下发文件进一步完善计划生育目标管理责任制及奖罚规定，掀起计生宣传和贯彻新高潮。1995 年 1 月，在全市计划生育工作意见中，提出要继续执行国家既定的计划生育方针政策，加强村自管、依法管、规范管，充分发挥各级计生协会作用；4月，下发《关于进一步加强计划生育利益导向和制约机制的若干意见》，要求有效控制人口增长，提高人口质量，形成多数人抓少数人格局，实现少生快富奔小康；9月，决定实行计生社会抚养费“乡收县管，财政监督”的管理体制，加强计划生育费征、管、用管理工作；11月，龙海市人口净差率、人口差错率、人口出生率、死亡人口差错率、总记录项目差错率、性别项目差错率、年龄项目差错率七项指标，均通过省人民政府验收，圆满完成全国1%人口抽样调查任务。

劳动就业方面：1993年，龙海市取消计划指标招工办法，由企业自主招聘人员；城镇登记失业率3.1%，安置城镇待业人员3478人。1997年12月，成立“龙海市再就业领导小组”。1998年，市委、市政府制定《龙海市进一步实施再就业工程意见》《关于做好国有企业下岗职工再就业和深化社会保险制度改革的实施意见》，出台29条优惠政策。1997年至1998年，新增城镇就业5180人，其中5168人属下岗职工。1999年至2000年，安置失业人员1693人，困难职工2645人，富余职工1021人。2001年至2002年，分别安置城镇待业人员1610人和6042人。2003年至2004年，网上求职登记1.69万人，用工登记2.79万人，求职介绍成功14247人，城镇新增就业人数1.34万人。2005年，安置城镇待业人员5648人。城镇登记失业率分别控制在4.2%以内。2006年，安置城镇待业人员6204人，城镇新增就业7949人。2007年，城镇新增就业7992人，其中帮助城镇零就业家庭118户120人实现脱贫就业；城镇登记失业率3.88%。2012年全市新增城镇就业6800人，促进下岗再就业2100人，转移农村劳动力1.1万人。

住房保障方面：1996年，龙海市人民政府发布《龙海市住房公积金暂行规定》。1998年，市人民政府又发布《龙海市城镇经济适用住房建设管理办法》，以中低收入家庭、住房困难户及城改拆迁易地安置户为供应对象，开展经济适用住房建设。是年，建成半港经济适用住房46套。1999年7月，成立住房建设发展中心，开始建设锦龙小区经济适用住房，五期项目共524套。2000年至2001年审批上市交易440套。2007年，有经济适用房699套。2009年，租金补贴757户，租金核减110户，保障覆盖总人数3188人，发放租金补贴170万元，实物配租90套，当年底交付使用。2010年，租金补贴符合条件的有1775户，补贴金额347.28万元；经济适用住房一期436套交付使用。2011年，保障性安居工程累计完成投资2.55亿元，廉租房24套，经济适用住房10幢456套，经审核符合租赁补贴条件的有3230户，发放租金补贴约483万元。2012年，落实漳州市下达的保障性住房建设任务1562套，截至2012年底，有8个项目1622套全部开工，建成504套，配租配售431套。同时做好廉租房租金补贴3470户，补贴金额479万元。

民政福利方面：龙海市委、市政府逐年增加对群众的福利救济、残疾救济、贫困救济等经济补助。1993年至1997年，龙海市抚恤与社会福利救济保障补助共支出1550万元，主要用于民政优抚对象的抚恤、农村及其他社会救助、自然灾害生活救济及城乡居民最低生活保障等。1998年，建立农村最低生活保障制度，对家庭人均收入低于最低生活保障线的农村贫困户给予补助。2007年，支出12699万元，用于提高抚恤、农村最低生活保障以及国有企业下岗职工再就业补助。2012年，农村低保标准从每人每年1200元调整为1800元，每人每月补差从73元提高到105元，五保对象提高到每月250元。市残联多方筹措资金，深入各乡（镇）场走访慰问贫困残疾人。1995年，实施按比例安置残疾人就业工作，征收“残疾人就业保障金”（2005年保障金由市地税局代征）。2006年，征收残疾人就业保障金150万元。2007年，为19户受灾倒房的贫困残疾人补助建房款16.5万元。1997年至2007年，在全市14个民政福利工厂集中安置710名残疾人劳动就业。通过集中安置、分散就业、个人自谋职业等方式帮助13524名残疾人劳动就业，就业率92%。2012年，投入58万元，资助356名就读于大中专院校的残疾学生和残疾人子女。每年春节前夕，市财政拨出专款，由民政部门深入农村走访特困户、二女结扎户、独生子女困难户、伤残军人、麻风病人、敬老院老人等，发给慰问金、补助款，送去党和政府的温暖。

1993年至1994年，龙海市对157名“革命五老”人员（老地下党员、老游击队员、老交通员、老接头户、老苏区乡干部）每人每月补助35元，其配偶每人每月补助20元；1995年，每人每月补助60元，其配偶每人每月补助20元。1996年至1997年，每人每月补助80元，其配偶每人每月补助40元。1997年，“五老”人员补助标准提高至每人每月100元，其配偶每人每月补助提高至60元。1998年，对全市92名“五老”人员实行定期补助，每人每月100～120元，全年共拨补7.56万元。1999年，继续对全市90名健在“五老”人员实行定期补助。2001年，市民政局被评为“福建省重点优抚对象、‘五老’人员和优抚安置对象事业单位普查工作”先进单位。2006年5月，对“五老”人员实施每人每年600元的医疗补助；与市级定点医疗机构签订协议，落实优惠项目。2007年，继续对全市67名“五老”人员及配偶实施补助，“五老”人员每人每月补助150～200元，其配偶每人每月补助100元。2012年春节期间，全市共慰问包括“五老”在内各种人员5000多人，发放慰问金及物资近150万元。另外，医疗救助23705人次、救助金额1257.53万元；重度残疾人救助14081人，发放生活补助资金742万元。

每年八一建军节期间，龙海市委、市政府等五套班子领导都按时对区域内各驻军兵种进行慰问。1999年11月，龙海市国防动员委员会交通战备办公室成立，为正科级单位；12月，龙海市被全国双拥领导小组、民政部联合评为全国“爱心献功臣行动”先进市。2001年1月，市政府首次出台退伍军人安置规定，对城镇持有《退伍安置登记书》的退役士兵和服役满十年以上的专业士官，实施“自谋职业经济补偿”的办法，一次性发放经济补偿金（含生活补助费），城镇退役士兵按其服役年限，年补偿金4000元/人；进藏兵一次性补偿金2万元/人；转业士官一次性补偿金2.5万元/人，补偿金全部由市财政负担。

第十二章　决胜全面建成小康社会和实现人民对美好生活的向往

（2013 年 1 月—2017 年 12 月）

中共十八大胜利召开后，龙海市五套班子，特别是中共龙海市委、龙海市人民政府继续高举中国特色社会主义伟大旗帜，以新一届中共中央提出的中国梦构想和十八大精神为引领，围绕全面建成小康社会目标，持续深化改革、扩大开放，贯彻创新、协调、绿色、开放、共享新发展理念，落实中央和地方各项方针政策，特别是苏区老区优惠政策，推进龙海再创业，重振雄风当龙头。突出生态文明，提升城市品位，加大富美乡村建设力度，创建生态宜居美丽家园。结对帮扶、精准扶贫，促进共同富裕，均衡发展。大力弘扬老区精神，把红色基因往下传。加强思想道德文化建设，继承中华优秀传统文化。致力全面从严治党和依法治市，坚持正风肃纪和反腐败斗争，筑牢拒腐防变的廉洁防线。经过五年砥砺奋进，开拓创新，龙海经济社会普遍繁荣，人民群众的获得感和幸福感进一步提升。

第一节　全面深化改革与各种体制机制的完善

2013 年 2 月后，在中共十八大阳光普照下，龙海市迎来了政治晴朗的春天。10 月，漳州市委领导在龙海市干部大会上宣布，由张祯锦任龙海市委书记。龙海市纪委书记仍由周伟辉担任。此时，以沈应生为主任的市人大常委会和以曾建成为市长的市人民政府班子，与市委同心同德，勇于担当，挺过了政治上的困难局面。2015 年 6 月起，龙海市十六届人大五次会议和市十七届人大一次会议，连续选出以郑明福为主任的市人大常委会组成人员、分别选出以郑隆松、何才成为市长的市人民政府班子，还有市人民法院院长和市人民检察院检察长。2016年12月，中共龙海市第十三次代表大会召开，选出市第十三届委员会，由郑隆松任书记，还选出市十三届纪委，由陈群伟任书记。龙海市政协委员会仍由高伟强任主席。

中共十八大以来，为了实现中华民族伟大复兴的“中国梦”，在2020年全面建成小康社会，满足龙海人民对美好生活的向往，中共龙海市第十二届、十三届委员会，龙海市人民政府紧跟中央战略部署，坚持深化改革、扩大开放，有力地促进了龙海经济社会的快速发展。

全面深化改革是中共十八届中央的重大战略决策，龙海市步步紧跟，坚决执行。在2013年1月市十六届人大二次会议上，龙海市市长曾建成所作《政府工作报告》就提出：要积极推进城乡改革，坚持走新型城镇化道路，以打造宜居城市、特色乡村为目标，着力在城乡规划、基础配套、公共服务等方面加强统筹、加快发展，促进城乡要素、公共资源的均衡配置。2月，中共龙海市委审时度势，以改革创新思维，提出了早已谋划的“五大片区”城镇化发展框架，“五大片区”就是把全市13个乡镇(不含角美漳州台商投资区)中的12个乡镇划分为圆山新城区、石码中心城区、南溪湾新城区、南太武滨海新城区和隆教湾旅游休闲度假区5个片区，并按这些片区的功能定位来布局产业，或以城市业态为主，发展城市经济；或以规模企业、现代工业为主，促进工业化与城镇化融合发展；或以高端产业、高新企业为主，发展临江港口经济和旅游度假经济。这实际上体现了新型城镇化的改革方向和发展要求。五年来，这“五大片区”已有150多个项目在持续运作建设。2014年，全市城镇化率达52.8%。2017年又有大幅提升，涌现诸如海澄镇、九湖镇、隆教乡等一批全国重点乡镇和省市特色乡镇。同时，积极有序推进农村转移人口市民化，通过人流、物流和资金流的聚集推动城市化发展。现有城区功能不断优化，各种服务中心、便民窗口建设有力推进，基层公共服务体系进一步健全，人民生活环境更加宜居，龙海新型城镇化已初见端倪。

2014年，龙海市深入开展“深化改革年”活动，全面落实龙海市委、市政府出台的《2014年全面深化重点领域改革实施方案》，到年底，8个方面27项重点改革任务进展顺利。深化农村综合改革，坚持和完善农村基本经营制度，在东园镇港边村、东宝村开展土地承包经营权确权登记试点，取得成功经验后，在全市推开。全市已完成农民土地承包经营权确权登记，还根据农民意愿，流转承包耕地8.1万亩。农村宅基地使用权、集体收益分配权也得到了落实。村集体经济组织登记发证、运转经费得到了保障。全国水利管理体制改革示范县(市)工作深入开展，并于翌年通过国家验收。2016年再次被列为全国农业水价综合改革试点县(市)，改革在海澄、东泗2个乡镇11个村进行，完成投资1064万元。东泗乡溪坂村省级农业水价综合改革试点通过验收。率先推行土地使用权网上公开交易。落实各项惠企政策资金2亿元，扶持中小企业发展。落实公立医院综合改革各项任务，促进卫生医疗事业全面进步。深化机关部门预算和财政票据电子化改革，全面公开财政预决算和“三公”经费，推进机关办事公开公正。

坚持简政放权、放管结合，加快政府职能转变。全面完成县级政府机构改革，整合外经外贸、卫生计生和涉农、涉市场机构等工作部门。对机关编制实行总量控制、动态管理，财政供养人员和行政经费大幅减少。完成公务用车改革，收回各类公务用车599辆，“三公”经费下降23.3%。按照社会主义市场经济体制要求，改革行政审批制度，将市级行政审批项目从2012年保留的304项减少到75项，将市级公共服务项目由原来的124项减少到95项。建立健全行政服务中心和分中心，进驻有审批事权的市级机关单位及中介便民服务窗口，集中受理各种清理后保留的行政审批及便民服务事项。开展“审批提速，优化服务”竞赛活动，推出22条审批服务新举措，行政审批从“一审一核”优化为“审核合一”，审批时限缩短在法定50%以内。权力清单、责任清单、公共服务清单公布运行，全市保留行政审批事项207项，公共服务事项233项。加快工商登记制度改革，“三证合一”“一照一码”制度逐步推行。深化事业单位分类改革，把原龙海市工商行政管理局、食品药品监督局、质量技术监督局“三局合一”，组建漳州市首个县级市场监督管理局，市食品安委会办公室同时挂牌合署办公。率先成立不动产登记管理局，从事全市不动产登记管理。推进“营改增”工作，减轻820家试点企业税收负担2179.4万元。出台《龙海市集体土地房屋抵押贷款暂行办法》，拓展农村融资渠道，破解农村贷款难题。

2015年，龙海市委、市政府印发《龙海市2015年全面深化改革工作要点及责任分工》，突出重点，统筹兼顾，涉及政治、经济、社会、城乡、党建、纪检、教育、文化、医疗9大类29项体制改革任务。到2017年，这些改革均取得突破性进展。政治体制改革有力推进。坚持党的领导、人民当家做主和全面依法治市的辩证统一。深化党的建设制度改革，增强核心意识和看齐意识，建立科学公正合理的领导干部业绩考核体系，实施“海纳百川”人才聚集计划。人民代表大会制度和多党合作的政治协商制度进一步完善发展，统一战线在依法治市中发挥了不可替代的作用。服务型政府建设加速推进，公共权力被装进制度的笼子。市委督查室、政府督查室和市效能办公室“三室合一”，发挥“督查十效能”的职能优势，推进全市中心工作和重点工作的有效落实。按照省纪委“四转一强”（转思想、转职能、转方式、转作风、强自身）的要求，对市纪委监察局参与的议事协调机构进行全面清理，确保突出主业，聚焦党风廉政建设和反腐败斗争中心任务。开展查办腐败案件体制机制改革试点，建立重要线索统一管理研判，重要案件统一指挥协调，纪律审查力量统一调配使用机制，确保“查办腐败案件以上级纪委领导为主”的要求落实到位。人民法院持续推进审判流程公开、裁判文书公开和执行信息公开三大平台建设，构建开放、动态、透明、便民的阳光司法机制。在基层人民法庭推行主审法官办案责任制，“让审理者裁判，由裁判者负责”已初步落实。推行立案登记制改革，对法院依法应当受理的案件做到有案必立，有诉必理。市法院作为全国人民陪审员制度改革试点法院之一，全面落实随机选任、参审管理、履职保障等改革，率先制定《人民陪审员参审工作细则》和参审流程图，实行事实审和法律审相分离机制，2016 年一审普通案件陪审率达 96.75%。11 月，龙海作为省改革试点法院代表，在最高人民法院召开的全国此类改革试点工作座谈会上作了经验交流。推进法院多元化纠纷解决机制，建立律师调解平台，选任的 3 名公益律师参与化解矛盾 33 件次。市人民检察院规范执法，严守程序，健全非法证据排除机制，严格执行讯问职务犯罪嫌疑人全程同步录音录像，开展涉案财务专项调查，强化对司法办案的刚性约束。探索创建"一体化工作机制、专业化法律监督、系统化综合治理"的生态检察办案新模式。深化社会治理体制改革，不断健全社会治安防控体系和"平安龙海"建设。建立网上信访受理制度，健全初信初访和首办责任制，提高及时受理率、按期办结率、息访息诉率和群众满意率。

配合推进漳州高新区政策改革，加快区县融合便利化步伐。继续推进行政审批标准化管理，开展网上并联审批，规范中介服务项目，开展新一轮行政审批精简行动，提高审批服务效能。探索市场准入"负面清单"管理模式。通过产权变更、资产注入等方式，实现全市经营性国有资产的集中管理和运营，增加优质资产，壮大资产总量；国有企业组织管理也得到了优化。推进农村集体产权制度改革、林业体制改革和水利水价综合改革，创新农村工作机制、扶贫开发机制和农村金融服务。教育、文化、公立医院和其他社会事业的改革也取得了明显进展。完善优质学校办分校，老校带新校等办学模式，扩大优质教育资源覆盖面。继续在城乡接合部和人口密集的镇区实施中小学扩容工程，增加学位容量。组织实施第三期学前教育三年行动计划（2014—2016 年），鼓励有条件的农村小学创办附设幼儿园（班），加快学前教育发展。加快建设"龙海网"，打造龙海市级主流网络媒体。抓住龙海被列为第二批全国县级公立医院综合改革试点县的有利契机，调整市区医疗服务资源，实施药品、耗材零差率销售，逐步推进分级诊疗制度和院长年薪制。实行城镇职工、城镇居民与新型农村合作医疗"三保合一"，运行情况良好。

2016 年 10 月，龙海市委、市政府联合出台《关于推进供给侧结构性改革总体方案（2016—2018 年）》，提出通过 3 年努力，供给侧结构性改革取得重要进展，去产能、去库存、去杠杆、降成本、补短板取得明显成效。到2017年，全市关闭55家高污染、低效能企业；500多家传统食品企业加快转型升级，实现从产品研发到高端嫁接，从基地建设到线上销售，成为龙海市第一个产值突破300亿元的产业。全市商品房累计可售库存19.82万平方米，一年中商品房库存去化周期10.84个月，比年初减少7.24个月，其中住宅去化周期4.88个月，销售和库存去化率均位居漳州市第四。改进投融资方式，推广运用政府与社会资本合作（APP）模式，吸引社会资本16.85亿元，统筹金融机构项目融资21.31亿元，新增地方政府债券2.22亿元，在建项目后续融资债券资金3.65亿元。把符合置换条件的政府存量债务置换为政府债券，在2015年已置换债券7.06亿元的基础上，又置换债券资金13.6亿元，搭建银企政沟通平台，促进银企对接多样化、融资渠道多元化，各项存款余额312.88亿元，各项贷款余额234.78亿元。贯彻《龙海市政府购买服务暂行管理办法》，公布政府购买服务指导性目录，引导社会力量积极参与公共服务建设。切实减轻企业财务负担，降低企业人力成本、生产要素成本和物流成本。金融部门加大直接融资额度，引导银行业机构为企业减费让利，协调辖区多家银行对鸿一粮油公司（含百佳实业）174120万元贷款统一给予基准利率上浮5%的优惠利率，支持企业发展。市财政全面清理存量资金和暂存暂付款，清理部分结余结转资金，共收回资金2.35亿元；推动预算绩效管理增点扩面，加大财政重点项目资金绩效评价力度；保障了全市基础设施、产业发展、社会进步、民生保障等领域资金需求，一年多来，全市供给侧结构性改革已取得明显进展。

通过全面深化改革，不断优化了全市经济社会发展环境，进一步改善了群众的生产生活条件，给龙海插上了腾飞的翅膀。

第二节　苏区老区政策的对接与强农兴工富民政策的落实

中共龙海市委、龙海市人民政府在推进中国特色社会主义现代化建设中，把落实中央、省、漳州市一系列利好政策放在重要的位置，使龙海人民深受鼓舞，并从中受益。

2003年4月，龙海市被福建省老区办核定为革命老区县(市)。2013年7月23日，通过两年的“申苏”工作后，又被中共中央党史研究室确定为原中央苏区范围，成为漳州市8个原中央苏区县(市)之一。作为苏区老区市，龙海享有从中央到地方相继出台的各种支持和促进苏区老区加快发展的优惠政策。这些政策文件主要有:《国务院关于支持福建省加快建设海峡西岸经济区的若干意见》(国发【2009】24号)、《国务院关于支持赣南等原中央苏区振兴发展的若干意见》(国发【2012】21号)、《中共福建省委、福建省人民政府关于支持和促进革命老区加快发展的若干意见》(闽委【2011】30号)、《中共漳州市委、漳州市人民政府关于进一步支持和促进革命老区加快发展的若干意见》(漳委发【2012】7号)等。根据这些文件提供的优惠政策，龙海市人民政府及有关部门认真对接项目，向上争取扶持资金。据不完全统计，2015年至2017年，仅市发展和改革局、市水利局、市财政局、市教育局、市卫生局(卫计局)就向中央和省、漳州市争取到预算内投资和项目补助资金50795.76万元，促成了146个项目的开工建设与兴办。其中，市发展和改革局共上报47个项目，向中央和省里争取到建设补助资金25091.99万元。如龙海市第二战略水源地市九九坑中型水库工程项目，争取到中央预算内投资7000万元，较好地解决包括老区在内的多镇群众安全饮水后备问题;西溪一条龙主渠(榜山段)及周边支流截污控污工程项目，争取到省级重点流域生态补偿资金1731.59万元。市水利局共上报24个项目，向中央和省里争取到建设补助资金14437.96万元。如涉及东泗、海澄、榜山3个乡镇的小型农田水利建设项目，向省里争取到建设补助资金1900万元，仅老区东泗乡就补助600万元；涉及程溪、海澄、港尾3镇的中小流域治理项目，向省里争取到建设补助资金402万元，其中老区程溪镇补助162万元：老区东泗乡还单独受益生态水系建设项目补助资金560万元和农村安全饮水工程建设项目补助49.3万元。这些重点工程补助资金的投入，直接或间接地促进了老区经济社会的发展。市财政局向省里争取到的扶持老区建设与发展的转移支付资金及其他补助资金，总共有7410万元，就更直接地让老区受益了，其中，2015年支持老区社会事业建设，投入省级财政补助资金1000万元；2016年扶持老区贫困村脱贫，投入省级财政补助资金3610万元；2017年扶持老区基础设施和民生项目建设，投入省级转移支付等资金2800万元。市教育局争取到省级项目补助资金2241万元，用于扶持一批中小学校舍的更新改造。市卫计局把争取到的省级项目补助资金1114.81万元，用于一批医疗设施建设和卫生机构的提升项目上。

在中央和省、漳州市一系列加快老区发展的政策措施推动下，中共龙海市委、龙海市人民政府也于2012年下半年出台了《关于进一步支持和促进革命老区加快发展的意见》，提出了加快龙海革命老区发展的一揽子政策措施，特别是承诺在五年内，每年拨出300万元专项资金用于老区村道路硬化建设。龙海市老促会以此为契机，在广泛深入宣传的同时，抓住老区村道路硬化这一重点，逐一对接政策，解决问题，有力地促进了老区经济社会的发展。龙海市老区道路硬化首先从老区基点村抓起。全市16个老区基点村（自然村），市人民政府下决心在一年内把村主干道、绕村道全部完成硬化。2013年7月1日，在老区九湖镇新春村龙虎庵自然村（老区基点村）召开全市老区基点村道路硬化启动现场会，会上提出了老区基点村道路硬化建设标准和市政府资金补助标准，即主干道硬化路面宽度3.5米以上、硬化厚度18厘米以上、抗折强度达4.0mpa，每平方米补助65元；绕村道硬化路面宽度2.2米以上、硬化厚度10厘米以上，每平方米补助35元。各老区基点村干部群众积极性很高，完成进度很快。11 月,由龙海市民政局(老区办)、财政局、交通运输局和老促会组成验收组,对老区基点村道路硬化进行验收,16 个老区基点村共建设硬化道路 12.05 公里,路面面积 5.66 万平方米,共获市政府补助资金 328.16 万元。2014 年,紧接着抓一般老区村(居)道路硬化建设,坚持建设标准不变,补助标准按硬化里程计算,即主干道硬化每公里补助 16 万元,绕村道硬化每公里补助 8 万元(后因主干道硬化基本完成,剩下的多数是绕村道,调整为每公里一律补助 8 万元),虽然补助标准调低了,但老区乡(镇)场、老区村道路硬化的热情不减。每年老区道路硬化都要经过申报、设计、招投标、质量监管和 4 个单位联合验收等环节,确保了道路硬化的公正性、合理性和道路质量的优化。从 2013 年至 2017 年的 5 年间,全市除角美镇外的 103 个老区村(居),有 80%以上实施道路硬化,硬化里程 138.7 公里,共获市政府补助 1415.42 万元,大大改善了老区交通条件和人居环境。根据漳州市扶持老区发展特色产业项目的补助政策,龙海市老促会与市民政局(老区办)领导经常深入老区村、老区企业了解情况,推荐和核实项目,并上报给予扶持。2015 年至 2017 年,已向漳州市老区办上报特色产业项目 5 个,即浮宫镇美山村杨梅、荔枝品牌改造及推广、隆教乡白塘村鸿达紫菜育苗及养殖、九湖镇邹塘村多肉植物种植设施改造、双第农场洲仔管区鹭凯生态庄园配套建设、程溪世强食品公司竹笋、毛豆等农产品深加工等项目,已获得漳州市特色产业项目补助 45 万元。这些老区特色产业项目获补后都有可喜的发展。

龙海市在做好苏区老区政策对接的同时,还落实了一系列强农兴工富民政策,既推动了经济的发展,又促进了社会的稳定和群众收入的增加。

中共十七届三中全会通过《关于推进农村改革发展若干重大问题的决定》后,中央密集出台了一系列强农富民政策。广大农民不仅种粮不交税,还能得到政府各种惠农补助。中共十八大闭会后,除了进一步落实这些强农富民政策外,还在经济社会的诸多方面出台和执行了一批新的利好政策,从而形成了比较完备的政策体系。

2013年以来，龙海市主要落实了以下14项强农兴工富民政策：

粮食生产补贴政策：2013年，龙海市共发放种粮补贴资金1634.92万元，其中粮农综合补贴1302万元，涉及粮农8.13万户，面积4220公顷（折合21.33万亩），每亩补贴61.03元；良种补贴236.92万元，早、晚季每亩补贴15元，其他经济作物每亩补贴10元；订单粮食收购400万公斤，直接补贴96万元，每50公斤补贴12元。此项政策延续至今。2017年全市除按规定发放粮食生产补贴外，还发放种粮大户补贴76.95万元。

农机购置补贴政策：2013年1月至10月10日，龙海市共办理购机补贴结算4批，结算指标确认书572份，受益农户378户，补贴资金494.57万元，其中国家补贴471.44万元、省级补贴23.13万元，共补贴农机具4959台，补贴猪苗繁育设备4506套。机具类型包括拖拉机、旋耕机、水稻插秧机、床上筛选机、育秧硬盘、中耕管理机、微耕机、粮食烘干机、农用水泵、增氧机等。此项政策延续至今。2016年完成购机补贴指标129.81万元（其中国家补贴116.25万元，省级补贴13.56万元），结算指标确认书447份，补贴机具1631台套，受益农户423户。

石油价格补贴政策：2013年，龙海市共发放石油价格补贴资金28580万元，其中渔船燃油补贴27807万元，补贴渔船2663艘，每吨用油量补贴3881.04万元；交通行业石油价格补贴773万元，其中客渡船舶补贴56万元，水路客运补贴346万元，农村客运补贴66万元，出租车客运补贴35万元；清算2012年城市公交补贴169万元，预拨2013年城市公交补贴101万元。2015年，兑付2014年捕捞渔船油价财政补助金26926.4万元，涉及渔船2853艘；兑付当年度石油价格补贴、农资综合补贴2.88亿元。2016年，仅渔船油补资金就发放2.55亿元，占上级下达油补资金的94.74%。

农村用电补贴政策：实行城乡居民用电同网同价，2013年龙海市减轻农民电价负担250万元。在实行非、普工业电价每千瓦时优惠0.1元的基础上，将种植、养殖业用电类别从非、普工业用电调整为农民生产用电，实行全省同价。2013年减轻种植、养殖业农民负担810万元;对农田排涝、灌溉、电犁、打井、打场、脱粒、积肥、育秧、牲畜、饲料加工、防汛临时照明和黑光灯捕虫等用电,实行农业排灌用电价格,1～10千伏每度电0.2277元,0.4千伏每度电0.2477元;对城乡低保户、农村五保户,每月安排15千瓦时的免费电量,全年共提供免费电量275万千瓦时,减轻城乡低保户和农村五保户经济负担140万元。此项政策至今仍在执行。

“造福工程”危房改造和扶贫开发补贴政策:2013年,龙海市列入“造福工程”危房改造任务2400户,共补助资金3000万元。市财政每年安排210万元作为扶贫开发资金,支持21个扶贫重点村,每村每年补助10万元。该政策持续延用。2017年,有228户申请实施“造福工程”危房改建,投入资金1824万元,其中上级补助319.2万元。全市21个扶贫重点村共投入扶贫开发资金2100万元,支持60个扶贫开发项目建设,取得减贫的预期效果。

森林生态效益补偿政策:2013年,龙海市共下达2012年4个批次补偿基金194.26万元(包括漳州台商投资区),国家级补偿面积为17180公顷,省级补偿面积为17106.67公顷。扣除漳州台商投资区补偿金额和森林综合保险费用,实际拨付给各乡镇补偿金额171.28万元。2016年,生态公益林补偿标准每亩提高到22元,森林资源补偿费105.13万元。

惠企扶持政策:2015年,龙海市全面清理涉企收费项目,减轻企业负担4.14亿元;落实工贸企业“搭桥”资金3.86亿元,缓解企业资金周转困难;市辖区内有245家(次)外贸企业获各种优惠政策扶持,累计资金1077.74万元,其中本级财政扶持140.94万元。2015年,市国税局、地税局加大税收优惠政策落实力度,市国税局全年办理各类减免税(含征前减免)1.26亿元,落实增值税起征点,为6.17万户(次)个体户和小微企业减免增值税1644.71万元,为1291户小微企业减免企业所得税555.73万元,为生产型出口企业办理退税2.41亿元。市地税局全年为2500多户(次)纳税人减免税收3600多万元,改定率带征为查账征收,推进“厦漳泉同城同策”,1月至5月为企业减轻税负3506万元。2016年,市国税局通过落实增值税起征点等结构减税政策和小微企业优惠政策，共办理各项减免税34008万元(含征前减免)，比上年同期增长36.05%，受惠纳税人5万户(次)，还办理直接出口退税19000万元，市地税局全年受理增值税减免1094户(次)，减免税款1961.73万元。

各种就业、创业培训补助政策：2013年至2015年，龙海市人力资源和社会保障局组织企业新录用职工岗位技能培训395人、直补企业培训3180人、项目运作农业富余劳动力转移就业培训384人、创业培训150人，共获上级培训补助216.73万元；2016年至2017年，组织创业培训506人和“见证补贴”职业培训896人，共获上级培训补助95.63万元。5年累计培训5664人，共获上级培训补助312.36万元。市直其他单位根据有关补助政策，也组织了一些业务培训。如龙海市商务局2017年就完成电商培训50场，参加人数超过1500人(次)。

农村公益事业“一事一议”财政奖补政策：2013年，按普惠制与重点制比例，龙海市财政局及时分解省级财政奖补资金880万元及配套资金474万元，确定重点制5个项目，使用省级财政奖补资金220万元，本级配套118.5万元；确定普惠制72个项目，使用省级财政奖补资金660万元，本级配套355.5万元。2015年，农村公益事业“一事一议”财政奖补资金5466万元。2016年，整合“一事一议”财政奖补和富美乡村建设资金5712万元，推进了村级公益事业发展。

农村义务教育“两免一补”和社会捐资助学政策：“两免一补”即给予义务教育阶段农村学生免除学杂费、免除课本、作业本费，并给寄宿制学校的寄宿生一定的生活费补助。2013年，龙海市拨给学校春季免学杂费补助1724万元，对农村小规模学校、薄弱学校和寄宿制学校给予倾斜；拨给学校春季免课本费省级补助267万元，免作业本费省级补助37.98万元，市县配套56.97万元，合计94.95万元；拨给寄宿制学校寄宿生生活费省级补助40.01万元，市县补助59.59万元，合计99.6万元。2016年，从义务教育到普通高中、职中学生全部免除学杂费。此外，龙海的社会助学活动逐渐开展起来。

市总工会、共青团、妇联、关工委、老促会、慈善总会、部分企业家和爱心人士都加入了捐资助学的行列，全市每年资助奖励学生金额都在百万元以上。从 2005 年开始，市老促会认真承办福建省黄仲咸教育基金会和漳州科华技术有限责任公司的老区助奖学金发放工作，13 年中，共帮助 1845 人（次）的老区高中生顺利完成学业，有 395 人考上大学。

新型农村合作医疗和城镇居民基本医疗保险补助政策：2013 年，龙海市新型农村合作医疗的参合人数 73.17 万人，参合率99.99%，筹资标准人均 330 元（其中个人缴费 50 元，各级财政补助 280 元；计生、民政、残联和畲族乡等特殊人群免个人缴费，由市财政统一补助），全市合作医疗基金共 24147.09 万元，各级财政补助资金 20488.44 万元。合作医疗基金使用结果：全年共为 35.9 万人次参合患者补偿医疗费用 2.6 亿元。2015 年，全市新农合参合人数 73.22万人（含漳州台商投资区），参合率接近 100%，新农合筹资标准提高到每人 470 元。新农合和城镇居民基本医疗保险政府补助标准从 2014 年每人每年 320 元提高到 380 元，全年共为 61.34 万人次患者补偿医疗费用 3.29 亿元。2016 年，全市新农合与城镇居民基本医疗保险政府补助标准从每人每年 380 元提高到 420 元，全年共为 71.4 万人次患者补偿医疗费用 3.77 亿元。

城乡低保（农村五保）补助、社会救助和对老年人的优待政策：2013 年，龙海市农村低保对象 10386 户、20120 人，发放低保金 2436.39 万元，农村五保对象 1443 人，发放五保补助金 459.98 万元；城镇低保对象 2924 户，5363 人，发放低保金 1340.39 万元，为城市患有特殊病种的居民办理低保 1619 人，发放低保金 102 万元。2017 年，农村居民家庭最低生活保障起算标准从每年人均收入 2800 元增加到 4050 元，人均补助标准从每月 196 元提升到 300 元，分每月 290 元、300 元、320 元三等；城市居民最低生活保障起算标准从每月 540 元增加到 630 元，人均补助标准从每月 350 元提高到 420 元。另外，实施临时救助 13379 人（次），发放资金 1253 万元；生活补助 12913 人（次），发放护理补贴资金 897.03 万元。落实敬老惠老政策，实行城乡居民养老保险，由各级财政予以补助，继续提高基础养老金发放标准。免费为老年人新办和换发优待证8200张；为全市12950名80周岁以上无工资性收入老年人发放高龄补贴资金813万元。及时化解各种涉老纠纷659件，组织机关、企事业单位、志愿者队伍开展爱心助老志愿服务1860人次。

革命“五老”补助政策：从2014年起，龙海市继续落实革命“五老”人员待遇。27名“五老”人员，发给定期生活补助每人每月670元，及每年医疗门诊费180元，并给予医疗救助和医疗补助。2015年，有革命“五老”人员14名，每人每月发给定期生活补助870元，并给予医疗救助和医疗补助；重阳节慰问90岁以上革命“五老”人员6人，每人慰问600元。做好全市10名革命“五老”人员服务工作，每人每月发给生活补助970元，并给予医疗救助和医疗补助。2017年10月起，对健在的7名“五老”人员每人每月发给生活补助1070元；对23名“五老”遗孀每人每月给予100元生活补助。

军人优抚补助政策：以2015年为例，龙海市有抚恤补助对象1763人，发放抚恤补助金1613.9万元。为3225名农村60周岁以上退役士兵发放老年生活补贴356.53万元；为309名2014年退役士兵发放自主就业地方性经济补助金703.04万元；为532名义务兵发放优待金259.7万元；为118名2015年入伍大学生发放一次性奖励金61.3万元；“八一”建军节慰问重点优抚对象481人，慰问金额20.44万元。此项政策，既鼓励现役军人，又安抚了退伍士兵。

第三节　生态文明的彰显与富美乡村的建设

生态文明理念，主张坚持人与自然和谐共处，加强生态环境保护；坚持绿色发展、绿色消费，绿色生活方式；坚持绿水青山就是金山银山，建设美丽中国，实现中华民族的永续发展。这些理念为龙海生态文明建设指明了方向。

中共龙海市委、龙海市人民政府根据中央和省、漳州市的部署要求，遵循自然客观规律，努力转变经济发展方式和消费方式。从“十一五”后期开始，就积极展开生态文明建设，在优化产业结构与淘汰落后产能，完善环保基础设施与推进节能减排、实施无公害生产与农业环保项目、植树造林与环境绿化、护水节水与水土保持执法、海洋环境监测与自然特色保护、家园清洁行动与美丽龙海建设等方面做了大量工作，取得了一定成效。2012 年，龙海市获得“省级生态市”命名。

2013 年，为深入贯彻落实党的十八大精神，龙海市不断加大生态文明建设力度，以创建各级生态乡镇、生态村，特别是国家级生态市、生态乡镇为载体，全方位展开生态文明建设。2013 年，全市有 83 个行政村通过省级生态村验收，109 个生态村获得“漳州市级生态村”命名。隆教乡及老区颜厝镇庵前村、东泗乡西岭村接受省级生态乡、村复查验收。东园镇老区东宝村被定为“2013 年国家级美丽乡村创建试点”，被评为“省级生态村”。2014 年，扎实推进国家生态市创建工作，积极参与东园镇埭美村创建全省 10 大名村规划工作，制定环境整治方案，安排专项资金 60 万元用于该村污水处理设施项目前期建设。组织 10 个乡镇申报国家级生态乡镇，为我市创建国家级生态市创造条件。随后，石码、隆教、港尾 3 个乡镇荣获“国家级生态乡镇”称号。

2016 年，龙海市深入开展“生态环境建设年”活动，积极探索生态文明体制机制创新，持续推进“田园都市，生态之城”建设，到年底全市资源节约型和环境友好型社会取得进一步发展，生态保护和污染防治水平有较大提升。2017 年，持续推进富美龙海建设，生态文明进一步彰显，绿色发展取得更佳成绩。

在生态文明建设中，龙海市全面开展环境综合整治，统筹落实“治污、治尘、治荒、治残、治乱”攻坚战，共实施五大治理工程：

治污水，实施河晏水清工程。龙海市在规模以上工业迅猛发展的同时，也看到了一些企业产能落后、污染严重，影响工业经济质量等问题，于是按照科学发展的要求，着力淘汰落后产能，大抓节能减排，预防和治理各种工业污染。2013 年前后，全市共关闭产能落后且不能稳定达标的小企业6家，完成污水减排项目37个，其中化学需氧量减排项目28个，完成新增削减量2406.2吨；二氧化碳减排项目9个，完成新增削减量357.3吨。制定工业园区清洁生产审核计划；严格落实节能减排和环保监管“一岗双责”；坚决取缔化工、重金属企业，改造高耗能、高排放企业，确保完成各项节能减排任务。2014年，重点排查皮革、电镀、造纸、食品等排污量大的企业，立案处理58家，查封7起。2014年至2015年，淘汰关闭皮革企业9家、小造纸企业11家、红色染膏加工厂6家，完成漳州市下达淘汰燃煤锅炉48台，每小时172.5蒸吨，促使34家修造船企业完成含油废水污染治理，23家蟹类加工企业自行关闭。加快推进市区污水处理管网建设，城区生活污水收集处理量从日均1.3万吨，提升到2万吨左右；新建5个沿江乡镇污水处理站并投入使用，日处理城镇生活污水新增1000吨，九龙江龙海段3个河流监控断面的水质达标率均为100%；城镇集中式饮用水源水质监测结果均符合Ⅱ类水质标准。

治烟尘，实施天蓝气净工程。龙海市针对矿山、沙石场、胶合板厂的扬尘和一些企业烟囱冒黑烟等问题开展治理，打好“蓝天保卫战”。对非煤矿山扬尘整治，明确不再新设采矿权许可，已设采矿权许可证的到期不再延续，期满一个关闭一个；对沙石场扬尘整治，明确“全面清理，一个不留”。2014年至2017年，共关闭非煤矿山38个，关闭采矿许可证到期的矿山16个，取缔非法采矿点4个；全面拆除沙石堆放场及中转场、洗沙场183个，腾出土地面积近50万平方米。全面清理整治辖区内胶合板污染企业533家，实现“全行业退出”，达到“违法占地退清、两违建筑及生产设备拆清、原材料及成品、半成品搬清”的预期目标。开展工业烟尘专项整治行动，督促一批新型建材生产企业配套烟尘治理设施，重点督查造纸厂、包装厂等企业存在的烟囱冒黑烟、臭气废水排放处置不当等问题。龙海市区空气质量有明显好转。

治山荒，实施补植绿化工程。龙海市持续开展全民植树和荒山造林活动，至2014年，全市共有林地面积101.45万亩，林木蓄积量248万立方米，森林覆盖率52.44%，界定省级以上生态公益林29.92

万亩，红树林 0.85 万亩，占全省红树林总面积近一半。龙海市还大力推进绿色城市、绿色村镇、绿色通道、绿色屏障“四绿工程”建设。全市新种名贵和优良乡土树木 71 万株，完成城镇规划造林 23 万亩，完成国道 324 线九湖、程溪等老区路段绿化 16.5 公里，省道西港线、漳东线绿化 67.8 公里，县道乡道绿化 15 公里，以及“三沿一环”（沿路、沿江、沿海荒山和环城道路）造林 3600 亩。近年来又增加“四绿”造林 3.4 万亩，铁路、高速公路、国道、省道可绿化率达 100%，县乡村道路可绿化率达 80%以上；增加绿色屏障建设 2.41 万亩，优化森林资源结构造林 4.5 万亩，治理山体水土流失造林累计 2700 亩。全市排查列入沿路、沿江、沿海、沿城市周边、沿村庄周边等“五沿”青山挂白治理点 28 处，已完成整治 19 处，共植树 6 万株，植草皮 9 万平方米。完成治理面积近 20 万平方米。“十二五”期间，全市累计造林绿化 17.5 万亩，森林覆盖率提高至 55.92%，还建成绿色乡镇 4 个、绿色村庄 30 个、建设乡村农民公园 68 个，市级“森林景观村落(小区)”5 个。据专家研究表明，森林每增加 1 立方米的蓄积量，平均每年能吸收 1.83 吨二氧化碳，释放 1.62 吨氧气。可见林业的快速发展，会为生态环境的改善带来很大的作用。

治农残，实施良田沃土工程。为实现传统农业向现代化农业的转变，2013 年前后，龙海市以良种良法引进为龙头，全面推广增产适用的新品种、新技术、新肥药、新机具，大力建设无农残、标准化果蔬生产基地，强化农产品质量安全监管。在农业环保方面，实施了 4 个项目：一是省级 600 口农村户用沼气池建设工程项目，日处理挑粪量 258.68 吨，日排放污水 919.72 吨，年产沼气 98.78 万立方米和有机肥料 94.42 万吨；二是国家级农村沼气乡村服务网点建设项目，全市建了 4 个服务网点，已运转发挥作用；三是省级农业生态环境蔬菜监测点建设项目，主要对土壤、农田灌溉水进行监测；四是国家级污染源普查种植业产排系数测算项目，一年中监测采样 10 次，共 120 个样本。这些项目对农业环保起到了很好的作用。2013 年以来，加大无农残、标准化农产品生产推广力度。2015 年，认证无公害农产品和绿色食品 58 个，种植基地认证 933.33 公顷。对 16 种外来危害物种的综合治理，全市已治理水花生、水葫芦、马缨丹、银胶菊、福寿螺等外来危害物种 2330.87 公顷。开展大中型沼气项目现场检查，对发现的 38 处问题及时整改，填埋废弃闲置沼气池 318 口。大力推进农业结构性改革，划定基本农田 6 个保护区域，并以法定程序确定下来，促进农业可持续发展。这 6 个保护区城分别是：东园省级现代农业示范区，规划面积 2 万亩；海澄粮食蔬菜生产基地，规划面积 1.3 万亩；紫泥粮食蔬菜生产基地，规划面积 4000 亩；榜山出口蔬菜生产基地，规划面积 2800 亩；紫泥水产养殖基地，规划面积 1 万亩；九湖花卉生产基地，规划面积 1.7 万亩。大力推广新品种、新技术、新肥药等“五新”。全市建立优质稻及配套技术千亩示范片和百亩核心示范片各 1 个；早稻良种培育基地 8.8 万亩，全市优良品种覆盖率达 98%。应用新技术 3 大类 36 项 24.6 万亩，每亩节本增效 140 元，推广测土配方施肥 2.1 万吨，应用面积 16 万亩，每亩节约肥料成本 45 万元，引进生物农药、制剂等，使用面积 18 万亩。以被列入全省万里安全生态水系建设试点县（市）、全国第一批小型农田水利建设重点县（市）、全国农业水价综合改革试点县（市）为契机，实施安全生态水系建设 22.8 公里，实施市、镇、村三级水利、工程管理体制改革，保障农田用水和农民用电需求。2014 年以来，全市新增灌溉面积 16.54 万亩，粮食年综合生产能力提高 7%。在水资源开发利用上，突出了水资源防污、节约和合理配置，严格实行取水许可和水资源有偿使用制度，规范建设项目、水资源论证、入河排污口许可审批和水功能区管理等制度体系。

治脏乱，实施宜居创建工程。龙海市按照“拆清楚、扫干净、摆整齐”的工作思路，综合推进“乱搭盖、乱倾倒、乱张贴、乱摆摊、乱停车”五乱整治，形成“露头就打、见违就拆、见乱就整”的强大声势。2014 年以来，全市共拆除“两违”（违法占地、违法建设）建筑 7700 多家、面积 230 万平方米以上。关闭拆除禁养区生猪养殖场 9500 个，面积 190 万平方米，削减生猪存栏近 100 万头，整治蘑菇、杏鲍菇栽培场所，严防废水排放污染村庄。全面清退九龙江南港、中港、北港水面的水产吊养，整治水域面积 6000 多亩。与漳州市海洋与渔业环境监测站合作，实施九龙江入海口区域及海岸线环境整治项目，完成海漂垃圾整治、渔船渔港整治和海岸带卫生整治等任务。在治脏治乱的同时，还积极开展美丽、宜居家园的创建工作。按照龙海市委、市政府《关于贯彻漳州市“七个五”生态建设行动计划的实施意见》，认真抓好古厝、古街、古码头和湿地公园、主题景观的建设。东园镇埭美村水上古民居在被公布为福建省第四批历史文化名村后，又于2014年被公布为国家级第六批历史文化名村，现已修缮一新。2016年紫云、月港两大新区加快建设。为弘扬海丝文化，市政府投资6700多万元，抢救修复月港7个古码头、1条古街道，整治修缮观音亭和月溪两岸片区。龙江生态文化园和月港公园等系列项目稳步推进。2017年继续实施紫云棚户区（选址于榜山镇田边村）和月港棚户区（选址于海澄镇豆巷村）两个改造工程。同时在山后一带建设湿地公园广场、滨江广场、月港桥、水中鹭岛等景观节点。近年来，根据区域环境资源和人文历史特点，还重点推进五大主题景观建设，分别是：榜山的“龙江颂歌”，东泗、双第的“又见炊烟”，石码、海澄的“月港·锦江”，东园、白水、浮宫的“田园·古村”和港尾、隆教的“滨海·渔歌”等。

按照中共漳州市委、漳州市人民政府统一部署，龙海市在抓好生态文明建设的同时，还紧紧围绕“百姓富裕、生态优美、文化先进”的目标定位，深入开展富美乡村创建工作。2013年，重点抓2个富美乡村示范村，树立典型、以点带面，促进全市富美乡村的全面建设，培育了老区东宝村、卓港村和田头村、埭美村、厚境村等5个漳州市级示范村及一批县级示范村。2014年，投入3000万元，推进道路和村容村貌整治、建设与绿化，创建漳州市级示范村2个、龙海市级示范村20个，形成较大示范带动作用。同年10月，漳州市富美乡村工作观摩会在龙海市召开。2016年，有6个行政村实施“美丽乡村”整治建设，完成投资7158万元，这6个村分别是：海澄镇豆巷村、东泗乡西岭村（老区村）、东园镇凤鸣村、浮宫镇邱厝村、霞兴村、隆教乡黄坑村。海澄镇豆巷村被确定为省级“美丽乡村”建设示范村，浮宫镇田头村被确定为“漳州市十大最美乡村游”行政村，东园镇厚境村被评定为“漳州市五星级富美乡村”。2017年，又有10个行政村实施“美丽乡村”整治建设，即程溪镇顶叶村、紫泥镇老区巽玉村和锦田村、海澄镇合浦村和和平村、东泗乡老区渐山村、白水镇老区磁美村、东园镇港边村、浮宫镇田头村、港尾镇卓岐村，其中紫泥镇老区巽玉村被确定为省级“美丽乡村”。

东园镇东宝老区村以省级现代农业示范区为载体，搭建“美丽乡村”田园风光展示平台，平整山丘和复耕还田，建设高标准农田4000余亩。2014年以来，投资4300多万元，用于路、沟、渠等基础设施建设，形成“田成方、树成行、渠相通、路相连、旱能灌、涝能排”的现代农业格局；在区内建立科研楼，以省农大、农科院等科研单位为依托，聘请教授专家参与研发优质水稻品种，引进新品种和机械插秧、根外施肥等新技术；引办连栋大棚蔬菜、蔬菜集约化育苗、“滚筒式”全自动精量播种流水线；整治村容，加强卫生保洁机制建设，配备一名保洁员，严格实行巡查制度和保洁员奖惩制度，创建宜居环境；因地制宜、因陋就简，开展立面整治，采用涂料粉刷和屋顶平改坡并贴瓷砖方式，群众自选改造建筑风格，保护古建筑，修复古村落，恢复原生态；投资150余万元，选择郑氏宗祠投建“乡愁馆”，于2015年3月对外开放，系漳州市首家闽南传统特色的“乡愁馆”，通过实物、文字、图片、影像等载体唤起人们对乡土的记忆，保护和弘扬优秀传统文化，让村民“望得见山，看得见水，记得住乡愁”；建立村级“道德讲堂”，举办“我心中的美丽乡村梦”农民演讲比赛，开展以“美德在农家”“婚育新风进万家”“生育文明、幸福家庭”为主题的系列宣传教育活动；树立文明、道德先进典型；开展“十星文明户”“五好文明家庭”等创评活动，感染全村群众，推动和谐温馨良好氛围的形成；广泛开展文体活动，组织农民广场舞蹈队、腰鼓队，丰富农民文艺生活，提升文化品位，增强农村文化氛围。

东泗乡卓港老区村位于南溪上游河畔，该村水系发达，以养殖业为主，种植业辅之，村民主要靠养殖南美白对虾以及种植杨梅、荔枝收入。卓港古称倒港，因“南溪水自濠浔而下，海水自浮宫而入，在海澄西南十五里处会合倒流”，故名。明代倒港是海澄月港的喂给港，有大小码头上百个。倒港圩场建有“三直二横”古街道，为红砖骑楼街风格；还有妈祖宫、福音堂等古迹；卓港村也是革命老区村，至今保存有红军游击队队部遗址。2015 年，卓港村以富美乡村创建为契机，投资 315 万元，建设南港湿地公园，使往昔垃圾遍地、蚊虫成群的脏地方成了人们休闲健身的好去处。卓港村依托南溪及南港休闲湾岸，结合大寨河石砌护坡，建设村道硬化新街，整治环境，整修道路，并铺设排污系统，亮化绿化美化，建成依山傍水集传统民俗体验区、健身休闲区、妈祖文化广场和儿童游乐区为一体的农民公园。统筹规划设计“省级美丽乡村”，开展沿路、沿河、沿线环境综合整治，建立农村垃圾收集、河道与村道保洁、村庄环境规范化的长效管理机制，全面提升村庄宜居水平。保护修缮革命古迹“红军楼”，收集、整理红军历史资料、文物和流传故事；建立农家书屋，青年农民书画一条街，开展群众性文体活动，把乡土文化、历史文化与新农村风貌结合展示，丰富文化内涵。

第四节　挂钩帮扶的持续与精准脱贫攻坚战

龙海市由于地理条件的差异和经济基础的不同，也存在一些地区发展快慢不平衡的问题，尤其是山区、老区更是如此。这些山区、老区有的海拔较高、交通不便、耕作粗放、作物产量偏低，经济欠发达；有的道路坎坷、校舍破烂、村里没有路灯、老人无处活动、社会事业相对滞后。如何改变山区、老区的落后面貌，成了地方党政领导经常考虑的大问题，在社会主义优越制度下，也曾开展了一些帮扶的实践。

龙海市老促会于 2005 年 7 月成立后，认真贯彻落实福建省和漳州市有关老区政策文件，在充分调查摸底的基础上，经人民政府分管领导同意，实行了老促会理事成员单位（科局）挂钩帮扶老区行政村（居民社区）项目建设制度。第一轮由 8 个理事成员单位挂钩帮扶 10 个老区村（居），扶持 11 个开发建设项目。一年后，这些科局共支持老区村(居)资金27万元。2010年起,第二轮由23个理事成员单位挂钩帮扶23个老区村(居),扶持28个建设项目,一定三年,共扶持资金和向上争取项目资金合计1213万元。2013年起,第三轮抓住重点,由8个理事成员单位挂钩帮扶8个老区村,扶持8个建设项目,一定三年,共扶持资金和向上争取项目资金合计330.95万元。2016年起,第四轮由13个理事成员单位挂钩帮扶13个老区村,扶持24个建设项目,同样一定三年,至2017年已扶持资金和向上争取项目资金合计523.4万元。

龙海市老促会四轮挂钩帮扶工作,在龙海市委、市政府的重视支持下,做到有部署、有跟踪、有检查、有落实。2009年4月和2012年12月,先后由市政府召开两次较大规模的全市老区工作会议,把老区村(居)挂钩帮扶工作作为一个重要内容进行部署。同时,召开了两次挂钩帮扶工作汇报会,做到挂钩单位领导与被挂钩老区村(居)的支书、主任面对面,分别检查了这两轮挂钩帮扶的效果。在第二轮挂钩帮扶工作结束后,市政府召开总结表彰会,表彰了7个挂钩帮扶先进单位,促进了老区村(居)挂钩帮扶工作的深入开展。从第三轮到第四轮,市老促会改变工作方式,每年都有3至4次深入挂钩帮扶老区村进行督查,反向了解挂钩单位的帮扶情况,并把发现的问题及时反馈给挂钩单位,促其重视与支持。这两轮老区挂钩帮扶工作也涌现了一批先进单位。

这些先进单位的特点是领导重视、挂钩到位、帮扶有力、效果明显。市水利局2014年至2015年挂钩帮扶东泗乡卓港村,向省水利厅争取到建设专项资金,投入卓港129.5万元,为该村建起全长372米的防洪堤护坡及景观工程,又支持24万元,为该村实施安全饮水管网和道路硬化建设项目,合计支持153.5万元。2016年至2017年,市水利局改为挂钩帮扶东泗乡虎渡村,又为该村争取到省级小型农田水利等项目资金360万元,用于河道整治、生态水系建设和安全饮水巩固提升工程建设。市财政局2014年至2015年挂钩帮扶白水镇井园村,帮助该村建水泥路3.7公里,还有建公厕、清水沟、搞创卫、修复灾后水毁工程,合计支持和向上争取资金66万元。

2016 年至 2017 年，市财政局改为挂钩帮扶隆教乡新厝村，又统筹少数民族发展等资金，拨付 112 万元，支持该村实施道路硬化和主干道安装太阳能照明灯。市农业局、教育局、交通运输局、海洋与渔业局和林业局等单位也都给所挂钩帮扶的老区村以有力支持，促进了这些老区村经济社会的发展。

2016 年，龙海市脱贫攻坚战正在如火如荼进行中。精准扶贫、脱贫攻坚是中共十八大以来的一场重头戏，关系到 2020 年全面建成小康社会的大事。据龙海市扶贫办调查和建档立卡，在全市 208 个行政村中，有贫困户的行政村 124 个，共有贫困户 360 户，贫困人口 829 人，其中，有贫困户的老区行政村 51 个，贫困户 64 户，贫困人口 381 人。全市还有村级集体财力极少或几乎为零的贫困行政村 21 个，其中老区贫困村 8 个。

面对这些贫困村和贫困群众的脱贫问题，中共龙海市委、龙海市人民政府进行了认真的研究，周密的计划，联合出台《关于推进精准扶贫打赢脱贫攻坚战三年行动的实施意见》，提出以 21 个贫困村和省定扶贫标准线下建档立卡对象为重点，充分发挥社会主义政治优势和制度优势，把精准扶贫、精准脱贫作为基本方略，坚持五条原则(党的领导、精准帮扶、群众主体、机制创新、绿色发展)，落实“三扶三到”(扶持谁，对象建档到人到户；谁来扶，责任落实明确到人；怎么扶，措施办法精准到位)，实施“七大攻坚工程”(特色产业发展工程、搬迁改造安居工程、教育培训扶智工程、医疗保险救助工程、社会保障兜底工程、基础设施完善工程、双薄弱村强基工程)，强化“三项保障”(财政、金融、用地、人才等要素保障，党政分级负责、考核督查、机构队伍等组织保障，结对帮扶、社会扶贫、宣传引导等机制保障)，以超常规的力度坚决打赢脱贫攻坚战。

在精准扶贫、脱贫攻坚的 3 年行动中，龙海市委、市政府主要采取以下关键措施：市财政按照不低于上一年度地方财政收入 3% 的比例预算全市扶贫开发基金，并整合上级扶贫和相关涉农资金，统一安排，集中使用，提高资金使用效益。市财政每年安排 315 万元，支持 21 个重点贫困村每个村 15 万元；各市直挂钩单位每年支持每个重点村资金不少于5万元；所在乡镇财政每年支持每个重点村资金不少于15万元。各类金融机构加大对扶贫开发贷款支持，精准对接建档立卡贫困户发展的金融服务需要，积极发放扶贫小额信用贷款、扶贫贴息贷款；保险公司在市域开展小额信贷保证保险，市财政配套保险赔付风险补偿资金，为贫困户融资提供增信支持。新增建设用地计划指标，优先保障扶贫开发用地需要。支持贫困村建立健全土地流转服务体系，发展多种形式的土地规模经营。优先安排贫困村高标准基本农田建设项目、土地开发复垦整理项目。加大科技扶贫计划项目支持力度，每年选派一批科技特派员到贫困村开展科技服务。建立“星火计划12396农村科技信息化”示范点，强化贫困地区农技推广体系建设。鼓励各类人才扎根贫困地区建功立业，对表现优秀的人员在职称评聘等方面给予倾斜。从2016年起，新选聘大学生村官分配主要以贫困村为主，实施贫困村大学生村官全覆盖。

各级党委、政府按层次建立扶贫脱贫责任制。市级承担主体责任，乡镇承担具体责任，村级重点抓好“一村一策”“一户一策”的组织实施，努力增加村集体和贫困户收入。市与各乡（镇）场党政主要领导签订脱贫攻坚责任书，向有扶贫任务的市直单位下达脱贫攻坚责任书。建立年度扶贫开发工作逐级督查制度，对未按计划完成年度减贫任务的乡（镇）场党政主要领导和未有效落实脱贫攻坚责任的市直有关部门主要负责人进行约谈，加强脱贫离任审计，做到任期交接一本明白账。制定扶贫开发工作绩效考核办法，提高精准脱贫在经济社会发展实绩考核中的权重。优先使用扶贫工作实绩突出的干部，不脱贫党政主官要脱帽。杜绝扶贫工作中不切实际的形象工程，并把生态环境保护纳入督查问责范围。

市级党政领导班子成员和人大、政协主要领导明确分工，担负起21个贫困村（重点村）脱贫挂钩责任。从市直机关选派党员干部进驻贫困村担任党组织第一书记，并安排3个市直单位挂钩帮扶，每一村下派副科级领导任职。建立由党组织第一书记、驻村蹲点干部、大学生村官、乡镇包村干部等力量组成的驻村工作队，研究实施

“一户一策”扶贫措施。帮扶对象不脱贫，驻村工作队不收队。组织机关干部结对帮扶困难群众，通过送项目、送技术、送资金等形式，帮助贫困户早日脱贫。另外，还发动民营企业、社会组织、港澳台侨和慈善机构及个人参与扶贫开发，实现社会帮扶资源与精准扶贫有效对接。

“在七大攻坚工程”的实施上，龙海市根据本市贫困村、贫困户实际情况和扶贫脱贫的真正需要，采取了一系列治本之策，并逐年取得了明显的效果。第一是发展现代农业特色产业。全市每年整合国家、省、漳州市各类现代农业项目资金 1000 万元以上，发展优势农业特色产业和农产品加工、电子商务、休闲农业等，重点向 21 个贫困村倾斜。扶持贫困村培育壮大新型农业经营主体，发展龙头企业、专业合作社、家庭农场。做精做强“一村一品”增收脱贫产业。加大贫困村生态保护和修复力度，提高生态林补偿标准，支持贫困村发展绿色产业、生态旅游。第二是搬迁改造、加快建设安居工程。对现有居住在生存条件恶劣、生态环境脆弱、自然灾害频发等地区的农村贫困人口加快实施造福工程搬迁。2016 年至 2017 年，造福工程指标在 50 户左右，对有新建意愿和能力的贫困户，在资金补贴上按标准能建尽补。做好集中安置对象的基本公共服务，做到搬得出、稳得住、能发展。对农村因灾、因病、因残等原因造成无住房，法定赡养人也无能力解决住房问题的贫困户，由市、乡镇统筹资金和力量于 2016 年底前予以彻底解决。至 2016 年 12 月，全市 13 户无房贫困户已搬入新居，625 户危房贫困户住房完成修缮，实施造福工程搬迁 1055 人。第三是教育培训和智力扶贫。突出抓好基础教育和职业教育。对农村人口相对集中的撤并校地区，根据实际情况恢复部分办学，研究实施一至三年级分点办学，解决贫困山区孩子读小学困难问题。对建档立卡贫困户学生，从义务教育到普通高中、职中教育全部免除学杂费，并给职中、高中、低保家庭学生提供优厚助学金：中职学生助学金由每学年每人 1500 元提高到 2000 元；高中贫困学生助学金由每学年每人 1200 元提高到 1700 元；低保家庭学生助学金由每学年每人 2500 元提高到 3000 元。高校助学贷款执行标准由每生每年不超过6000元提高到8000～10000元。对贫困家庭未就业高校毕业生给予就业支持。统筹上级各项资金,全面改善薄弱贫困村义务教育学校的办学条件,进一步完善教师资源配置。至2016年底,全市已实施教育项目12个,完成投资3.4亿元。将农村贫困家庭劳动力纳入“就业、创业证”培训登记范围,培训指标向建档立卡对象倾斜。加强贫困地区电商人才培训,确保每个贫困村都有一人以上掌握“互联网”知识和技能。第四是医疗保险救助工作。将建档立卡贫困人口纳入医疗救助范围,参加新农合个人缴费部分由城乡医疗救助资金给予全额资助,加强贫困地区医疗设施建设,21个贫困村分别建有一间标准卫生室。社会保障、基础建设、双薄弱村强基工程也都实施有效的扶贫措施。尤其是加快推进贫困地区县乡道提级和联网建设,到2018年投入财政资金8700万元,建设贫困村道路46.73公里。每年争取上级补助不少于50万元,用于提高贫困地区小型农田水利项目建设,巩固提升贫困村饮水安全保障,确保农村集中式供水覆盖率达85%以上。投入8000万元,新建70个光纤宽带项目和240个TD-LTE基站,推进4G网络深度覆盖。其他各项基础设施建设都有较大进展。

为了打赢脱贫攻坚战,龙海市挂钩21个重点贫困村的市委、市人大、市政府、市政协四套班子和12个科局的领导,以高度负责的精神,分别深入贫困村调查研究,周密谋划,分析产生贫困的根源,抓住问题关键,从思想和意志的帮扶入手,增强贫困村两委的自信心,增强他们脱贫的内生动力,并全面落实龙海市委、市政府出台的扶贫政策措施,使这些贫困村于2016年底全部按标准脱贫。

龙海市四套班子在主攻所挂钩贫困村精准脱贫工作中,认真负责,想方设法解决群众最需要解决的问题。中共龙海市委书记郑隆松挂钩程溪镇粗坑贫困村,2016年针对该村道路问题,亲自带队向有关部门筹资100万元,对粗坑村3.4公里的危险路段进行维修、拓宽,确保了老区人民出行安全。龙海市人大常委会主任郑明福挂钩浮宫镇八坑村,多次到该村现场办公,解决“古八线”(古坂、八坑)6公里道路维修并拓宽硬化,总投资1100万元,已竣工通车,受到干部群众好评。

中共龙海市委、龙海市人民政府在重点抓好贫困村脱贫的同时，还充分发挥各乡(镇)场的作用，及早下达扶贫任务，及时拨付各级各类扶贫专项资金，大力推进教育、卫生等公共服务的七大扶贫工程和无房户、特困户的解困项目建设，同时对贫困户和贫困人口进行包干脱贫，按照贫困户致贫的原因“一把钥匙开一把锁”，因人而异解决脱贫问题。龙海市成立扶贫脱贫办公室，依托在农办(农业局)办公，定期跟踪全市扶贫脱贫进展情况，交流经验，推广典型，指导工作，使包括老区在内的贫困户和贫困人口加快了脱贫致富的步伐。到2016年底，全市829名贫困人口(其中省定脱贫人口500名)已脱贫743名。老区东泗乡有建档立卡贫困户32户，贫困人口71人。乡党委、政府强化领导，确保扶贫责任制落实到人；强化学习、确保扶贫政策执行到位，强化帮扶，确保扶贫取得实效，做到因势利导、因村施策、因户而异、创新保障、扶持保险、防止返贫，使扶贫脱贫工作效果显著。该乡虎渡、太江、松岭3个贫困村及所有建档立卡贫困户，至2016年都达到脱贫标准。村级组织集体收入均达5万元以上，32户贫困户年人均收入都超过3600元。

龙海市扶贫脱贫任务基本完成后，继续抓防止返贫工作。按照国务院纠风办、农业部和省、漳州市“关于开展2016年涉农乱收费乱摊派专项治理工作的通知”精神，2016年11月7日，中共龙海市委办公室、龙海市人民政府办公室发文明确要求各乡镇落实这项工作，对全市13个乡镇进行一次减轻农民负担工作全面检查。是年，全市有90个村开展“村级一事一议公益事业项目”建设，项目总投资6856万元，落实财政奖补专项资金2680万元，惠农人口24.3万人。2017年，实施产业扶贫，优选项目21个，全年累计投入14405.5万元，带动农民238户，户均增收9700元；同时，建立扶贫脱困长效机制，优选项目，整合资金，带动农民增收。是年，在漳州市脱贫攻坚项目竞赛中，龙海市位居第三名。

第五节　红色基因的传承与思想道德文化的弘扬

龙海市是福建省的革命老区市，全市包括角美镇，有7个老区乡(镇)场、8个老区分布乡镇，共106个老区行政村(居民社区)。境内红色历史资源十分丰富，有九湖邹塘村王占春烈士故居、颜厝上洋村李金发烈士故里、中共闽南特委机关和红三团活动据点旧址、中共漳州县委和漳州中心县委旧址、中共海澄县委活动旧址、红四军驻石码旧址、龙海一中红军楼旧址、卓港红军游击队队部旧址、石码中山亭、各革命时期交通站旧址、抗日华侨女英雄李林陈列室、侵华驻厦日军石码请降处、浮宫后宝村王德故居、海澄内溪村苏静将军故居、海澄烈士陵园等一批革命遗址、遗迹和纪念场馆。这些革命遗址和纪念场馆都是龙海人民政府公布的革命文物保护单位，都蕴含着丰富隽永的红色文化和老区精神，2006年4月，中共龙海市委党史研究室正式出版《龙海人民革命史》，后又出版《福建中央苏区纵横·龙海卷》，使龙海的红色历史更加系统，红色文化和老区精神也得到弘扬。

为了充分发挥龙海红色资源优势，深入开展革命优良传统教育，中共龙海市委、龙海市人民政府舍得花钱为老区办实事，尤其是对革命遗址的修缮、布展和宣传。闽南革命根据地和闽南红军游击队创始人和重要领导人之一的王占春，其故居曾列入龙海县级文物保护单位，虽经1984年的第一次原样重建，但历时22年后又破旧不堪，且周围环境脏乱。2006年3月，在龙海市委、市政府支持下，市老促会决定给予彻底修建并对周边环境进行整理。2007年，龙海市人民政府和漳州市老促会，从资金上给予大力支持，加上九湖镇政府的资金配套，共筹资50万元，开始对王占春故居进行第二次按原貌重建，还整治了周边环境、新建了围墙门面、布置了纪念室等。2008年王占春故居落成后，还请福建省老促会会长许集美为故居题写名称。2009年9月，正值王占春诞辰104周年，市老促会联合市关工委,在故居前面的院子里举办了纪念报告会,王占春小学 100 多名师生和邹塘村党员干部出席了报告会,受到了一场革命英雄主义和老区精神的教育。

2010 年,受龙海市委的委托,海澄镇党委、政府对本镇内溪村的苏静将军故居进行修缮并布馆;2011 年 7 月龙海市人民政府公布为第七批市级文物保护单位,成为龙海市“爱国主义教育基地”之一;2013 年福建省老区办、老促会授予“福建省老区革命遗址”牌匾。

2011 年 6 月,为庆祝中国共产党建党 90 周年,龙海市老促会牵头在龙海一中红军楼前举行“学党史、颂党恩、跟党走”革命传统报告会,市委党史研究室介绍中央红军攻克漳州和红四军进驻石码、海澄的历史片段;市离休老干部章金杨用亲身经历畅谈共产党的英明伟大和万千恩情;龙海一中学生代表上台汇报学习体会、谈感想、表决心;市政府副市长苏森荣在会上发表讲话,对龙海一中师生提出殷切的希望。报告会取得了预期效果。

中共十八大闭会后,习近平总书记在视察革命老区时,多次就红色资源、红色文化、红色基因等“三红”问题做出重要指示,为龙海市进一步发掘和运用红色资源、红色文化来传承红色基因提供了精神动力。2014 年 2 月,九湖镇邹塘村取得福建省老区办的支持,又投入 120 万元,在王占春故居扩建接待管理房、升旗台和王占春塑像,修建王占春公园。对王占春事迹陈列进行补充完善。修葺后的王占春故居被授予“福建省革命遗址”“福建省党史教育基地”“漳州市十大革命遗址”“龙海市爱国主义教育基地”等牌匾。

2016 年,龙海市人民政府拨款 70 万元,由市委党史研究室经办,对龙海一中红军楼(红四军进驻石码旧址)进行修缮,扩建了楼前广场,并将红军楼一层作为纪念馆,集中展示 1919 年至 1949 年龙海大量革命史料,其中专门设立一间李林烈士展室,吸引广大中共党员、干部和学生前来参观学习。2017 年,在龙海市委、东泗乡党委等领导的关心重视下,东泗乡卓港村的红军游击队队部旧址修缮、布展结束,共投资 120 万元,并作为龙海市爱国主义教育基地向公众开放。随后,位于浮宫镇后宝村的王德故居、王德生平事迹陈列馆和紫泥镇巽玉村地下交通站也相继修建完成。

2017 年，为了更好地缅怀和宣传李林烈士的抗日英雄事迹，漳州市李林研究会联合双第华侨农场鹭凯生态庄园，在鸡笼山山麓兴建李林革命事迹陈列馆，该馆占地面积 1200 平方米，建筑面积 208 平方米。馆内陈列李林生前用过的珍贵历史文物 30 件和介绍李林生平事迹的文献、照片 168 件。4 月 26 日举行李林陈列馆落成典礼。另在庄园会议中心一层设有漳州和龙海两级的李林研究会。生长于龙海石码的抗日英雄李林曾于 2009 年入选中央宣传部等 11 个部门联评的“100 位为新中国成立做出突出贡献的英雄模范人物”，又于 2014 年入选民政部确认的“100 位新中国成立以来感动中国人物”“300 名著名抗日英烈和英雄群体名录”。2017 年李林成为中共一大会址“缅怀墙”上唯一的漳州英烈。为此，龙海市高度重视李林烈士史料的搜集和研究，根据 2018 年福建省委、漳州市委关于《红色文化保护、传承和弘扬工程实施方案》的要求，中共龙海市委办公室下发《关于成立“双百人物”李林烈士史料搜集与研究领导小组的通知》，并依托龙海市李林研究会，深入开展革命英烈李林史料整理研究工作，加强革命传统教育。

2017 年 6 月，龙海市老促会在紫泥镇巽玉村举办“喜迎十九大、忆党史、送温暖、办实事”系列活动：为修缮后的巽玉地下交通站遗址及其纪念室揭牌剪彩，召开巽玉交通站创建 68 周年座谈会，慰问健在的老地下交通员，由市文联举办“进老区书画笔会”，由市博物馆举办“中央苏区红军攻克漳州 85 周年图片展”。每年 7 月 1 日，九湖镇党委都组织新入党的党员在王占春烈士雕像前庄严宣誓，并参观学习革命先烈的感人事迹，激励大家奋发向上。

2017 年 9 月 30 日，中共龙海市委、龙海市人民政府举行“烈士纪念日”公祭活动，全市所有重点革命遗址，特别是修葺一新的革命遗址，都成了中共党员、干部、学生参加公祭活动的地方。2018 年 4 月，老区程溪镇 12 所小学开展了“清明祭英烈”活动，组织学生登录中国文明网“网上祭英烈”活动专区，向先烈敬献鲜花、鞠躬或留言纪念。下庄小学还就近祭扫了詹世忠烈士陵墓，培养学生的爱国主义和见义勇为、舍己救人精神。

在传承红色基因、弘扬老区精神活动中，龙海市还根据漳州市人民政府办公室【2010】34 号文件通知，在全市各乡(镇)场开展设置革命老区村(居)牌工作。龙海市人民政府拨专款 20 万元，加上漳州市财政补助 5.3 万元，合计 25.3 万元，解决老区村(居)牌制作和运输费用。老区村(居)所在乡(镇)场也配套一部分资金。这项工作由市老促会具体负责，乡(镇)场及老区村(居)密切配合。经过两年的艰苦努力，圆满完成了设牌任务。另外，市老促会还通过向《红土地》《中国老区建设》等刊物投稿，宣传龙海老区的历史贡献和建设发展典型，来传承红色基因，弘扬老区精神。

龙海市在传承红色基因的同时，全面加强了思想道德文化建设。中共十八大以来，龙海在宣传贯彻党的历次代表大会及中央全会精神的过程中，坚持马列主义和毛泽东思想科学体系，把握邓小平理论、"三个代表"重要思想、科学发展观和习近平新时代中国特色社会主义思想的精髓，努力用政治理论武装广大中共党员、干部群众的头脑。引导干部群众把"中国梦"与建设"富美龙海"紧密联系起来，深入开展宣传教育活动。举办"点燃龙海梦，给力中国梦"主题演讲比赛，激发干部群众加快建设新龙海的信心和热情。以宣传贯彻《福建省社会科学普及条例》为契机，广泛宣传社会主义核心价值观，传播社科思想，弘扬正能量。市委宣传部、市社科联、市文明办多次在石码街心公园联合举办"学习社科知识，创造幸福生活"和"树立发展新理念，建设富美新龙海"等主题的社科宣传周活动。培育市图书馆、浮宫镇浮宫村、东园镇农科所等一批社科普及基地。加强社科理论调研，做好本级规划课题申报研究，2015 年共申报市级课题 17 项，结项 12 项，其中 2 项获优秀奖、1 项获一等奖。

每年元旦、春节、元宵"三节"期间，组织开展文化、卫生、科技"三下乡"活动。深入农村为群众义务写春联，免费看病，进行农业科技普及宣传和现场示范，还先后组织文艺晚会、芗剧公演、灯谜猜射、数字电影放映等活动上百场，营造浓厚节日氛围。举办"图说我们的价值观"进村入户活动，组织群众学法崇德、缅怀先贤、移风易俗。开展“邻里守望，情暖龙海”主题活动和“全城创卫，人人都是志愿者”大型自愿服务活动，有力推进和谐社会建设与志愿服务常态化。在中小学开展“诚信建设”主题征文活动，教育广大未成年人“做一个诚实的有道德的人”，共收到征文作品700多篇。

在深化诚信宣传教育中，一方面宣传诚信的正面典型，激发正能量，一方面针对社会上失信行为开展专项治理。市人民法院在市电视台公布失信人员“黑名单”，对失信人处处设限，使他们受到了震慑和教育。为了配合市委、市政府的中心工作，龙海电视台开办了《曝光台》《回音壁》栏目，跟踪报道全市环境整治和城市创卫等情况，既暴露问题，又促其整改。2015年以后，认真做好处置网络舆情工作，通过网络巡查，每月形成网络舆情，报告给市委、市政府，2015年编发网络舆情摘报222期，涉及部门单位40个，共收到舆情回复文102件，落实解决86件。按照福建省委宣传部、漳州市委宣传部关于实现“一县一网”的要求，组建龙海网，并于4月底正式上线，同时认证“龙海网官网”微信公众号，对外及时发布资讯。

在龙海，反映正能量的公益广告和道德讲堂比比皆是。全市77个漳州市级以上文明村镇、文明社区、文明学校的道德讲堂实现规范化建设，有不少道德讲堂进祠堂、进寺庙。持续开展“道德模范”“身边好人”“好公婆”“孝子孝媳”“慈善之星”等道德创评活动。2013年，在漳州市第三届道德模范评选中，榜山卫生院院长、党支部书记方安海、东园镇东园村村民甘双雄均获“漳州市道德模范”称号。精心制作康清泉（龙海市欣龙包装公司总经理）“好人梦”视频，上报中国文明网，作为“中国梦·好人梦”大型系列报道材料之一。2014年参与开展“寻找最美漳州人”活动，龙海推荐上报许佳爽等9名候选人，其中曾亚明获漳州市最美农民提名奖。双第华侨农场李梅彬荣登“中国好人榜”，获孝老爱亲好人称号。近年来，龙海市获评福建省道德模范1人，漳州市道德模范5人，登上“中国好人榜”“福建好人榜”13人。市文明办、市电视台联合制作“好人风采”栏目，在龙海电视台定期播放，还开展道德模范、身边好人下基层、进校园巡讲活动。市电视台还与龙海移动通讯公司配合开通先进典型人物微博，把道德模范等先进典型制成视频，发布在龙海文明网、漳州新闻网，扩大宣传覆盖面和社会影响力。

2013年以来，龙海文化公益和文化产业蓬勃发展。在市文化馆、图书馆、博物馆建成投用之后，又投入50万元建设文化馆展厅。把图书馆建成数字图书馆，增添1台24寸歌德电子图书借阅机，提供2000种电子图书，让读者免费下载；开通“手机移动图书馆”，让读者随时访问阅读；开通“心声·音频馆”，服务视障人群阅读。市图书馆被评为国家一级图书馆。龙海市青少年校外活动中心、妇女儿童活动中心、九湖澳洲风情园、石码美一城特色文化街区4个文化产业项目参加漳州市“十项竞赛”评选。2014年，建成龙头文化公园，把旧齿轮厂改造为龙海农民戏馆和农民画馆。乡村农家书屋基础设施建设进一步完善。隆教白塘湾国际温泉旅游度假城、“金谷温泉”等旅游文化项目建设进展顺利。港尾佳圣轩工艺品有限公司作为漳州市文化产业唯一代表，参加2014年厦门文博会签约仪式。

文化创作精品迭出。在龙江精神诞生50周年之际，龙海市委宣传部出版发行《龙江精神读本》一书，弘扬了顾全大局、舍己为人的共产主义精神。组织开展“我们的中国梦·讲述龙海故事”创作活动。龙海籍作家在《龙海文学》发表的一批作品结集出版。策划搭建“龙海文艺”论坛，首期推出“紫云雅集”书法论坛、笔会，全市近50名书法家和一批书法爱好者共襄艺事。《福建书法家走进龙海》结集出版，并发往省内各地市。2014年龙海师生书画展开展，展出全市42所中学、中心小学精心选送的师生书画作品198件，其中教师作品76件，学生作品122件。文化展销首开先河。在市文体中心举办首届书画作品惠民展销活动，共征集龙海市省级以上书法协会、美术协会会员创作的64幅作品参加展销。还举办“文心化境——黄稷堂先生诞辰110周年书画遗作展”，展出黄稷堂作品200多件。在福建省第七届百花文艺奖评奖活动中，龙海市共有文学类、书法类、摄影类、音乐类、广播剧等13件作品参选，漳州市首届书法艺术节龙海有6件少儿作品获奖，何巧忠获全国首届临帖书法大赛优秀奖（最高奖）和福建省群文系统书画摄影展二等奖。组织对2012—2015年度获得漳州市级以上奖励的273件优秀文化作品和文艺精品实施再奖励，奖金总额58.09万元。

文化活动精彩纷呈。2013年至2014年，以“我们的节日”为载体，举办各种丰富多彩的文体活动，有市芗剧团的新春芗剧公演、九湖镇的“农民春晚”、海澄镇的城隍庙新春游园、石码镇的夕阳红廉政文化宣传。2015年举办“中国梦·劳动美”龙海第二届“工会杯”职工歌手大奖赛，举办首届“图书馆杯”经典美文朗诵比赛，举办“鱼水情·强军梦”大型军民联欢晚会，举办龙海市22年来最大型的“月港环球杯”青年篮球锦标赛，举办农民广场舞大赛和首届拉丁舞大赛。2016年，开展龙海市非物质文化遗产宣传周系列活动，举办南音、锦歌、木偶、芗剧及文艺晚会等演出。举办龙海市第二届“图书馆杯”经典美文朗诵比赛、“爱我龙海”创卫摄影大赛。11月30日，漳州市民间文化繁荣发展现场会在龙海召开，参观龙海文化特色项目，并举办交流座谈会。市文联、市文化馆、市博物馆持续开展进社区、进学校、进乡镇、进企业送文化活动。

文化门户对外开放，龙海的文化影响力日益增强。2013年3月，福建省青年诗词创作研讨会在龙海举行并开展活动；4月，福建省炎黄文化研讨会、福建省作家协会一行37人到龙海采风，撰写《水仙故里·龙江神韵》一书；4月8日至20日，央视七套《乡村大世界》栏目组走进龙海，拍摄制作《龙腾花开·多彩龙海》专题节目，在央视荧屏展示龙海古城独有魅力和厚重历史文化。2015年，新华社、人民日报社、中央电视台、福建电视台、厦门电视台到龙海采访报道海澄古月港、埭美古民居、江东古石桥、连氏古宗祠等文化古迹和“乡愁馆”“又见炊烟”等新景点。是年，海峡两岸歌仔戏（芗剧）艺术暨邵江海学术研讨会在漳州召开，两岸专家学者围绕歌仔戏的传承与发展进行深入探讨。以“挖掘海丝资源，重振月港雄风”为主题的月港海丝文化论坛首次举行，收到60多篇专题论文并编撰出版。举办“美丽龙海”全国摄影大赛，共收到全国13000多件摄影作品，经评选有140件作品获奖。

继承弘扬中华优秀传统文化是加强文化建设不可或缺的重要

工作。龙海悠久的文明史，几乎与中国五千年的文明史同步。在历史的进程中，从不间断地展示着自己骄人的灿烂文化。诸如龙海覆船山新石器时代文化遗址的发现和“太武夫人拓土而居”的远古传闻，陈元光圣王文化与唐代周匡物、周匡业兄弟的双进士及第，朱熹知漳州与白云岩的传说，江东虎渡桥的建成与巨大石梁的安装之谜，古月港的百年繁盛与海丝文化，海澄人颜思齐早期开台与明代郑成功渡海收复台湾，镇海卫城遗址与明代抗倭史话，木棉庵与宋代郑虎臣诛杀奸相贾似道的故事，林氏义庄及其赈民善事，清代世界首富潘振承及其发家致富经历，闽南小刀会起义与海澄江源夫妇的英勇就义，古县教案与龙溪反洋教的斗争，民主革命志士苏眇公的《讨袁檄文》与兴中会香港总会首任会长杨衢云对辛亥革命的突出贡献，地理学家张燮及其巨著《东西洋考》，爱国史学家连横及《台湾通史》，祖地芗剧与台湾歌仔戏的渊源，龙海市花水仙花及其凌波仙子的传说，都是值得继承的优秀传统文化。

为了继承，首先必须组织力量，把隐藏和散见于民间及各种书籍的传统文化发掘出来，并整理、编纂成书，龙海市委宣传部、政协文史委和党史、方志、文化、文联等单位及一些作者为此挑起了重担。几十年来，特别是2013年以来，龙海已出版了乡土文学著作《中国民间歌谣集成·福建卷·龙海分卷》《福建乡土·龙海专辑》《文化龙海——海峡二十七城市历史文化系列》《龙海村社》《龙海十大文化品牌》《龙海风物》，政协文史资料《月港研究文集》《龙江风格的光辉》《龙海古村落精编》《家训·乡规民约》《老石码·古月港光影印象》《龙海碑文专辑·西溪卷》，乡镇文史资料《龙溪古县治颜厝镇》及遍布于民间的村史、族谱等传统历史文化书籍，还有不少历史文化研究文章散见于各类报刊和网络新闻媒体中。

近年来，中央电视台连续举办了“中国诗词大会”“中国民歌大会”“中国谜语大会”“朗读者”“经典咏流传”等节目，为中华优秀传统文化的继承和传播做出了示范，在龙海市广大中小学师生、知识分子和爱好人群中产生了强烈的反响。许多中学在组织学生学好书本中的传统文化课程的同时，把唐诗宋词和四大古典名著作为学生主要的课外读物，积极引导学生学习优秀传统文化。有的学校还在老师指导下，建立各种学习兴趣小组，举办各种有益的兴趣活动，如龙海浒茂中学成立紫芳谜馆，组织有兴趣的学生制作含有传统文化内容的廉政灯谜，在网上向海内外谜友发起征稿活动，收到数千条廉政灯谜，经精心挑选提炼后编撰成书，受到龙海市纪委派驻教育局纪检组的充分肯定。老年群体对传统文化情有独钟，著书立说、吟诗赋词、清唱芗剧、行拳舞剑、讲究膳食、提倡孝道，成了不少老年人安度晚年的最爱，涌现了一批优秀传统文化的爱好者和著书人。

在民间传统节日，城乡老百姓喜欢祭祀祖先，缅怀先贤和英烈，通过迎神赛会，图个热闹。这些活动，过去曾被视为“封建迷信”而加以禁止。随着时代的推移，到了中共十八大后，为了深入阐发中华传统文化的博大精深，用中华民族创造的一切精神财富化人、育人，也为了“海峡两岸一家亲”，实现祖国和平统一，原来被禁止的一些活动放开了。每年农历三月十一日，角美白礁慈济宫热闹非凡，“上白礁”成了连接两岸亲情的纽带。海澄城隍庙利用每年农历十月初一至初十的祝诞活动，举办两届城隍文化历史研讨会，多次组织城隍文化节，使之成了海峡两岸城隍文化、宗教文化交流的重要平台。海澄妈祖庙于 2001 年在湖美庵原址重建后，于每年农历三月二十三日，多次邀请厦、漳、泉及金门、台湾等地信众组团前来祭拜，参加妈祖文化节活动，不断拉近了闽台两地的亲情。

龙海在漫长的历史长河中，由于闽越文化和中原文化的相互交融，衍生出丰富多彩的非物质文化。不仅有充满乡土气息的节日习俗，还有驰名海外的地方风味小吃、多姿多彩的传统民间艺术。至 2015 年，全市已公布四批 28 项非物质文化遗产名录，其中隆教乡红星村大社抢孤习俗已列入漳州市第四批非物质文化遗产名录，漳州仙草传统制作技艺已列入福建省第三批非物质文化遗产名录。此外，还有向漳州申报的已列入国家级非物质文化遗产名录的锦歌、芗剧、歌仔戏 3 项。2013 年 4 月 19 日，央视七套《乡村大世界》栏目走进龙海，现场录制红星村大社“抢孤棚”等民俗表演，并在央视荧屏播出。红星村大社抢孤与台湾的宜兰县头城镇抢孤和屏东县恒春镇抢孤关系密切，近年来已多次进行了交流。

第六节　管党治党的坚持与反腐防违的成效

落实“党要管党”“从严治党”的要求，开展党的各项教育实践，加强党的思想组织建设，是多年来，特别是中共十八大以来中央和地方各级党委一直坚持的重大方针。2013 年 4 月，新一届中央领导上任不久，就决定从下半年起，用一年左右时间，在全党上下分批开展党的群众路线教育实践活动。同时要求全体中共党员深入学习贯彻中央“八项规定”，坚决反对“四风”。根据中央、省委、漳州市委的部署，龙海市党的群众路线教育实践活动从 2014 年 1 月开始全面展开。市委成立教育实践活动领导小组，教育重点为市领导机关、领导班子、领导干部，突出抓好直接联系服务群众的执法监管部门和窗口单位、服务行业，注重抓好乡（镇）场、开发区和村、社区等与群众联系密切的基层组织。4 月 25 日，为配合党的群众路线教育实践活动，龙海市委、市政府联合出台《关于持续深化作风建设年活动的实施意见》，着手加强学习教育，落实八项规定，严明组织纪律，推进“三访三促”（即访百姓、访企业、访项目、促征迁、促开工、促整治）等工作。强化基层服务型党组织建设，并于 5 月集中整顿 23 个软弱涣散村级党支部，达到班子配齐配强、作用明显提升、中心工作有力推进、服务群众落到实处的目标要求。加大党建资源整合力度，构建城乡统筹的基层党建工作新格局，开展市直机关党委与乡（镇）场党委结对共建活动。贯彻习近平主席关于国防和军队建设重要指示，市委、市政府、市人武部联合出台《关于加强和改进新形势下龙海市党管武装工作的意见》，开创龙海市党管武装工作新局面。

2015 年 4 月，中共中央办公厅印发《关于在县处级以上领导干部中开展“三严三实”专题教育的方案》，主要解决党员领导干部中存在的“不严不实”问题，深化“四风”整治，巩固和拓展党的群众路线教育实践活动成果，营造良好政治生态。5月，龙海市委“三严三实”专题教育活动开始，对象为全市县处级以上领导干部。按照要求，漳州市委常委、龙海市委书记张祯锦带头集中上党课，其他市委常委分别到分管部门或联系单位开专题党课，示范推动全市“三严三实”专题教育的开展。同时，围绕“学习贯彻习近平总书记系列重要讲话精神”“严于修身、严于用权、严于律己”等主题，先后举行四次专题学习研讨，坚持问题导向，把抓好整改贯穿专题教育全过程，部署查摆“说话不实、做事不实、数字不实”，整治基层“不作为、假作为、乱作为”等不严不实问题。全市94个单位共查摆“不严不实”问题397个，提出整改措施605条。在“三严三实”专题教育中，还在乡（镇）场开展“学习谷文昌，争当好干部”、在市直机关开展“学习谷文昌，争当好党员”活动。这些教育实践的实施，有力地促进全市的作风建设和选人用人标准的树立。市委提出“三看三不看”的用人导向，即看实绩不看资历，看能力不看关系，看贡献不看年限。是年，市委共调整科级干部6批320人，其中提拔科级干部141人；而对违反“八项规定”和作风不实的科级领导坚决予以免职或不予转正。还选派100名优秀年轻干部到重点项目和农村基层培养锻炼。大力推进村干部职业化管理，提升村级组织公共服务和社会管理水平。

2016年2月，中共中央印发《关于在全体党员中开展“学党章党规，学系列讲话，做合格党员”学习教育方案》，4月28日龙海市委召开“两学一做”学习教育工作座谈会，对全市中共党员“两学一做”进行部署安排。市委按要求在带头上党课的基础上，围绕“坚定理想信念，增强四种意识”“坚守纪律底线，培养高尚情操”“坚持根本宗旨，发挥党员作用”等主题，先后举行3次专题学习研讨会，并联系思想工作实际，进行问题整改，引导广大党员干部坚定“四个自信”，积极推动中央和省市委决策部署在龙海不折不扣贯彻落实。2017年，中共中央政治局做出“两学一做”学习教育常态化、制度化的重大部署。龙海的“两学一做”随之进入了常态化、制度化阶段。近年来，在学习教育活动的激励下，龙海的党建工作，破解有些地方“组织力量不强、党员发展不优、干部素质不高、村干储备不足”等四大难题，又有新的改进和发展。龙海的做法是：围绕党员先锋模范作用，采取严把“入口”选优新党员，设岗“促为”激活“虚党员”，切实关怀帮扶“难党员”，实施帮教转化“差党员”等办法建好党员队伍；围绕核心引领作用，采取抓换届配强村干部，抓培训提升“带头人”，抓机制充实“后备库”等办法，提高党员干部素质能力；围绕战斗堡垒作用，采取深化村干部“一考二评三挂钩”绩效考评，持续开展“五星级”党组织评选，推进村财薄弱村帮扶转化，完善激励保障措施等办法，增强基层党组织凝聚力和战斗力。“党要管党”的要求在龙海得到了有效落实。

中共十八届中央在广泛深入开展各种学习教育实践活动的同时，把党建重点放在全面从严治党和反腐败斗争上。龙海市委、市政府旗帜鲜明反腐败，坚决落实全面从严治党要求，紧抓党风廉政建设主体责任这个“牛鼻子”不放，先后制定出台《龙海市建立健全惩治和预防腐败体系2013—2017年实施方案》《关于落实党风廉政建设党委主体责任的实施意见》《关于落实党风廉政建设纪委监督责任的实施意见》《龙海市党风廉政建设责任追究暂行细则》等文件，初步建立起主体明确、权责一致的责任体系。2016年，市委出台《关于建立市委巡察制度的意见》，注重发挥巡察监督作用，启动对东泗乡、粮食局首轮巡察工作，强化党内监督权威。2017年，积极推进派驻监督全覆盖工作，实现市级党政企事业单位监督全覆盖；探索建立“下派非公企业廉洁帮扶监督员”和“下派驻村党风监督员”制度，打通监督执纪“最后一公里”，推进全面从严治党向农村基层延伸。严格按照上级部署要求，扎实有序推进监察体制改革试点工作，12月28日，龙海市监察委员会正式挂牌成立。市纪委、市监察委员会合署办公，实行一套工作机构、两个机关名称，履行“监督、调查、处置”三大职责，维护宪法和法律法规权威，依法监察公职人员行使权力情况，调查职务违法和职务犯罪，开展廉政建设和反腐败工作，实现对所有行使公权力的公职人员监察全覆盖。翌年，向全市13个乡镇派出监察机构，推动监察工作向村居延伸。全市基本构建了纪律、监察、派驻、巡察“四位一体”监督体系，强化党对反腐败工作的统一领导，使依法治国与依规治党、党内监督与国家监督、党的纪律检查与国家监察有机统一，更高效地开展反腐工作。

坚持有腐必反、有贪必肃，用最坚决态度减少腐败存量，最果断措施遏制腐败增量。2014 年以来，龙海市针对群众反映强烈的“两违”现象屡禁不止问题，组织开展“两违”背后腐败问题专项打击行动，严肃查处侵害群众利益的“小官大贪”“村官贪腐”案件，重点查处了港尾镇浯屿村两委干部伪造项目套取公款、格林村两委干部贪污私分救灾救助款、颜厝镇长边村两委干部职务侵占窝串案等一批典型案件，切实维护了群众利益。加强案件线索管理及分析研判，先后查处一系列涉及乡镇和市直单位领导的重要案件，有效增强案件查办震慑力，较好遏制腐败蔓延势头。积极运用法治思维和法治方式反对腐败，积极探索以留置取代“两规”措施，高质量办结漳州市“留置第一案”，全年共采取留置措施 4 件 4 人，取得良好的政治、法纪和社会效果。2014 年以来，全市纪检监察机关共立案 630 件 635 人，其中经济大案 130 件，科级 75 件，给予党政纪处分 631 人，有效营造不敢腐氛围。

充分发挥审计部门的审计监督作用，通过抓好“同级审”，把住防腐防违的红线。龙海市每年都组织开展本级财政资金，尤其是民生资金分配、管理和使用情况的审计，领导干部离任经济责任的审计，中央、省、市有关政策措施贯彻落实情况的跟踪审计，以及上级审计机关交办的有关项目的审计，发现问题，及时处理。以 2016 年为例，这一年完成审计和审计调查项目 24 个，共查出违规金额 194.35 万元、管理不规范金额 81165.78 万元，审计后处理上缴财政金额 195.5 万元，归还原渠道金额 140.82 元，还在各种审计报告中提出审计建议 68 条，促进“问题单位”采取措施进行整改，从而较好地遏制了违规现象的滋长。

牢固树立“作风建设永远在路上”理念，始终把作风建设牢牢抓在手上。坚持正风肃纪，促进风气向善向上。龙海市加强落实中央八项规定和“四风”问题查纠，规范改进调查研究、办文办会、评比表彰等各项工作,组织对违规配备办公用房、公车私用和违规收受会员卡等“会所中的歪风”的专项治理,全面整治领导干部利用名贵特产类特殊资源谋取私利问题,坚决斩断利益链条,树立廉政务实新风。结合党的群众路线教育实践活动和“三严三实”专题教育,深化“作风建设年”“四下基层”等活动,全面推行政务服务标准化建设,形成市镇村“三级贯通”的政务服务体系。从群众反映最强烈的领域和问题入手,认真开展扶贫领域、医药购销领域、保障性住房、教育乱收费和涉黑涉恶腐败等方面的专项清理和查处,切实维护民生利益。围绕富美乡村建设、反陋习、树新风,扎实推进移风易俗工作,重点推广颜厝镇移风易俗“念好六字诀”和九湖镇田墘村“4+N”工作模式,推动点面结合,社风民风持续向上向善。

坚持把纪律建设作为党风廉政建设和反腐败斗争的主线,把党的纪律和规矩立起来,严起来,执行到位。龙海市积极推进“四种形态”试点工作,充分运用责任主体提醒谈话、组织提醒谈话、函询谈话和诫勉谈话“四项谈话”,推动红脸出汗、咬耳扯袖成为常态。加强对领导干部特别是一把手行使权力的监督,落实“三重一大”民主决策、述责述廉、民主评议、经济责任审计等制度,健全重大事项报告、突发事项报告、完善领导干部个人有关事项报告及抽查核实等制度,增强权力制约和监督效果。坚持抓早抓小,强化对党员干部日常教育管理监督。通过开设廉政教育“移动课堂”、村级“廉政讲坛”等方式,抓好党规党纪学习宣传。组织开展“看片思廉”警示教育活动,做到以案施教、以案肃纪。依托“龙江颂歌”、东园镇“家风堂”“乡愁馆”、浮宫镇“归田居”等基地,深入挖掘弘扬本地传统廉洁文化,组织开展“一镇一孝廉”典型事例推选、传统家规家训征集等活动,发挥优秀传统文化典范教育作用。注重完善权力规范运行和廉政风险防控机制,针对土地出让、工程建设、干部任用、基层干部等腐败易发多发领域,制定出台《规范土地出让工作意见》《工程建设管理防范廉政风险若干意见》等规范性文件,建立健全土地出让行为网上监管机制,推动政府采购电子化管理,推行“廉政合约和工程合同同步签订”和“廉政文化进工地”等做法,有效防控廉政风险。

深化基层党风廉政建设，开展“廉洁基层、富美乡村”创建活动，健全农村党风廉政建设“12345”工作体系，深化基层民主管理。探索建立村组财务“三级管控”制度，有效防范农村集体资金管理廉政风险。扎实推进公共资源市场化配置工作，从源头上严防腐败行为发生。

第七节　经济建设的振兴与社会发展的繁荣

2013 年初，中共龙海市委、龙海市人民政府面对当时不容乐观的国际发展环境和国内经济态势，在市委工作会议上分析了龙海发展中存在的经济总量不够大，综合实力不够强；产业结构不够合理，第三产业仍然滞后；城市建设拓展不快，环境整治和新农村建设任务繁重；事关经济利益的矛盾纠纷和突出信访问题仍然较多，维稳和反腐倡廉形势依然严峻等问题。尤其是 2012 年在角美设立漳州台商投资区，并进行经济区划调整后，龙海的经济总量减少了近一半，给龙海造成很大压力的新情况，倒逼龙海重新审视自身的发展，并根据厦漳同城化将给龙海带来良好发展机遇等有利条件，重新调整龙海城乡经济发展布局，提出“五大片区”“五大重点”发展框架，开启了“推进龙海再创业、重振雄风当龙头”的新征程。

2013 年，龙海市紧紧把握“稳中求进”的总基调，积极应对国内外严峻的经济形势，众志成城防抗特大暴雨灾害，努力稳增长、调结构、促民生，保持了经济社会持续健康发展。工业转型提速。全市实现规模工业总产值 489 亿元，比 2012 年增长 17.3%（以下凡比上年增长的都简称“比增”）；工业税收 14 亿元，占财政总收入 47.4%，年规模工业企业净增 22 家，总数 273 家，其中产值上亿元企业 107 家；食品、电力、汽车汽配三大主导产业产值 371 亿元，拉动规模工业产值增长 13.1%；实际利用外资 5746 万美元，比增 11.2%；全市农业总产值 83.71 亿元，比增 4.9%；培育农业产业化龙头企业 73 家，产值超 150 亿元；推进 12 个农业综合开发项目，建设示范基地 6200 亩，创办家庭农场 122 户，年创产值 3300 多万元；远洋捕捞、水产养殖、花卉、水果等主要农业产业产值69.5亿元，比增7.4%；全市第三产业发展较快，房地产销售额32亿元，比增52.8%，创税4.1亿元；限上贸易企业106家，比增24.7%；旅游接待超140万人次，总收入7.36亿元；全市城乡市场繁荣、消费旺盛，社会消费品零售总额86.2亿元，比增8.6%。全市实现社会生产总值322.08亿元，比增11%；公共财政总收入29.57亿元，比增12.6%；地方公共财政收入18.45亿元，比增7.5%。

2014年，龙海市继续凝心聚力有效应对困难挑战，努力破解发展难题，促进三次产业争创新优势，科学发展、跨越发展取得新成效。全市新增规模工业企业29家，其中产值超亿元企业25家，全年规模工业实现总产值545.4亿元，比增17%；工业税收18.6亿元，比增32.5%。深入实施产业转型升级行动计划和龙头促进计划，食品、电力、汽车汽配三大支柱产业产值418.9亿元，比增13%；“一区多园”加快建设，南太武、东园、海澄等工业集中区新办企业14家。落实工业技改投资30亿元，新增国家级高新技术企业7家，省著名商标5个。实现建筑业总产值175.72亿元，比增37.49%，创税3.17亿元，比增18.73%。实际利用外资9998万美元，比增74%；外贸出口49172万美元，比增19%；全市农业总产值86.28亿元，比增4.3%，73家农业龙头企业产值168.8亿元，比增8.5%；建成连栋大棚、智能温室等设施农业7900多亩；发展家庭农场221个、农民专业合作社360家；建设一批农民创业基地、林下经济示范基地，带动1.6万农户增产增收；实现海洋捞捕产值1.8亿元，比增7.5%。全市新增限上贸易企业19家，建发美一城商业广场投入运营，永辉、国美等大型商业超市入驻龙海。投入5000万元，改造提升一批城乡贸易综合市场；培育发展电子商务，积极参与“漳州味、世界行”系列展销。食品、花卉等特色产品网上销售加快增长；商品房销售29.4万平方米；接待游客和旅游收入分别增长21%和22%。社会消费品零售总额77.97亿元，比增10.8%。是年，全市实现社会生产总值362.38亿元，比增12.4%；公共财政总收入33.17亿元，比增12.2%；地方公共财政收入18.82亿元，比增2%。在15项主要经济指标中，有 12 项增幅高于漳州市平均水平，13 项增幅位次前移，11 项位居前 5 名，6 项位居前 3 名，经济综合实力显著提升。

2015 年，龙海市抓住中央支持福建省进一步发展的大好机遇，优化“工业＋”发展路径，稳步推进农业和第三产业，促进龙海在原有基础上进一步跨越发展。全市新增产值亿元以上工业企业 21 家，实现规模工业总产值 604.38 亿元，比增 12.6％。正新橡胶二期实现试投产，绿宝集团在香港联交所挂牌上市，特尔福汽车电子研究所成立运营。全市完成企业技改投资 34.1 亿元，龙海经济开发区创业园入驻企业 36 家；30 家企业与各类高校签订技术合作协议。全市实际利用外资 1.1 亿美元，比增 6.8％。农业总产值 89.34 亿元，比增 3.9％，现代农业稳步发展，新增漳州市级以上农业龙头企业 6 家；实施土地开发整理，复垦新增耕地 146.93 公顷，建设高标准基本农田 1133.33 公顷。第三产业活力增强，成立市电子商务协会，东园食品电商创业城启动运营，获“省级农村电子商务示范县(市)”称号。全市商品房销售面积和销售金额分别增长 31.6％和 83％；全市接待游客和旅游收入分别增长 22.2％和 23.1％。是年，全市实现社会生产总值 404.67 亿元，比增 12.9％；公共财政总收入 34.53 亿元，比增 4.1％；地方公共财政收入 20.16 亿元，比增 7.1％。

2016 年，是实施“十三五”规划的开局之年，又是龙海市第十三次党代会召开和市委班子换届之年。龙海市牢固树立和落实五大发展理念，积极适应经济发展新常态，着力推进工业创新、农业提升，夯实良好营商环境，全力打好脱贫攻坚战，全市经济工作又向前跨进了一大步。全市实施千万元以上工业项目 79 家，完成总投资 47.8 亿元；全年实现规模工业产值 674.44 亿元，比增 9.3％。金龙客车、正新橡胶、中海油 LNG 三大百亿产值项目有效推进。建筑业完成产值 87.4 亿元，创税 3.5 亿元，居漳州之首。外贸出口 4.3 亿元，比增 5.8％。全市农业总产值 99.96 亿元，比增 2.9％，新增省级重点农业龙头企业 12 家，市级农业龙头企业 17 家；新建农民专业合作社 81 家，家庭农场 97 家。实施“168”农业发展工程，扶持一批农民创业园、创业示范基地，“八大”特色农业产值稳中有升；复垦新增耕地220亩，建设高标准基本农田1.7万亩；全市发展经济林6400亩，产值1.8亿元。全市花卉苗木种植面积6.36万亩，销售额20.7亿元，居漳州市前列。老区九湖镇有花卉苗木生产基地2.6万亩，年销售额6.95亿元。第三产业活力大幅度增强，实现三产产值176.7亿元，比增14.5%，对GDP增长贡献率达51%，首次超过第二产业；房地产产业稳定增长，全年销售面积59.1万平方米，销售金额46.4亿元，分别增长75.6%和120.47%；东园食品电商创业城经营趋火，农村淘宝走在全省前列，快递收件量超1000万件，增长189%；旅游业也有进一步发展。是年，全市实现社会生产总值454.31亿元，比增9.3%；公共财政总收入31.69亿元，比降8.2%，地方公共财政收入20.4亿元，比增1.2%。社会消费品零售总额92.91亿元，比增12.4%。在14个主要经济指标中，有8项指标增幅高于漳州市平均水平。

2017年，龙海市在新一届市委的领导下，继续做大做强工业，稳步发展农业，加快发展商贸服务业，全市经济增长势头良好，县域经济实力保持全省“十强”。各项主要经济指标同2016年和2013年相比，全市社会生产总值518.56亿元，分别比增8.5%和61%；规模工业总产值643.33亿元，分别比增8.2%和31.56%；农业总产值100亿元，分别比增4.6%和19.46%；公共财政总收入33.46亿元（不含漳州高新区），分别比增7.3%和13.16%；地方公共财政收入22.58亿元（不含漳州高新区），分别比增13.5%和22.38%；出口总值32亿元，分别比增11.6%和676.7%；实际利用外资5.95亿元，分别比增2.1%和780.25倍；社会消费品零售总额103.49亿元，分别比增9.7%和20.06%。

五年来，龙海市经济综合实力进一步增强，促进了社会各项建设事业的长足发展和民生的进一步改善。2013年至2017年，全市固定资产投资（不含农户投资）共达1015.14亿元。其中，每一年固定资产投资分别为132.28亿元、171.53亿元、204.11亿元、233.32亿元和273.9亿元，分别比上一年增长11.9%、29.7%、23.7%、14.3%和17.4%；2017年固定资产投资比2013年增长1.07倍；全市财政民生支出共约145亿元，每年民生支出占财政总支出的比例，均在78.54%至81.8%之间。

加快推进城市、交通、民生项目建设，创建美丽宜居生活环境。2013年，全面开展基础设施“五大战役”“十项竞赛”活动，其中实施城建项目40个，完成投资27亿元。建发城市综合体、第一医院门诊大楼、首钢紫云国际等一批城建项目全面完工。投入12.5亿元，加快沿海大通道、锦江道三期、龙江大桥等一批重点交通项目建设，境内新增高速公路11.4公里。投入5.5亿元，建设变电站8座、铺设电网142公里；投资4300万元，建成新公交场站，新增市区公交车12辆；还改造市区道路5条，硬化农村道路39公里；建设城市公园4处、郊野公园3处；提升西港线道路景观绿化，城市主要节点进一步净化、亮化、美化。2014年，中心城区持续拓展，月港、紫云新区建设、明发广场二期、泷澄总部大楼基本竣工。加快推进19个重点交通项目建设，省道208改线顺利开工，厦门港龙海客运站竣工使用，市区公交线路基本实现全覆盖。改造提升市政道路21.6公里，铺设供水管道24.5公里、排污管道10.6公里、天然气管网18公里、电网89.8公里；新建变电站5座，建成垃圾中转站2座；投资配套4400万元的蒲姜岭垃圾焚烧发电厂竣工投产。2015年，实施重点城建项目44个，完成总投资34.9亿元。“龙江颂歌”、月港海丝等系列项目稳步推进，龙江绿道二期、龙头文化园、美一城人行天桥等18个项目相继竣工，西环城路景观整治提升及绿道建设工程获“中国人居环境范例奖”。实施重点交通项目14个，完成总投资25亿元，龙江大桥、新江东大桥、港佛线、双第连接线、东泗公路等7个项目建成通车。实施十大创卫基础设施项目建设，整治乡镇一条街7.5公里，硬化农村道路60公里。2016年，深入开展“项目建设年”活动，实施城建项目63个，完成总投资51.92亿元。交通、民生项目建设继续推进。至2017年，投入6.96亿元，建设锦江道二期、草尾新村二期、锦江道三期（普贤）3个拆迁安置房项目，共1488套。投入146万元，改造建设石码市区畜牧屠宰场，更新机械设备、完善检验检疫设施。投入1877万元，整治市区紫云片区半港、田边、柯坑、新厝等4条内河渠道及田边榜山村部分河道，建设市农村饮水安全工程水质检测中心。投入562万元，完善公交基础设施配套和服务便民网络，建设包括“数字城管”在内的社会管理应急指挥中心、光网城市基础设施建设工程和乡村电网供电保障工程等项目。

持续抓好安全和谐创建，加强防灾减灾等保障工作。2013年，龙海市推行社会稳定风险评估，社会矛盾纠纷排查调处机制更加完善。深化“平安龙海”建设，完善社会治安防控体系；全面推广社区网格化管理；严格落实安全生产“一岗双责”；深入开展道路交通安全整治“三年行动”，安全生产专项治理“百日行动”，推进企业安全标准化建设，安全生产各项指标持续下降；开展肉制品专项整治，加强餐桌污染治理，食品药品安全得到有效保障。筹集特大暴雨灾害救灾资金6007万元，加快推进灾后重建，恢复生产，妥善安置受灾群众2.1万人，帮助一批因灾无房户重建家园。2014年至2015年持续深化平安建设，成功调处矛盾纠纷近万起；群众安全满意度不断提升；扎实开展企业安全生产标准化建设等专项行动。投入1.4亿元，强化道路安全基础设施建设；实施“食品放心工程”，加大餐桌污染治理力度；全市无发生重大安全事故。2016年，公检法机关严厉打击各类违法犯罪，社会治安形势趋稳向好。精准打击一起外来“法轮功”重点人员非法活动；有效落实帮教和防控措施，全市调处各类矛盾纠纷2423件，调处成功率达99.8%。全国“两会”、G20峰会、省党代会等敏感时段实现“零进京”“零越级上访”。持续深化系列平安创建，完善基层公共法律服务体系，为龙海经济社会发展营造良好法治环境。2017年，深入开展“扫黑除恶”专项治理，战果显著。顺利通过省级平安县城考评验收和省政府安委会安全生产巡查，积极创建食品安全社会共治示范县(市)；市建设局、国土局、消防大队等部门联合对全市4家公办敬老院、10家民办养老机构开展安全全面排查鉴定，实施分类处置，确保安全各项制度措施落到实处。认真解决农村安全饮水问题，全市已有50%以上的村建成安全饮水工程，其中老区村占96%。修订《龙海市自然灾害救助应急预案》，把自然灾害预备金调高到300万元，安排20万元用于救灾仓库的提升建设及物资充实。下拨上级自然灾害生活补助资金130万元，并实行各种因灾救济和扶贫工作。鼓励农民为水稻生产投保，全市水稻保险面积14.84万亩，投保金额59.36万元，最大限度化解农民的种植风险。

积极促进科技、教育、文化、卫生等社会事业全面进步。2013年以来，龙海市实施创新驱动发展战略，推动高新产业迅速发展。全市通过高企审核（复核）认定的国家高新技术企业15家，省创新型企业2家，省科技小巨人领军企业12家，还拥有省级新型研发机构1家，省工程技术研究中心3家，省院士工作站1家，省企业技术中心2家。强化新产品开发研究，成效显著。境内漳州奈特新型建材公司研发的“高性能环保型水性环氧树脂及其固化剂”产品被国家科技部等多个部委认定为国家重点新产品；漳州格林春天科技有限公司研发的“水性油墨高科技节能环保低碳”新产品投放市场后，受到国内外广大消费者的青睐。加强知识产权保护，推动知识产权专利发展。2012年至今，全市发明专利申请数和授权数分别达到5429件和3202件，发明专利授权数创历史新高，并获福建省专利二等奖1项，漳州市专利三等奖2项。2016年8月，中央电视台《我爱发明》栏目走进龙海益利食用菌企业，专题拍摄食用菌菌包生产智能化全自动机械设备发明创造，并于9月17日在央视荧屏播放。老区九湖镇食用菌研究所在2017年中国食用菌产业年会暨第四届中国食用菌博览会上被评为“我最信赖的食用菌企业/品牌”，继2014年、2015年、2016年后，连续四年获此殊荣。龙海市拥有省级知识产权优势企业5家，漳州市知识产权示范企业4家，知识产权试点企业20家。积极推荐企业参加国家、省、漳州市举办的工业创新技术大赛，取得较好的成绩。境内漳州博惠电子企业在中国第四届创新创业大赛中被评为优秀企业，并荣获此大赛（福建赛区）三等奖。近年，在龙海成功举办首届工业设计与科技创新大赛，为全市创新技术和创新人才的发掘找到了新模式。加大企业创新研发投入。2016年和2017年，全市企业创新研发经费分别达到1.97亿元和3.04亿元，环比增长26.87%和54.32%。龙海市明发塑料制品有限公司，为顺应高科技发展潮流，在龙海经济开发区创业园新注册一家企业，投资3000多万元人民币，从德国引进全球顶级的W&H柔印机，从意大利和台湾地区引进相关高端设备，打造出安全、环保的食品、卫生品包装，以及柔印新材料、新产品，开启了国内塑料包装环保的新纪元。搭建科研成果对接应用平台，推进企业与高等院校、科研单位合作共享。率先在漳州开展网上科技成果对接活动。老区颜厝镇绿宝集团与江南大学食品学院签约共建食品安全技术实验室。绿新食品公司是国家农业农村部认定的“国家红藻加工技术研发专业中心”，2017年又与中科院海洋研究所合作，启动“高性能琼脂糖生产关键技术开发及其产业化应用”项目，并获省资金70万元的立项扶持，由此进一步推进了卡拉胶、琼脂糖等海洋新兴产品的研发与利用。龙海市对科技孵化基地建设十分重视，投资3500万元，购买一栋标准厂房，作为科技孵化基地使用；投资4500万元，建立特尔福汽车电子研究所有限公司，进一步推进孵化基地全面建设；由企业投资200多万元，成立龙海市慧谷众创空间，引进高校、科研单位老师为众创空间导师，吸引6个团队和企业及个人进驻众创空间创业发展，先后举办多期科技业务培训班，为科技孵化和创业创新提供了坚实的平台。近五年来，龙海市政府为科技投入7亿多元，共有42个项目获得国家、省、漳州市科技立项，并取得扶助资金2000多万元。2013年至2015年，全市共表彰科技进步项目18个，有力激发了科技工作者和爱好者的创新热情，提高了龙海经济发展的含金量，也日益方便了群众的生活。

在科技发展的同时，教育、文化、卫生等社会事业也同步发展。2013年，教育资源有效整合，实现乡镇公办幼儿园全覆盖，师资队伍素质进一步提高。文体中心配套工程竣工使用。全民健身运动全面开展，竞技体育取得佳绩。深入开展第一医院医改，完成5所乡镇卫生院提升改造，新增床位109张、卫技人员127名，医疗卫生水平进一步提升；投入4588万元，落实计生服务各项政策，在全省率先创建“三位一体”便民服务中心，继续保持“全国计划生育优质服务先进市”称号。通过省级“灭蚊”先进城区复查验收。2014年，继续开展文明创建活动，石码镇被评为第四届全国文明村镇。龙海一中新校区建成投用，初中部恢复办学，青少年校外活动中心、特教学校主体工程竣工，校安工程基本完成，教育资源布局更加合理。第一医院新院区投入使用，设置床位800张；中医院完成改造搬迁，医疗服务保障能力进一步提升。2015年，完成农村薄弱校改造项目8个，义务教育均衡发展，实验小学、第二实验幼儿园新校区主体竣工，通过“国家级农村职业教育和成人教育示范县”省级评估。全面推行公立医院按病种付费方式改革，扎实推进“三保合一”，实施药品、耗材零差率，减轻群众看病负担5.1亿元；市疾控中心荣获“全国疾病预防控制工作先进集体”称号。2016年，投资9000万元，用于改善义务教育学校办学条件。石码中心小学新校区、华侨幼儿园新校区和月港小学及幼儿园项目加快前期工作。龙海市教育质量增强，4月通过省教育厅评估验收，10月通过教育部评估验收，位居全省18个受检县第二，被表彰为“漳州市高中教育教学质量先进县(市)”“漳州市初中教育教学质量达标县(市)”。文化强市建设富有成效，特色文化基地和公共文化服务有新的发展。干部教育培训有新跨越，群团工作有新佳绩。市总工会持续开展“工人先锋号”品牌建设，积极推进职工“五小”创新，全面实施送温暖工程，加强职工文化活动，荣获漳州市工会工作考评第一名、漳州市“五一劳动奖状”。市共青团、市妇联积极发挥本群团作用，为龙海加快发展增添新光彩。

全面增进人民福祉，民生保障有效落实。2013年，龙海市坚持新增财力优先用于民生事业，市政府落实为民办实事项目26件。投入资金7420万元，成功改制国有集体企业15家，安置职工1600多人；安排资金5000多万元，提高失业保险金、城乡低保金、退休退职养老金和社会优抚标准；安排资金1.1亿元，用于被征地农民养老保障、医疗救助、扶贫助学、优抚安置。新农合参合率基本实现百分百，减轻群众就医负担2.59亿元，受益群众35.9万人次。新增城镇就业6680人，促进下岗再就业2048人，转移农村劳动力1.1万人。投入2.2亿元，建设农村饮水安全、冬春农田水利、水库除险加固等民生工程;投入3500万元,完成九龙江综合整治项目9个;投入4428万元,完成一批造福工程、农村幸福园、居家养老服务站建设。投入360万元,加快21个重点贫困村扶贫开发。2014年,全面完成21个为民办实事项目。投入2.3亿元,建成保障性安居工程660套;投入1.2亿元,完成25家国有集体企业改制,安置职工2468人;投入7480万元,实施医疗救助、优抚安置和社会福利补助;投入7100万元,加快建设新水源地九九坑水库;投入近4000万元,实施一批农村饮水安全工程。全面推行药品零差率销售,新农合全覆盖,减轻群众就医负担2.6亿元,发放城乡低保金5195万元。2015年,全市20个为民办实事项目完成投资8亿元。建成保障性安居工程668套,配租配售417套;完成造福工程危房改造500户;新增市区公交车18辆。城市低保、农村低保、五保和城乡居民基础养老金补助标准人均分别提高50元、17元、75元和20元。发放被征地农民养老保障金3308人、1133.2万元。帮助2002名困难学生办理助学贷款2514.3万元。

2016年,落实为民办实事项目20个。推进精准扶贫,实施七大扶贫工程。新增城镇就业6733人,促进下岗再就业2114人,帮助已登记未就业高校毕业生实现就业2114人。被征地农民养老保障待遇标准继续提高。新开工保障性住房2070套,基本建成1680套,配租公租房及廉租房639套,发放廉租租金补贴163.5万元。投入1.34亿元,将新农合和城镇居民基本医疗保险政府补助标准从每人每年380元提高到410元。落实基本公共卫生服务政府补助,每人每年40元。投入402万元,实施助残工程,给400名考上大中专贫困残疾人群或残疾人子女学生、给60户就业年龄段农村贫困残疾人或“零就业”家庭残疾人、给300名重度精神、智力、肢体残疾人的学习、生产就业、居家护理提供补助,投入2400万元,建设8个乡镇敬老院。2017年,在继续抓好为民办实事项目的同时,进一步关爱城乡弱势群体,做好各项社会救助工作。全市医疗救助6.89万人次,发放资金1279.06万元;临时救助1.34万人次,发放资金1253万元;为12913名残疾人发放生活救助金1069.8万元,发放残疾人护理补贴资金897.03万元。建立526名留守儿童台账，实行动态管理。对全市已认定的43名孤儿，发放基本生活费80.64万元。12月1日，市残疾人综合服务中心成立并运行，极大改善了全市残疾人医疗卫生保健条件。重视老龄事业，实施市社会福利中心（一期）项目建设，完成投资830万元。建成东园镇厚境村、榜山镇福河村、程溪镇浮山农场3个幸福院和老区东泗乡敬老院。免费为老年人新办和换发优待证8200张，为全市80周岁以上无工资收入老年人发放高龄补贴866万元。在石码镇开展居家养老试点的基础上，向农村延伸拓展，推进医养结合，6家养老机构与卫生部门建立医养合作关系。

城乡居民人均收入增加，消费水平明显提高。随着国家的强盛、繁荣和富足，随着惠农惠工惠民政策的实施，龙海市城乡居民的“钱袋子”鼓了起来。2013年，农民人均纯收入11709元，比增12.5%；城镇居民人均可支配收入24122元，比增10.3%。这对数字逐年刷新。2016年，农民人均纯收入16101元，比增10.5%；城镇居民人均可支配收入31621元，比增9.7%。2017年，农民人均纯收入（新口径）17469元，同2016年和2013年相比，分别比增8.5%和49.2%；城镇居民人均可支配收入（新口径）34435元，分别比增8.9%和42.8%。手中有钱，消费无忧，日子过得越来越红火。2017年，农民人均消费支出13147元，分别比增8.4%和58.9%；城镇居民人均消费支出22268元，分别比增4.3%和49.7%。据统计部门调查，2017年底，龙海市每百户农民家庭拥有家用电器1045件，比2013年增长37.4%；每百户农民家庭拥有洗衣机84台、电冰柜105台、空调机133台、摩托车144辆、微波炉83台、固定电话53部、移动电话278部、彩色电视机120台、计算机45台、摩托车53辆，家庭小汽车也越来越多。不仅如此，许多城乡居民还放开双脚外出旅游，或跟团游，或自驾游；或国内游，或国外游；或结伴游，或全家游。每年旅游支出占家庭总支出比例逐年增加。

所有这些，都充分证明，龙海人民在实现对美好生活向往的征程中，已获得了一年比一年多的满足感、安全感和幸福感。

结　语　继往开来的"十三五"展望

改革开放40年来，特别是中共十八大以来，中共龙海市委、龙海市人民政府领导全市人民抢抓机遇，主动作为，深化改革，扩大开放，经济社会发展成效显著，为"十三五"规划的制定和实施奠定了扎实基础。2016年3月，根据《中共龙海市委关于制定龙海市国民经济和社会发展第十三个五年规划的建议》，市人民政府精心编制了《龙海市国民经济和社会发展第十三个五年规划纲要(草案)》，并在龙海市十六届人大第六次会议上经全体代表审议通过。《纲要》成为全市人民共同的行动纲领。

"十三五"规划处于中共十八大后两年和中共十九大前三年这个时期，国家处于大有作为的重要战略机遇期。依据《纲要》，"十三五"期间，龙海市将全面推进经济建设、政治建设、文化建设、社会建设、生态文明建设和党的建设，着力创新发展、协调发展、绿色发展、开放发展、共享发展，在新的起点上进一步推进龙海再创业，重振雄风当龙头。五年的主要奋斗目标是：

——经济实力持续提升。全市社会生产总值年均增长10.2%，到2020年社会生产总值达700亿元以上，人均社会生产总值接近全省平均水平；一般公共预算总收入、地方公共预算收入年均分别增长8.3%和7.7%；社会生产总值和城乡居民人均可支配收入比2010年翻一番。工业化和信息化发展升级，先进制造业加快发展，服务业比重加大，新产业新业态不断成长，发展质量和效益进一步提升。

——城乡建设有序推进。全市社会固定资产投资年均增长15%，城乡规划和建设水平提高，区域发展更加协调，空间发展进一步优化；中心城区做大做美，“大城管”格局初步形成；新型城镇化建设加快，富美乡村建设持续拓展，城乡一体化迈上新台阶，户籍人口城镇化率提高到45%，常住人口城镇化率达60%。

——发展活力不断增强。着力深化体制改革，重点领域和关键环节的改革取得实质性突破，若干领域改革走在全省和漳州市前列；制度创新、科技创新、文化创新再上新水平；创业、创新体系更趋完善，大众创业、万众创新格局基本形成，科技创新对经济发展贡献率不断提高；开放型经济发展加速，融入21世纪海上丝绸之路核心区和厦漳同城化建设取得成效；利用外资、对外投资和进出口贸易规模进一步扩大。

——生态环境更趋优化。生产、生活方式加快转变，绿色低碳水平明显提升，单位生产总值能耗、二氧化碳和主要污染物排放总量控制在漳州市下达指标内；土地、水等资源利用率大幅提高；森林覆盖率保持在55.92%以上。各方面生态建设付诸行动，城乡环境更加宜居、美丽，生态安全保障体系基本建成，生态文明建设制度更加完善，争创国家级生态文明示范市。

——人民利益切实保障。有效巩固原有贫困村和建档立卡贫困户脱贫成果，城乡居民收入普遍较快增长；新增财力和公共资源更多地向民生倾斜，教育、卫生、文化、社会福利等公共服务体系更趋健全，基本公共服务均等化水平稳步提高；道德、法治建设全面推进，群众文明素质和社会文明程度明显跃升，践行社会主义核心价值观，尊重并促进人的全面发展。

落实“十三五”规划，中共龙海市委、龙海市人民政府要继续深入贯彻中共十八大和十九大精神，以习近平新时代中国特色社会主义思想为统领，坚持创新、协调、绿色、开放、共享新发展理念，把握全局、突出重点，采取五方面举措。

进一步壮大经济产业。要强化产业支撑，全力推进产业转型升级。继续实施产业龙头促进计划，推进食品工业、装备制造、能源三大主导产业加快发展；促进特色优势产业提升，打造具有核心知识产权的战略性新兴产业体系，支持培育生物与医药、新材料、电子信息等新兴产业;坚持把园区作为产业发展的主要载体,进一步优化园区空间布局,完善园区基础设施,创新园区发展机制,推动产业聚集发展。认真实施乡村振兴战略,巩固推进现代农业,继续加大对农业和农村发展的支持力度,通过不断完善农业基础设施,创新农业经营方式,大力发展设施农业、有机农业、休闲农业,不断提高农业综合生产能力。做大做优第三产业,逐步形成以服务业为主体的产业结构,第三产业增加值占GDP比重突破40%;根据新型城镇化发展要求,积极推动旅游、健康服务、居民和家庭服务等需求潜力大、带动能力强的生活性服务业,提升居民生活品质;加快推进知识性服务业,电子商务、文化创意融合发展;发挥"建筑之乡"效应,做大做强建筑产业,实施建筑业龙头促进计划,推进新型建筑工业化,延伸建筑业产业链,打造集成化、系统化、规模化的建筑产业集群;发挥我市沿江抱海、海岸线长、港口条件好的优势,加快发展海洋经济,构建现代海洋产业体系,实现生产力布局由陆地空间向海洋空间拓展。

进一步建好宜居家园。要增强规划意识,做好规划编修,加强城乡重点区域设计,凸显闽南特色,做足山水文章;优化城市空间布局,合理控制建筑密度和容积率,使绿地和古迹点缀其间;严格执行规划,坚持一张蓝图管到底,一任接着一任干。按照"一江两岸,东扩西延,跨江北拓"的城市发展思路,继续抓好锦江道延伸拓展,经过几年努力,实现全线贯通;加快紫云新区功能完善和月港新区进展突破;逐步完善老城区,实施后港、芦州片区改造;适时北向发展紫泥岛。继续完善城市路网建设,加强高速公路网、国省干线网、农村公路网"三网"融合、互联互通。深化国家卫生城市创建活动,依托城市管委会,构建统一高效的"大城管"格局;提高富美乡村建设的精细度,展示点上出彩,线上美丽、面上洁净的富美乡村新画卷。坚持走新型城镇化发展道路,促进城乡要素、公共资源均衡配置,推进农村转移人口市民化。

进一步深化改革开放。通过改革,加快形成以创新为动力的经济体系和发展模式;坚定不移推进供给侧结构性改革,实现去产能、去库存、去杠杆等既定目标；深化简政放权，放管结合改革，大力推进权力清单、负面清单、责任清单和网上行政审批的“三单一网”建设；树立形成“马上就办”作风，不断提高服务效率；扎实推进土地要素市场配套改革，进一步提高土地综合利用率；深入开展投融资改革，以国投公司为主体，做大做强五大国有集团公司，加大资金筹措力度；深化财税体制改革，建立健全规范的政府举债融资机制；稳步推进事业单位分类改革，深入实施“海纳百川”高端人才聚集计划。以更宽视野拓展对外开放，紧紧围绕产业发展布局，加大三维招商力度，积极引进一批大项目、好项目。鼓励在外企业家回乡投资创业，促成项目回归、资金回流、技术回传、总部回迁。开拓对外贸易新兴市场，保持出口竞争优势。主动融入国家“一带一路”建设，以月港为媒，开展与“海上丝绸之路”沿线国家和地区的投资贸易、科技文化交流合作；突出对台特色，支持现有台资企业扩大投资，促进对台经贸合作互利双赢；深化与港澳侨合作，吸引更多港澳同胞和华侨华人财团到龙海投资兴业；发挥区位优势，积极对接厦门自由贸易区的辐射带动效应。

进一步推进生态建设。要以“七个五”行动计划为抓手，深入开展“生态环境建设年”活动。这“七个五”分别是：“五海”保护，即实施海湾、海岸、海滩、海水、海岛资源与环境的保护工作，促进可持续利用与发展；“五沿”治理，即抓好沿路、沿江、沿海、沿城市周边、沿村庄周边“青山挂白点”补植绿化，使青山更绿，氧源更足；“五景”建设，即主动承担漳州市东西南北中五大景观区和龙海各分支景点建设，扮靓龙海；“五行”管控，即强化矿山沙场、排放企业、森林、水源、土地等容易引发各种污染的所谓“金、木、水、火、土”行业或资源的管控，以避免对群众健康的危害；“五古”丰登，即保护好古厝、古街、古树、古桥、古牌坊，让人们记得住乡愁；“五项工程”，即加强对沿海防风林带、自然保护区、旅游风景区的修建和对湿地、红树林的修复；“五种提倡”，即在全社会提倡使用有机肥、生物防治、垃圾分类处理、绿色建筑和低碳生活。在落实“七个五”行动中，特别要打好大气、水、土壤污染防治三大攻坚战。要严格生态保护机制，将资源消耗、环境损害、生态效益纳入经济社会发展评价体系，实施生态环境损害赔偿和责任追究制度，确保生态文明建设目标的实现。

进一步增进民生福祉。要从解决群众最关心、最直接、最现实的利益问题入手，补齐短板、提升水平，让人民共享改革发展成果。持续关注原有贫困村、贫困户脱贫后的生产生活，随时采取措施防止因灾因病返贫问题。坚持教育优先发展，深入推进教育综合改革，逐步缩小城乡、校际差异，确保义务教育的均衡和高质量。努力挖掘、研究红色文化、海上丝绸之路文化和中华优秀传统文化，为爱国主义教育和经济社会发展所用。进一步深化城乡文明创建和社会主义核心价值观践行活动。全面推进“健康龙海”建设，实施食品安全战略，消除餐桌污染。提升公立医院医疗服务水平和农村基层医疗卫生服务能力。坚持计划生育基本国策，促进人口均衡增长。发展健康养老、体育产业，积极应对人口老龄化。继续完善社会保障体系建设，在就业、住房、医疗、救助等方面发力，扩大社保覆盖面。努力实施依法治市方略，深入推进民主法制建设和“平安龙海”建设，加快形成公民遵纪守法、社会治安持续好转、安全事故明显减少、社会矛盾有效化解、互联网舆情更趋纯净的新气象，让龙海人民在享受物质满足的同时，获得精神上的满足。

“十三五”期间，中共龙海市委、龙海市人民政府将带领全市人民，紧密团结在以习近平同志为核心的党中央周围，高举新时代中国特色社会主义伟大旗帜，凝聚思想共识，坚持政治定力，永葆革命老区的初心和使命，立足新起点，激发新活力，适应新常态，展现新作为，用心血、智慧和汗水去创造龙海更加美好的明天。

附　录

附录一　龙海革命人物简介

近百年来，面对半封建半殖民地贫穷落后的旧中国，龙海无数优秀儿女、仁人志士在中国共产党的领导下，积极探寻救国救民的真理和道路，并为新中国的诞生不惜抛头颅、洒热血，付出了巨大的牺牲，做出了非凡的贡献。本附录所列龙海革命人物，就是新民主主义革命时期，曾工作或战斗在龙海，担任过党政军一定职务，从未有过变节行为的龙海籍和非龙海籍的革命志士。有的虽然主要不在龙海县活动，但属于龙海籍革命干才或精英；有的虽然未担任任何职务，但属于革命事迹突出的英雄或烈士，本附录均予以编入。入编时全部按其逝世时间先后排列。

李联星

李联星(1902—1928)　福建龙岩人。闽南早期农运主要领导人。出生于制鞋手工业家庭。少时读私塾。1917 年随父旅居新加坡，任银行练习生；白天工作，晚上参加补习学校学习，开始接触《共产党宣言》《社会主义从空想到科学的发展》等进步书刊，进而确立马克思主义信仰。1924 年，任“新龙岩季刊社”干事部驻南洋各埠干事员，积极参加《新龙岩季刊》的发行工作。1926 年春回国，进广州第六届农民运动讲习所学习，并加入中国共产党；9 月，任国民党中央农民部福建省汀漳龙办事处负责人；11 月，随北伐军到达漳浦县，任国民党漳浦临时县党部农民部负责人。在漳浦县城创办农讲所，建立农会，开展打击土豪劣绅，抗捐抗税等活动；曾组织近千名农民赴漳请愿，达成驻漳北伐军允承农民所请。1927年1月，当选为中共闽南特委委员，分管农运工作。之后，到石码、漳州指导“倒蓝反廖”斗争，沉重打击了封建势力；积极参与领导漳州工农运动讲习所，亲授“农民运动史”等课程，为培养闽南农运骨干做了有益工作。国民党右派背叛革命后，他同王占春等在程溪、南坑、漳浦一带以教学为掩护，开展农运和建党活动。1927年12月，任中共福建临时省委执委。1928年1月，领导漳浦农会开展三次反抗烟苗捐斗争，规模达两千多人，使反动派惊恐不安。8月，任中共澄码特委书记，为迅速恢复当地工会、农会及党的活动尽力。1928年10月，在石码被捕。被囚期间，坚决拒绝国民党反动派劝降，撕碎自新表，怒斥敌人，表现出共产党人的崇高气节。12月12日牺牲于漳州芝山仰止亭。

谢景德

谢景德（1904—1930）　又名谢汉秋、谢耀辉，福建龙岩人。自幼勤奋好学，志向远大。1920年考入厦门集美学校师范部。1924年5月，开始接受并宣传新文化新思想。1925年6月，参加共青团组织；翌年4月加入中国共产党；年底，受党组织派遣回龙岩领导工农运动。1927年7月参加中共闽南特委工作。1928年8月，中共福建省委在厦门成立，当选为省委常委、组织部长。同年11月兼任中共厦门市委书记。1929年作为省委特派员前往闽西指导工作。1930年5月，参与领导“五二五”厦门破狱斗争。在白色恐怖的极端艰苦条件下，他克服各种困难和危险，在漳码一带开展革命宣传，巡回联络泉属、漳属和汀属各县党组织，通报党中央的指示，指导各地工农运动。为了便于

谢景德

开展地下活动，他拔掉门牙，装上假牙，化装成工人、农民、小贩、乞丐、算命先生，甚至扮成精神病人。遭到国民党反动派通缉时，他毫不畏惧，继续奔走于香港、广州、泉州、漳州、厦门、汀州等地。1930年冬，终因劳累过度，病逝于厦门。

卢　克

卢克(1910—1930)　福建平和人。14 岁到漳州南市街石狮巷投奔堂叔卢林仲，就读于漳州省立第二师范学校。在同班同学王占春的影响下，接受革命真理熏陶，积极参加学生运动。1927 年 1 月，参加共青团，随后转为中共党员。四一二反革命政变后，与王德、王占春一道深入漳州南乡和程溪一带发动农民，开展抗捐抗税斗争，工作卓有成效。1928 年夏，受党组织委派到福州参加“国民革命军军官教导队”，接受军训，后被分配到海澄县港尾区任民团自卫队教官，以此公开身份为掩护，积极为党工作。经过一年艰苦工作，逐步掌控港尾地区的军政权，培养了一批革命骨干，发展 6 名共产党员，使港尾地区成为省委有力的后勤基地。后因准备举行武装暴动未果，于 1930 年 12 月 8 日，被国民党捕杀于港尾圩头。

刘乾初

刘乾初

刘乾初(1865—1931)　又名刘谦初，山东平度人。1927 年 1 月，参加中国共产党。蒋介石发动四一二反革命政变后，奉令到闽南领导党的工作。在王德的配合下，频繁活动于漳州南乡、石码、海澄一带，保护并逐步发展当地党的组织。同年 12 月，参加中共福建临时省委成立大会。翌年初，任中共澄码特委书记。1928 年 8 月，在中共福建省第一次代表会议上，当选为省临委书记。1930 年 2 月，奉调任山东省委书记。1930 年，山东省委遭到破坏时不幸被捕。1931年4月5日，和党的"一大"代表邓恩铭一起，被国民党山东省主席韩复榘杀害于济南。

林树根

林树根（1907—1931） 又名郭阿福、郭福。福建龙海人。少时聪慧过人，富有志气，对底层劳动人民深表同情。中学毕业后，考入漳州省立第二师范学校，开始接受马列主义思想。1927年，在石码搞农运，并加入中国共产党。曾因村民告密被捕关押，遭遇毒打。1930年6月，出狱后动身去南洋，改名郭阿福（郭福），假冒漳浦人。从南洋回国后，按照组织安排，到厦门当码头工人，并暗中组织赤色工会，建立党支部，亲任支部书记。1931年2月，被推选为中共厦门市委常委兼组织部长，继续领导码头工人革命斗争。1931年3月18日，在散发革命传单时被捕。狱中面对敌人的威逼利诱和酷刑，宁死不屈。同年5月1日凌晨被秘密杀害于厦门禾山。

李金发

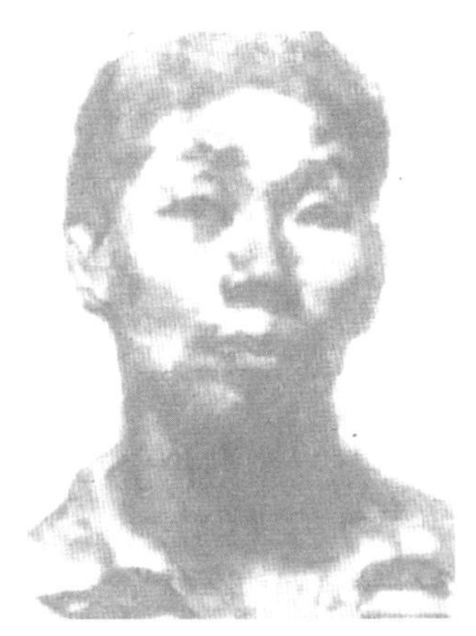
李金发

李金发（1907—1932） 福建龙海人。闽南早期党和红军游击队领导人之一。童年在漳州染坊当工人。1926年冬，加入丝纱染织工会，积极参加工人运动。1927年1月，被选为漳州丝纱染织工会主席，带领工人开展"二五加薪"和"八小时工作制"的斗争并取得胜利。1927年春，进漳州工农运动讲习所，学习期间加入中国共产党。四一二反革命政变后，转入漳州南乡组织农运；10月，参加领导漳州轻便车工人罢工斗争。1929年1月，出任中共漳州县委书记，大力加强党组织建设，积极领导农民抗捐抗税斗争；与王占春等策划洪塘筹款、袭击龙虎庵乡公所、官浔民团、油坑民团、马坪乡公所和下陈兵变等影响较大的革命斗争，狠狠打击封建势力和国民党反动当局。9月,偕同王占春率农民武装,袭击在何里庵开会议密谋的反动族长和民团头子。重视游击队党的建设、思想教育和纪律教育,在支队中建立党的特支、支部。1930年冬,任闽南特委委员兼漳州县委书记;12月,参与组建闽南红军游击队第一支队,任政治委员。之后,同陶铸、王占春一道领导红一支队转战南乡、程溪、靖和浦一带,打击封建势力和国民党军队。1931年7月,中共厦门中心市委成立,任市委委员;10月,成功策划下陈26个团丁起义。1932年初,同邓子恢、王占春等一起率领游击队进入漳浦,开辟、创建了以小山城、龙岭、车本、欧寮为中心的靖和浦革命根据地。1932年2月22日,李金发因叛徒出卖被捕,3月5日,越狱回队。1932年4月,率闽南红一支队一部配合中央红军东征漳州的战斗;19日夜晚,率员进漳拟营救狱中同志时遇敌,不幸中弹,牺牲于东新桥上。

王占春

王占春(1905—1932)　福建龙海人,闽南革命根据地和红军游击队创始人之一。北伐军进漳时,投身革命活动,并加入中国共产党。大革命失败后,坚持斗争,与许涂森等发动漳南轻便车工人罢工。此后,在南坑一带发展农会组织和农民武装。1928年3月,带领武装群众攻打程溪保安分驻所(即"程溪暴动")。1929年9月,与李金发等带领游击队袭歼在何里庵开会的反动族长及民团头子。1930年5月,受福建省委委派,参加"五二五"厦门劫狱斗争,营救出刘端生、陈柏生等40多名同志。同年底,任闽南红军游击队第一支队支队长,率游击队转战漳州南乡和石码、海澄、平和、漳浦、南靖等地。1931年8月,任闽南红军游击司令部司令员。1932年初,与邓子恢、李金发等利用漳浦小山城抗征"飞机

王占春

捐”时机，带领游击队发动群众，开展武装斗争，初步建立以小山城为中心的靖和浦革命根据地。同年4月，中央红军攻克漳州，任中共漳州中心县委常委、闽南工农革命委员会主席，积极协助中央红军完成“筹款、扩军、抗日宣传”三大任务，为闽南革命根据地的建立和发展做出了贡献。同年5月，任中国工农红军闽南独立第三团政委。6月6日，在漳浦崎溪寨仔村组织抵御敌张贞部疯狂反扑时，不幸中弹牺牲。

林和尚

林和尚(1909—1932)　福建龙海人。早年在石码锡箔工场当童工。为了反抗剥削，苦练拳术。北伐军入闽后，投身革命。1926年12月，参与漳码“非基运动”，带领工人同基督教牧师展开斗争。1927年1月，任石码总工会主席。1927年初，积极参加“倒蓝反廖”“二五加薪”和“八小时工作制”等重大斗争。蒋介石四一二反革命政变后，林被迫出走台湾。1928年初，返回石码。是年2月，与李联星、谢景德共同领导攻打石码税务所的斗争。之后，常奔走在城镇乡村之间，宣传党的政治主张，揭露反动派黑暗统治。1928年8月，任石码西头工农游击队队长。1929年9月，参与袭击何里庵反动族长、民团的战斗；12月，加入中国共产党。1930年12月13日，成为闽南红军游击队第一支队首批队员，开展武装斗争和农运工作。1931年底，担任中共漳州县委委员、宣传部长。1932年4月，中央红军进漳期间，任石码工农革命委员会主席，积极协助红军开展“筹款、扩军、抗日宣传”工作。5月下旬，任中国工农红军闽南独立第三团第三连政委。6月中旬，在与敌四十九师张贞部的战斗中英勇牺牲。

冯翼飞

冯翼飞(？—1932)　海南省人。黄埔军校第三期学生，闽南红三团首任团长。1926年，加入中国共产党；同年11月，随国民革命军第一军第一师独立团进漳。后隐蔽于国民党军第四十九师师部，多次为闽南党组织提供重要情报，做掩护工作。1930 年，离开敌四十九师，到漳州南北乡参加工农游击队。12 月，任闽南红军游击队第一支队参谋长，率部活跃在漳州南北乡，打土豪、除捐棍、支持农会减租减息、为红军游击队筹款等。注重游击队政治建设，提高游击队员素质。1932 年 1 月，在厦门中心市委特派员邓子恢的组织下，参与领导漳浦小山城抗“飞机捐”斗争，并率领游击队打退国民党四十九师及靖和浦三县反动民团的多次进攻，在靖和浦边界开辟红色区域。同年 4 月，中央红军攻克漳州，任中共漳州中心县委常委、中国工农红军闽南独立第三团团长。5 月 28 日，中央红军回师苏区后，率红三团英勇抵抗敌军的疯狂反扑。提出分兵作战，不与敌硬拼的正确主张，憾不见用，未能匡危。6 月 23 日，在保卫车本村战斗中壮烈牺牲。

冯翼飞

黄坤元

黄坤元(1900—1932)　福建龙海人。少年时在石码当过纸箔工人。读书不多，却能写会算，讲得一口流利的普通话。1926 年夏，参加党的秘密活动。1927 年 1 月，在中共闽南特委领导的“非基运动”“倒蓝反廖”及“二五加薪”等斗争中表现突出。四一二反革命政变后，他更加坚定革命信念，坚持革命斗争。1928 年 2 月，参与攻打伪石码税务所。此后，转入岳岭、南山、双第、水浒一带农村，发动群众反对国民党镇压人民的斗争；同王占春、李金发组织的工农武装相呼应。1932 年 4 月，中央红军攻克漳州，参与闽南红色政权的建设，出任石码工农革命委员会副主席，积极配合中央红军筹款等工作，带队没收本家族叔黄仔掌的糖行，推动石码的筹款工作。5 月底，任中国工农红军闽南独立第三团警卫连政委。红军回师中央苏区后，随红三团转战靖和浦边区。1932 年 7 月初，带领 10 多名战士在漳浦龙溪圩筹运军粮时，不幸被敌军包围捕获，他在狱中英勇不屈。7 月 4 日，在漳州马肚底英勇就义。

洪徽音

洪徽音

洪徽音(1910—1933)　女，福建龙海人。龙溪早期妇女运动领导人。1926 年，北伐军东路军入闽，毅然从集美学校停学回家，参加党领导的革命运动，任石码妇女解放协会主任。在石码人民“倒蓝反廖”运动中，代表石码妇女在漳州万人大会上声讨恶霸蓝汝汉，揭露国民党驻军团长廖鸣欧受贿释放蓝步青的罪行。当“非基运动”影响到石码时，公开带头参加游行示威，声讨帝国主义利用宗教进行文化侵略的罪恶行径。1927 年 4 月，参加漳州工农运动讲习所培训，并加入中国共产党。厦门“四・九”事变后，临危不惧，帮助陈卓凡、翁泽生、谢志坚等人安全撤离。她则坚持在厦门、石码继续开展革命斗争。1932 年红军攻克漳州，积极协助罗瑞卿等红军领导发动筹款筹粮和扩大红军等工作。红军离漳时，随军到闽西赣南苏区。1933 年在瑞金被诬为“托派分子”遭错杀。

王却车

王却车(1902—1933)　又名王奕修，外号老虎，福建龙海人。少时学得一身好武艺，因参加“三点会”，“劫富济贫”，被当局追捕而逃到泰国做工。1924 年，回国当推车工，后在堂弟王占春的引导下秘密参加农会。1927 年 10 月，参加程溪轻便车工人罢工，勇敢地站在铁轨上阻止轻便车通过，使罢工取得胜利。后积极投身于闽南工农运动和武装斗争，以勇猛机智、威震南北乡闻名于漳，并加入中国共产党。1932 年，中央红军进漳，出色完成为红军筹款任务，被任命为中国工农红军闽南独立第三团第五连连长。之后，在保卫靖和浦革命根据地的多次战斗和后来的游击斗争中，身先士卒，冲锋陷阵，有勇有谋，是一员令敌闻风丧胆的骁将。1933 年初，提升为红三团副团长。同年 8 月，在红三团内部“肃反”中被错定为“AB 团”，后愤然自刎。1984 年 12 月，中共龙溪地委组织部、龙溪地区军分区政治部予以平反昭雪，恢复名誉。

李克己

李克己(1907—1934)　台湾台南人。1928 年参加台湾共产党领导的反日组织。1929 年，离台至厦门，继续进行革命活动。1931 年初，加入中国共产党，受党组织的安排，到闽南红军游击队第一支队任军医，受命领导红三团医务所，刻苦钻研医术。1933 年 1 月，当选为中共漳州中心县委委员。同年 6 月，任红三团党总支书记兼政治部主任。曾率红三团一部开辟平和、云霄边界大片新区，多次指挥部队打退敌人进攻。是年 11 月，在靖、浦边区的大坪山上领导红三团主力，灵活机智突破国民党十九路军李金波团及民团二三千人的包围，使部队转危为安。平时注重对战士进行政治、军事教育，关心战士生活，热心为群众治病，深受根据地军民的尊重。1934 年 5 月初，在平和五寨和强敌激战中，壮烈牺牲。

李克己

欧　甚

欧甚(1916—1934)　女，福建龙海人。从小吃苦耐劳，富有反剥削、反压迫思想。1932 年，参加中共漳州中心县委领导的革命工作，县委到白云村开展活动时，参与站岗、放哨、送信、侦察，到圩口散发传单、张贴标语等，从未出过差错。1933 年 3 月，由于侦察准确及时，使部队免遭被国民党包抄之险，白云村乡亲也避免了一次损失，为此得到部队领导的表彰。1934 年 3 月，当选靖和埔苏区一区妇女主席，不久加入中国共产党。组织妇女为红军打草帽、编草鞋、洗衣服、送军粮，积极学文化、唱革命歌曲，参加宣传队，宣传男女平等、婚姻自主，发动青年参加红军、游击队。平时负责地方和部队联络，战时冒着生命危险带领妇女给部队送弹药、粮食，工作十分出色。1934 年 10 月 18 日，在配合红三团第三连驳壳枪班攻打平和黄井土豪战斗中，为掩护战友安全献出了自己年轻的生命。

谢少萍

谢少萍（1910—1935）　又名景傅，字曼青。福建龙岩人。早年就读于集美学校师范部，受学校地下党组织的影响，积极参加学生运动。1927 年初，加入中国共产党。后到同安、石码、海澄和龙岩等地开展工农运动。1930 年春，受省委派遣再次到海澄，在下仓崇仁小学建立福建省委与闽南红军游击队的联络点和转运站，为游击队传递消息、转送枪支弹药和医药服装，接待中共海澄县委、中共漳州中心县委到崇仁小学召开会议、研究工作等。当年底，任闽南特委委员、闽南红军游击队第一支队政治部主任，率部在海澄、白水一带活动。1932 年 2 月，与邓子恢、王占春等开辟靖和浦苏区。5 月下旬，任红三团政治部主任。1933 年春，调往安溪、德化闽南游击队第二支队工作；同年夏到厦门汇报工作时被捕；11 月，国民党十九路军成立福建省人民政府后特赦。后回龙岩适中以教书为掩护，继续从事地下活动。1935 年 7 月，因叛徒出卖被捕，在龙岩东门外英勇就义。

谢少萍

许爱国

许爱国（1911—1937）　女，原名曾爱国，福建漳州人。女游击队员。1932 年 4 月，中央红军进漳后，走上革命道路。1934 年，毅然加入红三团,同年加入中国共产党。之后,在白云山根据地内从事军需处工作,常带领游击队员到南靖、白云、狮头山一带秘密组织群众,突破敌军封锁,到漳州购买雨伞、电池、药品、面粉、饼干等物资,解决根据地的供应困难。时常带红军小分队捕捉土豪地主,惩治地方反动势力,筹集粮款,刺探敌情,为粉碎敌人的"清剿"和经济封锁付出很大努力。1937 年 7 月 14 日下午,不幸被捕,备受严刑拷打,始终坚贞不屈,壮烈牺牲。

陈树莲

陈树莲(1912—1938)　女,福建龙海人。出生贫困家庭,从小聪明能干。1929 年 9 月,嫁给蔡坂村张友为妻,第二年夏张友病故,到龙虎庵村经二哥介绍参加革命,积极为闽南红军游击队第一支队传递情报、张贴标语、散发传单及站岗放哨;1932 年 11 月,加入中国共产党。1933 年 1 月,在中共漳州中心县委领导下,先后在漳州南乡、白云、三坪等地做妇女工作,发动妇女参加土地革命,做好安全保卫工作。在车本、山城、龙岭一带,发动群众筹集粮食等物资,运送到大坪山,解决部队给养供应难题,为靖和浦边区根据地而奔波。1934 年 3 月,任中共靖和浦县委妇委会主任,同年 8 月,任特委妇委会主任。1934 年底至 1935 年春,勇敢地承担解决特委机关物资供给的重任,和红三团宣传员朱曼平一起卓有成效地工作,使特委和后方机关渡过难关。1937 年 7 月 16 日,由于陈树莲的丈夫——闽粤边特委代理书记何鸣对敌军的右倾麻痹思想,发生了近千名红军指战员被国民党一五七师包围缴械的"漳浦事件"。为争取更多的红军战士回归,陈树莲接受党组织委托到厦门动员何鸣尽早归队,何鸣也于 1938 年初自动归队。但她尚不知情,以为何鸣已遭敌暗算,在极度悲愤下举枪自杀。

邱泮林

邱泮林(1907—1938)　广东大埔人。1925 年 6 月,加入共青团。1926 年 3 月,转为中共党员。之后,与罗明、翁泽生等到漳州、海澄、石码一带开展秘密活动，为建党作准备。1927年1月，中共闽南特委成立，当选为特委委员兼秘书长。2月，参加筹办漳州农讲所工作，并亲自授课，为闽南工农运动培养骨干。1927年，四一二反革命政变后，在白色恐怖下，与刘瑞生等坚持工作。1927年12月，中共福建省临委成立，当选为秘书长，后曾任省委宣传部长、组织部长等职。1928年春在省委迁厦门期间，留漳州负责党的工作，和王德等联系漳州省立“二师”进步学生，开展反对反动当局的斗争，负责编印地下进步刊物《红旗》，同年7月兼任福州市委书记、省委特派员。1930年8月，调任江西省委书记。翌年1月，出席党的六届四中全会，因反对王明观点而被贬，分配到上海做工运工作。1933年被捕，经组织营救出狱后，回家治病，在大埔百候中学任教，同时做抗日救亡工作。1938年1月，病故于家乡。

柯联魁

柯联魁(1918—1938)　小名天闻，福建漳州人。少时在漳州省立八中和第三高中学习。1929年，前往上海神州戏剧学校读书。一年后因家庭经济困难辍学回漳州当教员，经常翻译一些国外进步文艺作品，并结识许铁如(彭冲)、蔡大燮等中共党员，为党传送《前哨报》《实话报》等书刊。1934年夏，受党的指派，参加芗潮剧社领导工作，自编自演宣传抗日救亡剧目，如话剧《汉奸的子孙》《未完成的杰作》等，以话剧为武器，动员民众抗战救亡。在漳州、厦门的几次演出，反响强烈，对国民党一五七师下层官兵产生一定影响。1937年七七事变后，任剧社戏剧组主任，不久又任龙溪民众救国服务团副团长，在漳州、平和、南靖、石码、海澄等地开展声势浩大的抗日歌咏、组织救亡活动。1938年5月，厦门沦陷，奉命转移到南靖县筹备组织群众开展抗日游击战争。6月5日，遭到国民党顽固派绑架、暗杀。

李　林

李林(1915—1940)　女，原名李秀若，福建龙海人。出生刚满月即被遗弃在漳州塔口庵前，幸被华侨李瑞奇妻陈茶抱养。3 岁随养母到印尼爪哇。1930 年秋回国，就读于石码私塾；第二年考上厦门集美幼师，再转入集美女中学习，在校活跃在“抗日义勇队”中。后到杭州省立女中学习。1935 年春，转学上海爱国女中。1936 年夏，正式改名李林；同年 8 月，考进北平私立民国大学，积极参加“中华民族解放先锋队”，并加入中国共产党。1937 年春，投笔从戎，到太原参加山西牺牲救国同盟会主办的军政干部训练班。七七事变后，主动要求到抗日最前线工作，任中共大同工委宣传委员。1937 年 9 月，大同沦陷，开辟晋北敌后抗日根据地，创建雁北抗日游击队第七支队、第八支队，并担任八支队政治部主任。1938 年 6 月，任八路军一二〇师独立六支队骑兵营教导员。9 月，调任晋绥边牺盟工作委员会宣传委员，负责举办六期干训班，为建立绥南抗日根据地做出巨大贡献。1940 年 1 月，当选晋绥边区第十一专署秘书主任和晋绥边区行政公署委员。1940 年 4 月 25 日下午，在第九次反“围剿”战斗中，为掩护边区专署和群众突围，壮烈牺牲。2009 年，入选中宣部等十一个部委评选的“百位为新中国做出突出贡献的英雄模范人物”。2014 年，入选国家民政部公布的“300 名著名抗日英烈和英雄群体名录”“百位新中国成立以来感动中国人物”。2017 年，成为中共一大会址“缅怀墙”上唯一一位漳州人。

李 林

苏精诚

苏精诚(1915—1941) 福建龙海人。早年在校求学期间，接受革命思想熏陶，萌发了反帝反封建思想。后到漳州省立龙溪工业职业学校、厦门美术专科学校深造。常与苏静等一起阅读进步书刊，议论国家大事，研讨革命真理。1932 年 4 月，中央红军进漳，即与苏静从厦门返乡，组建一支 40 多人的工农游击队，任队长。积极联系中央红军第三军第十九团和第四军第二十八团，接受红军布置任务，在家乡开展抗日宣传、筹款等工作。率队报名参加红军，被编入闽南工农革命委员会宣传队。5月下旬，加入中央红军，参加红一军团二师政治部宣传队。随军回师中央苏区后，参加第四次和第五次反“围剿”战斗。1934年10月，参加红军二万五千里长征。1935年，加入中国共产党。1936年，先后任红一军团红四师、红一师政治部宣传科长；后调任红一军团敌工科长，开展统战工作，促成东北军官兵投入红军，走上革命道路。七七事变后，任八路军一一五师三四三旅六八六团政委。1938年，任一二九师三八六旅政治部主任。参加著名的平型关战役、百团大战等战斗，屡立战功。1941年1月25日，在山西武乡韩壁与日军作战中，英勇牺牲。

苏精诚

高捷成

高捷成（1909—1943）　福建漳州人。1926年11月，在漳州加入国民革命军，任第一军宣传员。1928年进厦门大学攻读经济学，未毕业即赴上海中南银行就职。不久回漳州，在百川银庄任出纳，曾帮助闽南游击队解决经费困难。1932年4月，中央红军攻克漳州，积极协助红军理财算账；5月参加红军，加入中国共产党。在红军时期历任教育和组织科长、会计科长、总务处长，首创全军会计工作制度。1934年10月，随红军参加二万五千里长征，到达陕北。1938年，出任冀南税务总局局长、晋冀鲁豫边区财经处长及冀南敌伪工

高捷成

作委员会委员等职。1939 年 10 月，出任冀南银行首任行长，不久兼任银行政委。是抗战时期晋冀鲁豫边区金融事业奠基人。1943 年 5 月，在对日反扫荡战斗中，牺牲于河北内丘县白鹿角村。

张水锦

张水锦(1891—1949)　又名张锦、张锦娘，女，福建龙海人。1949 年 9 月间，中共闽中地委厦门工委配合解放军到石码、石美一带征集船只和支前船工，准备解放厦门。9 月 23 日，在石美村召开船工支前大会时，带头动员丈夫及 3 个儿子报名参加“南台船队”。为了保护船只安全，面对敌机空袭轰炸，毫不畏惧，日夜坚守在船上。10 月 15 日晚，解放厦门战斗打响，和丈夫黄进川及 3 个儿子驾驶两只船运载战士渡海作战，奋力疾驰在船队最前列。至近岸约百米时被敌炮弹击中，一家 5 人和船上战士全部壮烈牺牲。厦门解放后，中国人民解放军第三十一军司令部、政治部特授予她“支前特等功”。

张水锦

庄少萍

庄少萍(1913—1949)　原姓陈，福建龙海人。小时因家贫，被卖至石码镇。13 岁辍学当学徒，在榜山港仔尾社一带参与地下党办农会、开夜校等活动。1932 年 4 月，红军进漳驻石码时加入中国共产党。后随红军离漳，到中共南方局从事地下工作。先后用过庄云、庄祥、庄诚安、庄宗诚、庄侨生、庄秋生等化名，以国民党人、宪兵、大学生、记者、商人、海员等多种身份在重庆、南平、上海、广州，福州、厦门、香港等地进行地下活动，开展过岭南大学、厦门大学、重庆大学等学运，受到军统通缉。从重庆避难回乡，在紫泥创办“华生农场”，在石码新行街、厦门海口设立活动据点，从事谍报工作。

1949年7月底，受党组织委派回厦门，准备迎接解放厦门工作。8月初，以华声通讯社记者身份，成立并领导“五四小组”工作，成员包括张人希、郑静安等知名进步人士。面对国民党特务头子、厦门警备司令毛森大肆搜捕厦门地下党员、爱国人士和进步学生的白色恐怖，坚守工作岗位。1949年9月，到厦门大学执行任务时，因叛徒出卖被捕。狱中受尽严刑拷打，宁死不屈。10月16日，厦门临解放前两小时，被杀害于厦门第二监狱。

庄少萍

陶　铸

陶铸(1908—1969)　字剑寒，湖南祁阳人。1926年进入黄埔军校，同年加入中国共产党。曾参加国民革命军北伐、南昌起义和广州起义。1928年，在湖南从事兵运工作。1929年春，任中共福建省委军委秘书、军委书记，领导全省军事斗争和对敌策反工作。在厦门、福州等地秘密建立工人武装自卫队、纠察队，输送优秀工人党员到游击区当红军。1930年5月，参与领导“厦门劫狱”斗争。1930年冬，出任中共闽南特委书记，重建漳属党的组织，并组建了闽南红军游击队第一支队。1931年7月，任中共厦门中心市委委员、巡视员，继续领导漳属地区的革命斗争。同年12月，调任中共厦门中心市委组织部长。翌年初，任中共福州中心市委书记，领导闽东、闽北等30多个县的白区斗争，建立闽东工农游击队第二支队、闽中第十三支队和连罗游击队等人民武装。1932年4月，中央红军攻克漳州，到漳州迎接红军和毛泽东，筹建中共闽南特委，指

陶　铸

导漳州党的工作，参加中央红一军团与闽南特委的联席会议，与毛泽东、罗荣桓、邓子恢、蔡协民等一起，研究漳州地区党的建设和武装斗争。1933 年 5 月调离福建后在上海被国民党逮捕。1937 年，经营救出狱后到湖北工作，任湖北省委常委兼宣传部长。1940 年，到达延安，先后任中央军委秘书长、总政治部秘书长兼宣传部长。解放战争时期，任中共辽宁、辽吉、辽北等省省委书记等职务。新中国成立后，历任党和国家领导职务。1969 年，被林彪、“四人帮”残酷迫害，含冤病故。1978 年 12 月，平反昭雪。

林曼青

林曼青(1910—1971)　原名振山，又名月东、也绿。福建龙海人。年幼时在华侨兴办的小学念书。1922 年 8 月进漳州省立第二师范学校学习。1927 年 1 月，在翁振华、徐琛等人的影响下，思想进步很快。1927 年夏，“省立二师”毕业后参加江浙旅行参观团一个月。随后，任职于上海和丰银行，后自动辞职。1928 年，回乡任教，加入中国共产党。任教期间，反对上国民党党义课，引起校长的强烈不满。不久，在龙溪县教育部门召开的教师大会上，严词痛斥国民党的黑暗统治，被当局辞退。1929 年 10 月，奉中共福建省委调令，到厦门的省委油印部工作。1931 年，任中共福建海委委员，兼内河部主任。1931 年夏，调上海工作。1932 年 4 月 20 日，中央红四军进驻石码后，任石码工农革命委员会委员兼文化科长，积极协助红四军开展各项工作，担任筹款委员会委员，超额完成筹款任务。1932 年 5 月，任红三团政治部组织科长。1932 年 6 月初，在与国民党四十九师及地方民团作战中身负重伤，与部队失联；在友人帮助下，回码疗伤。不久回紫泥老家隐蔽；期间，多次写信给中共福建省委报告情况。1932 年，为躲避

林曼青

追捕，到新加坡并改现名，在当地从事华文教育工作。1933 年，参加马来亚共产党。抗日战争期间，在新加坡组织抗敌后援会。1945 年 8 月，任启蒙学校校长兼新加坡龙溪会馆委员、文化股主任。1949 年，新中国成立，亲手制作一面五星红旗在学校举行升国旗仪式，遭到英国殖民政府警告威胁。1954 年 7 月回国，任省侨委会委员。1955 年 4 月，叶飞亲自任命他为龙溪一中副校长。任职期间，兢兢业业、勤勤恳恳为教育事业做贡献。

邓子恢

邓子恢

邓子恢(1896—1972)　乳名邓绍箕，福建龙岩人。1925 年参加革命，翌年加入中国共产党。1928 年 3 月，与罗怀盛、郭滴人等发动后田暴动，组建闽西第一支红色游击队。1929 年 3 月，任中共闽西特委书记。1930 年 3 月，当选为闽西苏维埃政府主席。同年 9 月，以中共福州中心市委巡视员身份，到莆田、福安、连江等地指导工作。1931 年 12 月初，担任中共厦门中心市委巡视员。12 月 14 日，接受中心市委委派前往漳州开展工作，及时向漳州县委常委传达中共厦门中心市委的指示，对过去工作中存在的单纯军事观点作了认真检查，做出在游击队中建立党支部，加强党对游击队领导的决议，研究部署以漳州南乡为工作重点，积极开展抗租、抗债斗争，壮大农民协会，建立和发展党的组织。1932 年春节前后，和王占春率领闽南游击队到漳浦小山城，从抗“飞机捐”入手，发动龙岭、浦美等乡村群众进行游击斗争和土地革命，建立了以小山城为中心的游击根据地。1932 年 4 月，中央红军进漳，配合红军行动，开展打土豪、分米谷和筹款、抗日宣传等工作。根据毛泽东的指示，前往漳浦领导闽南游击队和漳浦工农群众，发动武装斗争和土地革命，逐步形成以漳浦、平和、南靖三县边界为中心的红色根据地。完成组建红三团、扩大和巩固靖和浦革命根据地等任务后，随红军回师中央苏区。此后，经历了抗日战争、解放战争，直至新中国成立后的社会主义革命和建设的艰难历程，成长为党和国家的领导人。

黎炳光

黎炳光(1908—1976)　海南乐会人。早年到马来西亚谋生，参加过反帝同盟。1927 年，加入马来西亚共产党。1931 年回国，曾在香港等处当店员、海员。1936 年，经党组织介绍到厦门，是年 7 月又经厦门工委介绍到闽粤边参加游击队。1938 年 2 月，随闽南红军编入新四军二支队，任司令部工兵班长，开赴抗日前线。4 月，加入中国共产党，10 月，因病调回闽南，在平和山内、后寮等地垦荒。1941 年调任漳南工委委员，兼九湖小梅溪交通站站长，坚持在漳州南乡和市区以打短工为掩护做地下工作，担负游击区与白区的联系重任。1944 年，调回闽南特委机关工作。1946 年，任靖和浦武工队队长。1948 年，任中共靖和浦县工委组织部长、闽南地委执委。1949 年上半年，巧妙地策反国民党一个美式装备连的新兵起义。新中国成立后，历任福建省总工会龙溪办事处主任、龙溪专员公署监察处处长、中共龙溪地委监委副书记等职。

吴运琳

吴运琳(1901—1989)　又名黄德琳，海南万宁人。1927 年，蒋介石四一二反革命政变后，加入中国共产党。曾在家乡开展农民运动。1929 年秋，出走新加坡。1931 年 9 月，加入马来亚共产党，任大坡小贩地下工会主席。1932 年 8 月 1 日，在参加反帝大同盟纪念日活动时被英警逮捕，拘禁两年后驱逐出境。1934 年 6 月回国，经组织分配到闽南游击队工作，担任闽粤边特委交通站长。次年 7 月，任特委经济委员会副主任，主持经济、生活供给工作。为粉碎敌人对苏区的“围剿”，奉特委之命向外围开辟新区，先后领导建立梁山、后洞等游击根据地，并在游击区内建立 16 个党支部和一批赤卫队。1937 年春，调任平和文峰区委书记。1938 年，红三团改编为新四军北上抗日后，留在平和仍坚持革命斗争。1942年，“南委事件”后隐蔽在华安白区，直到新中国成立前夕再回靖和浦工作。新中国成立后任漳浦县副县长。

王 德

王 德

王德(1906—1996) 原名曾宗乾，福建龙海人。1924年初，到厦门鼓浪屿美华中学学习，翌年秋，转入漳州省立第二师范学校。1926年11月，北伐军进漳期间，在翁泽生的领导下，积极参加爱国学生运动，被选为“二师”学生会主席、漳州市学生联合会筹备处副主任，并于12月下旬加入共青团。1927年2月，转为中共党员。蒋介石四一二反革命政变后，与王占春到漳州南乡开展农民运动。重新回“二师”学习后，任漳州市学生联合会总务长，并领导开展学生运动。不久被“二师”以“共产党嫌疑分子”为由开除，遂与王占春到九湖一带开展抗捐抗税斗争。1927年12月，调往在厦门的共青团福建临时省委工作，任团省委漳(州)码(石码)澄(海澄)特派员、团省委组织部长、团省委代理书记、团省委书记兼中共福建省委常委和省委军委委员等职。1930年5月，参与领导“五二五”厦门破狱行动。同年11月，任中共福建省委组织部长。1931年1月，被调到共青团中央委员会，先后任团中央满洲省巡视员、共青团满洲省委组织部长、团中央组织部秘书长、中共河北省委常委兼共青团河北省委书记。同年11月，因叛徒告密被捕。1936年9月出狱。1937年3月，任中共北平学委组织部长、中共北平市委组织部长。9月，任中共绥远省工委组织部长，组织一支队伍并带到晋西北，编入八路军一二〇师。1938年5月，到延安，先后任中央组织部干部训练班总支部书记、班主任，中央组织部地方科长，中央党务研究室研究员。1942年8月到晋绥边区，任中共晋绥分局组织部副部长、晋绥二地委书记兼二军分区和八路军一二〇师独立二旅政委。1945 年 3 月，到延安，出席中共“七大”，后任山西雁门区党委副书记。1951 年，南下广东、任粤西区党委第二书记、粤中区党委第一书记、广州市委第二书记、广州市委第一书记兼广州市政协第一至四届主席，为发展和繁荣广州经济做了重要贡献。1956 年后，任中共“八大”代表、广东省委候补书记、广东省委书记兼广州市委书记。1966 年 1 月，调任中南局候补书记兼组织部长。“文革”期间被诬为“61 人叛徒集团”成员，受到长期迫害。1978 年 12 月，冤案平反。1979 年，任中共广东省委书记，为广东的改革、开放和社会主义现代化建设做了大量的工作。1982 年 9 月，主动辞去中央顾问委员会委员职务。

苏　静

苏　静

苏静(1910—1997)　原名苏孝顺，福建龙海人，1928 年 7 月，从漳州省立第八中学毕业后，回海澄东山小学任教。次年到漳州省立第二师范学校学习，期间参加漳州反帝大同盟。1930 年 4 月，因积极参加学生运动遭国民党当局追捕而出走缅甸。九一八事变后回国。1932 年 4 月，中央红军攻克漳州，即从厦门回到家乡，与苏精诚在卓港村组建一支 40 多人的游击队，任政委，带领游击队协助红军开展抗日宣传、筹款等工作。后经红四军二十八团介绍，调往闽南工农革命委员会宣传队任工作队长。同年 5 月底，参加中央红军，先后任红一军团总指挥部参谋、侦察科副科长、科长。1936 年 1 月，加入中国共产党。参加了中央苏区第四次、第五次反“围剿”斗争和二万五千里长征。长征途中，担任侦察敌情、勘察行军路线的开路先锋，绘制了数百张行军路线图。抗日战争时期，历任八路军一一五师东进支队司令部秘书长兼军法处处长、一一五师司令部二科科长、政治部保卫部部长兼敌工部部长、战时工作委员会公安处副处长、山东军区政治部秘书长等职，是著名的平型关战役的参与者、国共两军的协调者，并在山东陆房突围战、反奸斗争和情报工作中表现出军人的大智大勇。解放战争时期，历任山东军区参谋处副处长兼情报处处长，东北民主联军总司令部情报处处长、东北野战军司令部作战处处长兼教育处处长等职，经历了辽沈战役、平津战役等重大历史事件，特别是在平津战役中，作为解放军代表，只身进入北平与国民党驻军傅作义及其代表进行和谈，共同签署了《关于北平和平解放问题的协议书》，为和平解放北平做出了特殊贡献。1955 年被授予中将军衔，荣获中国人民解放军二级八一勋章、一级独立自由勋章、一级解放勋章、一级红星功勋荣誉章。新中国成立后，历任中南军区副参谋长、解放军总参谋部军务部部长、国务院业务组成员、国务院政工小组组长、国家计划委员会副主任，是中共第九、十、十一届中央委员，第一届全国政协代表、第五届全国政协常委。在主持国务院政工组工作期间，积极领导揭批林彪反党集团的斗争，保护了一大批老同志。1982 年 9 月，退出领导岗位。1997 年 11 月 28 日，因病逝世。

谢小梅

谢小梅(1913—2006)　女，福建龙岩人。8 岁时随母亲和三哥谢仰真从龙岩迁家定居石码。1926 年，小学毕业后，考进石码电话公司当接线员。谢小梅一家是个革命家庭。大哥谢仰周思想进步，热情支持党的工作。二哥谢仰堂是早期中共党员，从事秘密工作。1930 年 5 月，被捕获救后到闽西革命根据地任龙岩县苏维埃政府秘书，11 月，在反“围剿”战斗中牺牲。三哥谢仰真在厦门加入中国共产党，在石码开展革命活动。谢小梅受革命思

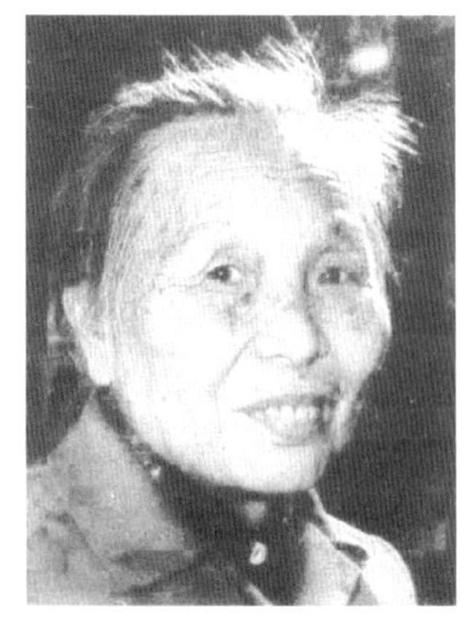

谢小梅

想的熏陶和 3 个哥哥的影响，把家作为地下党的秘密联络站，经常接待地下工作者。后来，经谢少萍介绍加入共青团，利用在电话公司工作之便为党收集情报。1930 年 6 月，因大哥谢仰周策反国民党驻军士兵未果，她家被搜查，兄妹一起被捕，大哥谢仰周被杀害于石码九龙江边，谢小梅被审讯、关押了 10 多天，释放后被迫离开石码到厦门，被福建省委安排在秘密印刷厂工作。不久调到省委秘书处，并加入了中国共产党。1931 年，她和福建省委书记罗明结婚。此后，随着罗明的工作调动，先后到福建永定、漳州、上杭、福州和江西瑞金等地，担任省委组织部干事、红军医院护理员、瑞金中央党校教育处干事等工作。1934 年 10 月，刚分娩半个月即随红军参加长征。1935 年 3 月下旬，罗明在娄山关战斗中身负重伤，留滞贵州，不幸被捕。释放后，两人到上海寻找党组织时，被同乡出卖，两人再次被捕，保释就医后回到广东大埔县。1937 年 7 月，抗战全面爆发，积极投入抗日救亡运动。1946 年，到新加坡避难。1949 年 6 月，回广东大埔，投入迎接解放南粤的斗争。新中国成立后，先后在广州南方大学、广东民族学校、广东省民族事务委员会等单位工作。1981 年，恢复党籍。

附录二　龙海市革命遗址遗迹和纪念场馆列览

本附录所列龙海革命遗址遗迹是指新民主主义革命时期龙海县区域内本级或上级党组织和苏区政权机构旧址、红四军军部及其工作机构旧址、红军游击队及地下党活动据点或战斗旧址、抗战时期有纪念意义的战地旧址和几位主要革命人物的故居。这些革命遗址多数是战争年代留下的原址，少数是解放后经过改建的原址所在地(即遗迹)。新中国成立后所建纪念场馆也一并列入。

一、漳属第一个中共支部(石码支部)遗迹

1926年夏天，受中共厦门特别支部指派，厦大学生党员胡西泠(胡穷我、石码人)回漳州地区开展革命活动。7月，在厦门特支负责人罗杨才协助下，胡西泠在石码镇发展党员，建立了漳属地区第一个党支部——中共石码支部，胡西泠任书记。支部隶属于中共厦门特支。图为龙海市石码镇20世纪30年代旧貌。

二、中共海澄支部遗迹

1926 年 11 月，厦门集美师范学校学生党员钟盛道，回海澄县立第一高级小学（南院小学）任教。他与中共党员、后回漳州开展工作的国民党左派人士陈剑垣（海澄人）等人，以海澄县立第一高级小学（南院小学）和陈应龙经营的海澄西门街月溪商店为据点发展党员，开展党的活动，并于同月建立了海澄县第一个党支部——中共海澄支部，由钟盛道任书记。支部隶属于中共厦门特支。图为海澄镇南院路 1 号龙海莲花中学内“中共海澄支部”遗迹。

三、王占春创办的南坑农民夜校遗址

1926 年春，漳州省立第二师范学校学生王占春，于假期回乡之际，在程溪南坑村的许氏祠堂创办农民夜校，向贫苦农民传播文化知识和革命思想，发动农民参加农会组织。上南乡农会，会员达 5000 多人。1928 年 3 月，王占春又在南坑领导农民开展抗烟苗捐税斗争，进而发动和领导程溪农民武装暴动。图为程溪镇南坑村许氏祠堂“农民夜校”遗址。

四、海澄秘密联络站(月溪商店)遗址

1926年秋，进步学生陈应龙（又名陈今声），在中共海澄支部书记钟盛道的召唤下回海澄参加革命活动。他卖掉家中的两亩地作为本钱，同林汝嵩一道，在海澄西门街开设一家出售进步书刊、日用

百货并兼营照相业务的小店铺，即“月溪商店”，作为海澄地下党另一活动据点和秘密联络站。图为海澄西门街“月溪商店”遗址。

五、石码税务所战斗遗址

1928 年初，中共澄码特委积极领导石码地区人民开展抗捐、抗税等“五抗”斗争。2 月下旬，特委书记刘乾初与李联星、谢景德带领 100 多名工会、农会会员手持斧头、菜刀上街请愿，高呼“反对苛捐杂税”“打倒贪官污吏”等口号，围攻石码税务所，取得了斗争的胜利。图为石码镇原锦江道东段 60 号“石码税务所战斗遗址”。

六、程溪暴动遗迹

1928 年 3 月，为牵制国民党军张贞部进攻平和，中共漳州县委要求在程溪南坑领导农民抗烟苗捐的王占春，立即召集南坑、后埭、下叶等村农会研究实施暴动。3 月 25 日凌晨，王占春带领 600 多名农民武装和农友，向程溪圩进发，包围了国民党程溪保安分驻所，毙敌 2 人，敌人仓皇逃往漳州。程溪暴动打击了国民党当局的嚣张气

焰,有力地支持了平和农民武装暴动,从此拉开了漳州南乡工农武装斗争序幕。图为程溪镇计划生育服务所大楼即“程溪暴动”遗迹。

七、中共海澄县委活动遗址

1928年11月,中共海澄临时县委成立,由蔡光宗任书记。1928年至1930年,中共闽南特委委员谢少萍由党组织派遣先后两次到

海澄开展工作，他以下仓崇仁小学教员身份作掩护，从事地下党活动。当时闽南地下党领导人王占春、李金发、冯翼飞和厦门福建省委领导人王海萍、谢汉秋、王德也常到崇仁小学召开会议、检查工作，下仓崇仁小学成了海澄县委活动中心、福建省委和闽南游击队的联络点和转运站。图为埭新村崇仁小学内“中共海澄县委活动遗址”。

八、中共漳州县委活动遗址

1929 年 5 月底，中共福建省委把石码独立区委划归中共漳州县委领导，李金发出任中共漳州县委书记，活动中心设在漳州南乡上洋村浦西庵。李金发在浦西庵和下南乡各地加强党的基层组织建设，组织农民武装队伍，开展了一系列打击反动势力的斗争。1931 年底，接任中共闽南特委书记的邓子恢，也以浦西庵为据点开展党的工作。图为颜厝镇上洋村浦西庵“中共漳州县委活动遗址”。

九、何里庵战斗遗址

1929 年 9 月初，中共漳州县委获得情报，南乡一带民团头子和封建族长将聚集于颜厝乡四社村的何里庵，策划联防阴谋，妄图消灭共产党领导的地下武装。李金发和王占春商量后，于 9 月 6 日下午，带领 10 多名农民武装暗中包围了何里庵，共击毙 11 名封建族

长和民团头子,封建反动势力一时闻风丧胆。图为颜厝镇上洋村“何里庵战斗遗址”。

十、红四军驻码“红军楼”遗址

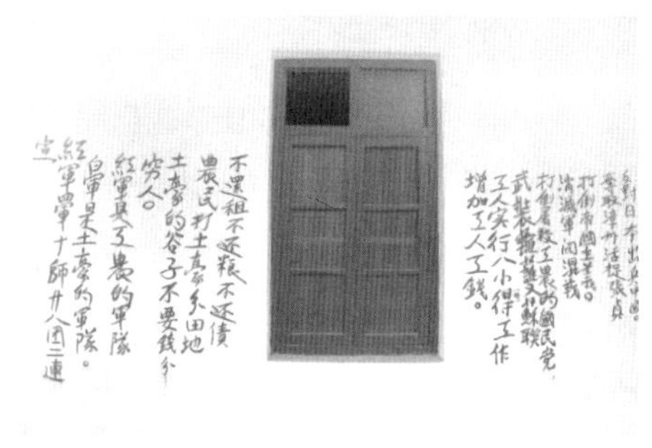

1932年4月20日,毛泽东率领中央红军东路军攻克漳州。21日,红四军进驻龙溪县石码镇,红十师二十八团团部及该团两个连官兵驻扎在石溪中学(今为旧龙海一中)这栋教师宿舍楼。团部设在楼上,楼下墙壁写有“扩大红军”“打倒帝国主义”“反对日本出兵中国”“消灭地主武装”等革命标语。1932年5月19日,红四军全体官兵汇集石码整编,并在红军楼前的操场上拍下一张珍贵的历史照片。这张照片现保存于中国人民军事博物馆。“红军楼”是龙海县人民政府公布的第一批文物保护单位。2015 年,市人民政府对“红军楼”进行彻底维修,并将底层设为“龙海革命史陈列馆”。图为石码旧龙海一中“红军楼”遗址。

十一、红四军军部驻码遗址

1932 年 4 月 21 日,红四军进驻石码,军部及军长王良,军参谋长聂鹤亭驻于大港墘礼拜堂。驻码期间,红四军派出部队,打击顽抗的反动武装,帮助石码建立工农革命委员会,完成了抗日宣传、筹款、扩军三大任务,推动了龙溪、海澄红色区域的发展。图为石码镇解放西路大港墘礼拜堂“红四军军部”遗址。

十二、红四军政治部驻码遗址

1932 年 4 月 21 日,红四军进驻石码。军政治部和军政委兼政治部主任罗瑞卿驻于番薯埕连三小学(现市总工会职工食堂及后面旧楼),宣传部长舒同,财经管理处处长李富春和毛泽覃驻于三府衙

门内(现市总工会办公楼及停车场)。图为石码镇解放西路市总工会内“红四军政治部”遗址。

十三、石码工农革命委员会遗址

1932 年 4 月 21 日,红四军进驻石码后,石码成立工农革命委员会(苏区政权),林和尚任主席,黄坤元任副主席。工农革命委员会设在石码后街仔西湖亭处(现石码镇西湖路 76 号)。图为“石码工农革命委员会”遗址。

十四、卓港红军游击队队部遗址

1932 年 4 月 20 日，中央红军东路军攻克漳州后，在厦门求学的进步青年苏静和苏精诚回海澄，发动家乡同学和贫苦农民组成一支 40 多人的游击队，苏精诚任队长，苏静任政治委员，游击队队部设在卓港洋楼内，这支游击队在红四军开展扩军活动时集体报名参加中央红军，许多同志成了红军的主要骨干。卓港红军游击队队部遗址是龙海市级文物保护单位。2015 年至 2017 年进行修缮和布展，成为龙海市爱国主义教育基地。图为东泗乡卓港村“红军游击队队部”遗址。

十五、石码中山亭遗址

1932 年 4 月 21 日，红四军进驻石码期间，红军及石码党政组织以中山亭为阵地开展革命宣传活动，先后多次举行千人群众大会，宣传党的抗日主张。石码中山亭系民国十三年(1924 年)北洋军阀张毅部驻石码时建，原名“益思亭”，北伐军何应钦部驻石码时改称“中山亭”。图为石码镇“中山亭”遗址。

十六、中共漳州中心县委遗址

1932年6月，新成立的中共漳州中心县委在中央红军回师苏区后，撤离漳州进驻龙虎庵，继续领导闽南革命斗争。1932年底，面对国民党十九路军的清剿，漳州中心县委被迫由龙虎庵转移到程溪狮

头山。图为九湖镇新春村龙虎庵“中共漳州中心县委”遗址。

十七、程溪白云顶社和樵坑“红军洞”遗址

1933 年 3 月至 1945 年 10 月，在极其严峻的革命斗争形势下，中共漳州中心县委(后改称靖和浦县委)和中共闽南特委，先后带领红军游击队和机关工作人员转移到白云山革命根据地，隐藏在程溪白云顶社的樵坑白云洞(洞穴由 3 块巨石重叠而成，面积约 8 平方米，周围荆棘丛生，竹林掩盖)，机动灵活地打击敌人。后来，白云洞被称为“红军洞”。图为程溪白云顶社和樵坑“红军洞”遗址。

十八、中共洋尾溪区区委和洋尾溪区苏维埃政府遗址

1933 年下半年，中共漳州中心县委在洋尾溪成立区委会，领导群众开展土地革命。同年 11 月，洋尾溪区苏维埃政府成立，区委和区苏维埃政府就设在洋尾溪社的祠堂内。1934 年 2 月，漳州中心县委在洋尾溪开办区、乡干部分田训练班，培训分田骨干，分田运动在洋尾溪区取得试点经验后，迅速向靖和浦苏区全面展开。图为程溪镇奎洋村“中共洋尾溪区区委”和“洋尾溪区苏维埃政府”遗址。

十九、屿仔尾南炮台战斗遗址

1937 年七七卢沟桥事变爆发后，东南沿海战云密布，日军军舰时刻觊觎着金厦宝岛。9 月 3 日凌晨，日军第三舰队“羽风”“若竹”等 3 艘驱逐舰高速驶到大担山灯塔前，列成阵势对厦门实施战役火力侦察，猛攻胡里山总台。国民党沿海守军、屿仔尾南炮台官兵观察到敌情后，主台官下令发炮迎击，打响了闽南抗战第一炮，狠狠击中日军“若竹”舰。图为港尾镇镜台上“屿仔尾南炮台战斗遗址”。

二十、小梅溪特委交通站遗迹

1940 年春，新成立的中共闽南特委在小梅溪建立特委交通站，由中共漳南工委委员黎炳光兼任站长，还在小梅溪建立了党支部，黎炳光任书记。交通站利用小梅溪四周刺竹丛生、港汊交错、地形隐蔽、水陆交通便捷等有利条件，为狮头山根据地购置、转运枪械、药品、被服等军需用品，护送闽南特委机关工作人员，收集国民党顽固派有关情报，机智勇敢地和敌人做斗争。从 1940 年至 1949 年，经历近 10 年艰辛的战斗历程，出色完成了党交给的各项任务。图为九湖镇“小梅溪特委交通站”遗迹。

二十一、侵华驻厦日军石码洽降处遗迹

1945 年 8 月 15 日，日本宣布无条件投降，抗日战争取得伟大胜利。8 月 28 日至 29 日，侵华驻厦日军先后两次派海军少佐（大佐）和驻厦领事馆官员为代表，到石码商会会所（原市文化局大楼）洽降。29 日下午 3 时，正式举行请降仪式，日本降使松本大佐在两份备忘录上签字，整个仪式历时 40 分钟。图为石码镇九二〇路原市文化局大楼“侵华驻厦日军洽降处”遗迹。

二十二、石码交通站、巽玉交通站遗址

1949年4月，为了迎接闽南解放，中共闽中地委厦门工委指派中共党员林文吉和厦大进步学生林德才等到石码开展地下工作。4月下旬，先在林文吉家中设立石码交通站（石码华太电灯公司），后因革命斗争需要，又到石码对岸的浒茂洲巽玉村（现紫泥镇）林德才家设立巽玉交通站。这两处交通站分别由林文吉、陈豪知和林德才、林其发、吴素英负责，做了大量敌情调查、传递情报、接送同志、革命宣传等工作。7月，厦门警备司令毛森推行法西斯统治，疯狂搜捕地下党员、进步人士，中共厦门工委领导梁明富、叶绍书等人转移到巽玉交通站，使该站成了厦门工委的领导核心点之一，为闽南的

解放做出了重要贡献。图为石码锦江道原市糕饼厂内的“石码交通站”和紫泥镇巽玉村的“巽玉交通站”遗址。

二十三、角美田里交通站遗迹

1949 年 8 月，中共闽中地委厦门工委积极开展迎接解放的斗争，指派中共党员吴朝明和吕良德在角美田里小学（中心小学）组建地下交通站。田里交通站由中共党员吴朝明负责。交通站的主要任务是负责转送巽玉至后溪（厦门工委撤往岛外后的机关所在地）的往来情报，调查国民党军队布防和武器装备情况，对角美地区的地主武装（水上纵队）头目进行策反。田里小学后划归龙田村，交通站名称不变。图为角美镇龙田小学“田里交通站”遗迹。

二十四、王占春烈士故居

王占春（1905 年 9 月 21 日—1932 年 6 月 12 日），龙海市九湖镇邹塘村人。早期中共党员，闽南革命根据地和红军游击队的创始人与重要领导人之一，历任闽南红军游击队第一支队支队长、闽南红军游击司令部司令员、闽南工农革命委员会主席、中共漳州中

心县委常委、中国工农红军闽南独立第三团政委。其故居为龙海县人民政府公布的第一批文物保护单位。经过1984年与2007年两次原址重建和2014年的配套建设,如今面貌焕然一新。王占春故居是福建省级革命史教育基地、漳州市十大革命遗址之一和龙海市爱国主义教育基地之一。图为九湖镇邹塘村王占春烈士故居。

二十五、李金发烈士故居

李金发(1907年—1932年4月20日),龙海市颜厝镇上洋村人。早期中共党员,闽南党组织、工农运动和武装斗争的重要领导人之一。先后担任中共漳州中心县委书记、闽南红军游击队第一支队政委、闽南红军游击司令部政委、中共闽南特委委员、中共福建省委委员、中共厦门中心市委委员兼漳州县委书记,与邓子恢、王占春一起开辟了以小山城、龙岭、车本为中心的靖和浦革命根据地。图为颜厝镇上洋村李金发烈士故居。

二十六、苏静将军故居

苏静(1910 年 12 月 21 日—1997 年 11 月 28 日),龙海市海澄镇内溪村人。早期中共党员,海澄工农游击队创建人之一。参加中央红军后经历了中央苏区第四、第五次反“围剿”和红军二万五千里长征，以及抗日战争和解放战争。在长期的军事斗争和革命工作中担任过许多重要职务。新中国成立后，任国家计委副主任、第五届全国政协常委。1955 年，被授予中将军衔。2010 年，中共龙海市委和海澄镇党委对苏静故居进行修缮并布展。2011 年龙海市人民政府公布为第七批市级文物保护单位，并授予“爱国主义教育基地”牌匾。图为海澄镇内溪村苏静将军故居。

二十七、王德故居

王德（1906 年 5 月—1996 年 2 月 23 日），龙海市浮宫镇后宝村人。早期中共党员，革命时期曾在九湖、程溪一带与王占春、卢克等开展农民运动。后调往厦门共青团工作，任过漳州、石码、海澄地区特派员。他革命资历丰富，是中共福建省委主要领导人之一，担任过当时团中央、中央组织部和外省市的许多重要职务。“文革”前任中共广东省委书记。2017 年福建省老区办拨款对王德故居进行了修缮。图为浮宫镇后宝村王德故居。

二十八、李林烈士故居、雕像和革命事迹陈列馆

李林(1915 年—1940 年),龙海市石码镇人。1929 年,李林随养母从侨居地印尼回祖国后,先是租住在石码龙门街,一年后定居于石码甘棠前(现石码镇解放南路 20 号)一座养母购买的楼房,并就读于石码大埕一所私塾(原龙海三中)。后又在厦门集美学校、杭州女子中学、上海爱国女中和北平民国大学读书。李林在读书期间就胸怀大志,关心国家的前途和命运。1937 年 7 月,抗战全面爆发后,中共党员李林奋战在山西的抗日最前线,牺牲时年仅 24 岁。李林是龙海人民的骄傲,也是中国人民的骄傲。2017 年,漳州、龙海李林研究会共同协助,于双第华侨农场鸡笼山麓兴建了李林雕像和李林革命事迹陈列馆,总占地面积 1200 平方米。2018 年 4 月 26 日对外开放。图为李林烈士故居、雕像和革命事迹陈列馆。

二十九、卢克烈士墓

卢克(1910 年—1930 年),平和县小坪后塘乡大乾楼村人。早期中共党员,积极参加反帝爱国学生运动。1927 年四一二反革命政变后,与王占春、王德一道在漳州南乡组织农民开展抗捐抗税斗争。1928 年,受中共组织派遣到福州国民革命军军官教导队接受军训。1929 年初夏,被分配到海澄县港尾五区担任民团护卫队教官,秘密发展 6 名地方进步人士加入中共组织,建立中共港尾特别支部,卢克任书记。1930 年秋,省委机关一名交通员被捕,港尾地区党员名单落入敌手。按中共福建省委指示,卢克于 10 月 6 日(中秋节)夜晚组织民团起义未成,于 12 月 8 日被俘,英勇就义于港尾圩头溪边。图为港尾镇上午村浦口社卢克烈士墓。

三十、海澄革命烈士陵园

1949 年 10 月 15 日,中国人民解放军第三野战军第十兵团打响了解放厦门、鼓浪屿的渡海战役。在这场激烈的战役中,解放军指战员和龙溪、海澄船工们以大无畏精神,奋力向前、英勇杀敌,许多

人为革命事业献出了宝贵的生命。1954 年 9 月，党和人民政府拨资建立了海澄革命烈士陵园，安放了 77 位无名烈士的骨灰，让烈士在绿荫中安寝。陵园占地面积 660 平方米，保护范围 3300 平方米，是龙海市开展革命传统教育的重要基地。图为龙海市海澄镇港口处的革命烈士陵园。

附录三 新中国成立以来龙海市(县)处级领导干部名录

本附录所列新中国成立后龙溪、海澄两县和合并后的龙海市(县)处级领导干部名录,是根据中共龙海市委组织部、龙海市地方志编纂委员会提供的断代组织史资料和年鉴人物资料综合编制而成的。在编制时,有关领导机构的设立和名称改动情况、领导干部任用方式变动情况、届中调整补充和兼任上级职务情况、外来和外出挂职情况,都体现在名单表格中。编制后,为慎重起见,已经中共龙海市委组织部审阅。

一、1949—2018 年中共龙海市(县)委正副书记、常委和纪委书记名录

届次	职务	姓名	性别	任职时间	备注
中共龙溪县委员会 1949.9—1956.5	书记	陈砚田	男	1949.9—1951.6	1949 年 9 月 22 日成立中共龙溪县委,1953 年 4 月设立县委常委会
		杨廷标	男	1951.6—1954.4	
		许　云	男	1954.4—1955.1	
	第二书记	许　云	男	1953.6—1954.4	
		赵　峰	男	1954.8—1956.5	
	副书记	王　杰	男	1950—1950	
		杨保成	男	1953.4—1956.5	
		刘颜景	男	1955.10—1956.5	
	常委	陈兆明	男	1953.4—1956.5	
		郭　熹	男	1953.4—1956.5	
		王鹤林	男	1953.4—1955.11	
		于新保	男	1955.12—1956.5	
		吴　德	男	1955.12—1956.5	

续表

届次	职务	姓名	性别	任职时间	备注
中共海澄县委员会 1949.9—1956.5	书记	蔡良承	男	1949.9—1952.2	1949年9月22日成立中共海澄县委，1953年7月设立县委常委会
		李玉科	男	1952.2—1953.6	
		李　光	男	1953.6—1956.1	
		倪天林	男	1954.11—1956.5	
	副书记	李　光	男	1952.9—1953.7	
		倪天林	男	1952.11—1953	
		彭清源	男	1954.8—1954	
		袁万昌	男	1955—1956.5	
	常委	刘扬生	男	1953.7—1955.11	
		刘振东	男	1955.12—1956.5	
		王照承	男	1955.12—1956.5	
		郭用兴	男	1955.12—1957	
		刘少言	男	1955.12—1956.5	
		张子经	男	1955.12—1956.8	
中共龙溪县第一届委员会 1956.5—1960.2	第一书记	秦秀峰	男	1958.7—1960.2	
	书记	赵　峰	男	1956.5—1959.12	
		秦秀峰	男	1958.3—1958.6	
	副书记	杨保成	男	1956.5—1960.2	
		于新保	男	1956.5—1958.5	
		刘兴玉	男	1956.8—1957.5	
		牛玉明	男	1956.8—1960.1	
		张田丁	男	1958.2—1958.6	
		王　虎	男	1958.8—1959.10	
		李成榜	男	1959.4—1960.2	
		牛瑞琪	男	1959.7—1960.2	
		傅定一	男	1959.12—1960.2	

续表

届次	职务	姓名	性别	任职时间	备注
中共龙溪县第一届委员会1956.5—1960.2	常委	刘兴玉	男	1956.5—1956.8	
		牛玉明	男	1956.5—1956.8	
		常秋贵	男	1956.5—1960.2	
		吴　德	男	1956.5—1960.2	
		郭　熹	男	1956.5—1960.2	
		芦永济	男	1956.9—1960.2	
		郭洪元	男	1958.3—1960.2	
		张金川	男	1958.3—1960.2	
中共海澄县第一届委员会1956.5—1960.2	第一书记	张存友	男	1958.3—1960.2	
	书记	倪天林	男	1956.5—1960.2	
		许昭明	男	1959.6—1960.2	
	副书记	王照承	男	1956.8—1960.2	
		郭用兴	男	1956.8—1957	
		邓凤林	男	1956.8—1960.2	
		颜德隆	男	1956.9—1957	
		许昭明	男	1958.6—1959.6	
	常委	刘少言	男	1956.5—1960.2	
		路崇阳	男	1956.5—1962.2	
		潘维鸿	男	1956.5—1960.2	
		袁万昌	男	1956.9—1960.2	

续表

届次	职务	姓名	性别	任职时间	备注
中共龙海县第二届委员会届前阶段 1960.2—1963.1	第一书记	刘秉仁	男	1960.2—1963.1	1960年2月，龙溪、海澄两县合并，同月成立中共龙海县委，1961年成立县委书记处
	书记	倪天林	男	1960.1—1963.1	
	书记处书记	杨保成	男	1961—1963.1	
		李　山	男	1961—1963.1	
		李传荣	男	1961—1963.1	
		林明法	男	1961—1963.1	
		王照承	男	1961—1962	
		杨寿仙	男	1961.10—1963.1	
	副书记	杨保成	男	1960.3—1961	
		王照承	男	1960.8—1961	
		李成榜	男	1960.8—1960.12	
		牛瑞琪	男	1960.8—1960.12	
		傅定一	男	1960.8—1960.12	
		李传荣	男	1960.8—1961	
		林明法	男	1960.8—1961	
	常委	潘维鸿	男	1960.12—1962.12	
		郭洪元	男	1960.12—1962.12	
		华美山	男	1960.4—1960.12	
		吴新敏	男	1960.4—1963.1	

续表

届次	职务	姓名	性别	任职时间	备注
中共龙海县第二届委员会 1963.1—1968.4	书记	刘秉仁	男	1963.1—1968.4	
	副书记	倪天林	男	1963.1—1968.4	
		杨保成	男	1963.1—1966.1	
		李　山	男	1963.1—1966.12	
		杨寿仙	男	1963.1—1963.8	
		王照承	男	1963.1—1963.8	
		林明法	男	1963.1—1963.8	
		李传荣	男	1963.1—1963.8	
		林明法	男	1963.10—1964.2	
		陈清定	男	1964.4—1966.10	
		苏海成	男	1964.10—1968.4	
	常委	吴新敏	男	1963.1—1968.4	
		潘维鸿	男	1965.4—1968.4	
		管乙农	男	1965.4—1968.4	
		郝锦章	男	1965.12—1968.4	
		梁才美	男	1965.12—1968.4	
		杨松山	男	1965.12—1968.4	
		牛振忠	男	1965.12—1968.4	
		方华荣	男	1966.3—1968.4	

续表

届次	职务	姓名	性别	任职时间	备注
中共龙海县第三届委员会1970.11—1978.3	书记	由廷久	男	1970.11—1975.5	
		陈维仪	男	1975.5—1976.2	
		苏海成	男	1976.2—1977.3	
	副书记	龚　芳	男	1970.11—1975.5	
		陈维仪	男	1970.11—1975.5	
		洪文广	男	1973.4—1975.7	
		叶锦裕	男	1975.5—1978.3	
		黄亚顺	男	1975.11—1977.10	
		黄海澄	男	1975.11—1978.3	
		周顺明	男	1976.2—1977.11	
	常委	方华荣	男	1970.11—1978.3	
		苏海成	男	1970.11—1976.2	
		洪文广	男	1970.11—1973.4	
		潘维鸿	男	1970.11—1978.3	
		邱思温	男	1975.6—1978.3	
		王开元	男	1975.6—1978.3	
		徐运保	男	1975.6—1978.3	
		方亚秀	女	1975.6—1978.3	
		洪松海	男	1975.6—1978.3	
中共龙海县第四届委员会1978.3—1984.12	书记	周顺明	男	1977.11—1984.2	
		郑福全	男	1984.2—1984.11	
		林殿阁	男	1984.11—1984.12	

续表

届次	职务	姓名	性别	任职时间	备注
中共龙海县第四届委员会 1978.3—1984.12	副书记	杨百洲	男	1977.10—1983.12	
		叶锦裕	男	1978.3—1978.7	
		黄海澄	男	1978.3—1980.12	
		梁才美	男	1978.3—1980.2	
		郭彩洪	男	1980.2—1984.3	
		杨英古	男	1980.2—1983.12	
		李龙安	男	1980.2—1983.12	
		康奋基	男	1980.4—1984.12	
	常委	方亚秀	女	1978.3—1984.12	
		郭彩洪	男	1978.3—1980.2	
		李龙安	男	1978.3—1980.2	
		陈　炸	女	1978.3—1984.12	
		牛振忠	男	1978.3—1984.12	
		张炳南	男	1978.3—1984.12	
		朱国英	男	1978.3—1984.12	
		林振忠	男	1980.8—1983.12	
中共龙海县纪委	书记	康奋基	男	1984.5—1984.12	1984 年 5 月，中共龙海县委纪委改称为中共龙海县纪委
中共龙海县第五届委员会 1984.12—1987.12	书记	林殿阁	男	1984.12—1987.12	
	副书记	桂其明	男	1984.12—1987.12	
		叶锦裕	男	1984.11—1987.11	
		洪我追	男	1984.12—1987.9	
		蔡清溪	男	1987.10—1987.12	
	常委	王太谷	男	1984.12—1987.12	
		蔡炳智	男	1984.12—1987.12	

续表

届次	职务	姓名	性别	任职时间	备注
中共龙海县第五届委员会 1984.12—1987.12	常委	郑道溪	男	1984.12—1987.12	
		许魁伟	男	1984.12—1987.12	
		蒋东海	男	1984.12—1987.12	
		林荣赞	男	1986.2—1987.12	
		蔡德根	男	1987.10—1987.12	
		张水湖	男	1987.10—1987.12	
		倪合福	男	1987.10—1987.12	
中共龙海县纪委	书记	叶锦裕	男	1984.12—1987.10	
		蔡炳智	男	1987.10—1987.12	
中共龙海县第六届委员会 1987.12—1990.12	书记	林殿阁	男	1988.1—1990.12	
	副书记	桂其明	男	1988.1—1990.12	
		蔡清溪	男	1988.1—1990.12	
	常委	蔡炳智	男	1988.1—1990.12	
		蔡德根	男	1988.1—1990.12	
		倪合福	男	1988.1—1990.12	
		张水湖	男	1988.1—1990.12	
		林荣赞	男	1988.1—1990.12	
中共龙海县纪委	书记	蔡炳智	男	1988.1—1990.12	

续表

<table>
<tr><th>届次</th><th>职务</th><th>姓名</th><th>性别</th><th>任职时间</th><th>备注</th></tr>
<tr><td rowspan="14">中共龙海县(市)第七届委员会
1990.12—1994.1</td><td rowspan="2">书记</td><td>桂其明</td><td>男</td><td>1990.12—1993.6(县)
1993.6—1993.12(市)</td><td>中共漳州市委常委</td></tr>
<tr><td>黄浦江</td><td>男</td><td>1993.12—1994.1(市)</td><td rowspan="13"></td></tr>
<tr><td rowspan="5">副书记</td><td>郑道溪</td><td>男</td><td>1990.12—1993.6(县)
1993.6—1993.9(市)</td></tr>
<tr><td>蔡清溪</td><td>男</td><td>1990.12—1993.6(县)
1993.6—1994.1(市)</td></tr>
<tr><td>蔡炳智</td><td>男</td><td>1990.12—1993.6(县)
1993.6—1994.1(市)</td></tr>
<tr><td>庄凉江</td><td>男</td><td>1993.6—1994.1(市)</td></tr>
<tr><td>林亚才</td><td>男</td><td>1993.11—1994.1(市)</td></tr>
<tr><td rowspan="7">常委</td><td>蔡德根</td><td>男</td><td>1990.12—1993.6(县)
1993.6—1994.1(市)</td></tr>
<tr><td>倪合福</td><td>男</td><td>1990.12—1993.6(县)
1993.6—1993.12(市)</td></tr>
<tr><td>林荣赞</td><td>男</td><td>1990.12—1993.6(县)
1993.6—1994.1(市)</td></tr>
<tr><td>张亚清</td><td>男</td><td>1990.12—1993.6(县)</td></tr>
<tr><td>周阿份</td><td>男</td><td>1993.11—1994.1(市)</td></tr>
<tr><td>柯莲英</td><td>女</td><td>1993.11—1994.1(市)</td></tr>
<tr><td>江国荣</td><td>男</td><td>1993.11—1994.1(市)</td></tr>
<tr><td>中共龙海县(市)纪委</td><td>书记</td><td>蔡炳智</td><td>男</td><td>1990.12—1993.6(县)
1993.6—1994.1(市)</td><td></td></tr>
</table>

续表

届次	职务	姓名	性别	任职时间	备注
中共龙海市第八届委员会 1994.1—1998.11	书记	黄浦江	男	1994.1—1998.9	
		王良才	男	1995.9—1998.9	
		吴志明	男	1998.9—1998.11	
	副书记	庄凉江	男	1994.1—1996.4	
		蔡清溪	男	1994.1—1995.7	
		林亚才	男	1994.1—1996.8	
		张水湖	男	1995.7—1998.11	
		康君福	男	1996.4—1998.11	
		张凯民	男	1996.12—1998.11	挂职
		杨荣忠	男	1997.8—1998.9	
		黄春曙	男	1998.7—1998.11	
	常委	周阿份	男	1994.1—1998.11	
		蔡德根	男	1994.1—1995.6	
		林荣赞	男	1994.1—1998.9	
		江国荣	男	1994.1—1998.11	
		柯莲英	女	1994.1—1998.11	
		胡　钦	男	1994.7—1998.11	
		杨荣忠	男	1995.6—1997.8	
		林晓峰	男	1995.6—1996.10	
		黄春曙	男	1996.10—1998.7	
		郭进福	男	1997.7—1998.11	
		吴幼麟	男	1998.6—1998.11	挂职
中共龙海市纪委	书记	蔡清溪	男	1994.1—1998.11	

续表

届次	职务	姓名	性别	任职时间	备注
中共龙海市第九届委员会 1998.11—2003.11	书记	吴志明	男	1998.11—2003.11	中共漳州市委常委
	副书记	康君福	男	1998.11—2003.11	
		张水湖	男	1998.11—2002.2	
		黄春曙	男	1998.11—2001.9	
		杨溪峰	男	2001.8—2003.11	
		陈照瑜	男	2002.1—2003.11	挂职
		沈建平	男	2002.2—2003.11	
		郭进福	男	2002.2—2003.11	
	常委	柯莲英	女	1998.11—2003.11	
		江国荣	男	1998.11—1999.9	
		胡　钦	男	1998.11—2002.2	
		郭进福	男	1998.11—2002.2	
		杨溪峰	男	1998.11—2001.8	
		林小煌	男	1998.11—2002.2	
		李明清	男	1998.11—2003.11	
		吴幼麟	男	1998.11—2001.4	挂职
		林亚标	男	1999.3—2003.11	
		洪文安	男	1999.3—2003.11	
		张翼腾	男	2001.10—2003.11	
		宋龙驱	男	2002.2—2003.11	
		廖文彬	男	2002.2—2003.11	
中共龙海市纪委	书记	杨溪峰	男	1998.11—2003.11	

续表

届次	职务	姓名	性别	任职时间	备注
中共龙海市第十届委员会 2003.11—2006.7	书记	吴志明	男	2003.11—2006.7	中共漳州市委常委、副书记
	副书记	杨溪峰	男	2003.11—2006.7	
		陈照瑜	男	2003.11—2004.9	挂职
		沈建平	男	2003.11—2006.7	
		郭进福	男	2003.11—2006.7	
		沈应生	男	2003.11—2006.7	
		宋龙驱	男	2004.9—2006.7	
	常委	林亚标	男	2003.11—2006.7	
		洪文安	男	2003.11—2005.7	
		宋龙驱	男	2003.11—2004.9	
		汪莉莉	女	2003.11—2006.7	
		陈跃得	男	2003.11—2006.7	
		洪泰强	男	2003.11—2006.7	
		郭福泉	男	2004.9—2006.7	
		施建文	男	2005.7—2006.7	
中共龙海市纪委	书记	沈应生	男	2003.11—2006.7	
中共龙海市第十一届委员会 2006.7—2011.7	书记	吴志明	男	2006.7—2007.1	
		许荣勇	男	2007.1—2011.6	中共漳州市委常委
	副书记	杨溪峰	男	2006.7—2010.9	
		郭进福	男	2006.7—2007.7	
		沈应生	男	2006.7—2011.7	
		宋龙驱	男	2006.7—2011.1	
		陈东升	男	2007.5—2011.7	
		张宗芎	男	2010.9—2011.6	
		郭华生	男	2007.10—2009.10	挂职

续表

届次	职务	姓名	性别	任职时间	备注
中共龙海市第十一届委员会2006.7—2011.7	常委	林亚标	男	2006.7—2008.9	死亡
		汪莉莉	女	2006.7—2007.7	
		陈跃得	男	2006.7—2010.8	
		洪泰强	男	2006.7—2011.7	
		郭福泉	男	2006.7—2006.12	
		叶明东	男	2006.7—2009.6	
		高伟强	男	2006.12—2011.7	
		罗　雄	男	2007.8—2011.7	
		陈雪斌	男	2011.5—2011.7	
		张文通	男	2008.10—2011.1	
		丁学洲	男	2009.6—2011.5	
		沈龙石	男	2010.8—2011.7	
		朱真	女	2010.12—2011.7	
中共龙海市纪委	书记	沈应生	男	2006.7—2011.7	
中共龙海市第十二届委员会2011.7—2016.7	书记	张宗苎	男	2011.6—2013.10	
		张祯锦	男	2013.10—2016.6	中共漳州市委常委
		郑隆松	男	2016.6—2016.7	
	副书记	曾建成	男	2011.6—2015.8	
		简清溪	男	2011.7—2014.3	
		吴丁顺	男	2014.3—2016.6	
		郑隆松	男	2015.8—2016.6	
	常委	施爱武	男	2011.7—2012.8	
		沈龙石	男	2011.7—2014.3	
		陈雪斌	男	2011.5—2016.7	
		李华英	女	2011.7—2012.8	
		周建明	男	2011.7—2014.9	
		郑明福	男	2011.7—2015.3	

续表

届次	职务	姓名	性别	任职时间	备注
中共龙海市第十二届委员会2011.7—2016.7	常委	钟连海	男	2011.7—2015.1	
		杨学军	男	2011.12—2013.12	挂职
		陈四象	男	2012.8—2015.1	
		王群谋	男	2012.5—2014.5	挂职
		王劲东	男	2012.10—2016.7	
		赵青松	男	2014.5—2015.1	挂职
		蔡三蛇	男	2014.8—2016.7	
		苏森荣	男	2015.1—2016.7	
		蔡国荣	男	2015.1—2016.7	
		陈爱棋	男	2015.1—2016.7	
		李晖	男	2015.1—2016.7	
		郑朝昌	男	2015.7—2016.7	到漳州高新区挂职
		周伟辉	男	2015.8—2016.7	
		吉雅图	男	2016.4—2016.7	挂职
中共龙海市纪委	书记	吴丁顺	男	2011.7—2015.7	
		周伟辉	男	2015.8—2016.7	
中共龙海市第十三届委员会2016.7—	书记	郑隆松	男	2016.7—	
	副书记	何才成	男	2016.7—	
		周伟辉	男	2016.7—2017.6	
		王劲东	男	2017.7—	
	常委	王劲东	男	2016.7—2017.7	
		蔡三蛇	男	2016.7—	
		蔡国荣	男	2016.7—	
		陈爱棋	男	2016.7—	
		郑朝昌	男	2016.7—2017.7	到漳州高新区挂职
		陈群伟	男	2016.7—	

续表

届次	职务	姓名	性别	任职时间	备注
中共龙海市第十三届委员会2016.7—	常委	许伟宏	男	2016.7—	
		刘蓓晖	女	2016.7—	
		吉雅图	男	2016.7—2016.12	挂职
		肖学文	男	2016.7—2017.10	
		张碧兰	女	2017.7—	
		林香娣	女	2017.10—	挂职
		蔡祖宝	男	2018.4—	
		刘　楷	男	2018.5—2019.1	挂职
中共龙海市纪委	书记	陈群伟	男	2016.7—	

二、1980—2018 年龙海市(县)人大常委会正副主任名录

届次	职务	姓名	性别	任职时间	备注
龙海县第八届人大常委会1980.10—1984.12	主任	杨百洲	男	1980.10—1984.1	从 1980 年 10 月召开县第八届人代会起，每届均选举产生县级人大常委会，作为县级人民代表大会的常设机构
		杨英古	男	1984.1—1984.12	
	副主任	牛振中	男	1980.10—1984.1	
		袁培俭	男	1980.10—1984.12	
		李在山	男	1980.10—1984.1	
		黄燕钧	男	1980.10—1983.4	
		周友生	男	1980.10—1984.12	
		陈添裕	男	1984.1—1984.12	
		蔡丽卿	女	1984.1—1984.12	
		吴芬芳	男	1984.1—1984.12	
龙海县第九届人大常委会1984.12—1987.11	主任	郑福全	男	1984.12—1987.11	
	副主任	康奋基	男	1984.12—1987.11	
		陈添裕	男	1984.12—1987.11	
		袁培俭	男	1984.12—1987.11	

续表

届次	职务	姓名	性别	任职时间	备注
龙海县第九届人大常委会1984.12—1987.11	副主任	周友生	男	1984.12—1987.11	
		吴芬芳	男	1984.12—1987.11	
		蔡丽卿	女	1984.12—1987.11	
龙海县第十届人大常委会1987.11—1991.1	主任	叶锦裕	男	1987.11—1991.1	
	副主任	康奋基	男	1987.11—1991.1	
		陈添裕	男	1987.11—1991.1	
		袁培俭	男	1987.11—1991.1	
		吴芬芳	男	1987.11—1991.1	
龙海县(市)第十一届人大常委会1991.1—1994.1	主任	叶锦裕	男	1991.1—1993.6(县) 1993.6—1994.1(市)	
	副主任	康奋基	男	1991.1—1993.6(县) 1993.6—1994.1(市)	
		方亚秀	女	1991.1—1993.6(县) 1993.6—1994.1(市)	
		蔡丽卿	女	1991.1—1993.6(县) 1993.6—1994.1(市)	
		童天池	男	1991.1—1993.6(县) 1993.6—1994.1(市)	
龙海市第十二届人大常委会1994.1—1999.1	主任	叶锦裕	男	1994.1—1999.1	
	副主任	林再生	男	1994.1—1999.1	
		方亚秀	女	1994.1—1999.1	
		蒋东海	男	1994.1—1999.1	
		吴芬芳	男	1994.1—1999.1	
		吴启山	男	1994.1—1999.1	
龙海市第十三届人大常委会1999.1—2004.1	主任	张水湖	男	1999.1—2004.1	
	副主任	林荣赞	男	1999.1—2004.1	
		方亚秀	女	1999.1—2002.6	
		吴启山	男	1999.1—2004.1	
		张海岸	男	1999.1—2004.1	
		朱东亮	男	1999.1—2004.1	

续表

届次	职务	姓名	性别	任职时间	备注
龙海市 第十四届 人大常委会 2004.1— 2007.1	主任	许跃国	男	2004.1—2007.1	
	副主任	吴启山	男	2004.1—2007.1	
		朱东亮	男	2004.1—2007.1	
		江国荣	男	2004.1—2007.1	
		陈海石	男	2004.1—2007.1	
龙海市 第十五届 人大常委会 2007.1— 2011.12	主任	许跃国	男	2007.1—2011.12	
	副主任	吴启山	男	2007.1—2011.12	
		朱东亮	男	2007.1—2011.12	
		江国荣	男	2007.1—2011.12	
		陈海石	男	2007.1—2009.6	
		黄枝炉	男	2010.4—2011.12	
		蔡丽枝	男	2010.4—2011.12	
龙海市 第十六届 人大常委会 2011.12— 2016.12	主任	沈应生	男	2011.12—2015.3	
		郑明福	男	2015.3—2016.12	
	副主任	蔡丽枝	男	2011.12—2016.12	
		张海顺	男	2011.12—2016.12	
		许伟宏	男	2011.12—2015.2	
		黄全海	男	2011.12—2014.4	
		郭翠琴	女	2015.3—2016.12	
		苏麒辉	男	2015.3—2016.12	
		李　晖	男	2016.7—2016.12	
龙海市 第十七届 人大常委会 2016.12—	主任	郑明福	男	2016.12—	
	副主任	李　晖	男	2016.12—	
		蔡丽枝	男	2016.12—	
		郭翠琴	女	2016.12—	
		苏麒辉	男	2016.12—	

三、1949—2018年龙海市(县)人民政府正副市(县)长名录

<table>
<tr><th>届次</th><th>职务</th><th>姓名</th><th>性别</th><th>任职时间</th><th>备注</th></tr>
<tr><td rowspan="7">龙溪县
第一届
人民政府
届前阶段
1949.9—
1955.12</td><td rowspan="3">县长</td><td>白佩珩</td><td>男</td><td>1949.9—1952.8</td><td rowspan="7">1949年9月，龙溪县人民政府成立，正、副县长由上级任命。1952年11月始，正、副县长由人民代表会议选举产生</td></tr>
<tr><td>李学俭(代)</td><td>男</td><td>1952.8—1952.10</td></tr>
<tr><td>王英才</td><td>男</td><td>1952.10—1955.11</td></tr>
<tr><td rowspan="4">副县长</td><td>张治宏</td><td>男</td><td>1950.3—1951.5</td></tr>
<tr><td>李学俭</td><td>男</td><td>1951.11—1952.10</td></tr>
<tr><td>芦永济</td><td>男</td><td>1952.10—1955.11</td></tr>
<tr><td>常秋贵</td><td>男</td><td>1955.9—1955.10</td></tr>
<tr><td rowspan="8">海澄县
第一届
人民政府
届前阶段
1949.9—
1954.3</td><td rowspan="3">县长</td><td>郭景周</td><td>男</td><td>1949.9—1951.10</td><td rowspan="8">1949年9月，海澄县人民政府成立，正、副县长由上级任命，1952年1月始，正、副县长由人民代表会议选举产生</td></tr>
<tr><td>李玉科</td><td>男</td><td>1951.10—1952.10</td></tr>
<tr><td>倪天林</td><td>男</td><td>1952.10—1954.3</td></tr>
<tr><td rowspan="5">副县长</td><td>陶明路</td><td>男</td><td>1951.8—1952.1</td></tr>
<tr><td>刘万宝</td><td>男</td><td>1952.1—1953.6</td></tr>
<tr><td>倪天林</td><td>男</td><td>1952.2—1952.9</td></tr>
<tr><td>王福增</td><td>男</td><td>1953.6—1954.3</td></tr>
<tr><td>路崇阳</td><td>男</td><td>1953.12—1954.3</td></tr>
<tr><td rowspan="4">龙溪县
第一届
人民委员会
1955.12—
1956.12</td><td>县长</td><td>常秋贵</td><td>男</td><td>1955.10—1956.11</td><td rowspan="4">1955年2月，第一届人民代表大会第二次会议决定把县人民政府改为县人民委员会</td></tr>
<tr><td rowspan="3">副县长</td><td>齐振中</td><td>男</td><td>1955.12—1956.11</td></tr>
<tr><td>王金泉</td><td>男</td><td>1955.12—1956.11</td></tr>
<tr><td>林文英</td><td>男</td><td>1955.12—1956.11</td></tr>
<tr><td rowspan="5">海澄县
第一届
人民政府
(人民委员会)
1954.3—
1956.12</td><td rowspan="2">县长</td><td>倪天林</td><td>男</td><td>1954.3—1955.11</td><td rowspan="5">1955年12月，县人民政府改称为县人民委员会</td></tr>
<tr><td>袁万昌</td><td>男</td><td>1955.11—1956.12</td></tr>
<tr><td rowspan="3">副县长</td><td>王福增</td><td>男</td><td>1954.3—1955.1</td></tr>
<tr><td>邱思温</td><td>男</td><td>1955.11—1956.7</td></tr>
<tr><td>陈新智</td><td>男</td><td>1955.12—1956.12</td></tr>
</table>

续表

届次	职务	姓名	性别	任职时间	备注
龙溪县第二届人民委员会1956.12—1958.5	县长	常秋贵	男	1956.12—1958.5	
	副县长	林文英	男	1956.12—1958.5	
		庄飞云	男	1956.12—1958.5	
		徐运保	男	1956.12—1958.5	
		齐振中	男	1956.12—1958.5	
海澄县第二届人民委员会1956.12—1958.5	县长	李　山	男	1956.12—1958.5	
	副县长	郭占贵	男	1956.12—1957.12	
		陈新智	男	1956.12—1958.3	
		王建安	男	1956.12—1958.5	
龙溪县第三届人民委员会1958.5—1960.2	县长	郭洪元	男	1958.5—1960.2	
	副县长	齐振中	男	1958.5—1960.2	
		庄飞云	男	1958.5—1960.2	
海澄县第三届人民委员会1958.5—1960.2	县长	许昭明	男	1958.5—1960.2	
	副县长	李　山	男	1958.5—1960.2	
		王建安	男	1959.6—1960.2	
龙海县第四届人民委员会届前阶段1960.2—1962.1	县长	李　山	男	1960.2—1962.1	1960年2月，龙溪、海澄两县合并为龙海县，同时成立县人民委员会，正、副县长由省委任命
	副县长	王建安	男	1960.2—1961.12	
		齐振中	男	1960.2—1962.1	
		黄燕钧	男	1961.7—1962.1	
龙海县第四届人民委员会1962.1—1963.8	县长	李　山	男	1962.1—1963.8	
	副县长	齐振中	男	1962.1—1963.8	
		黄燕钧	男	1962.1—1963.8	
		杨松山	男	1962.5—1963.8	

续表

届次	职务	姓名	性别	任职时间	备注
龙海县第五届人民委员会1963.8—1968.4	县长	杨保成	男	1963.8—1965.11	
		李　山	男	1965.11—1968.4	
	副县长	齐振中	男	1963.8—1964.3	
		杨松山	男	1963.8—1968.4	
		黄燕钧	男	1963.8—1968.4	
		李传荣	男	1963.9—1968.4	
		周顺明	男	1965.11—1968.4	
龙海县革命委员会1968.4—1980.10	主任	吴新敏	男	1968.4—1970.2	1968年4月，龙海县革命委员会成立，取代原县委、县人委领导职能
		由廷久	男	1970.2—1975.5	
		陈维仪	男	1975.5—1976.2	
		苏海成	男	1976.2—1977.11	
		周顺明	男	1977.11—1980.4	
		郭彩洪	男	1980.4—1980.10	
	副主任	由廷久	男	1968.4—1970.4	
		王志祯	男	1968.4—1970.2	
		吴玉石	男	1968.4—1970.2	
		苏海成	男	1968.4—1973	
		龚　芳	男	1970.2—1971	
		陈维仪	男	1970.11—1975.5	
		洪文广	男	1970.11—1975.5	
		邱思温	男	1972.9—1977	

续表

届次	职务	姓名	性别	任职时间	备注
龙海县革命委员会 1968.4—1980.10	副主任	潘维鸿	男	1973.7—1974	
		方华荣	男	1973.7—1975.12	
		王开元	男	1973.7—1975	
		叶锦裕	男	1975.1—1978.7	
		黄亚顺	男	1975.1—1977	
		徐运保	男	1975.1—1976	
		周顺明	男	1975.1—1977.11	
		方亚秀	女	1975.1—1980.10	
		洪松海	男	1975.1—1977	
		周友生	男	1976.5—1980.10	
		杨英古	男	1977—1980.10	
		黄海澄	男	1978.3—1980.10	
		陈　敏	男	1978.3—1980.10	
		蔡永安	男	1978.3—1980.10	
龙海县第八届人民政府 1980.10—1984.12	县长	郭彩洪	男	1980.10—1983.11	1980 年 10 月，恢复成立龙海县人民政府
		桂其明	男	1983.11—1984.12	
	副县长	陈添裕	男	1980.10—1983.11	
		朱振民	男	1980.10—1984.1	
		方亚秀	女	1980.10—1984.11	
		江亚森	男	1980.10—1984.11	
		江忠伟	男	1980.10—1982.5	
		陆文华	男	1980.10—1984.1	
		郭鸿禧	男	1983.12—1984.3	
		康天厚	男	1983.12—1984.11	
		柯莲英	女	1984.4—1984.12	
		陈赐霖	男	1984.4—1984.12	

续表

届次	职务	姓名	性别	任职时间	备注
龙海县第九届人民政府1984.12—1987.11	县长	桂其明	男	1984.12—1987.11	
		洪我追	男	1985.9—1987.9	代县长
	副县长	陈添裕	男	1980.10—1983.11	
		朱振民	男	1980.10—1984.1	
		方亚秀	女	1980.10—1984.11	
		江亚森	男	1980.10—1984.11	
		江忠伟	男	1980.10—1982.5	
		陆文华	男	1980.10—1984.1	
		郭鸿禧	男	1983.12—1984.3	
		康天厚	男	1983.12—1984.11	
		柯莲英	女	1984.4—1984.12	
		陈赐霖	男	1984.4—1984.12	
龙海县第十届人民政府1987.11—1991.1	县长	桂其明	男	1987.11—1990.12	
	副县长	周阿份	男	1987.11—1991.1	
		康天厚	男	1987.11—1991.1	
		陈赐霖	男	1987.11—1991.1	
		许魁伟	男	1987.11—1991.1	

续表

届次	职务	姓名	性别	任职时间	备注
龙海县(市)第十一届人民政府1991.1—1994.1	县(市)长	郑道溪	男	1991.1—1993.6(县) 1993.6—1993.9(市)	
	副县(市)长	乔振良	男	1991.1—1993.6(县) 1993.6—1994.1(市)	挂职
		许魁伟	男	1991.1—1993.6(县) 1993.6—1994.1(市)	
		宋兆培	男	1991.1—1993.6(县) 1993.6—1994.1(市)	
		林亚才	男	1991.1—1993.6(县) 1993.6—1994.1(市)	
		周阿份	男	1991.1—1993.6(县) 1993.6—1994.1(市)	
		郑古发	男	1991.8—1993.6(县) 1993.6—1994.1(市)	
		张凯民	男	1992.12—1993.6(县) 1993.6—1994.1(市)	挂职
		卢　孚	男	1992.12—1993.6(县) 1993.6—1994.1(市)	挂职
		刘金根	男	1993.6—1994.1(市)	挂职
		林小煌	男	1993.11—1994.1(市)	
		蔡良国	男	1993.11—1994.1(市)	
		王燕惠	女	1993.11—1994.1(市)	
		王耀泉	男	1993.11—1994.1(市)	

续表

届次	职务	姓名	性别	任职时间	备注
龙海市第十二届人民政府1994.1—1999.1	市长	庄凉江	男	1994.1—1996.4	
		康君福	男	1996.4—1999.1	
	副市长	林小煌	男	1994.1—1998.11	
		周阿份	男	1994.1—1999.1	
		郑古发	男	1994.1—1999.1	
		蔡良国	男	1994.1—1996.6	
		卢　孚	男	1994.1—1997.11	挂职
		王燕惠	女	1994.1—1999.1	
		苏延河	男	1994.1—1999.1	
		黄英恩	男	1994.3—1996.3	挂职
		许跃国	男	1996.4—1999.1	
		黄双庆	男	1996.5—1997.9	
		陈仕雄	男	1996.5—1998.12	
		陈　琪	男	1998.6—1999.1	
		赵　静	女	1998.10—1999.1	
龙海市第十三届人民政府1999.1—2004.1	市长	康君福	男	1999.1—2003.11	
		杨溪峰	男	2003.11—2004.1	代市长
	副市长	林小煌	男	1999.1—2002.3	
		陈　琪	男	1999.1—2004.1	
		赵　静	女	1999.1—2004.1	
		宋龙驱	男	1999.1—2004.1	
		许跃国	男	1999.1—2004.1	1997.3—1999.5 到宁夏澎阳县挂职
		江国荣	男	1999.9—2004.1	
		魏跃平	男	1999.9—2002.2	
		陈　华	男	2002.2—2004.1	

续表

届次	职务	姓名	性别	任职时间	备注
龙海市第十四届人民政府2004.1—2007.1	市长	杨溪峰	男	2004.1—2007.1	
	副市长	宋龙驱	男	2004.1—2004.9	
		赵　静	女	2004.1—2004.10	
		郭福泉	男	2004.1—2006.7	
		陈　华	男	2004.1—2007.1	
		江志强	男	2004.1—2007.1	
		张文通	男	2004.1—2007.1	
		谭仁谋	男	2004.4—2004.9	挂职
		田　东	女	2004.12—2006.12	挂职
		洪文安	男	2005.10—2007.1	
		林亚标	男	2006.7—2007.1	
龙海市第十五届人民政府2007.1—2011.12	市长	杨溪峰	男	2007.1—2010.9	
		张宗芎	男	2010.9—2011.3	代市长
				2011.3—2011.6	
		曾建成	男	2011.6—2011.12	代市长
	副市长	林亚标	男	2007.1—2011.12	
		郭丽月	女	2007.1—2011.12	
		张文通	男	2007.1—2011.12	
		洪文安	男	2007.1—2011.7	
		阮亚祥	男	2007.8—2011.7	
		郑文全	男	2007.1—2011.7	
		苏森荣	男	2007.1—2011.12	
		郑朝昌	男	2007.1—2011.12	

续表

届次	职务	姓名	性别	任职时间	备注
龙海市第十五届人民政府2007.1—2011.12	副市长	蔡建忠	男	2007.1—2010.8	
		马建华	男	2007.4—2010.3	
		吴芳华	女	2009.9—2011.12	
		戴艺民	男	2010.2—2011.12	
		周建明	男	2010.8—2011.12	
		李亚容	男	2011.7—2011.12	
		陈爱棋	男	2011.7—2011.12	
		康文将	男	2011.7—2011.12	
龙海市第十六届人民政府2011.12—2016.12	市长	曾建成	男	2011.12—2015.9	
		郑隆松	男	2015.9—2016.6	
		何才成	男	2016.6—2016.12	代市长
	副市长	周建明	男	2011.12—2014.9	
		苏森荣	男	2011.12—2015.1	
		郑朝昌	男	2011.12—2015.7	
		吴芳华	女	2011.12—2012.3	
		戴艺民	男	2011.12—2013.4	科技副市长
		李亚容	男	2011.12—2014.9	
		陈爱棋	男	2011.12—2015.1	
		康文将	男	2011.12—2016.12	
		杨学军	男	2012.11—2013.12	挂职
		蔡三蛇	男	2014.9—2016.12	
		黄全海	男	2014.4—2016.12	
		云晓东	男	2014.5—2016.2	
		林　中	男	2014.8—2016.8	挂职
		李施军	男	2014.8—2016.10	挂职
		彭文斌	男	2014.8—2015.5	党组成员

续表

届次	职务	姓名	性别	任职时间	备注
龙海市第十六届人民政府 2011.12—2016.12	副市长	许伟宏	男	2015.2—2016.7	
		林炎山	男	2015.2—2016.7	
		肖学文	男	2015.5—2016.7	党组成员
		林伟强	男	2015.8—2016.7	
		卢秀云	女	2016.5—2016.12	
		蓝良木	男	2016.5—2016.12	
		吴维加	男	2016.7—2016.12	
		李伟民	男	2016.7—2016.12	
		张志祥	男	2016.7—2016.12	
龙海市第十七届人民政府 2016.12—	市长	何才成	男	2016.12—	
	副市长	蔡三蛇	男	2016.12—	
		黄全海	男	2016.12—	
		李伟民	男	2016.12—	
		张志祥	男	2016.12—	
		吴维加	男	2016.12—2017.6	
		卢秀云	女	2016.12—	
		蓝良木	男	2016.12—2017.6	
		江　原	男	2017.4—2017.12	挂职
		刘晓霞	女	2017.4—	挂职
		苏诚斌	男	2017.6—	
		林茂成	男	2017.7—	
		林香娣	女	2017.10—	挂职

四、1956—2018 年政协龙海市(县)委员会正副主席名录

届次	职务	姓名	性别	任职时间	备注
政协龙溪县第一届委员会 1956.7—1959.8	主席	赵　峰	男	1956.7—1959.8	龙溪、海澄两县政协于 1956 年成立
	副主席	陈及锋	男	1956.7—1959.8	
		洪文厚	男	1956.7—1959.8	
		黄燕钧	男	1956.7—1959.8	
		芦永济	男	1956.7—1959.8	
政协海澄县第一届委员会 1956.3—1960.2	主席	倪天林	男	1956.3—1960.2	
	副主席	翁百川	男	1956.3—1960.2	
		曹展卿	男	1957.4—1960.2	
政协龙溪县第二届委员会 1959.8—1960.2	主席	赵　峰	男	1959.8—1960.2	
	副主席	芦永济	男	1959.8—1960.2	
		洪文厚	男	1959.8—1960.2	
		黄燕钧	男	1959.8—1960.2	
		管乙农	男	1959.8—1960.2	
政协龙海县第三届委员会 1960.2—1963.8	主席	刘秉仁	男	1962.1—1963.8	1960 年 2 月，龙溪、海澄两县合并，建立龙海县政协
	副主席	杨保成	男	1962.1—1963.8	
		洪文厚	男	1962.1—1963.8	
		曹展卿	男	1962.1—1963.8	
		黄珠昌	男	1962.1—1963.8	
政协龙海县第四届委员会 1963.8—1968.4	主席	刘秉仁	男	1963.8—1968.4	
	副主席	杨保成	男	1963.8—1968.4	
		洪文厚	男	1963.8—1968.4	
		曹展卿	男	1963.8—1968.4	
		黄珠昌	男	1963.8—1968.4	

续表

届次	职务	姓名	性别	任职时间	备注
政协龙海县第五届委员会 1980.10—1984.12	主席	黄海澄	男	1980.10—1984.12	
	副主席	陈美和	男	1980.10—1983.4	
		陈　敏	男	1980.10—1984.12	
		张秋世	男	1980.10—1984.12	
		洪文厚	男	1980.10—1984.12	
		许镇潘	男	1980.10—1984.12	
		蒋登英	女	1980.10—1984.12	
		郑福全	男	1984.1—1984.12	
政协龙海县第六届委员会 1984.12—1987.11	主席	杨英古	男	1984.12—1987.11	
	副主席	许镇潘	男	1984.12—1987.11	
		张秋世	男	1984.12—1987.11	
		蒋登英	女	1984.12—1987.11	
		洪文厚	男	1984.12—1987.11	
		郭国耀	男	1984.12—1987.11	
		黄成璋	男	1984.12—1987.11	
		郭彩洪	男	1984.12—1987.11	
政协龙海县第七届委员会 1987.11—1991.1	主席	郭彩洪	男	1987.11—1991.1	
	副主席	江亚森	男	1987.11—1990.6	
		柯莲英	女	1987.11—1991.1	
		蒋登英	女	1987.11—1991.1	
		洪文厚	男	1987.11—1991.1	
		郭国耀	男	1987.11—1991.1	

续表

届次	职务	姓名	性别	任职时间	备注
政协龙海县(市)第八届委员会 1991.1—1994.1	主席	郭彩洪	男	1991.1—1993.6(县) 1993.6—1994.1(市)	
	副主席	柯莲英	女	1991.1—1993.6(县) 1993.6—1994.1(市)	
		郭国耀	男	1991.1—1993.6(县) 1993.6—1994.1(市)	
		吴芬芳	男	1991.1—1993.6(县) 1993.6—1994.1(市)	
		蒋登英	女	1991.1—1993.6(县) 1993.6—1994.1(市)	
政协龙海市第九届委员会 1994.1—1999.1	主席	康天厚	男	1994.1—1999.1	
	副主席	宋兆培	男	1994.1—1999.1	
		蔡丽卿	女	1994.1—1999.1	
		郭国耀	男	1994.1—1999.1	
		蒋登英	女	1994.1—1999.1	
		洪长水	男	1994.1—1999.1	
政协龙海市第十届委员会 1999.1—2004.1	主席	周阿份	男	1999.1—2004.1	
	副主席	宋兆培	男	1999.1—2004.1	
		蔡丽卿	女	1999.1—2004.1	
		洪长水	男	1999.1—2004.1	
		陈和兴	男	1999.1—2004.1	
政协龙海市第十一届委员会 2004.1—2007.1	主席	柯莲英	女	2004.1—2007.1	
	副主席	蔡丽卿	女	2004.1—2007.1	
		洪长水	男	2004.1—2007.1	
		陈和兴	男	2004.1—2007.1	
		林跃珍	男	2004.1—2007.1	

续表

届次	职务	姓名	性别	任职时间	备注
政协龙海市第十二届委员会2007.1—2011.12	主席	柯莲英	女	2007.1—2011.12	
	副主席	方锦芳	男	2007.1—2011.12	
		陈和兴	男	2007.1—2011.12	
		林跃珍	男	2007.1—2011.12	
		高德平	男	2007.1—2011.12	
		张海顺	男	2010.4—2011.12	
政协龙海市第十三届委员会2011.12—2016.12	主席	高伟强	男	2011.12—2016.12	
	副主席	方锦芳	男	2011.12—2016.12	
		纪志鹏	男	2011.12—2016.12	
		叶淑端	女	2011.12—2015.12	
		蓝碰金	女	2011.12—2015.1	
		吕　辉	男	2015.3—2016.7	
		苏森荣	男	2016.7—2016.12	
政协龙海市第十四届委员会2016.12—	主席	高伟强	男	2016.12—	
	副主席	苏森荣	男	2016.12—	
		纪志鹏	男	2016.12—2017.6	
		蓝　炜	男	2016.12—	
		阮秀惠	女	2016.12—	
		江龙辉	男	2017.6—	

附录四　龙海市老区乡(镇)场、老区村(居)及老区基点村名录

本附录所列龙海老区名录是根据省老区办2003年4月在《福建省老区乡村名册》中对龙海老区乡(镇)场、老区行政村(居)的核定数和2007年10月对石码老区社区增补数的合计。按照中央民政部、财政部、国家计委和福建省计委、省老区办分别于1979年和1983年颁布的老区划定标准规定,划定革命老区以行政村为单位,在一个乡镇内,如果老区行政村数占行政村总数的50%及以上,这个乡镇为老区乡镇;如果老区行政村数不足行政村总数的50%,这个乡镇为老区分布乡镇。农场也参照这个规定办理。2017年,龙海市(含漳州台商投资区),有老区乡(镇)场7个、老区分布乡镇8个,老区行政村106个,老区人口30万左右。

一、老区乡(镇)场7个

程溪镇、九湖镇、颜厝镇、石码镇、东泗乡、白水镇、双第农场。

二、老区分布乡镇8个

榜山镇、紫泥镇、海澄镇、东园镇、浮宫镇、港尾镇、隆教乡、角美镇。

三、老区行政村(居)106个

程溪镇20个:白云、下庄、洋奎、内云、南坑、人家、官园、上坪、后安、粗坑、东马、叶仑、下叶、东楼、塔潭、浮山、顶叶、东头、和山、奎坑。

九湖镇16个:邹塘、小梅溪、洋坪、新春、庵兜、林前、马岭、院后、蔡坑、田中央、大梅溪、埔美山、田墘、木棉、琪塘、长福。

颜厝镇13个:巧山、庵前、石牌、后垄、上溪、园中、路边、东山、田址、洪塘、上洋、下半林、宅前。

榜山镇3个：田边、柯坑、芦州。

紫泥镇1个：巽玉。

石码镇12个：解东、解北、解西、人民西、新华、九二〇、紫云、紫光、解南、侨村、桥口、港口。

海澄镇10个：前厝、山后、和平、仓头、内溪、珠浦、罗坑、城内、溪头、大埕。

东泗乡8个：溪坂、清泉、渐山、卓港、虎渡、水浒、西岭、碧浦。

白水镇8个：山边、金鳌、白水、山美、大霞、磁美、庄林、井园。

东园镇2个：东宝、凤山。

浮宫镇1个：美山。

港尾镇3个：梅市、省山、浯屿。

隆教乡3个：新厝、镇海、白塘。

双第农场3个：寨仔、洲仔、许碑。

角美镇3个：田里、福井、石厝。

四、老区基点村(自然村)16个

程溪镇9个：白云行政村白云顶自然村；下庄行政村顶楼、楠仔、横山、狮头自然村；洋奎行政村芒里、汤兜、洋尾溪、石门自然村。

九湖镇4个：小梅溪行政村小梅溪（含小梅溪、塔尾、下尾）自然村；新春行政村龙虎庵自然村；邹塘行政村邹塘自然村；洋坪行政村洋坪（含洋坪、五亩园、小蔡坑）自然村。

双第农场3个：寨仔自然村、洲仔自然村、许碑自然村。

附录五　龙海市老区建设促进会第一届、第二届理事会组成人员(含调整的组成人员)名单

本附录所列龙海市老促会两届理事会组成人员(含第二届调整的组成人员),是按照中共龙海市委龙委【2005】26号和中共龙海市委组织部龙委组综【2013】51号、龙委组综【2015】63号文件的批复名单入编的。现把两届理事会名单分列如下:

一、龙海市老促会第一届理事会组成人员名单(根据中共龙海市委龙委【2005】26号文件通知)

名誉会长:沈建平　林亚标　陈　华　杨百洲　朱振民
叶锦裕

会　　长:林再生

第一副会长:陈海石(2009年8月增补)

副 会 长:吴　臻　陈朝纯　蔡聪文　黄建春

秘 书 长:蔡聪文(兼)

常务理事:林再生　吴　臻　陈朝纯　蔡聪文　黄建春
李　柳　章金扬　周友生　洪　涛　朱自溪
沈英勇

理　　事:林再生　吴　臻　陈朝纯　蔡聪文　黄建春
李　柳　章金扬　周友生　洪　涛　朱自溪
沈英勇　林建生　纪瑞仁　郑镇江　郑琮庆
林耀煌　陈文福　郑文全　林元浇　陈中华
方锦芳　王德兴　李树长　高平原　陈丁俊
吴耀明　连竹叶　庄江勇　康建辉　蔡建忠
苏森荣　郑凯木

二、龙海市老促会第二届理事会组成人员(含调整的组成人员)名单

1.根据中共龙海市委组织部龙委组综【2013】51号文件批复:

名誉会长:杨百洲　朱振民　叶锦裕

会　　长:林再生

第一副会长:陈海石

副 会 长:甘忠国　陈朝纯　蔡聪文　黄建春

秘 书 长:蔡聪文(兼)

常务理事:李　柳　洪　涛　王燕国

理　　事:张艺伟　郑港河　郑梅珍　林丽美　朱淑芬
杨和根　陈志明　陈子明　王井山　郑小勇
纪亚文　苏仁品　郭亚彪　黄文杰　陈维生
陈巧凤　洪亚智　康美寿　吴建友　林艺和
林　军　刘顺庆　谢爱玉

2.根据中共龙海市委组织部龙委组综【2015】63号文件批复:

会　　长:陈海石

副 会 长:林建聪　陈朝纯　蔡聪文　黄建春

秘 书 长:蔡聪文(兼)

常务理事:陈海石　林建聪　陈朝纯　蔡聪文　黄建春
王燕国

理　　事:黄秀玉　郑港河　郑梅珍　林丽美　黄艺娟
杨和根　陈志明　陈瑞忠　王井山　郑小勇
纪亚文　苏仁品　徐漂亮　朱淑芬　陈巧凤
高力嘉　吴建友　林艺和　林　军　刘顺庆
谢爱玉

参考文献

1.《习近平总书记系列重要讲话读本(2016 年版)》,中共中央宣传部编,学习出版社、人民出版社 2016 年 4 月出版。

2.《中国共产党的九十年》(全三册),中共中央党史研究室著,中共党史出版社、党建读物出版社 2016 年 6 月出版。

3.《中共福建地方史(新民主主义革命时期)》,中共福建省委党史研究室编著,中央文献出版社 1995 年 8 月出版。

4.《中共福建地方史(社会主义时期)》,中共福建省委党史研究室编著,中央文献出版社 2008 年 9 月出版。

5.《中共福建党史人物辞典》,中共福建省委党史研究室编,福建教育出版社 1993 年 9 月出版。

6.《福建省革命遗址通览·漳州市》,中共福建省委党史研究室、中共漳州市委党史研究室编,中共党史出版社 2013 年 1 月出版。

7.《中共闽南地方史(新民主主义革命时期)》,中共漳州市委党史研究室编著,中央文献出版社 1995 年 8 月出版。

8.《漳州革命老区史》,漳州市老区建设促进会编著,中央文献出版社 2009 年 10 月出版。

9.《中共漳州地方简史》,中共漳州市委党史研究室编著,中央文献出版社 2010 年 7 月出版。

10.《红军进漳论文集》,陈芳主编,中央文献出版社 1992 年 10 月出版。

11.《龙江激浪》,张振福编著,中央文献出版社 2006 年 12 月出版。

12.《漳州农业合作化运动》,中共漳州市委党史研究室编著,光明日报出版社 1998 年 2 月出版。

13.《六十年代漳州国民经济调整》,中共漳州市委党史研究室编著,光明日报出版社 1997 年 5 月出版。

14.《漳州拨乱反正》,中共漳州市委党史研究室编著,光明日报出版社 1998 年 2 月出版。

15.《并不遥远的年代》,中共漳州市委党史研究室编著,中央文献出版社 2008 年 11 月出版。

16.《闽南现代史人物录》,陈芳、黄夏莹主编,中国华侨出版社 1992 年 2 月出版。

17.《漳州革命老区历史纪念物》,漳州市老区建设促进会 2009 年 9 月编印。

18.《龙海县志》,龙海县地方志编纂委员会编著,东方出版社 1993 年 6 月出版。

19.《龙海人民革命史》,中共龙海市委党史研究室编著,中央文献出版社 2006 年 6 月出版。

20.《福建中央苏区纵横·龙海卷》,中共龙海市委党史研究室编著,中共党史出版社 2016 年 12 月出版。

21.《不堪回首的十年》,中共龙海市委党史研究室、龙海市档案局 1998 年 10 月编印。

22.《龙海文史资料·纪念建国五十周年专辑》,政协龙海市文史资料委员会编,漳新出(99)内书(刊)第 056 号。

23.《光辉历程》,中共龙海市委党史研究室、南下海澄纪念册编委会编,(漳)新出(2001)内书第 78 号。

24.《龙江精神读本》,中共漳州市委党史研究室、中共龙海市委宣传部编著,中共党史出版社 2013 年 5 月出版。

25.《龙海风物》,龙海风物编辑组 1987 年 6 月编印。

26.《龙海市十大文化品牌》,中共龙海市委宣传部 2009 年 10 月编印。

27.《龙海市统计年鉴》(2013 年),龙海市统计局编,(漳)新出

(2015)内书第026号。

28.《龙海市统计年鉴》(2014年、2015年、2016年、2017年),龙海市统计局2015年、2016年、2017年、2018年编印。

29.《龙海年鉴》(2013年、2014年、2015年),龙海市地方志编纂委员会编,(漳)新出2015056号、2017115号、2015057号。

30.《龙海年鉴》(2016年、2017年),龙海市地方志编纂委员会编,海峡书局2016年、2017年出版。

31.《中共龙海市委执政纪要》(2015年至2016年),中共龙海市委党史研究室编,(漳)新出2017107号和2018055号。

32.《中国共产党福建省龙海县组织史资料》(1926年7月至1987年12月),中共龙海县委组织部、中共龙海县委党史研究室、龙海县档案局合编,鹭江出版社1992年7月出版。

33.《龙海市老促会年度工作总结》《大事记》(2015年、2016年、2017年),龙海市老区建设促进会2015年、2016年、2017年编印。

后 记

按照中国老区建设促进会的部署要求，龙海市老区建设促进会从2017年6月开始，在中共龙海市委、龙海市人民政府的重视与支持下，着手进行《龙海革命老区市发展史》编纂的筹划和组织工作，经过近两年的不懈努力，终于编成并出版了这本史书。

本书由中共龙海市委书记郑隆松作序，他简要回顾了龙海革命老区市发展的历程，总结了取得辉煌成就的感悟，阐述了本书编纂出版的目的和意义，使本书与之合璧而增辉。中共龙海市委副书记、市长何才成，中共龙海市委常委、市委办公室主任陈爱棋，龙海市人民政府副市长黄全海、张志祥、卢秀云对本书编纂出版给予了大力的支持。龙海市人大常委会原副主任、市老促会会长陈海石承担本书编纂出版的组织工作，尽职尽力。龙海市人大常委会原副主任、前任市老促会会长林再生对本书的编纂出版也给予关心和指导。

本书在编纂出版过程中，得到了中共龙海市委办公室、龙海市人民政府办公室、中共龙海市纪委（监委）办公室、中共龙海市委组织部、中共龙海市委宣传部、中共龙海市委党史和地方志研究室、龙海市财政局、龙海市发展和改革局、龙海市统计局、龙海市民政局（老区办）、龙海市农业农村局、龙海市教育局、龙海市人力资源和社会保障局、龙海市生态环境局、龙海市文化体育和旅游局、龙海市工业和信息化局（科技局）、龙海市政协文史资料委员会等单位和部分老同志在有关方面的大力支持，尤其是中共龙海市委党史和地方志研究室，为本书编纂出版提出了不少建议和意见。在书稿审定阶段，还得到了中共漳州市委党史和地方志研究室的指导和厦门大学出版社的审定出版。

本书稿的编纂由陈忠杰、周凤娇、何可人、王振民、蔡国瑞和蔡聪文、洪能杰等同志共同完成，其中陈忠杰、周凤娇、何可人、王振民、蔡国瑞按分工承担第一至十二章的编写，蔡聪文、洪能杰分别负责第一至六章和第七至十二章的统稿；最后由蔡聪文对全书进行总统稿。在统稿中对有些章节做了较大的调整、改动和增补，使全书结构更完善、史实更丰富。附录部分由蔡聪文、洪能杰根据中共漳州市委、龙海市委党史、组织部门以及龙海市老促会的有关资料、照片修改补充而成。

在此，谨向中共龙海市委、龙海市人民政府、龙海市有关单位领导、部分老同志和中共漳州市委党史和地方志研究室、厦门大学出版社有关专家和编审，以及本书全体编纂人员、服务人员一并表示衷心的感谢！

编纂出版这样一部史书，我们尚属首次。虽然我们认真征研，努力编修，但因水平有限和经验不足，疏漏和差错之处在所难免，祈望熟知龙海革命老区市发展史的老同志和专家学者，以及广大读者予以体谅并不吝赐教。

编者

2019 年 4 月